Schriftenreihe

COMPLIANCE

Band 10

ISSN 2190-7137

Verlag Dr. Kovač

Sebastian Schoppmann

Compliance als Organisationspflicht bei Kreditinstituten

Verlag Dr. Kovač
Hamburg 2014

VERLAG DR. KOVAČ GMBH
FACHVERLAG FÜR WISSENSCHAFTLICHE LITERATUR

Leverkusenstr. 13 · 22761 Hamburg · Tel. 040 - 39 88 80-0 · Fax 040 - 39 88 80-55

E-Mail info@verlagdrkovac.de · Internet www.verlagdrkovac.de

D 17

Bibliografische Information der Deutschen Nationalbibliothek
Die Deutsche Nationalbibliothek verzeichnet diese Publikation
in der Deutschen Nationalbibliografie;
detaillierte bibliografische Daten sind im Internet
über http://dnb.d-nb.de abrufbar.

ISSN: 2190-7137

ISBN: 978-3-8300-8163-0

Zugl.: Dissertation, Technische Universität Darmstadt (Fachbereich Rechts- und Wirtschaftswissenschaften), Darmstadt 2013

Meinen Eltern

Vorwort

Die vorliegende Arbeit wurde im Wintersemester 2013/2014 vom Fachbereich Rechts- und Wirtschaftswissenschaften der Technischen Universität Darmstadt als Dissertation angenommen.

Mein herzlicher Dank gebührt zunächst meinem Doktorvater Herrn Prof. Dr. Dr. h.c. Uwe H. Schneider. Er hat die Untersuchung von der Anregung des Themas bis zu ihrem Abschluss umfassend begleitet und nachhaltig gefördert. Frau Prof. Dr. Janine Oelkers gilt mein Dank für die schnelle Erstellung des Zweitgutachtens. Ich danke außerdem Herrn Prof. Dr. Axel Wirth, Frau Prof. Dr. Anne Lange und Herrn Prof. Dr. Jens Krüger für ihre Bereitschaft, die mündliche Verteidigung der Doktorprüfung mit zu betreuen. Sehr verbunden bin ich zudem Herrn Prof. Dr. Schmidt-Preuß, der mir während meiner Zeit an seinem Lehrstuhl immer als wertvoller Gesprächspartner zur Verfügung stand.

Mein persönlicher Dank gilt meiner Familie. Insbesondere danke ich meinen Eltern Henning Schoppmann und Marianne Schopppmann-Lück, die mich in jeder Phase meiner Ausbildung sehr unterstützt haben. Ihnen ist diese Arbeit gewidmet!

Bonn, im Sommer 2014

Sebastian Schoppmann

Inhaltsverzeichnis

Abkürzungsverzeichnis

a.A.	anderer Ansicht
a.F.	alte Fassung
Abs.	Absatz
AcP	Archiv für die civilistische Praxis (Zeitschrift)
AG	Aktiengesellschaft, Die Aktiengesellschaft (Zeitschrift)
ABl.	Amtsblatt
AEUV	Vertrag über die Arbeitsweise der Europäischen Union
AIFM	Alternative Investment Funds Manager
AktG	Aktiengesetz
Anh.	Anhang
Anm.	Anmerkung
AnsFuG	Gesetz zur Stärkung des Anlegerschutzes und zur Verbesserung der Funktionsfähigkeit des Kapitalmarktes (Anlegerschutz- und Funktionsverbesserungsgesetz – AnsFuG)
AöR	Anstalt des öffentlichen Rechts
Art.	Artikel
AT	Allgemeiner Teil
BaFin	Bundesanstalt für Finanzdienstleistungsaufsicht
BAG	Bundesarbeitsgericht
BB	Betriebsberater (Zeitschrift)
Begr.	Begründung
BetrVG	Betriebsverfassungsgesetz
BilMoG	Gesetz zur Modernisierung des Bilanzrechts (Bilanzrechtsmodernisierungsgesetz – BilMoG)
BImSchG	Gesetz zum Schutz von schädlichen Umwelteinwirkungen durch Luftverunreinigungen, Geräusche, Erschütterungen und ähnliche Vorgänge (Bundes-Immissionsschutzgesetz – BImSchG)
BDSG	Bundesdatenschutzgesetz
BFH	Bundesfinanzhof
BGB	Bürgerliches Gesetzbuch
BGBl.	Bundesgesetzblatt
BGH	Bundesgerichtshof
BGHZ	Entscheidungen des Bundesgerichtshofs in Zivilsachen
BKR	Zeitschrift für Bank- und Kapitalmarktrecht
BR-Drucks.	Bundesratsdrucksache

BSR	Berliner Stadtreinigungsbetriebe
BT	Besonderer Teil
BT-Drucks.	Bundestagsdrucksache
BVerfG	Bundesverfassungsgericht
BVerfGE	Entscheidung des Bundesverfassungsgerichts
bspw.	beispielsweise
bzw.	beziehungsweise
CEO	Chief Executive Officer
CEBS	Committee of European Banking Supervisors
CEIOPS	Committee of European Insurance and Occupational Pensions Supervisors
CESR	Committee of European Regulators
CFO	Chief Financial Officer
CCZ	Corporate Compliance Zeitschrift
DAX	Deutscher Aktien Index
DB	Der Betrieb (Zeitschrift)
DCGK	Deutscher Corporate Governance Kodex
ders.	derselbe
d.h.	das heißt
DIRK	Deutscher Investor Relations Kreis
D&O	Directors and Officers
DrittelbG	Gesetz über die Drittelbeteiligung der Arbeitnehmer im Aufsichtsrat (Drittelbeteiligungsgesetz – DrittelbG)
DRL	Durchführungsrichtlinie
DStR	Deutsches Steuerrecht (Zeitschrift)
E	Entwurf
eG	eingetragene Genossenschaft
EBA	European Banking Authority
EDV	Elektronische Datenverarbeitung
EFI	The Economic Research Institute
EG	Europäische Gemeinschaft
EGGmbHG	Einführungsgesetz zum Gesetz betreffend die Gesellschaften mit beschränkter Haftung
EGV	Vertrag zur Gründung der Europäischen Gemeinschaft
EIOPA	European Insurance and Occupational Pensions Authority
EMAS	Eco Management and Audit Scheme
endg.	Endgültig
EPS	Entwurf zum Prüfungsstandard

ESC	European Securities Committee
ESFS	European System of Financial Supervision
ESMA	European Securities and Markets Authority
ESRB	European Sstemic Risk Board
etc.	et cetera
e. V.	eingetragener Verein
EU	Europäische Union
EuGH	Gerichtshof der Europäischen Union
EuZW	Europäische Zeitschrift für Wirtschaftsrecht
EWG	Europäische Wirtschaftsgemeinschaft
EWS	Europäisches Wirtschafts- und Steuerrecht (Zeitschrift)
f.	folgend
FAZ	Frankfurter Allgemeine Zeitung
ff.	folgende
FinKongRUG	Finanzkonglomeraterichtlinie-Umsetzungsgesetz
FMFG	Finanzmarktförderungsgesetz
Fn.	Fußnote
FRUG	Gesetz zur Umsetzung der Richtlinie über Märkte für Finanzinstrumente und der Durchführungsrichtlinie der Kommission (Finanzmarktrichtlinie-Umsetzungsgesetz – FRUG)
FSA	Financial Services Authority
GenG	Gesetz betreffend die Erwerbs- und Wirtschaftsgenossenschaften (Genossenschaftsgesetz – GenG)
GCCG	German Code of Corporate Governance
GG	Grundgesetz
ggf.	gegebenenfalls
GmbH	Gesellschaft mit beschränkter Haftung
GmbHG	Gesetz betreffend die Gesellschaften mit beschränkter Haftung
GmbHR	GmbH-Rundschau (Zeitschrift)
GwG	Gesetz über das Aufspüren von Gewinnen aus schweren Straftaten (Geldwäschegesetz – GwG)
GWR	Gesellschafts- und Wirtschaftsrecht
HGB	Handelsgesetzbuch
Hrsg.	Herausgeber
IDW	Institut der Wirtschaftsprüfer

InstitutsVergV	Verordnung über die aufsichtsrechtlichen Anforderungen an Vergütungssysteme von Instituten (Instituts-Vergütungsverordnung - InstitutsVergV)
IntGesR	Internationales Gesellschaftsrecht
IOSCO	Internationale Vereinigung der Wertpapieraufsichtsbehörden (International Organization of Securities Commissions – IOSCO)
i.S.v.	im Sinne von
i.V.m.	in Verbindung mit
JuS	Juristische Schulung (Zeitschrift)
Kap.	Kapitel
KG	Kammergericht
KOM	Europäische Kommission
KonTraG	Gesetz zur Kontrolle und Transparenz im Unternehmensbereich
KrW-/AbfG	Gesetz zur Förderung der Kreislaufwirtschaft und Sicherung der umweltverträglichen Bewirtschaftung von Abfällen (Kreislaufwirtschafts- und Abfallgesetz – KrW-/AbfG)
KWG	Gesetz über das Kreditwesen (Kreditwesengesetz – KWG)
LAG	Landesarbeitsgericht
Lit.	Buchstabe
LG	Landgericht
MaComp	Mindestanforderungen an Compliance und die weiteren Verhaltens-, Organisations- und Transparenzpflichten nach §§ 31 ff. WpHG
MaRisk (BA)	Mindestanforderungen an das Risikomanagement von Kreditinstituten
MaRisk (VA)	Mindestanforderungen an das Risikomanagement von Versicherungsunternehmen
MiFID	Markets in Financial Instruments Directive
MitbestG	Gesetz über die Mitbestimmung der Arbeitnehmer (Mitbestimmungsgesetz – MitbestG)
NJOZ	Neue Juristische Online-Zeitschrift
NJW	Neue Juristische Wochenschrift (Zeitschrift)
NJW-RR	Neue Juristische Wochenschrift Rechtsprechungs-Report (Zeitschrift)
Nr.	Nummer
NStZ	Neue Zeitschrift für Strafrecht

NZA	Neue Zeitschrift für Arbeitsrecht
NZG	Neue Zeitschrift für Gesellschaftsrecht
OECD	Organisation for Economic Co-operation and Development
o.Ä.	oder Ähnliche(s)
o.g.	oben genannt
OLG	Oberlandesgericht
OWiG	Gesetz über Ordnungswidrigkeiten
PS	Prüfungsstandard
RegBegr.	Regierungsbegründung
RegE	Regierungsentwurf
RDV	Recht der Datenverarbeitung (Zeitschrift)
RGZ	Entscheidungen des Reichsgerichts in Zivilsachen
RIW	Recht der internationalen Wirtschaft (Zeitschrift)
Rn.	Randnummer(n)
Rs.	Rechtssache
S.	Seite
SEC	Security and Exchange Commission
Sec.	Section
SE-VO	Verordnung über das Statut der Europäischen Gesellschaft (SE)
SJZ	Schweizerische Juristen-Zeitung
sog.	sogenannt
SpkG	Sparkassengesetz
SpruchG	Gesetz über das gesellschaftsrechtliche Spruchverfahren (Spruchverfahrensgesetz – SpruchG)
SRP	Supervisory Review Process
SSE	Stockholm School of Economics
StGB	Strafgesetzbuch
StrlSchV	Verordnung über den Schutz vor Schäden durch ionisierende Strahlen (Strahlenschutzverordnung – StrlSchV)
TierSchG	Tierschutzgesetz
TransPuG	Transparenz- und Publizitätsgesetz
Tz.	Textziffer
u.a.	unter anderem, und andere
UMAG	Gesetz zur Unternehmensintegrität und Modernisierung des Anfechtungsrechts
UPR	Umwelt- und Planungsrecht (Zeitschrift)
usw.	und so weiter

VAG	Gesetz zur Beaufsichtigung von Versicherungsunternehmen (Versicherungsaufsichtsgesetz – VAG)
VersR	Versicherungsrecht (Zeitschrift)
VerwArch	Zeitschrift für Verwaltungslehre, Verwaltungsrecht und Verwaltungspolitik (Verwaltungsarchiv – VerwArch)
vgl.	vergleiche
VGH	Verwaltungsgerichtshof
VGR	Wissenschaftliche Vereinigung für Unternehmens- und Gesellschaftsrecht
Vor.	Vorbemerkung
VVStRL	Veröffentlichungen der Vereinigung der deutschen Staatsrechtslehrer
wistra	Zeitschrift für Wirtschafts- und Steuerstrafrecht
WM	Wertpapier-Mitteilungen (Zeitschrift)
WPg	Die Wirtschaftsprüfung (Zeitschrift)
WpDVerOV	Verordnung zur Konkretisierung der Verhaltensregeln und Organisationsanforderungen für Wertpapierdienstleistungsunternehmen (Wertpapierdienstleistungs-Verhaltens- und Organisationsverordnung (WpDVerOV)
WpHG	Gesetz über den Wertpapierhandel (Wertpapierhandelsgesetz – WpHG)
WpHGMaAnzV	Verordnung über den Einsatz von Mitarbeitern in der Anlageberatung, als Vetriebsbeauftragte oder als Compliance-Beauftragte und über die Anzeigepflichten nach § 34d des Wertpapierhandelsgesetzes (WpHG-Mitarbeiteranzeigerverordnung – WpHGMaAnzV)
WuW	Wirtschaft und Wettbewerb (Zeitschrift)
z.B.	zum Beispiel
ZBB	Zeitschrift für Bankrecht und Bankwirtschaft
ZGR	Zeitschrift für Unternehmens- und Gesellschaftsrecht (Zeitschrift)
ZHR	Zeitschrift für das gesamte Handels- und Wirtschaftsrecht
Ziff.	Ziffer
ZIP	Zeitschrift für Wirtschaftsrecht
ZIS	Zeitschrift für Internationale Strafrechtsdogmatik
ZRP	Zeitschrift für Rechtspolitik
ZStW	Zeitschrift für die gesamte Strafrechtswissenschaft
ZWeR	Zeitschrift für Wettbewerbsrecht

A. Einführung

I. Anlass und Ziel der Untersuchung

Compliance! Dieser Begriff hat in den vergangenen 20 Jahren ins Wirtschaftsrecht Einzug gehalten und insbesondere für das Bankwesen maßgeblich an Bedeutung gewonnen. Nicht erst seit Beginn der Finanzmarktkrise, aber seitdem in besonderem Maße, haben die aufsichtsrechtlichen Anforderungen an Banken zugenommen. Ständig werden neue Gesetze, Verordnungen, Richtlinien, Rundschreiben der BaFin oder Kodizes erlassen, welche es zu beachten gilt. Um dieser Flut von Regularien gerecht zu werden ist die Einrichtung einer effektiven Compliance-Organisation notwendig. Entsprechende Pflichten ergeben sich daher für die Kreditinstitute sowohl aus dem Bankaufsichtsrecht sowie dem gesellschaftsrechtlichen Organisationsrecht und dem Gewerbsaufsichtsrecht.
Mit den zunehmenden Compliance-Anforderungen steigen der Aufwand und somit auch die Kosten von Compliance. So wird in der allgemeinen Unternehmenslandschaft das Compliance-Budget alleine der Dax-30-Konzerne insgesamt bereits auf eine halbe Milliarde Euro geschätzt, mit stark steigender Tendenz.[1] Ignorieren der Vorgaben stellt allerdings keine Alternative dar.
Für Banken bergen Compliance-Verstöße zum einen Haftungsrisiken; sie können aber auch gesamtwirtschaftliche Auswirkungen haben. Dem Bankwesen kommt eine gesamtökonomische Schlüsselrolle zu. Banken sind Kreditgeber, Geld-Sammelstelle sowie Intermediäre im Kapitalverkehr. Sie sind auf diese Weise eng mit allen anderen Wirtschaftseinheiten verflochten. Sie fungieren als zentrale Schaltstelle des Wirtschaftskreislaufs. Störungen im Banksektor, auch wenn sie nur einzelne Institute betreffen, haben eine erhebliche wirtschaftliche Breitenwirkung, wie die anhaltende Finanzkrise unter Beweis stellt.

Vor dem Hintergrund der hohen Bedeutung einer wirksamen Compliance-Organisation in der Bank beschäftigt sich die vorliegende Untersuchung mit den gesellschaftsrechtlichen, gewerberechtlichen und aufsichtsrechtlichen Anforderungen an die Compliance, die von Kredit- und Finanzdienstleitungsinstituten sowie Institutsgruppen zu beachten sind. Ziel dieser Arbeit ist es zunächst die gesetzliche Pflicht zur Einrichtung einer Compliance-Organisation auf konzernfreier Ebene zu erläutern. Ausgangspunkt bildet die Frage nach einer branchenunspezifischen Compliance-Pflicht als Leitungsaufgabe der Geschäftsleitung auf der Ebene des allgemeinen Gesellschaftsrechts. Daran anschließend werden

[1] *Fockenbrock/Iwersen*, Handelsblatt vom 22./23./24. Juni 2012, Nr. 119, S. 50 (51).

die Compliance-Pflichten nach § 130 OWiG und insbesondere nach § 25a Abs. 1 KWG dargelegt. Vor dem Hintergrund der aufsichtsrechtlichen Compliance-Pflicht nach § 25a Abs. 1 KWG werden die Quellen analysiert, welche Hinweise auf die konkreten Compliance-Maßnahmen geben. Zwar hat der Gesetzgeber den Geschäftsleitern grundsätzlich einen breiter Ermessensspielraum bei der konkreten Ausgestaltung der Compliance-Organisation eingeräumt. Dennoch muss Klarheit darüber herrschen, welche Compliance-Elemente zur Verfügung stehen, um rechtmäßiges Verhalten durch die Gesellschaft und seine Mitarbeiter zu gewährleisten. Nach Analyse einiger zur Verfügung stehender Quellen werden die konkreten Compliance-Elemente umfassend dargestellt und damit die konkreten Anforderungen an die Geschäftsleiter, die Compliance-Funktion als solche sowie den Compliance-Beauftragten deutlich gemacht. Weiterhin folgt der Vorschlag eines selbstregulativen Ansatzes, wie die Effektivität von Compliance im Finanzwesens gesteigert werden kann.

Im zweiten Kernbereich der Untersuchung wird Compliance auf der Ebene der Institutsgruppe geprüft. Dabei wird deutlich gemacht, dass die Durchsetzung einer wirksamen konzernweiten Compliance-Organisation im faktischen Konzern auf gesellschaftsrechtliche Grenzen stößt, wenn die Tochtergesellschaft in der Rechtsform einer Aktiengesellschaft organisiert ist. Im Ergebnis zeigt sich, dass es zu keiner Durchbrechung des Gesellschaftsrechts durch das Aufsichtsrecht kommt. Seit Fertigstellung der Arbeit im Juli 2013 hat der Gesetzgeber – u.a. durch das CRD IV-Umsetzungsgesetz[2] – die folgenden Vorschriften geändert: §§ 25a, 25b, 25c, 25d, 54a KWG. Dabei wurde u.a. vorgesehen, dass gemäß § 25a Abs. 1 Satz 3 Nr. 3 lit. c) KWG ein Institut nun explizit zur Einrichtung einer KWG-Compliance-Funktion gesetzlich verpflichtet ist. Kommen die Geschäftsleiter dieser Pflicht nicht nach, kann dies für sie sogar strafrechtliche Folgen haben, § 54a Abs. 1 i.V.m. § 25c Abs. 4a Nr. 3 lit. c KWG. Zudem sieht das Gesetz gemäß § 25a Abs. 1 Satz 6 Nr. 3 KWG die verpflichtende Einrichtung von Whistleblowing-Strukturen vor. Weiterhin stellt das Gesetz nun Qualifikationsanforderungen an Geschäftsleiter und Aufsichtsorgan und hat deren Pflichten insgesamt konkretisiert, §§ 25c, 25d KWG. Das früher in § 25a Abs. 2 KWG verortete Outsourcing ist nun in § 25b KWG umfassender normiert; die bislang in § 25a Abs. 1a KWG geregelte Compliance-Pflicht auf Gruppenebene findet sich heute in § 25a Abs. 3 KWG. Außerdem hat sich die Rechtsprechung

---

[2] Gesetz zur Umsetzung der Richtlinie 2013/36/EU über den Zugang zur Tätigkeit von Kreditinstiuten und die Beaufsichtigung von Kreditinstituten und Wertpapierfirmen und zur Anpassung des Aufsichtsrechts an die Verordnung (EU) Nr. 575/2013 über Aufsichtsanforderungen an Kreditinstitue und Wertpapierfirmen (CRD IV-Umsetzungsgesetz) vom 28. August 2013, BGBl. I 2013, S. 3395 ff.

zur Compliance fortentwickelt. Das LG München I hat sich in dem *Siemens/Neubürger*-Urteil[3] erstmals mit den Anforderungen an eine ordnungsgemäße Compliance-Organisation auseinandergesetzt und über die Haftung des Vorstands bei festgestellten Unzulänglichkeiten entschieden. Diese Änderungen konnten bei der vorliegenden Arbeit nicht mehr berücksichtigt werden.

II. Gang der Untersuchung

Die vorliegende Untersuchung gliedert sich in fünf Abschnitte. Nach der Einleitung (Abschnitt A) werden in Abschnitt B die Grundlagen von Compliance im Bankkonzern behandelt. Abschnitt C diskutiert die Compliance-Pflichten im konzernfreien Unternehmen. Dabei werden die gesellschaftsrechtlichen, gewerberechtlichen und bankenaufsichtsrechtlichen Rechtsquellen untersucht sowie die einzelnen Compliance-Elemente dargelegt. In Abschnitt D ist die Pflicht zur Einrichtung einer Compliance-Organisation im Bankkonzern Gegenstand der Untersuchung. Abschnitt E befasst sich mit dem Outsourcing der Compliance-Funktion. Die Zusammenfassung der Ergebnisse bildet in Abschnitt F den Abschluss der Arbeit.

---

[3] LG München I, Urteil vom 10.12.2013, Az. 5 HK O 1387/10 = NZG 2014, 345 (345 ff.); das Urteil ist nicht rechtskräftig, die Berufung ist anhängig beim OLG München unter Az. 7 U 113/14.

B. Erster Teil: Grundlagen von Compliance

I. Grundlagen

1. Begriffsbestimmung

a) Compliance

Während der Allgemeinheit noch oftmals unbekannt ist, was sich hinter dem Begriff Compliance verbirgt, erfreut dieser sich insbesondere im Wirtschaftsrecht großer Bekanntheit und wird in der Wissenschaft breit diskutiert.[4] Es handelt sich hierbei um einen Begriff der anglo-amerikanischen Rechtssprache, der in den vergangenen zwanzig Jahren Eingang in die deutsche Sprache gefunden hat.[5] Compliance ist das entsprechende Substantiv zur Wendung „to comply with", was so viel bedeutet wie „einhalten", „befolgen" oder „erfüllen". Übertragen auf die Rechtswissenschaft beinhaltet Compliance ein Verhalten, dass in Übereinstimmung mit den geltenden Gesetzen und Vorschriften steht.[6] Eine Legaldefinition gibt es bisher nicht.[7]

„Compliance" bezeichnet zunächst nichts Neues und steht für die Pflicht eines jeden, sich regelkonform zu verhalten. *Uwe H. Schneider* bezeichnet dies als „Binsenweisheit"[8], *Fleischer* als „Kardinalpflicht"[9] und *Spindler* als „reine Selbstverständlichkeit"[10]. Compliance beschränkt sich allerdings nicht nur auf das rechtmäßige Handeln selbst, sondern umfasst darüber hinaus die Maßnahmen, die erforderlich sind, um im Unternehmen für die Einhaltung der einschlägigen Gesetze zu sorgen.[11] Bei Compliance geht es um standardisierte Maßnah-

---

[4] Vgl. *Uwe H. Schneider*, ZGR 1996, 225 (225 ff.); *ders.*, ZIP 2003, 645 (645 ff.); *ders.*, NZG 2009, 1321 (1321 ff.); *Fleischer*, CCZ 2008, 1 (1 ff.); *Koch*, WM 2009, 1013 (1013 ff.); *Spindler*, WM 2008, 905 (905 ff.); *Lösler*, NZG 2005, 104 (104 ff.); *Hauschka*, ZIP 2004, 877 (877 ff.); *ders.*, AG 2004, 461 (461 ff.); *Bergmoser/Theusinger/Gushurst*, BB Beilage 5/2008, 1 (1 ff.).

[5] *Lösler*, NZG 2005, 104 (104).

[6] *Eisele/Faust*, in: Schimansky/Bunte/Lwowski (Hrsg.), Bankrechts-Handbuch, § 109 Rn. 1; *Lösler*, NZG 2005, 104 (104); *Fuchs*, in: Fuchs (Hrsg.), WpHG, § 33 Rn. 3; *Rothenhöfer*, in: Kümpel/Wittig (Hrsg.), Bank- und Kapitalmarktrecht, Rn. 3.301.

[7] *Hauschka*, in: VGR (Hrsg.), Gesellschaftsrecht in der Diskussion 2007, S. 51 (51).

[8] *Uwe H. Schneider*, ZIP 2003, 645 (646); *ders./Sven H. Schneider*, ZIP 2007, 2061 (2061).

[9] *Fleischer*, CCZ 2008, 1 (1).

[10] *Spindler*, WM 2008, 905 (905).

[11] *Bürkle*, BB 2005, 565 (565); *Eisele/Faust*, in: Schimansky/Bunte/Lwowski (Hrsg.), Bankrechts-Handbuch, § 109 Rn. 1; *Gebauer/Kleinert*, in: Krieger/Uwe H. Schneider (Hrsg.), Handbuch Managerhaftung, § 20 Rn. 1; *Lösler*, NZG 2005, 104 (104); *Röh*, BB 2008, 398 (399); *Sven H. Schneider*, Informationspflichten und Informationsystemeinrichtungspflichten im Aktienkonzern, S. 273; *Uwe H. Schneider*, ZIP 2003, 645 (646).

men, festzulegende Verfahren und einzurichtende Prozeduren.[12] Kurz: Compliance ist Teil der Unternehmensorganisation. Dies beruht auf dem Umstand, dass anders als bei natürlichen Personen, die eigenverantwortlich für ihr Handeln einstehen müssen, die Einhaltung der Vorschriften bei einem auf einer arbeitsteiligen Organisation basierenden Unternehmen zusätzliche Anforderungen verlangt.[13] Compliance umschreibt eine Managementfunktion, nämlich die Steuerung des Risikos einer Verletzung der Regeln für lauteres Geschäftsgebaren. Die Rechtsfolgen bei Gesetzesüberschreitungen sind zahlreich und reichen von verwaltungsrechtlichen Sanktionen oder strafrechtlichen und zivilrechtlichen Folgen bis zum Verlust an Reputation.[14] Compliance ist somit letztlich als Bestandteil guter Corporate Governance eines Unternehmens zu bezeichnen,[15] d.h. ein Element guter Unternehmensführung. Sie ist in erster Linie präventiver Natur und soll eingreifen, bevor es zu einem Gesetzesverstoß im Unternehmen kommt; regelwidriges Verhalten soll aber auch repressiv sanktioniert werden.

Fraglich ist in diesem Zusammenhang die inhaltliche Reichweite des Compliance-Begriffs. So wurde früher vertreten, dass sich Compliance nur auf die Befolgung wertpapierhandelsrechtlicher Vorschriften beziehe.[16] Ebenso ist eine Beschränkung auf ein anderes Rechtsgebiet denkbar.[17] Nach heute überwiegender Ansicht in der Literatur,[18] aber auch in der Praxis,[19] ist Compliance hingegen grundsätzlich im weitesten Sinne zu verstehen und umfasst die Gewährleistung der Rechtmäßigkeit aller Maßnahmen durch alle Unternehmen im Blick auf die

[12] *Sven H. Schneider*, Informationspflichten und Informationssystemeinrichtungspflichten im Aktienkonzern, S. 273.

[13] *Assmann*, AG 1994, 237 (255); von einer Steigerung der Anforderungen spricht *Sven H. Schneider*, Informationspflichten und Informationssystemeinrichtungspflichten im Aktienkonzern, S. 246.

[14] *Eisele/Faust*, in: Schimansky/Bunte/Lwowski (Hrsg.), Bankrechts-Handbuch, § 109 Rn. 1.

[15] *Buff*, Compliance, S. 66; *Uwe H. Schneider*, ZIP 2003, 645 (647); *Berndt/Hoppler*, BB 2005, 2623 (2627); *Fleischer*, NZG 2004, 1129 (1131); *Kiethe*, GmbHR 2007, 393 (394).

[16] Siehe 2. Auflage *Eisele*, in: Schimansky/Bunte/Lwowski (Hrsg.), Bankrechts-Handbuch, § 109 Rn. 1 – von dieser Ansicht ist *Eisele* in der Folgeauflage selbst abgerückt.

[17] Siehe *Lampert*, BB 2002, 2237 (2237 ff.), der ein „Competition-Compliance-Programm“ verlangt.

[18] *Uwe H. Schneider*, ZIP 2003, 645 (645); *Eisele/Faust*, in: Schimansky/Bunte/Lwowski (Hrsg.), Bankrechts-Handbuch, § 109 Rn. 1; *Sven H. Schneider*, Informationspflichten und Informationssystemeinrichtungspflichten im Aktienkonzern, S. 271; *Goette*, ZHR 175 (2011), 388 (390); *Theisen*, Information und Berichterstattung des Aufsichtsrats, S. 87; *Peek/Rode*, Compliance im Wandel, S. 5; *Reichert*, in: Festschrift Hoffmann-Becking, S. 943 (945).

[19] Eine Emnid-Umfrage im Jahr 2007 hat ergeben, dass alle befragten DAX 30-Unternehmen und 95% der befragten Unternehmen aus anderen Börsensegmenten antworteten, es gäbe in ihrem Unternehmen ein Compliance-Management, dazu *Melcher/Mattheus*, Der Aufsichtsrat 2007, 122 (122 f.).

jeweils einschlägigen gesetzlichen Gebote und Verbote.[20] Ihr Pflichtenumfang unterscheidet sich nach Gesellschaftsform und Branche. Diese Definition des Compliance-Begriffs erfasst nicht nur die Befolgung von Gesetzen; zu beachten sind alle regulatorischen und legislativen Anforderungen sowie interne Regelungen und allgemein gültige Branchenstandards.[21]

Uwe H. Schneider und *Sven H. Schneider*[22] sehen bei Compliance drei Bestandteile:

- die persönliche Verhaltenspflicht der Organmitglieder und der Mitarbeiter;
- die Organisationspflichten der geschäftsführenden Organe, wodurch diese sicherstellen, dass sich das Unternehmen und seine Mitarbeiter rechtmäßig verhalten und Rechtsverletzungen aufgedeckt werden; und
- die Deliktsverhinderungs- und Schadensabwehrpflicht der Organmitglieder mit dem Ziel, strafrechtliches Verhalten durch das Unternehmen und seine Mitarbeiter sowie Vermögensnachteile der Gesellschaft, die bei Rechtsverletzungen drohen, abzuwehren.[23]

Da der Gegenstand dieser Untersuchung seinen Schwerpunkt im Bankwesen hat, soll vorliegend Compliance vor allem bezogen auf die Banken beleuchtet werden.

b) Compliance bei Kreditinstituten und im Bankkonzern

Compliance bei Kreditinstituten und in einem Bankkonzern nach § 25a KWG setzt zunächst eine Bestimmung des Begriffs „Kreditinstitut“ bzw. „Bank“ voraus. Die Begriffsbestimmung des Konzerns erfolgt an gegebener Stelle.[24]

Was sich hinter der Institution „Bank“ verbirgt, ist, zumindest in seinen groben Zügen, allseits bekannt. Nach allgemeinem Sprachgebrauch handelt es sich um eine Anstalt zur Abwicklung des Zahlungs- und Devisenverkehrs.[25] Eine Legaldefinition der Bank enthält § 1 Abs. 1 Satz 1 KWG. Der Gesetzgeber spricht hier allerdings nicht von „Banken“, sondern von „Kreditinstituten“[26]. Der Begriff des Kreditinstituts ist dabei als Oberbegriff für sämtliche Unternehmen al-

---

[20] *Uwe H. Schneider*, ZIP 2003, 645 (646); *Assmann*, AG 1994, 237 (256); *Gebauer*, in: DIRK (Hrsg.), Handbuch Investor Relations, S. 505 (507 f.).

[21] *Peek/Rode*, Compliance im Wandel, S. 5.

[22] *Uwe H. Schneider/Sven H. Schneider*, ZIP 2007, 2061 (2061 f.).

[23] *Uwe H. Schneider/Sven H. Schneider*, ZIP 2007, 2061 (2061 f.).

[24] Siehe D. I.

[25] Duden Band 5, Fremdwörterbuch, S.118.

[26] Die Begriffe „Bank“, „Bankunternehmen“, „Bankbetrieb“ und „Kreditinstitut“ werden synonym verwendet; siehe *Kolbeck*, Bankbetriebliche Planung – Planungsmöglichkeiten bei Kreditbanken, Sparkassen und Kreditgenossenschaften, S. 47.

ler Gruppen der deutschen Bankwirtschaft zu verstehen – auch wenn er nur einen Teil des banküblichen Geschäfts repräsentiert (Aktivgeschäft).[27]
Gemäß § 1 Abs. 1 Satz 1 KWG sind Kreditinstitute „*Unternehmen, die Bankgeschäfte gewerbsmäßig oder in einem Umfang betreiben, der einen in kaufmännischer Weise eingerichteten Geschäftsbetrieb erfordert*". Sie definieren sich über den Begriff der Bankgeschäfte im Sinne des § 1 Abs. 1 Satz 2 Nr. 1–12 KWG. Die Enumeration der Bankgeschäfte in § 1 Abs. 1 KWG deckt allerdings nur einen Teil der Tätigkeiten ab, die im wirtschaftlichen Verständnis von Banken angeboten werden oder die funktional Bankleistungen substituieren können. Insofern ergäbe sich bei dieser Definition die Möglichkeit, durch ein spezialisiertes Leistungsangebot die Regulierung gemäß KWG und somit auch die Organisationspflichten aus § 25a KWG zu umgehen. Dies könnte zu Wettbewerbsverzerrungen führen.[28] Um für Institutionen, die vergleichbare Geschäfte anbieten und vergleichbare Risiken eingehen, einheitliche Regeln zu schaffen, existiert daher im KWG neben dem Begriff des Kreditinstituts noch der Begriff des Finanzdienstleistungsunternehmen. Dieser Begriff wird in § 1 Abs. 1a KWG definiert. Finanzdienstleistungsunternehmen sind hiernach „*Unternehmen, die Finanzdienstleistungen für andere gewerbsmäßig oder in einem Umfang erbringen, der einen in kaufmännischer Weise eingerichteten Geschäftsbetrieb erfordert, und die keine Kreditinstitute sind*". Was als Finanzdienstleistungen zu verstehen sind, definiert sich über § 1 Abs. 1a Satz 2 Nr. 1–11 KWG. Da § 25a KWG generell Institute adressiert und gemäß § 1 Abs. 1b KWG Institute im Sinne dieses Gesetzes sowohl Kreditinstitute als auch Finanzdienstleistungsinstitute sind, werden beide Institute von den Organisationspflichten des § 25a KWG erfasst.
Davon abzugrenzen ist das Wertpapierdienstleistungsunternehmen. Gemäß § 2 Abs. 4 WpHG sind Wertpapierdienstleistungsunternehmen „*Kreditinstitute, Finanzdienstleistungsinstitute und nach § 53 Abs. 1 Satz 1 KWG tätige Unternehmen, die Wertpapierdienstleistungen allein oder zusammen mit Wertpapiernebendienstleistungen gewerbsmäßig oder in einem Umfang erbringen, der einen in kaufmännischer Weise eingerichteten Geschäftsbetrieb erfordert*". Notwendiges funktionales Merkmal nach § 2 Abs. 4 WpHG ist die Erbringung von Wertpapierdienstleistungen im Sinne von § 2 Abs. 3 WpHG.[29] Vergleicht man die Geschäftsarten der Bankgeschäfte und Finanzdienstleistungen mit dem Katalog der Wertpapierdienstleistungen wird deutlich, dass diese deckungsgleich sind.

[27] *Büschgen/Börner*, Bankbetriebslehre, S. 9; *Büschgen*, Bankbetriebslehre, S. 9.
[28] *Hartmann-Wendels/Pfingsten/Weber*, Bankbetriebslehre, S. 21.
[29] Dazu eingehend *Assmann*, in: Assmann/Uwe H. Schneider (Hrsg.), WpHG, § 2 Rn. 63 ff.

Dementsprechend sind alle Kreditinstitute bzw. Finanzdienstleistungsinstitute, die die sich überschneidenden Dienstleistungen erbringen, zugleich als Wertpapierdienstleistungsunternehmen reguliert. Für Wertpapierdienstleistungsunternehmen regeln die §§ 33 ff. WpHG besondere Organisationspflichten; diese gelten für Kreditinstitute nur dann nicht, wenn diese keine Wertpapierdienstleistungen im Sinne von § 2 Abs. 3 WpHG erbringen.[30] Im Fokus der vorliegenden Untersuchung sind die Organisationspflichten, die das KWG an das Institut stellt.

§ 1 Abs. 1 Satz 1 KWG sowie § 1 Abs. 1a Satz 1 KWG setzen voraus, dass das Institut Bankgeschäfte bzw. Finanzdienstleistungen für andere entweder „gewerbsmäßig oder in einem Umfang erbringt, der einen in kaufmännischer Weise eingerichteten Geschäftsbetrieb erfordert“. Gewerbsmäßig ist ein auf eine gewisse Dauer angelegter Betrieb, der vom Betreiber mit der Absicht der Gewinnerzielung verfolgt wird.[31] Die kaufmännische Einrichtung richtet sich nach den allgemeinen handelsrechtlichen Grundsätzen des § 1 Abs. 2 HGB.[32] Aus Gründen des Gläubigerschutzes sind die Ansprüche des Bundesamtes für Finanzdienstleistungsaufsicht (BaFin), ab welcher Größenordnung ein solcher kaufmännisch eingerichteter Geschäftsbetrieb erforderlich ist, relativ streng.[33]

Neben dem Kreditinstitut und dem Finanzdienstleistungsinstitut werden wohl künftig auch sog. Schattenbanken der Regulierung unterworfen.[34] Dabei handelt es sich um Finanzintermediäre, die gewisse Bankfunktionen wahrnehmen, ohne als Geschäftsbanken Zugriff auf Zentralbankgeld zu haben oder einer Einlagensicherung zu unterliegen.[35] Sie unterliegen bisher keiner Aufsicht; bergen aber erhebliche Risiken für den Finanzmarkt.

2. Funktionen von Compliance

Die Funktionen von Compliance sind unterschiedlich. Es gibt im Wesentlichen fünf Kernfunktionen. Jedem Gesetzesverstoß wohnt ein Schadenspotential inne, sei es in Form von unmittelbaren finanziellen Risiken (etwa durch Bußgeld-

[30] Eine eingehende Untersuchung der Compliance im Wertpapierdienstleistungsbereich wurde bereits vorgenommen: siehe *Lösler*, Compliance im Wertpapierdienstleistungskonzern.

[31] Begründung zum Regierungsentwurf eines Gesetzes zur Umsetzung von EG-Richtlinien zur Harmonisierung bank- und wertpapieraufsichtsrechtlicher Vorschriften, BT-Drucks. 13/7142 vom 6. März 1997, S. 62.

[32] *Schwennicke*, in: Schwennicke/Auerbach (Hrsg.), KWG, § 1 Rn. 7.

[33] *Büschgen*, Bankbetriebslehre, S. 10.

[34] Grünbuch „Schattenbankwesen“ vom 19. März 2012, KOM (2012) 102 endg.

[35] *Schaffelhuber*, GWR 2011, 488 (488).

oder Schadensersatzzahlungen) oder in Form von Reputationsverlusten.[36] Aber auch Reputationsschäden können sich in unmittelbaren finanziellen Schäden niederschlagen,[37] wie beispielsweise durch den Abzug von Kunden.[38] Durch die Einhaltung von gesetzlichen Verhaltenspflichten wird konkret die Wahrscheinlichkeit von aufsichtsrechtlichen Sanktionen sowie zivilrechtlichen Haftungs- und Reputationsrisiken für die Bank reduziert.[39] Gleichzeitig sollen Organe und Mitarbeiter durch Compliance vor der Verletzung von straf- und bußgeldbewehrten Vorschriften, der Begründung zivilrechtlicher Schadensersatzansprüche sowie arbeitsrechtlichen Konsequenzen bewahrt werden.[40] Compliance kommt folglich vor allem eine **Schutzfunktion** zu. Sie gilt, wie dargestellt, sowohl gegenüber dem Unternehmen selbst sowie gegenüber den Mitarbeitern. Die im Rahmen von Compliance vorzunehmenden organisatorischen Maßnahmen sollen Anzahl, Intensität und Dauer rechtswidrigen Verhaltens durch ein Unternehmen und seine Mitarbeiter im Vergleich zu einem gleichwertigen Unternehmen ohne eine solche Compliance-Organisation verringern.[41]

Eng mit der Schutzfunktion verknüpft ist die systematische, fortlaufende und angemessene Überwachung der Einhaltung der Regeln (**Überwachungsfunktion**). Sog. Monitoring-Systeme garantieren eine zeitnahe und permanente Kontrolle im Hinblick auf die Befolgung der Gesetze und weiterer Regelwerke.[42] Dies ist wesentlich, um Regelverstöße zu unterbinden und somit eine ordnungsgemäße Durchsetzung von Compliance zu realisieren. Infolge von Monitoring können Mitarbeiter abgeschreckt werden, einen vorsätzlichen Regelverstoß zu ihrem Vorteil bzw. zum Schaden des Unternehmens zu planen.[43]

Schließlich führt die Überwachungstätigkeit durch Compliance auch zur Behebung von Schwachstellen, so dass Compliance weiterhin als Instrument der **Qualitätssicherungs- und Innovationsfunktion** verstanden werden kann. Ein Unternehmen kann mit einem funktionierenden Compliance-System seine Stellung und sein Ansehen in den Märkten und in der Öffentlichkeit stärken.[44] Wer als Unternehmen, Bank oder Versicherung hingegen nicht in der Lage ist, inter-

---

[36] *Gebauer*, in: DIRK (Hrsg.), Handbuch Investor Relations, S. 505 (507).
[37] *Lösler*, NZG 2005, 104 (104 f.).
[38] *Kaiser/Kosprowicz*, Börsen-Zeitung vom 10. August 2012, Nr. 153, S. 4.
[39] *Eisele/Faust*, in Schimansky/Bunte/Lwowski (Hrsg.), Bankrechts-Handbuch, § 109 Rn. 4; *Rothenhöfer*, in: Kümpel/Wittig (Hrsg.), Bank- und Kapitalmarktrecht, Rn. 3.309.
[40] *Rothenhöfer*, in: Kümpel/Wittig (Hrsg.), Bank- und Kapitalmarktrecht, Rn. 3.309.
[41] *Sven H. Schneider*, Informationspflichten und Informationssystemeinrichtungspflichten im Aktienkonzern, S. 275.
[42] *Lösler*, NZG 2005, 104 (105).
[43] *Lebherz*, Emittenten-Compliance, S. 267.
[44] *Bergmoser/Theusinger/Gushurst*, BB Beilage 5/2008, 1 (2).

nationale Regeln und Standards, seien sie selbst gesetzt oder von dritter Seite auferlegt, konsequent durchzuhalten, wird im Wettbewerb nicht bestehen.[45]
Dies ist eng verbunden mit der **Marketing-Funktion** von Compliance. Schon aus Wettbewerbsgründen ist die Sicherung des Vertrauens der Kunden in die Integrität der Bank durch Compliance-Einrichtungen angezeigt.[46] Das Vorhandensein einer Compliance-Organisation stärkt das Vertrauen der Kunden und Anleger in die Integrität und Fairness des Unternehmens.[47] Auch verbessert sich hierdurch das Rating der Banken durch Ratingagenturen, die bei ihrer Bewertung ebenso die Organisation und das Management eines Unternehmens bewerten, wie dessen Finanzkraft.
Eine weitere Aufgabe von Compliance liegt in der **Beratungs- und Informationsfunktion**. Indem Mitarbeiter eines Unternehmens in Bezug auf ihre wahrzunehmenden Aufgaben hinreichend geschult und beraten werden, können potentielle Rechtsverstöße frühzeitig erkannt und vermieden werden.[48] Ihr Bewusstsein in Bezug auf die Risiken ihres Handelns wird entsprechend geschärft. Insbesondere in Zeiten steigender Komplexität im Hinblick auf einzuhaltende Normen gewinnt das Bedürfnis nach Beratung und Information von Mitarbeitern an Bedeutung. Zwar kann insgesamt kein absoluter Schutz gewährleistet werden; durch Beratung und das entsprechende Monitoring wird das Risiko eines Gesetzesverstoßes jedoch minimiert.[49]
Im Zusammenhang mit dem Schutzzweck von Compliance, stellt sich auch die Frage, wessen Interessen die Erfüllung von Compliance-Pflichten dienen. Grundsätzlich dient Compliance der Verfolgung des Unternehmensinteresses.[50] Dies mag zunächst verwundern, da mit Blick auf die anhaltende Finanzkrise angenommen werden könnte, dass Compliance in erster Linie Gemeinwohlinteresse verfolgt. Die Geschäftsleitung hat bei ihrer Organisation im Grundsatz ein weites unternehmerisches Ermessen, weshalb Regulierungen in diesem Bereich zudem oftmals als störend empfunden werden. Ferner ist eine Compliance-Organisation kostenintensiv.[51] Dennoch, Compliance schützt sowohl das Unternehmen als auch die Mitarbeiter. Rechtsverstöße können kein Mittel der Wahl

---

[45] *Hauschka*, Compliance im Gesellschaftsrecht und die aktuellen Entwicklungen in der Diskussion, Bankrechtstag 2008, S. 103 (111).
[46] *Eisele/Faust*, in Schimansky/Bunte/Lwowski (Hrsg.), Bankrechts-Handbuch, § 109 Rn. 4.
[47] *Gebauer*, in: DIRK (Hrsg.), Handbuch Investor Relations, S. 505 (514); *Weiss*, Die Bank 1993, 136 (139).
[48] *Lösler*, NZG 2005, 104 (105).
[49] *Schweizer*, Insiderverbote, Interessenkonflikte und Compliance, S. 162; *Wolf*, DStR 2006, 1995 (2000); *Rodewald/Unger*, BB 2007, 1629 (1633).
[50] *Casper*, in: Festschrift K. Schmidt, S. 199 (208); *Kort*, in: Festschrift Hopt, S. 983 (985).
[51] *Peek/Rode*, Compliance im Wandel, S. 3.

sein. Insbesondere werden die monetären Sanktionen bei fehlender Einhaltung von aufsichtsrechtlichen und gesetzlichen Vorgaben absehbar weiter steigen.[52] Die Organisationspflichten sollen zudem Missständen im Kredit- und Finanzdienstleistungswesen entgegenwirken, welche die Sicherheit der den Instituten anvertrauten Vermögenswerten gefährden, die ordnungsgemäße Durchführung der Bankgeschäfte oder Finanzdienstleistungen beeinträchtigen oder erhebliche Nachteile für die Gesamtwirtschaft herbeiführen können.[53] Dies unterstreicht die besondere Bedeutung einer effektiven Compliance in der Kreditwirtschaft. Compliance liegt somit im Interesse des Unternehmens, seiner Mitarbeiter sowie im Interesse der Allgemeinheit.

3. Entwicklung

a) Entwicklung in den USA

aa) Grundlagen

Im Hinblick auf die Compliance in deutschen Instituten lassen sich aus den Entwicklungen in den USA wichtige Erkenntnisse gewinnen, da diese für die deutsche Entwicklung prägend waren und eine Abschätzung der zukünftigen Bedeutung von Compliance ermöglichen. Deshalb soll an dieser Stelle eine kurze Übersicht über die US-amerikanische Entwicklung erfolgen. Die Ursprünge der Compliance Programme finden sich in den Vereinigten Staaten und entwickelten sich dort zunächst im Bereich des Kapitalmarktrechts.[54] Anlass für diese Compliance-Entwicklung waren zahlreiche Straftaten durch Mitarbeiter von Finanzdienstleistern, für welche die entsprechenden Kapitalgesellschaften nach US-amerikanischen Recht haftbar gemacht werden konnten. Dies gründet sich auf der zivilrechtlichen „respondeat superior“-Lehre,[55] welche auf den strafrechtlichen Bereich übertragen wurde. Hiernach kann eine Gesellschaft für einen durch das schuldhafte Verhalten eines Mitarbeiters verursachten Schaden verantwortlich gemacht werden, wenn dieser Angestellte innerhalb seines Beschäftigungsverhältnisses und zum beabsichtigten Nutzen des Arbeitgebers gehandelt hat.[56] Infolge zahlreicher Straftaten durch Mitarbeiter von Finanzdienstleistern etablierte sich daher ein Compliance-System, um kriminellen

[52] *Peek/Rode*, Compliance im Wandel, S. 2.
[53] AT 2 MaRisk (BA); *Langen*, in: Schwennicke/Auerbach (Hrsg.), KWG, § 25a KWG, Rn. 3; *Braun/Wolfgarten*, in: Boos/Fischer/Schulte-Mattler (Hrsg.), KWG, § 25a KWG, Rn. 31.
[54] *Runte*, in: Bürgers/Körber (Hrsg.), AktG, § 161 Rn. 58.
[55] *Linklater/McElyea*, RIW 1994, 117 (118).
[56] *Linklater/McElyea*, RIW 1994, 117 (117 f.).

Handlungen von Angestellten vorzubeugen und somit eine etwaige Haftung der Gesellschaft für solche Taten auszuschließen. Viele amerikanische Unternehmen führten sog. „Corporate Compliance Codes“ ein, d.h. Richtlinien, die die Einhaltung gesetzlicher Vorschriften durch Angestellte sichern sollten. Der erhoffte strafmildernde oder gar strafverhindernde Einfluss solcher „Corporate Compliance Codes“ war allerdings zunächst gering und wurde nur selten von den amerikanischen Gerichten innerhalb der strafrechtlichen Haftung der Unternehmen berücksichtigt.[57]

bb) Federal Sentencing Guidelines

Diese Rechtslage änderte sich Anfang der 90er Jahre, als die Federal Sentencing Commission des US-Justizministeriums mit den sog. „Federal Sentencing Guidelines“ allgemeine einheitliche Strafzumessungsregeln auf US-Bundesebene festlegte.[58] Sie beinhalten die Verfahren, die bei der Ermittlung der Strafe angewandt werden müssen, die über eine für Straftaten ihrer Mitglieder oder Angestellten schuldig befundene juristische Person verhängt werden kann bzw. muss.[59] Dabei wird den Straftaten eine Basispunktzahl zugeordnet, das sog. „base offence level“, welches abhängig von den Umständen der Tat die Grundlage für die Berechnung der konkreten Strafe bildet. Je nach Tatumständen und Tatfolgen sind weiterhin Maluspunkte hinzuzuaddieren. Aus dem Ergebnis wird eine sog. „base fine“ errechnet, die mit einem „culpability score“ zu multiplizieren ist, um zum zu verhängenden Strafrahmen zu gelangen. Spezielle Umstände der Straftat können sich im Einzelfall innerhalb des „culpability score“ strafschärfend oder strafmindernd auswirken.[60] Ein in den „culpability score“ einfliessender strafmindernder Aspekt kann beispielsweise sein, wenn das betroffene Unternehmen ein *„effective program to prevent and detect violations of law“*[61], also ein Compliance Programm[62] implementiert hatte.[63]

---

[57] *Linklater/McElyea*, RIW 1994, 117 (118 f.).

[58] Der erste Teil der von der Federal Sentencing Commission entwickelten Richtlinien, der sich jedoch nur mit natürlichen Personen beschäftigte, trat am 1. November 1987 in Kraft. Die überarbeitete Richtlinie, welche sich auch auf die Bestrafung von juristischen Personen und anderen Gesellschaften erstreckt, trat am 1. November 1991 in Kraft. Die aktuelle Fassung ist online abrufbar unter http://www.ussc.gov/Guidelines/2010_guidelines/index.cfm (zuletzt aufgerufen am 31. Mai 2013).

[59] *Linklater/McElyea*, RIW 1994, 117 (119).

[60] *Linklater/McElyea*, RIW 1994, 117 (120).

[61] § 8 C. 2.5 (f) Federal Sentencing Guidelines: „If the offense occurred despite an effective program to prevent and detect violations of law: substract 3 points“.

[62] Wie ein effektives Compliance-Programm auszusehen hat, ist in den Federal Sentencing Guidelines Manual unter § 8B2.1. festgelegt.

[63] *Runte,* in: Bürgers/Körber (Hrsg.), AktG, § 161 Rn. 58.

Infolge der „Federal Sentencing Guidelines“ haben die amerikanischen Unternehmen frühzeitig gelernt, welche dramatischen Folgen es hat, wenn ein Unternehmen gesetzliche Gebote oder Verbote verletzt oder gesellschaftsrechtliche Erwartungen nicht erfüllt. Die Existenz eines effektiven Compliance Programms bewirkt eine Verringerung der, dem Unternehmen entstehenden Kosten für den Fall, dass ein Mitarbeiter tatsächlich eine Straftat begeht, für das das Unternehmen strafrechtlich verantwortlich gemacht wird, indem sich die vom Gericht zu verhängende Geldstrafe wesentlich reduziert.[64]
Die „Federal Sentencing Guidelines“ haben ebenfalls Auswirkungen auf die zivilrechtliche Haftung von Geschäftsführern.[65] Hierzu nahm der Delaware Court of Chancery in seiner grundlegenden Entscheidung *In Re Caremark*[66] aus dem Jahre 1996 erstmals Stellung. In dieser Entscheidung ging es um Schadensersatzansprüche gegen die Verwaltungsmitglieder von Caremark, einem im Gesundheitswesen tätigen börsennotierten Unternehmen, das in verschiedenen Strafverfahren wegen Verstößen nachrangiger Mitarbeiter gegen bundesstaatliches Recht zu Bußgeldzahlungen in Höhe von 250 Mio. $ sowie Schadensersatz verurteilt worden war. Die klagenden Aktionäre warfen dem Board vor, bei der Überwachung der Unternehmensangehörigen versagt zu haben. Die Schadensersatzklagen der Aktionäre wurden durch einen Vergleich beendet, über dessen Angemessenheit der Delaware Court of Chancery zu befinden hatte. Das Gericht führte in seinem Beschluss u.a. aus, dass die Geschäftsführer die gesellschaftsrechtliche Pflicht haben, ein ordnungsgemäßes Compliance-Systems zu errichten und zu unterhalten. Diese Pflicht ergebe sich aus den „Federal Sentencing Guidelines“ und dem allgemeinen Gesellschaftsrecht.[67]

cc) Sarbanes-Oxley Act

Nach Bilanzskandalen, vor allem bei Enron und Worldcom, wurde durch den „Sarbanes-Oxley Act“[68] aus dem Jahre 2002 die Pflicht zur Einführung eines Compliance-Programms in den USA weiter vorangetrieben und gesetzlich festgelegt. Die sich hieraus ergebenden Compliance-Anforderungen gelten auch heute noch als richtungweisend und sind in Deutschland zudem insofern von Relevanz, als deutsche Unternehmen, die an einer US-amerikanischen Börse

---

[64] *Hopson/Graham Koehler*, CCZ 2008, 208 (208).
[65] *Murphy*, Iowa Law Review 2002, 697 (713 f.).
[66] In re Caremark International Inc. Derivative Litigation, 698 A.2d 959 (967 ff.).
[67] In re Caremark International Inc. Derivative Litigation, 698 A.2d 959 (969 f.).
[68] Das Gesetz ist benannt nach seinen Verfassern, dem demokratischen Senator Paul S. Sarbanes und dem republikanischen Kongressabgeordneten Michael Oxley.

gelistet sind oder die sonst zur Berichterstattung an die US-Börsenaufsicht („Security and Exchange Commission – SEC") verpflichtet sind, sie zu beachten haben.[69] Zweck des Gesetzes ist es u.a., die Gesellschaft zu zwingen, interne Organisationsstrukturen zu schaffen, welche die Erfüllung von Publizitätspflichten sicherstellen sollen,[70] um das Vertrauen der Investoren in die Verlässlichkeit von Kapitalmarktinformationen zu stärken.[71] Der „Sarbanes-Oxley Act" enthält daher detaillierte Regelungen zur Unternehmensorganisation und zur Einrichtung eines internen Berichts- und Informationswesens. Sec. 404 des „Sarbanes-Oxley Act" ist dabei die zentrale Vorschrift in Bezug auf das Thema „Compliance". Nach Sec. 404 des „Sarbanes-Oxley Act", konkretisiert durch die Verordnung der SEC vom 5. Juni 2003,[72] wird das Management verpflichtet, einmal im Jahr eine Beurteilung der Funktionsfähigkeit der internen Kontrollsysteme vorzunehmen und im Rahmen der jährlichen Unternehmensberichterstattung in dem „Internal Control Report" dazu Stellung zu nehmen. Der Bericht ist durch einen Abschlussprüfer zu testieren.[73] Dadurch sollen Fehler in der Finanzberichterstattung durch wirksame Kontrollen verhindert oder rechtzeitig aufgedeckt werden. Im Zusammenhang damit fordert Sec. 406 des „Sarbanes-Oxley Act" einen Verhaltenskodex („Code of Ethics") für führende Mitarbeiter im Finanz- und Rechnungswesen, mit dessen Hilfe dafür Sorge getragen werden soll, dass rechtswidriges Fehlverhalten in den Bereichen Rechnungs- und Bankwesen sowie Wirtschaftskriminalität unternehmensintern möglichst schnell aufgedeckt wird.[74]

Weitere Compliance-Pflichten ergeben sich aus Sec. 302 des „Sarbanes-Oxley Act", konkretisiert durch die am 28. August 2002 erlassene Verordnung der SEC.[75] Danach gilt, dass Offenlegungskontrollen („Disclosure Controls and Procedures") einzurichten sind. Dies sind Kontrollen und Verfahren, die sicherstellen sollen, dass alle Informationen, die in den bei der SEC einzureichenden Berichten enthalten sein müssen, zeitgerecht aufgezeichnet, verarbeitet, zusammengefasst und berichtet werden.[76] Der Vorstandsvorsitzende („Chief Executive Officer – CEO") sowie der Finanzvorstand („Chief Financial Officer – CFO")

---

[69] *Uwe H. Schneider*, CCZ 2008, 18 (18); *Bergmoser/Theusinger/Gushurst*, BB Beilage 5/2008, 1 (2); *Arbeitskreis Schmalenbach-Gesellschaft*, BB 2004, 2399 (2399).
[70] *Gruson/Kubicek*, AG 2003, 393 (393).
[71] *Büssow/Taetzner*, BB 2005, 2437 (2437); *Arbeitskreis Schmalenbach-Gesellschaft*, BB 2004, 2399 (2399); *Bussmann/Matschke*, wistra 2008, 88 (89).
[72] SEC Release 33-8238, 34-47986, Fed. Reg. Bd. 67, S. 36636 ff.
[73] *Immenga*, in: Festschrift Schwark, S. 199 (206); *Bussmann/Matschke*, wistra 2008, 88 (90).
[74] *Reufels/Deviard*, CCZ 2009, 201 (202).
[75] SEC Release 33-8124, 34-46427, Fed. Reg. Bd. 67, S. 57276 ff.
[76] Näher: *Gruson/Kubicek*, AG 2003, 393 (394); *Arbeitskreis Schmalenbach-Gesellschaft*, BB 2004, 2399 (2399).

haben die bei der SEC einzureichenden Quartals- oder Jahresberichte inhaltlich schriftlich zu bestätigen. Die erforderliche Bestätigung umfasst auch einen Bericht darüber, dass dem Audit-Committee alle wesentlichen Schwachpunkte des internen Kontroll- und Berichtswesens, die sich nachteilig auswirken können, mitgeteilt wurden. Der Gesetzgeber in den USA fordert von den Unternehmen konkrete Kontrollmaßnahmen und hat somit den Begriff der Compliance spezifiziert. Durch diese Anforderungen ist die Bedeutung von Compliance für die Unternehmensorganisation von in den USA börsennotierten Unternehmen erheblich verstärkt worden.

b) Entwicklung in Europa und Deutschland

Während in den USA die Compliance-Entwicklung in Folge des dort herrschenden Unternehmensstrafrechts einsetzte, war die Deutsche Entwicklung eine andere. Ein Unternehmensstrafrecht wie in den USA gibt es in Deutschland nicht. Jegliche Reformvorschläge[77] zur Einführung einer Unternehmenssanktionierung im Bereich des klassischen Kriminalstrafrechts wurden bisher abgelehnt. Die Bestrafung von Unternehmen vertrage sich nicht mit dem Grundgedanken eines Schuldstrafrechts.[78]

Compliance hat in Deutschland vielmehr seinen Ursprung im Bankbereich und ist hier mit der Regulierung der Insidergeschäfte auf dem Wertpapiermarkt eng verbunden.[79] Bereits im Jahr 1908 wurden Teilaspekte des Insiderrechts durch eine Mitteilung des Centralverbandes des Deutschen Bank- und Bankiergewerbes geregelt.[80] Die Mitteilung diskutiert freiwillige Maßnahmen zur Bekämpfung von Insiderhandel durch Mitarbeiter. Im Bereich der „Wertpapier-Compliance“ gab es weiterhin seit den 1970er Jahren freiwillige Insiderrichtlinien mit Händler- und Beraterregeln, die 1971 durch Erläuterungen und eine Verfahrensordnung für die bei den Börsen zu bildenden Prüfungskommissionen ergänzt wurden.[81] Diese Regelungen waren jedoch nicht rechtlich verbindlich. Zum anderen fehlte eine unabhängige Überwachung der Wertpapiergeschäfte.

Unter Berücksichtigung des angelsächsischen Vorbilds wurde Anfang der 90er Jahre in Deutschland begonnen, Compliance-Systeme einzurichten. So führte

[77] Siehe hierzu die Reforminitiative des Arbeitskreises Strafrecht: *Schünemann* (Hrsg.), Arbeitskreis Strafrecht, Band III – Unternehmenskriminalität, 1996; siehe weiterhin die Initiative des Landes Hessen – *Hamm*, NJW 1998, 662 f.

[78] *Uwe H. Schneider*, CCZ 2008, 18 (18); *ders.*, EuZW 2007, 553 (553); *Heine*, in: Schönke/Schröder (Hrsg.), StGB, Vor. §§ 25 ff., Rn. 127.

[79] *Eisele*, WM 1993, 1021 ff.

[80] Abgedruckt und diskutiert in: *Hoeren*, ZBB 1993, 112 (112 ff.).

[81] *Assmann*, in: Assmann/Uwe H. Schneider (Hrsg.), WpHG, Vor § 12 Rn. 5.

die Deutsche Bank als erstes Bankinstitut im April 1992 eine Compliance-Organisation ein.[82] Hierdurch sollte das Vertrauen der Anleger gestärkt und so die Wettbewerbsfähigkeit des Kreditinstituts für Kapitalanlagen im internationalen Vergleich verbessert werden sowie der Schutz der Kunden und der Mitarbeiter erhöht werden.[83] Das Fehlen einer konkreten staatlichen Aufsicht wurde im internationalen Wettbewerb der Börsenplätze aber zunehmend als Nachteil empfunden. Die Sorge um einen Reputationsverlust des Finanzplatzes Deutschland ließ den Ruf nach einer gesetzlichen Regelung immer lauter werden. Aus diesem Grund wurden mit dem Zweiten Finanzmarktförderungsgesetz vom 26. Juli 1994[84] die Standards der deutschen Kapitalmärkte den angelsächsischen angepasst. Durch die Schaffung des Wertpapierhandelsgesetzes als Bestandteil des Zweiten Finanzmarktförderungsgesetzes wurde erstmals der Insiderhandel einer gesetzlichen Grundlage unterworfen. Ebenfalls wurden durch das Zweite Finanzmarktförderungsgesetz die Anforderungen an die Unternehmensorganisation definiert. Diese Anforderungen haben letztlich die Grundlagen für die Einrichtung einer Compliance-Organisation bei Banken geschaffen. § 33 WpHG war hierbei die erste Vorschrift in Deutschland unter Compliance-Gesichtspunkten.[85]

Eine Kodifizierung einer Compliance-Organisation für Finanzinstitute erfolgte durch die Sechste KWG-Novelle[86] im Jahr 1997. Nach § 25a Abs. 1 Satz 1 KWG müssen Institute über eine ordnungsgemäße Geschäftsorganisation verfügen, welche die Einhaltung der von den Instituten zu beachtenden gesetzlichen Bestimmungen gewährleistet. Durch § 25a KWG werden nach der Regierungsbegründung zur Sechsten KWG-Novelle Art. 10 Abs. 1 Spiegelstrich 1 der Wertpapierdienstleistungsrichtlinie 93/22/EWG[87] und Art. 4 Abs. 4 der Kapitaladäquanzrichtlinie 93/6/EWG[88] in deutsches Recht umgesetzt. Ziel der Sechsten KWG-Novelle war es, neben der Umsetzung der genannten EU-Richtlinien, die Wettbewerbsfähigkeit des Finanzplatzes Deutschland sicherzustellen sowie

---

[82] *Ehrler*, Compliance in Universalbanken, S. 112.

[83] *Weiss*, Die Bank 1993, 136 (136).

[84] Gesetz über den Wertpapierhandel und zur Änderung börsenrechtlicher und wertpapierrechtlicher Vorschriften (Zweites Finanzmarktförderungsgesetz) vom 26. Juli 1994, BGBl. I 1994, S. 1749 ff.

[85] *Poppe*, in: Görling/Inderst/Bannenberg (Hrsg.), Compliance, Kap. 1 Rn. 38.

[86] Eingearbeitet wurde das 6. Gesetz zur Änderung des Gesetzes über das Kreditwesen (6. KWG-Novelle) gemäß Bekanntmachung vom 22. Oktober 1997, BGBl. I 1997, S. 2518 ff.

[87] Richtlinie 93/22/EWG des Rates, ABl. Nr. L 141 vom 11. Juni 1993, S. 27 bis 46.

[88] Richtlinie 93/6/EWG des Rates, ABl. Nr. L 141 vom 15. März 1993, S. 1 bis 26.

das Vertrauen der Anleger in die Funktionsfähigkeit des Finanzmarktes zu stärken.[89]

Zuletzt wurde auch zum 1. Januar 2008 in der Versicherungswirtschaft mit § 64a Abs. 1 VAG eine spezialgesetzliche Compliance-Regelung eingeführt.

Die konkrete Ausgestaltung der Compliance-Organisation war lange Zeit ungeklärt. Eine vorgegebene feste Richtschnur gibt es auch heute nicht; dennoch machen insbesondere die Rundschreiben der BaFin, der IDW-Prüfungsstandard 980, Art. 6 der Durchführungsrichtlinie zur MiFID[90] sowie das Konsultationspapier des Basler Ausschuss für Bankenaufsicht über „The compliance function in banks" nähere Ausführungen, wie eine Compliance-Organisation auszusehen hat.

Obwohl vorangehend die deutsche Compliance-Entwicklung innerhalb des Finanzwesens dargelegt wurde, ist Compliance nicht auf diesen Bereich beschränkt. Vielmehr hat hier die Entwicklung begonnen und sich sodann im Kartell- und Korruptionsstrafrecht weitere Anwendungsfelder erschlossen. In den besonders beaufsichtigten Wirtschaftsbereichen bestehen vielfach spezialgesetzliche Regelungen. Compliance hat sich im gesamten Wirtschaftsbereich etabliert und ist für Unternehmen oft von unschätzbarem Wert. Es ist heute in vielen Unternehmen vorzufinden.[91]

II. Unternehmensethik als Grundlage eines ordentlichen Compliance Managements und vice versa

Neben einer rechtlichen Perspektive beinhaltet Compliance auch eine ethische Dimension.[92] Mit Ethik bezeichnet man die Lehre vom sittlichen Verständnis und vom richtigen Verhalten aufgrund bestimmter Wert- und Moralvorstellungen.[93] Es geht um prinzipiengeleitetes Verhalten, das von der Gesellschaft erwartet wird und das einer inneren Einstellung entsprechen sollte. Ethische Regeln sind geprägt von einem bestimmten Menschenbild, von gemeinsamen Werten und von einer gesellschaftlichen Moral.

---

[89] BT-Drucks. 13/7142, S. 57.

[90] Richtlinie 2006/73/EG der Kommission vom 10. August 2006 zur Durchführung der Richtlinie 2006/39/EG des Europäischen Parlaments und des Rates, ABl. L 241 vom 2. Septmber 2006, S. 26 bis 58.

[91] Eine Übersicht zu Compliance-Integration in den DAX 30 Unternehmen findet sich bei *Eibelshäuser*, Der Konzern 2007, 735 (744).

[92] *Tippach*, Das Insiderhandelsverbot und die besonderen Rechtspflichten der Banken, S. 219 f.; *Eisele/Faust*, in: Schimansky/Bunte/Lwowski (Hrsg.), Bankrechts-Handbuch, § 109 Rn. 6; *Lösler*, Compliance im Wertpapierdienstleistungskonzern, S. 122; *Wolf*, DStR 2006, 1995.

[93] Hierzu und im Folgenden *Uwe H. Schneider*, ZIP 2010, 601 (604).

Zwischen Compliance und Ethik lässt sich ein gewisser Zusammenhang finden. „Ohne Ethik keine Compliance“ lautet das Motto derjenigen, die Unternehmensethik und Compliance Management als „zwei Seiten einer Medaille“[94] sehen. Dem ist zuzustimmen. Beide zielen auf das rechtmäßige Verhalten eines Unternehmens ab. Compliance, ohne eine Orientierung an Unternehmenswerten und gelebter moralischer Führungskultur, wird nur schwer seinem Hauptzweck, der Prävention doloser Handlungen, gerecht werden können. Umgekehrt gilt auch, dass ein striktes Compliance-Management die notwendige Basis für jede Unternehmensethik ist.[95] Ethik hört aber nicht dort auf, wo das Recht seine Grenzen findet; es findet über die Grenzen der gesetzlichen Normierung Anwendung und ist für eine ordnungsgemäße Compliance-Organisation essentiell. Ohne eine an Werten orientierte Unternehmensorganisation büßt ein Compliance-System an Effektivität ein. Daher bauen große Unternehmen wie Allianz und General Electric ihre Compliance-Programme auf der Grundlage wirtschaftsethischer Grundwerte auf.[96]

Compliance wird in der Literatur gar als Umschreibung der „ethischen Grundlagen“ bankgeschäftlichen Handelns verstanden[97] und als berufsständische Verhaltensethik umschrieben.[98] *Lösler* stimmt dem zu, indem er feststellt, dass Compliance auf Rechtsnormen beruhe und jede rechtliche Normierung einen rechtsethischen Hintergrund aufweise.[99] Die Rechtsordnung ist eine wertgeprägte Ordnung und ethische Grundsätze sind im Rahmen der Auslegung bzw. bei Lückenfüllung heranzuziehen.[100] Auch sind ethische Vorstellungen in gesetzlichen Regelungen, wie etwa in §§ 138, 242 und 826 BGB, enthalten.

Ob tatsächlich hinter jeder Rechtsnorm ein ethischer Ursprung steht, kann dahingestellt bleiben;[101] die Rechtsordnung ist zumindest durchzogen von ethischen Prägungen. Hierbei kann es selbst zu einer gesetzesübersteigenden Rechtsfortbildung kommen mit Rücksicht auf ein rechtsethisches Prinzip.[102]

---

[94] So der Titel des Aufsatzes von *Wieland*, CCZ 2008, 15 ff.
[95] *Wieland*, CCZ 2008, 15 (17).
[96] *Hauschka*, Compliance im Gesellschaftsrecht und die aktuellen Entwicklungen in der Diskussion, Bankrechtstag 2008, S. 103 (113).
[97] *Weiss*, Die Bank 1993, 136 (137); *Tippach*, Das Insiderhandelsverbot und die besonderen Rechtspflichten der Banken, S. 212; *Eisele/Faust*, in: Schimansky/Bunte/Lwowski (Hrsg.), Bankrechts-Handbuch, § 109 Rn. 6.
[98] *Tippach*, Das Insiderhandelsverbot und die besonderen Rechtspflichten der Banken, S. 212; *Lösler*, Compliance im Wertpapierdienstleistungskonzern, S. 12.
[99] *Lösler*, Compliance im Wertpapierdienstleistungskonzern, S. 122.
[100] *Larenz/Canaris*, Methodenlehre der Rechtswissenschaft, S. 240 f.
[101] *Uwe H. Schneider* führt in ZIP 2010, 601 (604) als Rechtsregeln ohne ethischen Bezug bspw. das Rechtsfahrgebot im Straßenverkehr oder die Höhe des Hebesatzes bei der Gewerbesteuer an.
[102] *Larenz/Canaris*, Methodenlehre der Rechtswissenschaft, S. 240 f.

Dies gilt insbesondere dann, wenn das gesetzte Recht im Widerspruch zur Gerechtigkeit steht und dies ganz und gar unerträglich ist. In diesem Fall muss das Gesetz als unrichtiges Recht der Gerechtigkeit weichen.[103] Im Ergebnis lässt sich daher feststellen, dass Recht und Ethik die Grundlagen einer effektiven Compliance-Organisation sind. Dem entspricht die Regelung des US-amerikanischen „Sarbanes-Oxley Act". Im Zusammenhang mit der dortigen Compliance-Entwicklung fordert der bereits angesprochene Sec. 406 des „Sarbanes-Oxley Act" einen „Code of Ethics" für führende Mitarbeiter im Finanz- und Rechnungswesen, mit dessen Hilfe dafür Sorge getragen werden soll, dass rechtswidriges Fehlverhalten in den Bereichen Rechnungs- und Bankwesen sowie Wirtschaftskriminalität unternehmensintern möglichst schnell aufgedeckt wird.[104] Zur Überwachung benötigt jedes börsennotierte Unternehmen einen „Ethics Administrator", also einen Ethik-Beauftragten. Eine vergleichbare Entwicklung lässt sich insbesondere bei internationalen Unternehmen beobachten. Hier werden Compliance-Kodizes – vor allem in Form von Ethikkodizes – auch als ethisches Bekenntnis der Unternehmen eingesetzt, um das Image in der Öffentlichkeit zu definieren und ggf. zu verbessern.[105] Der gute Ruf ist für ein Unternehmen ein wertvolles Gut; mitunter wird er sogar als die wichtigste immaterielle Ressource angesehen.[106] Die Einhaltung der ethischen Grundsätze liegt somit gerade im Unternehmensinteresse.

III. Unternehmensorganisation als sedes materiae

Die Unternehmensorganisation ist ein tragender Bestandteil der Compliance-Organisation im Unternehmen. Unternehmensorganisationspflichten, insbesondere im Zivilrecht, sind allerdings kein Novum im Rahmen der Compliance-Debatte, sondern bereits seit langem Gegenstand der wissenschaftlichen Diskussion. Sie sind die rechtlichen Pflichten zur Schaffung einer internen oder externen Unternehmensorganisation.[107] Unternehmensorganisation ist dabei die Gesamtheit aller Regelungen zur Gestaltung von Aufbau- und Ablaufstrukturen des Unternehmens.[108] Das Deliktsrecht kennt verschiedene Maßnahmen zur Unternehmensorganisation, vor allem die Haftung für Verrichtungsgehilfen gemäß §

---

[103] *Radbruch*, SJZ 1946, 105.
[104] *Reufels/Deviard*, CCZ 2009, 201 (202).
[105] *Meyer*, NJW 2006, 3605 (3606).
[106] *Schreyögg/v. Werder*, Handwörterbuch Unternehmensführung und Organisation, S. 1266; *Buff*, Compliance, S. 38 f.
[107] *Spindler*, Unternehmensorganisationspflichten, S. 13.
[108] *Bleicher*, Organisation, S. 34 f.

831 BGB sowie die Haftung bei einem Organisationsmangel nach § 823 BGB. Die Bereiche gehen heute allerdings ineinander über und sind kaum noch von einander zu unterscheiden. Insbesondere wird § 831 BGB vermehrt als Unterfall der allgemeinen deliktischen Organisationspflicht angesehen.[109] Neben diesen „betrieblichen" Organisationspflichten wird teilweise zudem eine „körperschaftliche" Organisationspflicht angenommen, die in § 31 BGB angesiedelt ist.
Alle drei Formen der Unternehmensorganisationspflichten bewirken, dass ein Unternehmen rechtmäßig handelt, um Haftungsgefahren zu vermeiden. Dies entspricht dem Schutzgedanken von Compliance und in Ansätzen der heutigen Compliance-Diskussion. Diese Diskussion wird allerdings auf einer höheren Ebene geführt. Es werden konkreten Vorgaben gemacht und Elemente genannt, welche unternehmensindividuell zu etablieren sind, um ein rechtskonformes Verhalten zu gewährleisten. Daran mangelt es bei den dargelegten zivilrechtlichen Organisationspflichten.

IV. Deutscher Corporate Governance Kodex (DCGK)

1. Corporate Governance

Neben „Compliance" ist ebenfalls „Corporate Governance" ein „Modewort" der aktuellen wissenschaftlichen Diskussion und in der Praxis von großem Gewicht. Es wurde bereits dargelegt, dass Compliance als Bestandteil guter Corporate Governance eines Unternehmens zu bezeichnen ist.[110] Ungeklärt ist allerdings die Bedeutung des Begriffs. Eine präzise Übersetzung des Begriffs aus der englischen Sprache in die deutsche Sprache ist ohne einen teilweisen Bedeutungsverlust nicht möglich.[111] Die Diskussion zu Corporate Governance Themen begann in den 80er Jahren in den USA und versucht den Prinzipal-Agenten-Konflikt zu lösen. Er beschreibt die Informations- und Machtasymmetrien,[112] die bei Aktiengesellschaften aus der Trennung von Eigentum (Prinzipal) und Management (Agent) resultieren. Diese Konstruktion verlangt Maßnahmen, um eine wertorientierte, sorgfältige und getreue Verwaltung des Vermögens der Aktionäre durch die Organe der Gesellschaft sicherzustellen.[113] Nach dem heutigen Verständnis bezeichnet Corporate Governance im Wesentlichen die Regeln gu-

---

109 *Brandes*, Die Haftung für Organisationspflichtverletzung, S. 194 ff.
110 Siehe B. I. 1. a).
111 *von Werder*, in: Ringleb/Kremer/Lutter/von Werder (Hrsg.), DCGK, Rn. 1; *Sven H. Schneider*, Informationspflichten und Informationssystemeinrichtungspflichten im Aktienkonzern, S. 253.
112 Dazu eingehend *Fleischer*, Informationsasymmetrie im Vertragsrecht, S. 138 ff.
113 *Lutter*, ZIP 2003, 737 (737).

ter Unternehmensführung und beschreibt den Ordnungsrahmen für die Leitung und Überwachung eines Unternehmens.[114] Dies ist auch im Bereich der Finanzinstitute von Bedeutung, doch dient hier die Corporate Governance nicht nur den Aktionären (*equity*-Governance), sondern ebenfalls den Einlegern (*debt*-Governance).[115]

Die Europäische Kommission stellte am 2. Juni 2010 in ihrem Grünbuch „Corporate Governance in Finanzinstituten und Vergütungspolitik“[116] fest, dass u.a. Schwächen in der Corporate Governance der Finanzinstitute eine zentrale Ursache für die Finanzkrise gewesen seien; dieses Ergebnis wurde in ihrem Aktionsplan „Europäisches Gesellschaftsrecht und Corporate Governance“[117] wiederholt. Mängel im Corporate-Governance-System bei Finanzinstituten waren bereits Diskussionsgegenstand in der Mitteilung der Europäische Kommission vom 4. März 2009 „Impulse für den Aufschwung in Europa“[118] sowie in der Turner Review[119] der FSA und der von der britischen Regierung in Auftrag gegebenen Walker Review[120]. In Reaktion hierauf wurden konkrete Vorschläge zur Stärkung der Corporate Governance in Finanzinstituten International und in Europa vorgelegt und zur Diskussion gestellt.[121] Zu nennen sind die „Principles for enhancing corporate governance“[122] des Baseler Ausschuss für Bankenaufsicht vom Oktober 2010, die „Guidelines on Internal Governance“[123] der European Banking Authority (EBA) vom 27. September 2011 sowie das o.g. Grünbuch „Corporate Governance in Finanzinstituten und Vergütungspolitik“ der

---

[114] *Uwe H. Schneider*, AG 2004, 429 (429); *von Werder*, in: Ringleb/Kremer/Lutter/von Werder (Hrsg.), DCGK, Rn. 1; *Berliner Initiativkreis German Code of Corporate Governance*, DB 2000, 1573 (1573); *Gößwein/Hohmann*, BB 2011, 963 (963).

[115] *Weber-Rey*, ZGR 2010, 543 (549).

[116] *Kommission*, Grünbuch Corporate Governance in Finanzinstituten und Vergütungspolitik, KOM (2010) 284.

[117] *Kommission*, Aktionsplan Gesellschaftsrecht und Corporate Governance, KOM (2012) 740 final.

[118] Mitteilung für die Frühjahrstagung des Europäischen Rates vom 4. März 2009 – KOM 2009, 114.

[119] *Financial Services Authority (FSA)*, Turner Review: A Regulatory Response to the Global Banking Crisis, März 2009, http://www.fsa.gov.uk/pubs/other/turner_review.pdf (zuletzt aufgerufen am 31. Mai 2013).

[120] *Walker*, A review of corporate governance in UK banks and other financial industry entities – Final recommendations, 26. November 2009.

[121] *Wittig*, WM 2010, 2337 (2338).

[122] *Basel Committee on Banking Supervision*, Principles for enhancing corporate governance, Oktober 2010, http://www.bis.org/publ/bcbs176.pdf (zuletzt aufgerufen am 31. Mai 2013).

[123] *European Banking Authority (EBA)*, Guidelines on Internal Governance (GL 44), http://www.eba.europa.eu/cebs/media/Publications/Standards%20and%20Guidelines/2011/EBA-BS-2011-116-final-(EBA-Guidelines-on-Internal-Governance)-(2)_1.pdf (zuletzt aufgerufen am 31. Mai 2013).

Europäischen Kommission.[124] Die Einrichtung einer Compliance-Funktion ist dabei regelmäßiger Bestandteil für eine verbesserte Corporate Governance in Finanzinstituten.[125]

Der Deutsche Juristentag hat ebenfalls die Bedeutung von Corporate Governance im Finanzsektor erkannt und sich für einen eigenen Bankenkodex ausgesprochen.[126] Im Finanzsektor muss Corporate Governance aufgrund des systemischen Charakters zahlreicher Akteure den Interessen anderer Beteiligter (Einleger, Sparer usw.) sowie der Stabilität des Finanzsystems Rechnung tragen.[127]

2. Ziffer 4.1.3 Deutscher Corporate Governance Kodex

Der Deutsche Corporate Governance Kodex[128] in der Erstfassung vom 26. Februar 2002, entworfen durch die 2001 eingesetzte Kodexkommission, enthält wesentliche gesetzliche Vorschriften zur Leitung und Überwachung deutscher börsennotierter Gesellschaften sowie Grundsätze guter und verantwortungsvoller Unternehmensführung. Inhaltlich umfasst der Kodex geltendes Recht („rechtsbeschreibender Teil“), Empfehlungen („Soll-Bestimmungen“) sowie Anregungen („Sollte“- bzw. „Kann“-Bestimmungen).[129] 2007 hat die Kodexkommission der ständig wachsenden Bedeutung von Compliance in der Unternehmenspraxis Rechnung getragen und als Instrument der Unternehmensorganisation in die aktualisierte Kodexfassung vom 20. Juni 2007 aufgenommen.[130]

In Ziff. 4.1.3 DCGK enthält der Deutsche Corporate Governance Kodex nun den Versuch einer Definition von Compliance. Dort heißt es: *„Der Vorstand hat für die Einhaltung der gesetzlichen Bestimmungen und der unternehmensinternen Richtlinien zu sorgen und wirkt auf deren Beachtung durch die Konzernunternehmen hin (Compliance).“* Außerdem schreibt Ziff. 3.4.2 DCGK vor, dass der Vorstand den Aufsichtsrat regelmäßig, zeitnah und umfassend über alle für das Unternehmen relevanten Fragen der Compliance informiert. Schließlich

---

[124] Umfassend zur Reform der Corporate Governance von Finanzinstituten: *Wittig*, WM 2010, 2337 ff.

[125] Die „Guidelines on Internal Governance“[118] der European Banking Authority machen dabei umfangreiche Vorgabe zur Gestaltung der Compliance-Funktion - European Banking Authority (EBA), Guidelines on Internal Governance (GL 44), S. 43.

[126] Vgl. Beschlüsse des 68. Deutschen Juristentages 2010, Öffentliches und Privates Wirtschaftsrecht, Nr. 13 a), S. 16.

[127] KOM (2010) 284, S. 3.

[128] Der Text ist abrufbar unter http://www.corporate-governance-code.de/ger/kodex/1.html (zuletzt aufgerufen am 31. Mai 2013).

[129] Präambel des DCGK; *Seibt*, AG 2002, 249 (250); *Kiethe*, NZG 2003, 559 (561).

[130] *Bürkle*, BB 2007, 1797 (1797).

empfiehlt Ziff. 5.3.2 DCGK dem Aufsichtsrat, einen Prüfungsausschuss einzurichten, der sich mit Compliance befassen soll.
Die Aufnahme des Compliance-Konzepts in den Kodex fördert die Bewusstseinsbildung bei Organmitgliedern, Unternehmensjuristen und externen Beratern. Sie betont, dass Corporate Compliance nicht nur ein Bestandteil guter Corporate Governance ist, sondern eine bedeutende Aufgabe der Unternehmensleitung.[131] Der Kodex gibt hierbei allerdings keine konkrete Empfehlungen oder Anregungen für die Erledigung von Compliance-Aufgaben durch den Vorstand. Es werden weder bestimmte Compliance-relevante Gebote oder Verbote besonders kodifiziert, noch werden bestimmte Verfahrensweisen oder Managementtechniken genannt, um den Compliance-Anforderungen gerecht zu werden.[132]
Ein Compliance-Konzept ist auf der Grundlage des Kodexes nicht rechtlich verpflichtend, da dieser weder Gesetz noch Rechtsverordnung noch eine behördliche Allgemeinverfügung ist.[133] Der Kodex stellt vielmehr sog. „soft law" dar, welches keinen Gesetzesrang hat[134] und als freiwillige Regelung eine Selbstbindung und Flexibilisierung der Unternehmensverfassung bewirken soll.[135] Ein rechtlicher Zwang wird allerdings mittelbar über § 161 AktG entfaltet. Die durch das Transparenz- und Publizitätsgesetz im Jahre 2002 eingeführte Vorschrift regelt die Abgabe der Corporate Governance-Erklärung, die beschreibt, ob und in welchem Umfang das Unternehmen die *Empfehlung* des Corporate Governance Kodex, also diejenigen Teile, die durch die Verwendung des Wortes „soll" gekennzeichnet sind, einhält. Der Anleger kann hierdurch ohne großen Aufwand prüfen, ob bestimmte Standards guter Unternehmensführung befolgt werden, um darauf aufbauend Investitions- bzw. Deinvestitionsentscheidungen treffen zu können.[136] Diese sog. Entsprechenserklärung ist den Aktionären gemäß § 161 Abs. 2 AktG auf der Internetseite der Gesellschaft dauerhaft zugänglich zu machen. Im Falle von Abweichungen von den Kodex-Vorgaben trifft den Vorstand und Aufsichtsrat eine Offenlegungspflicht, nach dem Bilanzrechtsmodernisierungsgesetz auch eine Pflicht zur Begründung der Abweichung

[131] *Fleischer*, CCZ 2008, 1 (1).
[132] *Ringleb,* in: Ringleb/Kremer/Lutter/von Werder (Hrsg.), DCGK, Rn. 617.
[133] LG München I, Urteil vom 22. November 2007 – 5 HK O 10614/07, CCZ 2008, 28; *Hoffmann-Becking*, in: Münchener Handbuch für Gesellschaftsrecht, Band 4 – Aktiengesellschaft, § 29 Rn. 59; *Epe*, CCZ 2008, 30 (30); *Bergmoser/Theusinger/Gushurst*, BB Beilage 5/2008, 1 (5).
[134] *Kort*, NZG 2008, 81 (82); *Liese*, BB Beilage 5/2008, 17 (20); *Körner*, NZG 2004, 1148 (1149); *von Werder,* in: Ringleb/Kremer/Lutter/von Werder (Hrsg.), DCGK, Rn. 5.
[135] Begr. RegE zum TransPuG, BT-Drucks. 14/8769, S. 21; *Seibt*, AG 2002, 249 (250).
[136] *Seibt*, AG 2002, 249 (250); *Kiethe*, NZG 2003, 559 (560).

(„comply or explain“).[137] Durch diese Pflicht dürfte ein faktischer Zwang zur Befolgung der Vorgaben der Empfehlungen des Kodex bestehen, da sich wesentliche Abweichungen negativ auf die Bewertung der Gesellschaft in der Öffentlichkeit und an der Börse auswirken.[138] Über den Hebel des § 161 AktG wird der Kodex daher auf „eine höhere, quasi-normative Ebene gehoben“[139]. Dies greift allerdings nicht bei der Compliance-Formulierung aus Ziff. 4.1.3 DCGK, da diese keine ausdrückliche „Empfehlung“ an den Vorstand im Sinne von § 161 AktG ist.[140] Nach der Systematik und Diktion handelt es sich nicht um eine Empfehlung, sondern um eine Wiedergabe geltenden Rechts.[141]

---

137 *Kuthe/Geiser*, NZG 2008, 172 (173); *Bergmoser/Theusinger/Gushurst*, BB Beilage 5/2008, 1 (4); *Seibert*, BB 2002, 581 (583); *Fleischer*, ZHR 168 (2004), 673 (703).

138 *Bergmoser/Theusinger/Gushurst*, BB Beilage 5/2008, 1 (5); *Liese*, BB Beilage 5/2008, 17 (20).

139 *Sester*, in: Spindler/Stilz (Hrsg.), AktG, § 161 Rn. 9.

140 *Ringleb,* in: Ringleb/Kremer/Lutter/von Werder (Hrsg.), DCGK, Rn. 618.

141 *Ringleb,* in: Ringleb/Kremer/Lutter/von Werder (Hrsg.), DCGK, Rn. 615.

C. Zweiter Teil: Organisationspflichten im konzernfreien Unternehmen

I. Compliance als gesellschaftsrechtliche Organisationspflicht

1. Im Aktienrecht

a) Leitung in der Aktiengesellschaft (AG)

aa) Überblick

Innerhalb der Ausarbeitung zu den Grundlagen von Compliance ist verschiedentlich der Begriff „Leitung“ aufgetaucht. Er findet im Bereich der Gesellschaft, im Sinne der Personengesellschaft des Privatrechts, besondere Relevanz. Dies ergibt sich aus dem Umstand, dass eine juristische Person erst durch ihre Organe handlungsfähig wird; diesen obliegt die tägliche Organisation des Unternehmens. Grob definiert ist die Leitung eines Unternehmens ein Prozess, der eine Fülle von grundlegenden Entscheidungen und die strategische Führungsfunktion des Unternehmens bezeichnet.[142] Was hiervon konkret erfasst ist kann nur im Einzelfall anhand der Gegebenheiten des spezifischen Unternehmens bestimmt werden. In der Aktiengesellschaft trifft dies den Vorstand, der gemäß § 76 Abs. 1 AktG die Gesellschaft unter eigener Verantwortung leitet. Die Leitung sei dabei nach der herrschenden Literatur[143] als Führungsfunktion des Vorstands im Sinne eines herausgehobenen Teilbereichs der Geschäftsführung gemäß § 77 AktG von dieser zu differenzieren. Innerhalb des deutschen dualistischen Organisationsverfassungssystems legt § 76 Abs. 1 AktG die Unternehmensführung in die exklusive Zuständigkeit des Vorstands und schließt Aufsichtsrat und Hauptversammlung von ihr aus.[144] § 76 Abs. 1 AktG begründet für den Vorstand der Gesellschaft sowohl das Recht, aber auch die Pflicht zur Unternehmensführung.[145]

Gemäß § 93 Abs. 1 Satz 1 AktG haben die Vorstandsmitglieder bei ihrer Geschäftsführung die Sorgfalt eines ordentlichen und gewissenhaften Geschäftslei-

---

[142] *Spindler*, in: Münchener Kommentar AktG, § 76 Rn. 16; *Kort*, in: Großkommentar zum AktG, § 76 Rn. 29.

[143] *Fleischer*, ZIP 2003, 1 (3); *Spindler*, in: Münchener Kommentar AktG, § 76 Rn. 18; *Henze*, BB 2000, 209 (209); *Kort*, in: Großkommentar zum AktG, § 76 Rn. 29; *Hüffer*, AktG, § 76 Rn. 7; *Mertens/Cahn*, in: Kölner Kommentar AktG, § 76 Rn. 4; *K. Schmidt*, Gesellschaftsrecht, § 38 II 1b; *Schwark*, in: Festschrift Ulmer, S. 605 (613); *Wettich*, Vorstandsorganisation in der Aktiengesellschaft, S. 7.

[144] *Fleischer*, in: Spindler/Stilz (Hrsg.), AktG, § 76 Rn. 1; *Hüffer*, AktG, § 76 Rn. 1; *Spindler*, in: Münchener Kommentar AktG, § 76 Rn. 1; *Hopt*, in: Großkommentar zum AktG, § 76 Rn. 21 f.; *Fleischer*, ZIP 2003, 1 (1).

[145] *Seibt*, in: K. Schmidt/Lutter (Hrsg.), AktG, § 76 Rn. 8; *Spindler*, in: Münchener Kommentar AktG, § 76 Rn. 15; *Paefgen*, Unternehmerische Entscheidungen und Rechtsbindung der Organe in der AG, S. 9.

ters anzuwenden. Maßgeblich ist, wie ein pflichtbewusster, selbstständig tätiger Leiter eines Unternehmens, der nicht mit eigenen Mitteln wirtschaftet, sondern ähnlich wie ein Treuhänder[146] fremden Vermögensinteressen verpflichtet ist, zu handeln hat.[147] Man spricht bei § 93 Abs. 1 Satz 1 AktG von einer Doppelfunktion, da einerseits der Verschuldensmaßstab umschrieben und andererseits die Pflichtenquelle in Form einer Generalklausel bezeichnet wird.[148] Wahrt ein Vorstand schuldhaft nicht die Sorgfalt eines ordentlichen und gewissenhaften Gesellschafters und entsteht der Gesellschaft daraus ein Schaden, sind die Vorstandsmitglieder der Aktiengesellschaft gemäß § 93 Abs. 2 AktG[149] zum Schadensersatz verpflichtet. Die drohende persönliche Haftung soll die Vorstandsmitglieder zu pflichtgemäßem Verhalten motivieren.[150] Die Anforderungen an diesen Sorgfaltsmaßstab lassen sich allerdings nicht einheitlich bemessen, sondern sind je nach Unternehmen unterschiedlich. Sie bestimmen sich nach einer Vielzahl von Umständen innerhalb des Unternehmens, beispielsweise der Art und Größe des Unternehmens oder seiner konkreten Situation.[151] Insgesamt sind an den Vorstand regelmäßig erhöhte Anforderungen zu stellen, da er oft erst aufgrund besonderer Spezialkenntnisse oder Fähigkeiten in den Vorstand berufen wurde[152] und die entsprechenden Fähigkeiten zur Wahrnehmung der Leitungsaufgaben erforderlich sind.[153] Gerade im Bankunternehmen sollten hierbei die vom Aufsichtsrat nach § 84 AktG bestellten Vorstandsmitglieder hinreichende branchenspezifische Kenntnisse aufweisen. Ihre Amtsführung richtet sich nicht nur an den Interessen der Aktionäre aus, sondern sie haben weiterhin

---

[146] Nach einer verbreiteten Formel in der Rechtsprechung und Literatur werden die Vorstandsmitglieder als Treuhänder aller Aktionäre tätig. Andere sprechen wiederum von einer treuhänderähnlichen Position (so hier) oder einer Treuhänderstellung im weiteren Sinne.

[147] BGHZ 129, 30 (34) = NJW 1995, 1299; OLG Hamm AG 1995, 512 (514); OLG Düsseldorf AG 1997, 231 (235); OLG Koblenz ZIP 1991, 870 (871).

[148] *Fleischer*, in: Spindler/Stilz (Hrsg.), AktG, § 93 Rn. 10; *Fleischer*, in: Fleischer (Hrsg.), Handbuch Vorstandsrecht, § 7 Rn. 1; *Mertens/Cahn*, in: Kölner Kommentar AktG, § 93 Rn. 10 f.; *Hopt*, in: Großkommentar zum AktG, § 93 Rn. 19; *Hopt*, in: Festschrift Mestmäcker, S. 909 (916); *Habersack*, in: Festschrift Uwe H. Schneider, S. 429 (430); kritisch *Hüffer*, AktG, § 93 Rn. 3a.

[149] Im Falle eines Verstoßes gegen das Wettbewerbsverbot aus § 88 Abs. 1 AktG greift die Schadensersatzpflicht des § 88 Abs. 2 AktG.

[150] *Goette*, in Festschrift 50 Jahre Bundesgerichtshof, S. 123 (124, 139); *Fleischer*, in: Festschrift Wiedemann, S. 827 (829); *Fischbach*, Die Haftung des Vorstands im Aktienkonzern, S. 27.

[151] *Spindler*, in: Münchener Kommentar AktG, § 93 Rn. 24; *Fleischer*, in: Spindler/Stilz (Hrsg.), AktG, § 93 Rn. 37.

[152] Besondere subjektive Stärken sind aus Gründen des Verkehrs- und Vertrauensschutzes zu berücksichtigen: BGH NJW-RR 1990, 406 (406); BGH VersR 1967, 775 (777).

[153] *Spindler*, in: Münchener Kommentar AktG, § 93 Rn. 24.

Gemeinwohlbelange zu berücksichtigen.[154] Ihnen sind Vermögenswerte anvertraut und Missstände im Kredit- und Finanzdienstleistungsinstitut können auch erhebliche allgemeinwirtschaftliche Konsequenzen haben. Dies ergibt sich im Umkehrschluss aus § 6 Abs. 2 KWG und dem Schutzzweck des KWG, das auf die Erhaltung der Funktionsfähigkeit des Kreditgewerbes und den Schutz der Bankgläubiger abzielt.[155] Daher sind an den Bankvorstand hohe Anforderungen zu stellen und der Haftungsmaßstab ist dementsprechend streng.
Die Pflichten der Vorstandsmitglieder lassen sich grundsätzlich in Sorgfalts- und Treuepflichten einteilen. Gegenstand näherer Betrachtung sollen vorliegend die Sorgfaltspflichten des Vorstands sein. Zentral ist dabei die sog. Legalitätspflicht, wonach jedes Vorstandsmitglied die im Aktiengesetz, der Satzung und der Geschäftsordnung niedergelegten Organpflichten zu erfüllen sowie die das Unternehmen betreffenden Rechtsvorschriften zu beachten hat.[156] Daneben finden sich zwei weitere Pflichtenkreise, die Sorgfaltspflichten im engeren Sinne und die Überwachungspflichten.[157] Nähere Ausführungen zu diesen drei Pflichtenkreisen sollen an gebotener Stelle vorgenommen werden.[158]

bb) Weitgehendes unternehmerisches Ermessen

Dem Vorstand der Gesellschaft kommt bei der Wahrnehmung seiner Leitungsaufgaben ein weiter unternehmerischer Ermessensspielraum zu, ohne den seine Tätigkeit kaum denkbar wäre.[159] Anderenfalls würde bei unternehmerischen Entscheidungen stets das Damoklesschwert der Haftung über den Vorstandsmitgliedern schweben, da diese Entscheidungen von diversen Unsicherheiten und Prognoseentscheidungen abhängen. Hätte der Vorstand bei seinen unternehmerischen Entscheidungen keinen Ermessensspielraum, läge das Verlustrisiko ausschließlich beim Vorstand, da die Vorstandsmitglieder gegenüber der Gesellschaft bei jeglichem erlittenem Nachteil regresspflichtig wären. Die Sorge vor einem drohenden Regress gegenüber der Gesellschaft kann daher die unerwünschte Folge haben, dass vor allem die Mitglieder der Leitungsorgane der

---

[154] Die Verhaltensmaxime des Vorstands einer unverbundenen Gesellschaft ist im Aktienrecht grundsätzlich umstritten. Siehe zum Meinungsstand: *Fischbach*, Die Haftung des Vorstands im Aktienkonzern, S. 31 ff.
[155] *Fischer*, in: Boos/Fischer/Schulte-Mattler (Hrsg.), KWG, Einführung Rn. 124.
[156] *Fleischer*, in: Spindler/Stilz (Hrsg.), AktG, § 93 Rn. 11; *Fleischer*, in: Fleischer (Hrsg.), Handbuch Vorstandsrecht, § 7 Rn. 2; *Spindler*, in: Münchener Kommentar AktG, § 93 Rn. 63.
[157] Siehe grundlegend *Fleischer*, in: Spindler/Stilz (Hrsg.), AktG, § 93 Rn. 10 ff.
[158] Siehe C. I. 1. c) bb) (3) (a).
[159] *Fleischer*, in: Spindler/Stilz (Hrsg.), AktG, § 93 Rn. 13; *ders.*, in: Fleischer (Hrsg.), Handbuch Vorstandsrecht, § 7 Rn. 3.

gestellten Verantwortung ausweichen und ihnen „jeder Mut zur Tat" genommen wird.[160] Eine solche durch die Erfolgshaftung bedingte Risikoaversion führt nicht nur zu negativen Allokationswirkungen für die gesamte Volkswirtschaft; sie liegt zudem nicht im Interesse der Aktionäre, da diese im Hinblick auf Gewinnchancen auch die Eingehung von vernünftigen Risiken durch die Geschäftsleitung in Kauf nehmen.[161] Daher haben die Gerichte in ihrer Rechtsprechung dafür gesorgt, dass durch die Haftungsvorschriften der notwendige Gestaltungsspielraum des Leitungsorgans nicht über Gebühr beschränkt wird.[162]
Die „ARAG/Garmenbeck"-Entscheidung des BGH[163] war dahingehend richtungweisend. Der BGH stellte in der Entscheidung fest, dass „dem Vorstand bei der Leitung der Geschäfte des Gesellschaftsunternehmens ein weiter Handlungsspielraum zugebilligt werden muss, ohne den unternehmerische Tätigkeit schlechthin nicht denkbar ist"[164]. Dieser an der US-amerikanischen „Business Judgment Rule"[165] orientierte Grundsatz war zwar bereits zuvor anerkannt,[166] wurde aber innerhalb dieser Entscheidung ausformuliert und später vom Gesetzgeber durch Art. 1 Nr. 1 a des Gesetzes zur Unternehmensintegrität und Modernisierung des Anfechtungsrechts vom 22. September 2005 (UMAG)[167] in § 93 Abs. 1 AktG durch einen neuen Satz 2 kodifiziert. Hiernach liegt „eine Pflichtverletzung nicht vor, wenn das Vorstandsmitglied bei einer unternehmerischen Entscheidung vernünftigerweise annehmen durfte, auf der Grundlage angemessener Information zum Wohle der Gesellschaft zu handeln".[168] Ziel der „Business Judgment Rule" ist es, einen „sicheren Hafen"[169] für unternehmerisches Handeln zu schaffen, welcher die nötige Rechtssicherheit im Management

---

[160] *Goette*, in: Festschrift 50 Jahre Bundesgerichtshof, S. 123 (124); *Fleischer*, in: Festschrift Wiedemann, S. 827 (836).
[161] *Fleischer*, in: Festschrift Wiedemann, S. 827 (830); *ders.*, in: Fleischer (Hrsg.), Handbuch Vorstandsrecht, § 7 Rn. 46; *ders.*, ZIP 2004, 685 (685 f.); *Roth*, BB 2004, 1066 (1068); *Mertens/Cahn*, in: Kölner Kommentar AktG, § 93 Rn. 13.
[162] *Druey*, in: Festschrift Zöllner I, S. 129 (132 f.); *Goette*, in: Festschrift 50 Jahre Bundesgerichtshof, S. 123 (124).
[163] BGHZ 135, 244 ff.
[164] BGHZ 135, 244 (253).
[165] Hierzu näher: *Hopt*, in: Festschrift Mestmäcker, S. 909 (920).
[166] *Uwe H. Schneider*, in: Scholz (Hrsg.), GmbHG, § 43 Rn. 53.
[167] BGBl. I 2005, S. 2802.
[168] Ausweislich der Regierungsbegründung (Begr. RegE, BR-Drucks. 3/05, S. 19) setzt § 93 Abs. 1 S. 2 AktG fünf Merkmale voraus, die im Gesetzestext so nicht zum Ausdruck kommen: Unternehmerische Entscheidung, Handeln zum Wohle der Gesellschaft, Handeln ohne Sonderinteressen und sachfremde Einflüsse, Handeln auf Grundlage angemessener Information und Handeln in gutem Glauben. Zu den jeweiligen Tatbestandsvoraussetzungen: *Fleischer*, in: Spindler/Stilz (Hrsg.), AktG, § 93 Rn. 66 ff.; *Mertens/Cahn*, in: Kölner Kommentar AktG, § 93 Rn. 17 ff.; *Hauschka*, GmbHR 2007, 11 (12 ff.).
[169] Siehe RegBegr., BT-Drucks. 15/5092, S. 11.

schafft.[170] Liegen die Voraussetzungen der „Business Judgment Rule" vor, so hat das betreffende Vorstandsmitglied ordnungsgemäß gehandelt. Daraus ergibt sich allerdings nicht im Umkehrschluss, dass der Vorstand bei Fehlen eines der Tatbestandsvoraussetzungen pflichtwidrig gehandelt hat; es führt vielmehr zur vollen gerichtlichen Überprüfung des Organhandelns.[171] Den Vorstandsmitgliedern obliegt dabei gemäß § 93 Abs. 2 Satz 2 AktG die Beweislast. Dies gilt hinsichtlich des Mangels an Verschulden sowie für die fehlende Pflichtwidrigkeit.[172]

Bei der Wahrnehmung ihrer Aufgaben haben die Vorstandsmitglieder in der Aktiengesellschaft somit einen weiten Ermessensspielraum. Für das Bankunternehmen hat sich nach der Rechtsprechung des BGH der Grundsatz entwickelt, dass der Ermessensspielraum u.a. dann überschritten ist, wenn aus der Sicht eines ordentlichen und gewissenhaften Geschäftsleiters das hohe Risiko eines Schadens unabweisbar ist und keine vernünftigen wirtschaftlichen Gründe dafür sprechen, es dennoch einzugehen.[173]

cc) Grundsatz der Gesamtverantwortung der Geschäftsleitung

Neben den Grundsätzen pflichtgemäßen Verhaltens der Geschäftsleitung ist noch die konkrete Zuständigkeitsverteilung im Vorstand zu klären, d.h. wen die maßgeblichen Leitungspflichten in der Unternehmensführung treffen und wie er sich organisiert. Das hängt davon ab, ob die Geschäftsleitung bei ihrer Organisation Ressorts bilden kann und dann einzelnen Vorstandsmitgliedern diese Ressorts zuteilt.

(1) Gesellschaftsrechtliche Ausgangslage

Der Grundsatz der Gesamtverantwortung der Geschäftsleitung gehört zu den tragenden Prinzipien des Gesellschaftsrechts und ist auch bei der Frage nach der Verantwortung für die kapitalmarktrechtlichen Organisationspflichten heranzu-

---

[170] *Lutter*, ZIP 2007, 841 (842).

[171] *Spindler*, in: Münchener Kommentar AktG, § 93 Rn. 39.

[172] BGHZ 152, 280 (283) = ZIP 2002, 2314 (2315) = NJW 2003, 358 (359); *Hüffer*, AktG, § 93 Rn. 16; *Mertens/Cahn*, in: Kölner Kommentar AktG, § 93 Rn. 36; *Fleischer*, in: Spindler/Stilz (Hrsg.), AktG, § 93 Rn. 77; *Hopt*, in: Großkommentar zum AktG, § 93 Rn. 276; *Paefgen*, Unternehmerische Entscheidungen und Rechtsbindung der Organe in der AG, S. 247; *Goette*, ZGR 1995, 648 (671 ff.); *Lutter*, ZIP 2007, 841 (846); dazu kritisch *Roth*, BB 2004, 1066 (1067); *Paefgen*, AG 2004, 245 (258 f.).

[173] BGH DStR 2002, 597 (598); BGH DStR 2005, 933 (935).

ziehen.[174] Hiernach gilt, dass bei einem mehrköpfigen Vorstand jedes Mitglied die Pflicht für die Geschäftsleitung im Ganzen trägt und dass dieser Allzuständigkeit eine umfassende Verantwortung für die Belange der Gesellschaft gegenübersteht.[175] Daraus ergibt sich zweierlei: Zum einen, dass im Kernbereich zwingender Gesamtzuständigkeit die Leitungsaufgaben nur vom Gesamtvorstand und nicht von einzelnen Organmitgliedern wahrzunehmen sind (Prinzip der Gesamtleitung).[176] Das Delegieren von Leitungsaufgaben auf einzelne oder mehrere Vorstandsmitglieder ist somit nicht möglich.[177] Die Geschäftsleitung kann nur handeln, wenn alle Vorstandsmitglieder der vorher bestimmten Maßnahme ausdrücklich oder konkludent zugestimmt haben.[178]

Der Grundsatz der Gesamtvertretung ist zwingend und darf nicht durch die satzungsmäßige Einräumung von Einzelgeschäftsführung (§ 77 Abs. 1 Satz 2 AktG) oder -vertretung (§ 78 Abs. 3 Satz 1 AktG) unterlaufen werden.[179] Er bildet eine immanente Schranke jeder Geschäftsverteilung.[180]

Zum anderen umfasst die Leitungsverantwortung eine Kontrollverantwortung (Prinzip der gegenseitigen Kontrolle).[181] Die Vorstandsmitglieder des Unternehmens sind sich gegenseitig zur Kontrolle verpflichtet. Jedes Mitglied muss für eine effiziente und lückenlose Selbstkontrolle der obersten Führungsebene des Unternehmens Sorge tragen.[182]

Sinn und Zweck des Prinzips der Gesamtverantwortung ist der Schutz der Aktionärs- und Unternehmensinteressen. Wegen der Komplexität der Verantwortungsbereiche in der Gesellschaft sind die individuellen Verantwortungsanteile für den einzelnen Aktionär kaum erkennbar. Ohne den dargestellten Grundsatz bestünde die Gefahr gegenseitiger Schuldzuweisung und dadurch bedingter Schuldabwälzung.[183] Die dogmatische Grundlage dieses ungeschriebenen

---

[174] *Uwe H. Schneider*, in: Festschrift 100 Jahre GmbHG, S. 473 (479); *Lösler*, Compliance im Wertpapierdienstleistungskonzern, S. 171.

[175] *Kort*, in: Großkommentar zum AktG, § 77 Rn. 31; *Fleischer*, NZG 2003, 449 (449).

[176] *Fleischer*, ZIP 2003, 1 (2); *ders.*, ZGR 2001, 1 (25 f.); *Martens*, in: Festschrift Fleck, S.191 (194).

[177] *Kort*, in: Großkommentar zum AktG, § 77 Rn. 31.

[178] *Spindler*, in: Münchener Kommentar AktG, § 77 Rn. 11; *Mertens/Cahn*, in: Kölner Kommentar AktG, § 77 Rn. 8; *Kort*, in: Großkommentar zum AktG, § 77 Rn. 7; *Seibt*, in: K. Schmidt/Lutter (Hrsg.), AktG, § 77 Rn. 5.

[179] *Fleischer*, ZIP 2003, 1 (2).

[180] *Mertens/Cahn*, in: Kölner Kommentar AktG, § 77 Rn. 22; *Fleischer*, NZG 2003, 449 (451); *Schwark*, ZHR 142 (1978), 203 (216).

[181] *Kort*, in: Großkommentar zum AktG, § 77 Rn. 37; *Mertens/Cahn*, in: Kölner Kommentar AktG, § 77 Rn. 24; *Fleischer*, NZG 2003, 449 (450).

[182] *Mertens/Cahn*, in: Kölner Kommentar AktG, § 77 Rn. 25; *Kort*, in: Großkommentar zum AktG, § 77 Rn. 30.

[183] *Martens*, in: Festschrift Fleck, S. 191 (195).

Grundsatzes wird nach der überwiegenden Lehre[184] in § 76 Abs. 1 AktG gesehen, also der Leitung der Gesellschaft durch den Vorstand in eigener Verantwortung. Die Vorschrift nehme nicht nur eine Kompetenzverteilung im Verhältnis der Gesellschaftsorgane zueinander vor; vielmehr übertrage sie auch die Leitungsaufgabe an den Vorstand als Gesamtorgan.[185]

(2) Geschäftsverteilung

(a) Grundsatz: Prinzip der Gesamtleitung

Das Prinzip der Gesamtleitung bestimmt, dass ein Kernbereich der Leitungsaufgaben dem Gesamtvorstand obliegt. Zu den Mindestzuständigkeiten der Unternehmensleitung zählen zunächst die gesetzlich ausdrücklich an den Vorstand adressierten Aufgaben.[186] Zwingend dem Aufgabenfeld des Gesamtvorstand zugeordnet sind weiterhin existenzielle Fragen, d.h. solche, die für die Gesellschaft von grundlegender Bedeutung sind.[187] Dies sind nach verbreiteter Auffassung[188] grundlegende Fragen der Unternehmenspolitik, der Unternehmensplanung, der Unternehmenskoordination, der Unternehmenskontrolle sowie Führungspostenbesetzungen.[189] Aber auch im Rahmen dieses Kernbereichs der Gesamtzuständigkeit darf der dargestellte Grundsatz nicht dahingehend missverstanden werden, dass die Leitungsaufgaben vollumfänglich vom Gesamtvorstand persönlich erfüllt werden müssten. Vielmehr wird die Leitungsmacht nicht berührt, wenn er die Vorbereitung oder Ausführung von Führungsentscheidungen an einzelne

---

[184] *Hüffer*, AktG, § 77 Rn. 14; *Fleischer*, NZG 2003, 449 (450); *ders.*, ZIP 2003, 1 (2); *Schwark*, ZHR 142 (1978), 203 (214 f.); *Martens*, in: Festschrift Fleck, S. 191 (194).
Abweichend *Hoffmann-Becking*, ZGR 1998, 497 (506 f.): *Hoffmann-Becking* versteht § 76 AktG lediglich als Kompetenzvorschrift mit zuständigkeitsausschließender Wirkung gegenüber Aufsichtsrat und Hauptversammlung und sieht die Grundlage des Prinzips der Gesamtverantwortung in einem generell für Kollegialorgane mit gleichberechtigten Mitgliedern geltenden Grundsatz.
Vermittelnd *Wettich*, Vorstandsorganisation in der Aktiengesellschaft, S. 32 ff.: *Wettich* erkennt, dass der Grundsatz der Gesamtverantwortung aus § 76 Abs. 1 AktG hergeleitet werden kann; er ist allerdings der Auffassung, dass das Kollegialprinzip die eigentliche dogmatische Grundlage dieses Grundsatzes sei.

[185] *Hüffer*, AktG, § 77 Rn. 14; *Fleischer*, NZG 2003, 449 (450); *ders.*, ZIP 2003, 1 (2); *Schwark*, ZHR 142 (1978), 203 (214 f.); *Martens*, in: Festschrift Fleck, S. 191 (194).

[186] Detailliert: *Wettich*, Vorstandsorganisation in der Aktiengesellschaft, S. 50 f.

[187] *Schwark*, ZHR 142 (1978), 203 (215); *Uwe H. Schneider*, in: Festschrift 100 Jahre GmbHG, S. 473 (484); *ders.*, in: Scholz (Hrsg.), GmbHG, § 43 Rn. 43.

[188] *Henze*, BB 2000, 209 (210); *Mertens/Cahn*, in: Kölner Kommentar AktG, § 76 Rn. 4; *Kort*, in: Großkommentar zum AktG, § 76 Rn. 36; *Fleischer*, in: Spindler/Stilz (Hrsg.), AktG, § 76 Rn. 18; *Hüffer*, AktG, § 76 Rn. 8; *Semler*, Leitung und Überwachung der Aktiengesellschaft, S. 10.

[189] Detailliert: *Wettich*, Vorstandsorganisation in der Aktiengesellschaft, S. 50 f.

Leitungsmitglieder, an Vorstandsausschüsse oder selbst nachgeordnete Unternehmensebenen überantwortet („decision shaping"), sofern die Entscheidung letztlich nur vom Vorstand getroffen wird und dieser in eigener Verantwortung entscheidet („decision taking").[190]

(b) Möglichkeit der Geschäftsverteilung

Gerade in großen Gesellschaften ist eine gemeinsame Wahrnehmung aller den Vorstand treffenden Aufgaben kaum möglich und unrealistisch. Unternehmen treffen täglich zahlreiche Managementaufgaben deren erfolgversprechende und effiziente Erledigung der Vorstand nur durch eine sachgerechte Geschäftsverteilung wahrnehmen kann. Zudem sind die Anforderungen bei größeren Unternehmen heutzutage oftmals so umfassend, dass kein Vorstandsmitglied bzw. Geschäftsführer auf allen geforderten Gebieten die entsprechende Sachkunde besitzt. Gemäß §§ 77 Abs. 1 Satz 2, 78 Abs. 3 AktG besteht daher die Möglichkeit vorstandsinterner Geschäftsverteilung (dispositive Ressortverteilung), sofern keine der genannten Leitungsentscheidungen betroffen sind. Um im Falle der Delegation von Geschäftsführungsaufgaben dem Grundsatz der Gesamtverantwortung des Vorstands gerecht zu werden, verändert sich der Pflichteninhalt der einzelnen Leitungsmitglieder.

Die Sorgfaltspflichten wandeln sich in eine unmittelbare verwaltende und eine beaufsichtigende Tätigkeit.[191] Jeder einzelne Vorstand trägt zum einen die volle Handlungsverantwortung für die ihm zugewiesenen Aufgaben (Ressortverantwortlichkeit). Dabei steht ihm ein entsprechender Gestaltungsspielraum zur Verfügung, so dass der Gesamtvorstand nicht ständig in das Ressort des Vorstandsmitglieds hineinregieren kann.[192] Zum anderen trifft die restlichen Mitglieder außerhalb „ihres" Ressorts eine Restverantwortung. Sie bleiben verpflichtet, den Gang der Geschäfte in den übrigen Bereichen über die Ressortgrenzen hinweg fortlaufend auf ihre Recht- und Zweckmäßigkeit zu überwachen;[193] bei Bedarf ist in das entsprechende Ressort einzugreifen.[194] Um dieser

[190] *Fleischer*, ZIP 2003, 1 (6).
[191] *Spindler*, in: Münchener Kommentar AktG, § 77 Rn. 59; *Fleischer*, NZG 2003, 449 (452).
[192] *Spindler*, in: Münchener Kommentar AktG, § 77 Rn. 58; *Fleischer*, NZG 2003, 449 (452); *Uwe H. Schneider*, in: Festschrift 100 Jahre GmbHG, S. 473 (481 ff.); *ders.*, in: Scholz (Hrsg.), GmbHG, § 43 Rn. 38.
[193] *Hüffer*, AktG, § 77 Rn. 15; *Mertens/Cahn*, in: Kölner Kommentar AktG, § 77 Rn. 26; *Kort*, in: Großkommentar zum AktG, § 77 Rn. 35, 37; *Spindler*, in: Münchener Kommentar AktG, § 77 Rn. 59; *Habersack*, in: Festschrift Uwe H. Schneider, S. 429 (431); *Fleischer*, NZG 2003, 449 (452); *ders.*, in: Münchener Kommentar GmbHG, § 43 Rn. 119; *Stephan/Tieves*, in: Münchener Kommentar GmbHG, § 37 Rn. 84; *Uwe H. Schneider*, in: Festschrift 100 Jahre GmbHG, S. 473 (481); *ders.*, in: Scholz (Hrsg.), GmbHG, § 43 Rn. 39;

Restverantwortung nachzukommen steht allen Vorstandsmitgliedern ein Informationsanspruch aus anderen Unternehmensbereichen zu.[195] Im Umkehrschluss ist zur Erfüllung dieses Informationsanspruchs jedes Vorstandsmitglied verpflichtet, von sich heraus über wichtige Vorgänge und Entwicklungen in seinem Ressort zu berichten (Pflicht zur Unterrichtung).[196]
Das zuständige Vorstandsmitglied ist innerhalb seines Ressorts nicht verpflichtet sämtliche Aufgaben selbst wahrzunehmen. Vielmehr kann er ebenfalls delegationsfähige Aufgaben auf nachgeordnete Mitarbeiter übertragen.[197] Im Falle dieser vertikalen Delegation sind die Vorstandsmitglieder für die unternehmenspolitische Leitung des Einzelressorts zuständig. Hierbei erfüllt der Vorstand seine Pflicht, wenn er die Delegation auf Grund einer sorgfältigen Auswahl der beauftragten Mitarbeiter sachgerecht organisiert und diese ausreichend überwacht, wobei gleichfalls bei Auffälligkeiten eine intensive Kontrolle erforderlich ist.[198]
Die Funktionsauslagerung (Outsourcing), also die Übertragung von Aufgaben auf außenstehende Dritte, ist an anderer Stelle zu diskutieren.[199]

(c) Voraussetzungen wirksamer Geschäftsverteilung

Um den gesellschaftsrechtlichen Anforderungen einer ressortmäßigen Geschäftsverteilung zu entsprechen und um eine wirksame Delegation zu garantieren, sind drei Voraussetzungen zu erfüllen. Erstens darf der Kernbereich der Gesamtzuständigkeit nicht angetastet werden und echte Leitungsentscheidungen müssen vom Gesamtvorstand getroffen werden.[200] Die Vorstandsmitglieder haben zweitens für eine zweckmäßige Verteilung der Geschäfte und für eine sachgerechte Auswahl der jeweils für ein bestimmtes Ressort zuständigen Vorstandsmitglieder zu sorgen.[201] Das mit der Erledigung von Aufgaben betraute

---

Haas/Ziemons, in: Michalski (Hrsg.), GmbHG, § 43 Rn. 160 ff.; *Kleindiek*, in: Lutter/Hommelhoff (Hrsg.), GmbHG, § 43 Rn. 29.

[194] *Kort*, in: Großkommentar zum AktG, § 77 Rn. 37f.; *Fleischer*, NZG 2003, 449 (453).

[195] *Kort*, in: Großkommentar zum AktG, § 77 Rn. 35; *Mertens/Cahn*, in: Kölner Kommentar AktG, § 77 Rn. 28; *Fleischer*, NZG 2003, 449 (454); *Uwe H. Schneider*, in: Scholz (Hrsg.), GmbHG, § 43 Rn. 39; *Kleindiek*, in: Lutter/Hommelhoff (Hrsg.), GmbHG, § 43 Rn. 29.

[196] *Kort*, in: Großkommentar zum AktG, § 77 Rn. 35; *Seibt*, in: K. Schmidt/Lutter (Hrsg.), AktG, § 77 Rn. 18; *Hüffer*, AktG, § 77 Rn. 15; *Fleischer*, in: Münchener Kommentar GmbHG, § 43 Rn. 119.

[197] *Fleischer*, in: Fleischer (Hrsg.), Handbuch Vorstandsrecht, § 1 Rn. 56.

[198] *Habersack*, in: Festschrift Uwe H. Schneider, S. 429 (431); *Fleischer*, NZG 2003, 449 (452); *Fischer*, DStR 2007, 1083 (1987); *Uwe H. Schneider*, in: Scholz (Hrsg.), GmbHG, § 43 Rn. 41.

[199] Siehe E.

[200] *Fleischer*, in: Fleischer (Hrsg.), Handbuch Vorstandsrecht, § 1 Rn. 56.

[201] BGH ZIP 1995, 1334 (1336) = NJW 1995, 2850.

Vorstandsmitglied muss die persönliche Eignung (Zuverlässigkeit, Belastbarkeit) und die fachliche Befähigung (Ausbildung, Qualifikation, Erfahrung) aufweisen.[202] Auch die nachgeordneten Mitarbeiter müssen die persönliche und fachliche Qualifikation besitzen, um die zugewiesenen Aufgaben ordnungsgemäß zu erfüllen.[203] Beauftragt die Unternehmensleitung fachunkundige Personen, verletzt sie ihre Organisationspflichten.[204] Zudem ist grundsätzlich zu gewährleisten, dass die Mitarbeiter in dem gebotenen Umfang in ihren Aufgabenbereich eingewiesen werden und die nötige fachliche sowie rechtliche Qualifikation in Form von Fortbildungen aufrechterhalten.[205] Drittens ist in formaler Hinsicht nach der Rechtsprechung und der herrschenden Lehre eine eindeutige schriftliche Zuordnung der Geschäftsbereiche vorzunehmen.[206] Dies kann sowohl durch Satzung als auch durch die Geschäftsordnung des Vorstands erfolgen. Hieraus sollen sich die Zuständigkeiten klar und eindeutig ergeben. Anderenfalls lässt sich nicht nachträglich ermitteln, welches Vorstandsmitglied seine Pflichten verletzt hat, wodurch Verantwortlichkeitslücken entstehen können; in dem Fall bleibt die jeweilige Pflicht bei der gesamten Unternehmensleitung.[207]

b) Compliance als aktienrechtliche Organisationspflicht

aa) Compliance als Leitungsaufgabe

Compliance wird von *Kiethe* als die bestmögliche Organisation des Unternehmens zur Vermeidung von Haftungsgefahren umschrieben.[208] Fraglich ist, wen diese Pflicht trifft und wer dementsprechend Maßnahmen zur Abwehr von etwaigen Haftungsansprüchen vorzunehmen hat. Die Geschäftsleitung hat für eine gesetzmäßige Organisation und für die Rechtmäßigkeit des der Gesellschaft zu-

---

[202] *Schmidt-Husson*, in: Hauschka (Hrsg.), Corporate Compliance, § 7 Rn. 22; *Uwe H. Schneider*, in: Festschrift 100 Jahre GmbHG, S. 473 (484); *ders.*, in: Scholz (Hrsg.), GmbHG, § 43 Rn. 37; *Sina*, GmbHR 1990, 65 (66); *Haas/Ziemons*, in: Michalski (Hrsg.), GmbHG, § 43 Rn. 157.

[203] *Spindler*, in: Münchener Kommentar AktG, § 91 Rn. 19; *Schmidt-Husson*, in: Hauschka (Hrsg.), Corporate Compliance, § 7 Rn. 22; *Uwe H. Schneider*, in: Scholz (Hrsg.), GmbHG, § 43 Rn. 41; *Fleischer*, in: Münchener Kommentar GmbHG, § 43 Rn. 132.

[204] BGH GmbHR 1985, 143; *Uwe H. Schneider*, in: Festschrift 100 Jahre GmbHG, S. 473 (488); *Kleindiek*, in: Lutter/Hommelhoff (Hrsg.), GmbHG, § 43 Rn. 30.

[205] *Spindler*, in: Münchener Kommentar AktG, § 91 Rn. 19; *Uwe H. Schneider*, in: Festschrift 100 Jahre GmbHG, S. 473 (486 ff.); *ders.*, in: Scholz (Hrsg.), GmbHG, § 43 Rn. 41.

[206] RGZ 98, 98 (100); BFH ZIP 1984, 1345 (1347); BFH WM 1986, 1023 (1024); *Fleischer*, in: Spindler/Stilz (Hrsg.), AktG, § 77 Rn. 58; *ders.*, NZG 2003, 449 (452 f.); *ders.*, in: Münchener Kommentar GmbHG, § 43 Rn. 114 f.; *Uwe H. Schneider*, in: Scholz (Hrsg.), GmbHG, § 43 Rn. 37; *Haas/Ziemons*, in: Michalski (Hrsg.), GmbHG, § 43 Rn. 159.

[207] *Spindler*, Unternehmensorganisationspflichten, S. 912.

[208] *Kiethe*, GmbHR 2007, 393 (394).

rechenbaren Verhaltens ihrer Organe und Mitarbeiter zu sorgen. Verbreitet wird Compliance daher schon aus gesellschaftsrechtlicher Sicht als „Chefsache“ bezeichnet und ist damit Leitungsaufgabe des gesamten Vorstands.[209] Dem entspricht auch die oben näher ausgeführte Ziff. 4.1.3 des Deutschen Corporate Governance Kodex, wonach ausdrücklich festgelegt wird, dass der Vorstand für die Einhaltung der gesetzlichen Regelungen und der unternehmensinternen Richtlinien zu sorgen hat. Der dogmatische Grund wurde bereits durch die „ARAG/Garmenbeck“-Entscheidung[210] des BGH im Jahre 1997 gelegt. Hier hat der Gerichtshof entschieden, dass der Aufsichtsrat Schadensersatzansprüche gegen den Vorstand geltend zu machen hat, falls er nach Prüfung des Sachverhalts zu dem Entschluss kommt, dass diese Ansprüche durchsetzbar sind. Durch diese Entscheidung wird der Aufsichtsrat bei Kenntnis entsprechender Sachverhalte praktisch zum Handeln gezwungen. Von daher muss es gerade im Interesse der handelnden Organe eines Unternehmens liegen, durch eine effektive Compliance-Organisation auf die Einhaltung der gesetzlichen Vorgaben hinzuwirken, um dadurch eventuelle Haftungsansprüche nicht nur gegen das Unternehmen abzuwehren, sondern auch um eine persönliche Haftung zu vermeiden. Dem Vorstand drohen somit Organhaftungsprozesse vor deutschen Gerichten. Ebenso ist es gängige Praxis, dass Aufsichtsräte Vorstände für Fehler und Pflichtverletzungen abseits der Öffentlichkeit vor privaten Schiedsgerichten in Anspruch nehmen. Zusätzliche Haftungsrisiken drohen durch die Klagen institutioneller Anleger und die Verlängerung der Verjährungsfristen kommt insgesamt erschwerend hinzu: Die Bundesregierung hat 2010 als Reaktion auf die Bankenkrise für börsennotierte Aktiengesellschaften und Kreditinstitute gleich welcher Rechtsform die Verjährungsfrist für Ansprüche aus Pflichtverletzungen im Sinne des § 93 Abs. 2 AktG auf 10 Jahre verdoppelt, § 93 Abs. 6 AktG bzw. § 52a KWG.[211] Ist der Vorstand zu diesem Zeitpunkt nicht mehr im Amt, kann es Probleme mit der Gültigkeit der Berufshaftpflichtversicherung für Manager (Directors and Officers-Policen) geben, da diese sich in der Regel nicht auf den Schadenszeitpunkt beziehen, sondern auf den Zeitpunkt, zu dem eine Forderung geltend gemacht wird und oft sind die D&O-Policen nicht an die verlängerten Verjäh-

---

[209] Grundlegend *Uwe H.* Schneider, ZIP 2003, 645 (647); *Lösler*, WM 2007, 676 (679); *Fleischer*, CCZ 2008, 1 (3); *Spindler*, WM 2008, 905 (909); *Veil*, WM 2008, 1093 (1095 f.); *Bachmann*, in: VGR (Hrsg.), Gesellschaftsrecht in der Diskussion 2007, S. 65 (73); *Kort*, Festschrift Hopt, S.983 (983); *Stephan/Tieves*, in: Münchener Kommentar GmbHG, § 37 Rn. 31.

[210] BGH NJW 1997, 1926.

[211] *Uwe H. Schneider* auf einer Tagung des Verlags C. H. Beck in München zur Rechtstreue in Unternehmen (Compliance), zitiert in: *Jahn*, FAZ vom 26. Oktober 2011, Nr. 249, S. 23.

rungsfristen angepasst.[212] Dies kann für den ausgeschiedenen Vorstand zu einem existenziellen Problem werden, da diesen die Beweislastumkehr trifft und er beweisen muss, alles richtig gemacht zu haben, ohne die Akten des Unternehmens einsehen zu können.[213]

bb) Delegation von Compliance

Da Compliance in die Leitungsaufgaben des Vorstands gemäß § 76 AktG fällt, kann sich der Vorstand als Gesamtorgan nicht von der Compliance-Organisation durch Delegation vollständig lösen. Dennoch ist die ressortmäßige Geschäftsleitung und somit die Zuweisung der Compliance-Organisation an ein Vorstandsmitglied möglich,[214] aufgrund der Komplexität und der erforderlichen Sachkenntnis sogar regelmäßig sinnvoll. Zudem reduzieren sich die Haftungsrisiken für die anderen Leitungsmitglieder erheblich.[215] Der Vorstand kann im Rahmen seiner Geschäftsverteilung die Compliance-Pflichten einem Mitglied übertragen. Die Verantwortung der übrigen, unzuständigen Vorstandsmitglieder wandelt sich hierbei in eine Überwachungspflicht.

Die Compliance-Organisation bleibt auch im Pflichtenkreis der Geschäftsleitung, wenn eine vertikale Delegation auf eine nachgeordnete Ebene vorgenommen wird. Regelmäßig wird zur effektiven Umsetzung der Compliance-Maßnahmen eine sog. Compliance-Funktion gebildet unter Leitung eines Compliance-Beauftragten, welcher der Geschäftsführung nachgeordnet ist. Die Gesamtverantwortung des Vorstands verschiebt sich zu einer hierarchischen Überwachungsebene, wobei auf der nachgeordneten Stufe die jeweiligen Mitarbeiter für die Erfüllung der spezifischen Aufgaben zuständig sind, diese auf der nächsten Stufe vom Compliance-Beauftragten überwacht werden, der Compliance-Beauftragten vom Vorstandsressort „Compliance“ überwacht wird und die Vorstände die Überwachungsperson der letzten Stufe kontrollieren.[216]

---

[212] *Uwe H. Schneider* auf einer Tagung des Verlags C. H. Beck in München zur Rechtstreue in Unternehmen (Compliance), zitiert in: *Jahn*, FAZ vom 26. Oktober 2011, Nr. 249, S. 23.

[213] *Uwe H. Schneider* auf einer Tagung des Verlags C. H. Beck in München zur Rechtstreue in Unternehmen (Compliance), zitiert in: *Jahn*, FAZ vom 26. Oktober 2011, Nr. 249, S. 23.

[214] *Fleischer*, in: Spindler/Stilz (Hrsg.), AktG, § 91 Rn. 58; *ders.*, in: Münchener Kommentar GmbHG, § 43 Rn. 151; *Stephan/Tieves*, in: Münchener Kommentar GmbHG, § 37 Rn. 31 f.; *Spindler*, WM 2008, 905 (921 f.); *Arbeitskreis Schmalenbach-Gesellschaft*, DB 2010, 1509 (1511); *Gößwein/Hohmann*, BB 2011, 963 (965).

[215] *Gößwein/Hohmann*, BB 2011, 963 (965); *Kiethe*, GmbHR 2007, 393 (397).

[216] *Uwe H. Schneider/Sven H. Schneider*, GmbHR 2005, 1229 (1231); *Kiethe*, GmbHR 2007, 393 (397 f.).

c) Die Pflicht zur Einführung einer Compliance-Organisation

Den Vorstand eines Unternehmens trifft ein umfassendes Pflichtenprogramm, welches sich aus Gesetz oder Vertrag ergibt. Zu den gesetzlichen Pflichten zählt dabei u.a. die Unternehmensorganisation als Sorgfaltspflicht, da ein Unternehmen ohne eine Organisation kaum funktionsfähig wäre.[217] Compliance stellt eine Ausprägung der Unternehmensorganisation dar. Fraglich ist, ob den Vorstand bereits auf Grundlage des Gesellschaftsrechts eine Pflicht zur Einführung einer Compliance-Organisation[218] trifft, so dass ein Unterlassen als Rechtspflichtverstoß zu verstehen wäre. Hinsichtlich bestimmter Bereiche hat der Gesetzgeber die Rechtslage durch Einführung von bereichsspezifischen Compliance-Regelungen geklärt. Zahlreiche international tätige Unternehmen haben zudem aufgrund der Rechtspflicht zur Compliance-Organisation in anderen Ländern, insbesondere den USA, bereits ein Compliance-System in ihrem Unternehmen installiert. In Abgrenzung hierzu und den noch später zu diskutierenden spezialgesetzlich normierten Pflichten zur Einrichtung einer Compliance-Organisation bedarf es einer vertieften Auseinandersetzung mit der Frage, ob es in Deutschland eine allgemeine und somit branchenunabhängige Compliance-Pflicht gibt. Eine ausdrücklich normierte Pflicht findet sich im Aktienrecht nicht. Sollte eine Compliance-Pflicht grundsätzlich zu bejahen sein, so stellt sich darüber hinaus die Frage der Rechtsgrundlage einer solchen Pflicht.

aa) Zum Meinungsstand

Die Frage der allgemeinen Pflicht zur Einrichtung einer Compliance-Organisation wird bis heute kontrovers in der Literatur geführt. Dabei spricht sich die ganz herrschende Meinung für eine strikte Compliance-Pflicht aus; vereinzelt wird dies allerdings noch abgelehnt oder es erfolgen Zugeständnisse in beiden Richtungen. Die Rechtsprechung hat sich bisher zu dieser Frage nicht konkret geäußert. Der II. Zivilsenat des BGH hat in seiner Entscheidung vom 7. November 1994 zwar bereits auf die Organisationspflichten des geschäftsfüh-

---

[217] *Spindler*, WM 2008, 905 (909); *Mertens/Cahn*, in: Kölner Kommentar AktG, § 93 Rn. 80.

[218] Es kann ebenfalls von einer Compliance-Pflicht gesprochen werden, da dies mit der Pflicht zur Einrichtung einer Compliance-Organisation inhaltsgleich ist. *Bachmann* führt – in *Bachmann*, in: VGR (Hrsg.), Gesellschaftsrecht in der Diskussion 2007, S. 65 (67), Fn. 4 – zwar an, die Compliance-Pflicht sei von der Pflicht zur Einrichtung einer Compliance-Organisation zu unterscheiden, da erstere lediglich die Pflicht zur Beachtung rechtlicher Gebote sei. Dem wird vorliegend aber nicht gefolgt, da aus der hier vorgenommenen Begriffsbestimmung bereits deutlich wird, dass Compliance vielmehr als die Bindung der Unternehmensleitung an Recht und Gesetz ist. Es umfasst ebenso die Organisationspflicht der leitenden Organe durch organisatorische Maßnahme auf ein rechtmäßiges Verhalten von Unternehmen und Mitarbeitern hinzuwirken.

renden Organs hingewiesen und ausgeführt, dass dieses für die „ordnungsgemäße Auswahl, Einweisung, Information und Überwachung der Mitarbeiter" einzustehen hat.[219] Die vertiefte Diskussion zum Thema Compliance ist allerdings der Literatur vorbehalten.

(1) Ablehnende Auffassung

Eine Meinung in der Literatur lehnt die Verpflichtung zur Einführung einer Compliance-Organisation gänzlich ab.[220] Es gebe keine ausreichende Rechtsgrundlage für eine solche Pflicht. Dass es spezialgesetzliche Bestimmungen gebe, die die Einrichtung einer Compliance-Organisation fordern, reiche „als Grundlage einer für alle Unternehmen bestehenden Verpflichtung nicht aus"[221]. Zwar sei es unzweifelhaft, dass das Unternehmen eine Legalitätspflicht treffe; die Entscheidung zur Einführung einer Compliance-Organisation liege dennoch im unternehmerischen Ermessen des Vorstands.[222] Daran ändere auch die Einführung der Ziff. 4.1.3 des DCGK nichts.[223] Der Unternehmensführung obliege die freiwillige Entscheidung, ob das Unternehmen durch die Einrichtung einer Compliance-Organisation am effektivsten die Befolgung von Gesetzen gewährleiste.[224] *Hauschka* führt darüber hinaus an, dass die Annahme einer Compliance-Pflicht zu unübersehbaren Haftungsfolgen führe. „Im Falle eines Schadens der Gesellschaft durch Verstöße von Mitarbeitern könne dies jeweils die persönliche Haftung der Organe wegen dieser Pflichtverletzung hervorrufen"[225]. Im

---

[219] BGHZ 127, 336 (347) = NJW 1995, 326 (329).
[220] Hierzu und im Folgenden *Bachmann/Prüfer*, ZRP 2005, 109 (111); *Hauschka*, in: Hauschka (Hrsg.), Corporate Compliance, § 1 Rn. 23; *ders.*, ZIP 2004, 877 (878); *ders./Klindt*, NJW 2007, 2726 (2728); *Kort*, in: Großkommentar zum AktG, § 91 Rn. 65; *ders.*, in: Festschrift Hopt, S. 983 (991); *Geiser*, Leitungspflichten des Vorstandes in der AG, S. 49 ff.; *Ringleb*, in: Ringleb/Kremer/Lutter/v. Werder (Hrsg.), DCGK, Rn. 420: Während *Ringleb* in der 1. Auflage die Rechtspflicht zur Einrichtung eines Compliance-Programms noch im Ansatz ablehnt, gesteht er in der 4. Auflage von 2010 (Rn. 624) ein, dass sich die Einrichtung einer Compliance-Organisation „unter dem Gesichtspunkt des § 93 Abs. 1 AktG empfehlen und bei entsprechender Risikolage des Unternehmens sogar erforderlich sein kann". Damit wird wohl dem Umstand Rechnung getragen, dass Compliance 2007 erstmals in die Fassung des DCGK aufgenommen wurde.; *Sieg/Zeidler*, in: Hauschka (Hrsg.), Corporate Compliance, § 3 Rn. 24; *Spindler*, in: Münchener Kommentar AktG, § 91 Rn. 36.
[221] *Hauschka*, in: Hauschka (Hrsg.), Corporate Compliance, § 1 Rn. 23.
[222] *Hauschka*, in: Hauschka (Hrsg.), Corporate Compliance, § 1 Rn. 23; *ders.*, ZIP 2004, 877 (878); *Ringleb*, in: Ringleb/Kremer/Lutter/v. Werder (Hrsg.), DCGK, Rn. 420; *Sieg/Zeidler*, in: Hauschka (Hrsg.), Corporate Compliance, § 3 Rn. 24.
[223] *Kort*, in: Großkommentar zum AktG, § 91 Rn. 66.
[224] *Sieg/Zeidler*, in: Hauschka (Hrsg.), Corporate Compliance, § 3 Rn. 24.
[225] *Hauschka*, ZIP 2004, 877 (878); *ders.*, in: Hauschka (Hrsg.), Corporate Compliance, § 1 Rn. 23 Fn. 42.

Ergebnis sei die Pflicht zur Schaffung institutionalisierter Compliance-Strukturen somit abzulehnen.
Dennoch gibt es innerhalb dieser Auffassung vermittelnde Lösungsansätze.[226] Es wird vertreten, dass eine Compliance-Pflicht zumindest dann bestehe, wenn aufgrund der Verhältnisse im konkreten Fall ein besonderes Gefahren- bzw. Risikopotential anzunehmen ist. Dies kann sich nach der Größe, der Komplexität der an sie gestellten Anforderungen oder den besonderen Gefahren ihrer Tätigkeit richten. Insbesondere wird von einer Rechtspflicht zur Einrichtung einer Compliance-Organisation dann gesprochen, wenn ein Unternehmen bereits von Compliance-Verstößen betroffen war, um künftige Zuwiderhandlungen zu vermeiden.[227] Unterbleibt dennoch die Einrichtung eines Compliance-Systems sei ein „Organisationsverschulden des Vorstands im Sinne von §§ 76, 93 AktG naheliegend“[228].

(2) Befürwortende Auffassung

Von der ganz herrschenden Meinung in der Literatur wird die allgemeine Verpflichtung des Vorstands zur Einführung einer Compliance-Organisation angenommen.[229] Neben den branchenspezifischen Compliance-Pflichten gebe es weiterhin eine alle Unternehmen treffende allgemeine Rechtspflicht. Dies komme insbesondere durch die Einführung von Compliance in den DCGK durch die Kodexfassung 2007 zum Ausdruck. Compliance wurde dort durch Ziff. 4.1.3 des DCGK in den Kodex aufgenommen, was eine rein deklaratorische Wieder-

---

[226] *Bachmann*, in: VGR (Hrsg.), Gesellschaftsrecht in der Diskussion 2007, S. 65 (68); *Kiethe*, GmbHR 2007, 393 (397); *Kort*, in: Großkommentar zum AktG, § 91 Rn. 66; *Reichert/Ott*, ZIP 2009, 2173 (2174); *Spindler*, in: Münchener Kommentar AktG, § 91 Rn. 36.
[227] *Hauschka*, ZIP 2004, 877 (878).
[228] *Kort*, in: Großkommentar zum AktG, § 91 Rn. 66.
[229] Hierzu und im Folgenden *Uwe H. Schneider*, ZIP 2003, 645 (648); *ders.*, ZGR 1996, 225 (230); *ders.*, NZG 2009, 1321 (1323); *ders.*, NZG 2010, 1201 (1202); *ders.*, in: Scholz (Hrsg.), GmbHG, § 43 Rn. 361; *ders./Sven H. Schneider*, ZIP 2007, 2061 (2062); *Sven H. Schneider*, Informationspflichten und Informationssystemeinrichtungspflichten im Aktienkonzern, S. 292; *Verse*, ZHR 175 (2011), 401 (403 ff.); *Goette*, ZHR 175 (2011), 388 (390 ff.); *Wolf*, DStR 2006, 1995 (1995); *Bürkle*, BB 2005, 565 (568); *ders.*, BB 2007, 1797 (1798); *Eisele/Faust*, in: Schimansky/Bunte/Lwowski (Hrsg.), Bankrechts-Handbuch, § 109 Rn. 95a; *Fleischer*, AG 2003, 291 (299 f.); *ders.*, in: Spindler/Stilz (Hrsg.), AktG, § 91 Rn. 47; *ders.*, CCZ 2008, 1 (2); *Jens Hüffer/Uwe H. Schneider*, ZIP 2010, 55 (55); *Immenga*, in: Festschrift Schwark, S. 199 (202 f.); *Krieger/Sailer-Coceani*, in: K. Schmidt/Lutter (Hrsg.), AktG, § 93 Rn. 6; *Stephan/Tieves*, in: Münchener Kommentar GmbHG, § 37 Rn. 25; *Lebherz*, Emittenten-Compliance, S. 402; *Lösler*, WM 2007, 676 (681); *Rodewald/Unger*, BB 2007, 1629 (1629 Fn. 3).

gabe der Gesetzeslage darstellt.[230] Dies wird als abschließende Klärung der bisher unsicheren Rechtslage gewertet.[231] Zudem könne die Entscheidung über die Einführung eines Compliance-Systems nicht bloß der unternehmerischen Freiheit des Unternehmensvorstands im Sinne der „Business Judgment Rule" unterliegen. Die Compliance-Pflicht sei gerade nicht als unternehmerische Entscheidung zu qualifizieren.[232] Der Vorstand sei an das Legalitätsprinzip gebunden, welches zur Erfüllung der Legalitätspflicht eine Organisation, die Legalitätskontrolle, erfordert. Lediglich die konkrete Ausgestaltung der Compliance-Organisation liege im Entschließungsermessen der Unternehmensleitung und ist vom jeweiligen Einzelfall abhängig.[233] Da die Voraussetzungen und Rechtsfolgen von gesellschaftsrechtlicher, aufsichtsrechtlicher und ordnungswidrigkeitsrechtlicher Compliance zu unterscheiden ist, wird der Inhalt dieser Organisationspflichten in unterschiedlicher Weise konkretisiert.[234] Dennoch stellt auch diese Ansicht verstärkt auf das Risikopotential innerhalb des Unternehmens ab, indem sie die Größe des Unternehmens berücksichtigt und erkennt, dass es innerhalb von „kleinen, gut überschaubaren Unternehmen mit geringer Risikoexposition keiner institutionalisierten Compliance-Strukturen" bedarf.[235]

(3) Zwischenergebnis

Zusammenfassend wird deutlich, dass sich die jeweiligen Positionen angenähert haben. Nahezu einhellige Meinung ist, dass eine Compliance-Pflicht dann greift, wenn diese aufgrund der Unternehmensumstände geboten erscheint. In jedem Fall gilt dies, wenn bereits ein Compliance-Verstoß im Unternehmen stattgefunden hat, aber auch dann, wenn das Risikopotential des Unternehmens die Einrichtung einer Compliance-Organisation notwendig werden lässt.

Die streng ablehnende Auffassung überzeugt nicht. Zunächst wird verkannt, dass zwischen dem „Ob" einer Compliance-Pflicht und dem „Wie" der konkreten Gestaltung zu differenzieren ist.[236] Unbestritten trifft den Vorstand eine Le-

---

[230] *Dreher*, in: Festschrift Hüffer, S. 161 (168); *Bürkle*, BB 2007, 1797 (1798).

[231] *Bürkle*, BB 2007, 1797 (1798); *Lebherz*, Emittenten-Compliance, S. 402; *Rodewald/ Unger*, BB 2007, 1629 (1629 Fn. 3).

[232] *Bürkle*, BB 2005, 565 (568); *Immenga*, in: Festschrift Schwark, S. 199 (202 f.).

[233] *Uwe H. Schneider*, NZG 2010, 1201 (1202); *Bürkle*, BB 2005, 565 (568); *Immenga*, in: Festschrift Schwark, S. 199 (202 f.).

[234] *Uwe H. Schneider*, NZG 2010, 1201 (1202).

[235] *Fleischer*, in: Spindler/Stilz (Hrsg.), AktG, § 91 Rn. 50; *Stephan/Tieves*, in: Münchener Kommentar GmbHG, § 37 Rn. 28; *Bicker*, AG 2012, 542 (544); *Kremer/Klahold*, ZGR 2010, 113 (113); *Uwe H. Schneider/Sven H. Schneider*, GmbHR 2005, 1229 (1231): „Das verlangt bei größeren Unternehmen eine besondere Compliance-Organisation".

[236] *Bürkle*, BB 2005, 565 (568); *Immenga*, in: Festschrift Schwark, S. 199 (202 f.).

galitätspflicht, wonach das Unternehmen im Einklang mit der Rechtsordnung geführt werden muss. Die Legalitätspflicht umfasst sowohl die eigene Rechtstreue, sowie die Legalitätskontrolle fremder Personen.[237] Um dies zu gewährleisten muss der Vorstand entsprechende Maßnahmen ergreifen und eine Unternehmensorganisation schaffen, welche vorliegend als Compliance-Organisation zu bezeichnen ist. Jede organisatorische Maßnahme zur Sicherstellung rechtskonformen Verhaltens im Unternehmen durch den Vorstand als Geschäftsführungsorgan ist als Compliance-Maßnahme zu werten.

Die Compliance-Pflicht greift bei jeder Gesellschaft und nur die konkrete Ausgestaltung, also das „Wie" der Einrichtung einer Compliance-Organisation, sollte im Ermessen der Unternehmensleitung liegen. Hierbei ist es unerheblich, ob bspw. der Mittelständler weiß, was sich hinter dem Begriff „Compliance" verbirgt. Solange dieser die Compliance-Organisation materiell umsetzt und somit sein Unternehmen „im Griff hat", hat er auch eine Compliance-Organisation eingerichtet.[238] Insbesondere kann es nicht greifen, eine Compliance-Pflicht aus Gründen „unübersehbarer Haftungsfolgen" auszuschließen. Die konkrete Ausgestaltung der Compliance-Organisation fällt in die unternehmerische Freiheit des Vorstands. Sie steht unter dem Vorbehalt der Erforderlichkeit und Zumutbarkeit; überzogene Organisationsanforderungen werden dem Vorstand nicht abverlangt.[239] Hält er sich im Rahmen der „Business Judgment Rule" nach § 93 Abs. 1 Satz 2 AktG, so scheidet eine Pflichtverletzung und somit auch die Haftung des Vorstands aus.

Die bestehende Gesetzeslage manifestiert sich in Ziff. 4.1.3 DCGK. Im Ergebnis handelt es sich somit um eine Pflicht zur Einrichtung einer Compliance-Organsation und nicht um eine bloße Obliegenheit. Offen ist jedoch, woraus sich die Compliance-Pflicht herleitet. Die Rechtsgrundlage ist im Schrifttum umstritten.

bb) Rechtsgrundlage einer Compliance-Pflicht

(1) Vertragliche Compliance-Pflicht des Unternehmens

Bevor einer gesetzlichen Grundlage für eine Verpflichtung zur Einrichtung einer Compliance-Organisation nachgegangen wird, ist vorab festzuhalten, dass eine entsprechende Pflicht nicht nur auf Gesetz, sondern auch auf vertraglicher

---

[237] *Fleischer*, in: Spindler/Stilz (Hrsg.), AktG, § 91 Rn. 47.

[238] So auch *Goette*, ZHR 175 (2011), 388 (396 f.).

[239] *Fleischer*, in: Spindler/Stilz (Hrsg.), AktG, § 91 Rn. 53; *ders.*, AG 2003, 291 (300); *Reichert*, in: Festschrift Hoffmann-Becking, S. 943 (951).

Grundlage beruhen kann. Die Vertragsparteien können festlegen, wie eine Partei auf eine rechtskonforme Unternehmensorganisation hinwirken muss. Dies kann sowohl ausdrücklich vereinbart werden; denkbar ist auch eine entsprechende Pflicht aus § 241 Abs. 2 BGB oder § 242 BGB als Nebenpflicht.[240] Kommt es zum Vertragsbruch kann dies haftungsrechtliche Folgen haben.

(2) § 91 Abs. 2 AktG als Rechtsgrundlage für eine Compliance-Pflicht

Eine Pflicht des Geschäftsführungsorgans zur Einrichtung einer Compliance-Organisation könnte sich aus der Pflicht des Vorstands ergeben, ein Früherkennungs- und Überwachungssystem gemäß § 91 Abs. 2 AktG einzurichten.

(a) Regelungsinhalt der Norm

Gemäß § 91 Abs. 2 AktG hat „der Vorstand [...] geeignete Maßnahmen zu treffen, insbesondere ein Überwachungssystem einzurichten, damit die den Fortbestand der Gesellschaft gefährdende Entwicklungen frühzeitig erkannt werden". Mit Einführung des § 91 Abs. 2 AktG im Rahmen des Gesetzes zur Kontrolle und Transparenz im Unternehmensbereich (KonTraG)[241] hat der Gesetzgeber auf eine Vielzahl von Unternehmenskrisen reagiert.[242] Die Regelung statuiert inhaltlich keine neuen Pflichten für den Vorstand; es handelt sich vielmehr um eine Konkretisierung der den Vorstand treffenden allgemeinen Leitungsaufgabe nach § 76 AktG.[243] Der Vorstand wird verpflichtet Risiken zu erfassen und zu bewerten, um existenzgefährdende Unternehmenskrisen frühzeitig zu erkennen und um diesen vorzubeugen.[244] Ihn trifft somit die Pflicht zur Bestandssicherung des Unternehmens. Deren konkrete Ausformung ist von der Größe, Branche, Struktur, dem Kapitalmarktzugang usw. des jeweiligen Unternehmens abhängig.[245] Bei börsennotierten Aktiengesellschaften ist nach § 317 Abs. 4 HGB im Rahmen der Jahresabschlussprüfung das von der Gesellschaft geschaffene

---

[240] *Bachmann*, in: VGR (Hrsg.), Gesellschaftsrecht in der Diskussion 2007, S. 65 (69).

[241] Gesetz zur Kontrolle und Transparenz im Unternehmensbereich (KonTraG) vom 27. April 1998, BGBl. I 1998, S. 786.

[242] *Mertens/Cahn*, in: Kölner Kommentar AktG, § 91 Rn. 13; *Spindler*, in: Münchener Kommentar AktG, § 91 Rn. 1, 15; *Fleischer*, in: Spindler/Stilz (Hrsg.), AktG, § 91 Rn. 29; *Dauner-Lieb*, in: Henssler/Strohn (Hrsg.), Gesellschaftsrecht, § 91 Rn. 1.

[243] Begr. RegE zum KonTraG, BT-Drucks. 13/9712, S. 15; *Hüffer*, AktG, § 91 Rn. 1; *Mertens/Cahn*, in: Kölner Kommentar AktG, § 91 Rn. 1, 14; *Spindler*, in: Münchener Kommentar AktG, § 91 Rn. 1; *Kort*, in: Großkommentar zum AktG, § 91 Rn. 1; *Fleischer*, in: Spindler/Stilz (Hrsg.), AktG, § 91 Rn. 1; *Müller-Michaels*, in: Hölters (Hrsg.), AktG, § 91 Rn. 1.

[244] *Mertens/Cahn*, in: Kölner Kommentar AktG, § 91 Rn. 1.

[245] Begr. RegE zum KonTraG, BT-Drucks. 13/9712, S. 15.

Frühwarnsystem auf seine Funktionsfähigkeit hin zu überprüfen.[246] Grundsätzlich wird unterschieden zwischen dem Früherkennungs- und dem Überwachungssystem.

(aa) Früherkennungssystem

Der Vorstand muss geeignete Maßnahmen treffen, um die den Fortbestand der Gesellschaft gefährdenden Entwicklungen früh zu erkennen. Gemeint sind damit unternehmensbezogene nachteilige Veränderungen und Prozesse, die sich existenziell auf den Bestand der Gesellschaft auswirken.[247] Unwahrscheinliche, hypothetische und noch latente Risikolagen genügen hingegen nicht.[248] Der Vorstand hat hierzu den Ist-Zustand des Risikopotentials zu analysieren, um dadurch eine tragfähige Grundlage für eine prognostische Grundlage zu schaffen.[249] Eine Bestandsgefährdung ergibt sich, wenn sich die nachteiligen Veränderungen auf die Vermögens-, Ertrags- oder Finanzlage der Gesellschaft wesentlich, nach herrschender Meinung[250] im Sinne der Steigerung oder Hervorrufung eines Insolvenzrisikos, auswirken können.[251] Risiken, die die Rentabilität der Gesellschaft gefährden genügen hingegen nicht, da dies nicht zwangsläufig einer Bestandsgefährdung gleichkommt.[252] Regelmäßig ist bei der Risikoanalyse eine Gesamtbetrachtung anzustellen, ohne jeden einzelnen Geschäftsvorfall zu erfassen, da solche nur ausnahmsweise bestandsgefährdende Entwicklungen auslösen.[253] Als geeignet erweisen sich die Maßnahmen dann, wenn die Risiken so frühzeitig erkannt werden können, dass noch rechtzeitig Gegenmaßnahmen

---

[246] *Kort*, in: Großkommentar zum AktG, § 91 Rn. 23; *Spindler*, in: Münchener Kommentar AktG, § 91 Rn. 1; *Hüffer*, AktG, § 91 Rn. 4; ausführlich *Spindler*, Unternehmensorganisationspflichten, S. 383 ff.

[247] *Krieger/Sailer-Coceani*, in: K. Schmidt/Lutter (Hrsg.), AktG, § 91 Rn. 8 f.; *Spindler*, in: Münchener Kommentar AktG, § 91 Rn. 20; *Hüffer*, AktG, § 91 Rn. 6.

[248] *Seibert*, in: Festschrift Bezzenberger, S. 427 (437).

[249] *Spindler*, in: Münchener Kommentar AktG, § 91 Rn. 20; *ders.*, in: Fleischer (Hrsg.), Handbuch Vorstandsrecht, § 19 Rn. 8.

[250] *Kort*, in: Großkommentar zum AktG, § 91 Rn. 30; *Spindler*, in: Münchener Kommentar AktG, § 91 Rn. 21; *ders.*, in: Fleischer (Hrsg.), Handbuch Vorstandsrecht, § 19 Rn. 6; *Dauner-Lieb*, in: Henssler/Strohn (Hrsg.), Gesellschaftsrecht, § 91 Rn. 7; *Müller-Michaels*, in: Hölters (Hrsg.), AktG, § 91 Rn. 6; a.A. *Hüffer*, AktG, § 91 Rn. 6.

[251] Begr. RegE zum KonTraG, BT-Drucks. 13/9712, S. 15; *Spindler*, in: Münchener Kommentar AktG, § 91 Rn. 21; *ders.*, in: Fleischer (Hrsg.), Handbuch Vorstandsrecht, § 19 Rn. 9; *Kort*, in: Großkommentar zum AktG, § 91 Rn. 38.

[252] *Spindler*, in: Münchener Kommentar AktG, § 91 Rn. 21; *Lebherz*, Emittenten-Compliance, S. 381.

[253] *Zimmer/Sonneborn*, in: Lange/Wall (Hrsg.), Risikomanagement nach dem KonTraG, § 1 Rn. 180; *Spindler*, in: Münchener Kommentar AktG, § 91 Rn. 22; *ders.*, in: Fleischer (Hrsg.), Handbuch Vorstandsrecht, § 19 Rn. 10; *Kort*, in: Großkommentar zum AktG, § 91 Rn. 37.

zur Sicherung des Fortbestands der Gesellschaft eingeleitet werden können.[254] Was konkret als geeignete Maßnahmen zu werten sind liegt im unternehmerischen Ermessensspielraum des Vorstands, der sich u.a. nach der Größe, der Branche, der Struktur und dem Kapitalmarktzugang orientiert.[255]

(bb) Überwachungssystem

Der Wortlaut der Norm fordert zur Verwirklichung des Ziels der frühzeitigen Erkennung von bestandsgefährdenden Entwicklungen „insbesondere" – als besonderen Bestandteil der geeigneten Maßnahmen[256] – ein Überwachungssystem. Unklar ist, was der Gesetzgeber hierunter konkret versteht. Diese Frage wird unterschiedlich beantwortet.[257] Die betriebswirtschaftliche Literatur[258] fordert die Einrichtung eines umfassenden Risikomanagementsystems, welches die Überwachung und Kontrolle sämtlicher, das Unternehmen bedrohender Risiken in allen Bereichen umfasst, unabhängig vom jeweiligen Schadenspotential für das Unternehmen.

Die herrschende Meinung[259] lehnt diese Auffassung hingegen zu Recht ab. Eine solche extensive Auslegung ist nicht mit dem Wortlaut der Norm vereinbar und würde diesen zu stark ausweiten. § 91 Abs. 2 AktG handelt nur von einem Früherkennungssystem, welches die bestandsgefährdende Risiken für das Unternehmen identifizieren soll damit diese dem Vorstand zeitnah bekannt werden. Dass der Vorstand diese Risiken zudem zu bewerten hat und entsprechende Maßnahmen treffen soll fordert der Wortlaut nicht.[260] Nach Sinn und Zweck der Norm sind die vom Vorstand eingeleiteten Maßnahmen auf die Einhaltung und Effek-

---

[254] Begr. RegE zum KonTraG, BT-Drucks. 13/9712, S. 15; *Zimmer/Sonneborn*, in: Lange/Wall (Hrsg.), Risikomanagement nach dem KonTraG, § 1 Rn. 181; *Hüffer,* AktG, § 91 Rn. 7.

[255] Begr. RegE zum KonTraG, BT-Drucks. 13/9712, S. 15; *Spindler*, in: Münchener Kommentar AktG, § 91 Rn. 24; *Hüffer,* AktG, § 91 Rn. 7.

[256] *Spindler*, in: Münchener Kommentar AktG, § 91 Rn. 25; *Kort*, in: Großkommentar zum AktG, § 91 Rn. 48 f.

[257] Der Streit wird eingehend diskutiert in *Pahlke*, NJW 2002, 1680 (1681).

[258] *Preußner/Becker*, NZG 2002, 846 (848); *Lück*, DB 1998, 1925 (1925 ff); *Kromschröder/Lück*, DB 1998, 1573 (1573 ff.); *Preußner/Zimmermann*, AG 2002, 657 (659).

[259] *Fleischer*, in: Spindler/Stilz (Hrsg.), AktG, § 91 Rn. 35; *Hüffer*, AktG, § 91 Rn. 9; *Kort*, in: Großkommentar zum AktG, § 91 Rn. 51, 62; *Krieger/Sailer-Coceani*, in: K. Schmidt/Lutter (Hrsg.), AktG, § 91 Rn. 14; *Seibert*, in: Festschrift Bezzenberger, S. 427 (437 f.); *Spindler*, in: Münchener Kommentar AktG, § 91 Rn. 27; *Zimmer/Sonneborn*, in: Lange/Wall (Hrsg.), Risikomanagement nach dem KonTraG, § 1 Rn. 176; *Sven H. Schneider*, Informationspflichten und Informationssystemeinrichtungspflichten im Aktienkonzern, S. 261 ff.

[260] *Sven H. Schneider*, Informationspflichten und Informationssystemeinrichtungspflichten im Aktienkonzern, S. 261.

tivität zu überwachen.[261] Dieses Ergebnis ergibt sich auch aus der ursprünglichen Fassung des Referentenentwurfs, wonach es der „Einrichtung eines Überwachunssystems mit der Aufgabe der Einhaltung der (...) zu treffenden Maßnahmen zu überwachen"[262] bedarf und die mit geltender Fassung nur sprachlich abgekürzt werden sollte.[263] Zwar wurde in der Literatur[264] durch den im Zuge des Bilanzrechtsmodernisierungsgesetzes (BilMoG)[265] neu eingeführten § 289 Abs. 5 HGB erneut eine Pflicht zur Einrichtung umfassender Risikomanagementsysteme zumindest in Bezug auf kapitalmarktorientierte Aktiengesellschaften diskutiert. Dies verwundert allerdings, da die Regierungsbegründung zu § 289 Abs. 5 HGB gerade eine Verpflichtung zur Einrichtung eines Risikomanagementsystems ablehnt und dies in das unternehmerische Ermessen des Vorstands stellt.[266] Wie dargelegt, stellt das Überwachungssystem somit nur sicher, dass das System aus interner Revision und Controlling die Erkenntnisse zeitnah dem Vorstand weiterleitet.[267]

(b) Compliance-Pflicht

Fraglich ist, ob dem § 91 Abs. 2 AktG eine Pflicht zur Einrichtung einer Compliance-Organisation entnommen werden kann. Verschiedentlich wird dies in der Literatur[268] angenommen, wobei Compliance als Teil eines Risikofrüherkennungssystems angesehen wird.[269] Hierfür spreche, dass die Begründung zum Regierungsentwurf des KonTraG Verstöße gegen gesetzliche Vorschriften als potentiell bestandsgefährdende Entwicklung im Sinne des § 91 Abs. 2 AktG nennt.[270] Auch werte der Referentenentwurf Verstöße gegen gesetzliche Vorschriften als den Fortbestand gefährdende Entwicklungen.[271] Dies ist insofern richtig als Verstöße gegen gesetzliche Vorschriften empfindliche finanzielle

---

[261] *Hüffer*, AktG, § 91 Rn. 8.
[262] § 93 Abs. 1 Satz 3 AktG-Referentenentwurf. Mit Begründung abgedruckt in ZIP 1996, 2129 (2131).
[263] *Hüffer*, AktG, § 91 Rn. 8.
[264] *Hommelhoff/Mattheus*, BB 2007, 2787 (2788).
[265] Gesetz zur Modernisierung des Bilanzrecht (BilMoG) vom 25. Mai 2009, BGBl. I 2009, S. 1102.
[266] Begr. RegE zum BilMoG, BT-Drucks. 16/10067, S. 76.
[267] *Spindler*, in: Münchener Kommentar AktG, § 91 Rn. 25; *Krieger/Sailer-Coceani*, in: K. Schmidt/Lutter (Hrsg.), AktG, § 91 Rn. 13; *Hüffer*, AktG, § 91 Rn. 8.
[268] *Dreher*, in: Festschrift Hüffer, S. 161 (169 ff.); *Spindler*, WM 2008, 905 (906 f.); *Berg*, AG 2007, 271 (275 ff.); *Emde*, in: Renz/Hense (Hrsg.), Wertpapier-Compliance in der Praxis, S. 157 (159).
[269] *Dreher*, in: Festschrift Hüffer, S. 161 (169 ff.); *Spindler*, WM 2008, 905 (906 f.).
[270] *Dreher*, in: Festschrift Hüffer, S. 161 (169).
[271] § 93 Abs. 1 Satz 3 AktG-Referentenentwurf. Mit Begründung abgedruckt in ZIP 1996, 2129 (2131).

Schädigungen in Form von Schadensersatzansprüchen oder Geldbußen nach sich ziehen können. Insbesondere das nationale und europäische Kartellrecht – welche bis auf wenige Ausnahmen inhaltsgleich sind – kennt hohe Bußgelder bei Kartellrechtsverstößen. Allein 2010 verhängte die Europäische Kommission Bußgelder wegen Kartellrechtsverstößen in Höhe von insgesamt 2,868 Milliarden Euro.[272] Selbst unbedeutende Rechtsverstöße können aufgrund ihrer Ausstrahlungswirkung durch Reputationsschäden bestandsgefährdende Tendenzen herbeiführen.[273] Darüber hinaus sind auch sonstige zivilrechtliche Schadensersatzklagen denkbar. Ein Früherkennungssystem könnte diese rechtlichen Risiken mildern bzw. dazu beitragen diese auszuschließen. Eine Reduktion der Bußgelder bei Vorhandensein einer Compliance-Organisation, ähnlich dem § 8 C.2.5 (f) der Federal Sentencing Guidelines, wird bisher von der EU-Kommission allerdings abgelehnt.[274]

Dennoch ist eine Herleitung der Compliance-Pflicht aus § 91 Abs. 2 AktG abzulehnen. Der Verstoß gegen gesetzliche Vorschriften und den dadurch bewirkten finanziellen Schädigungen, unmittelbar oder mittebar durch Reputationsschäden, sind nur in den seltensten Fällen tatsächlich bestandsgefährdend. Die Regelung des § 91 Abs. 2 AktG verpflichtet nicht dazu, sämtlichen Rechtsverstößen innerhalb der Gesellschaft vorzubeugen,[275] während dies gerade der Schutzzweck einer Compliance-Organisation ist. Die Norm suggeriert, abseits von bestandsgefährdenden Risiken könne der Vorstand vor Gesetzesverstößen „seine Augen verschließen“[276]. Compliance geht allerdings gerade über die bestandsgefährdenden rechtlichen Risiken hinaus und erfasst die Einhaltung sämtlicher Gesetze, Regeln und interner Standards, unabhängig davon, ob sich diese bestandsgefährdend auswirken können. Eine Herleitung aus § 91 Abs. 2 AktG ist folglich zu eng.[277]

(3) § 93 Abs. 1 AktG als Rechtsgrundlage für eine Compliance-Pflicht

Eine Compliance-Pflicht des Vorstands könnte sich weiterhin aus der allgemeinen Sorgfaltspflicht des § 93 Abs. 1 AktG ergeben.

---

[272] http://ec.europa.eu/competition/cartels/statistics/statistics.pdf (zuletzt aufgerufen am 31. Mai 2013).

[273] *Bürkle*, BB 2005, 565 (569).

[274] Siehe Rede des EU-Wettbewerbskommissars *Joaquín Almunia* am 25. Oktober 2010, http://europa.eu/rapid/pressReleasesAction.do?reference=SPEECH/10/586&format=HTML&aged=0&language=EN&guiLanguage=en (zuletzt aufgerufen am 31. Mai 2013).

[275] *Koch*, WM 2009, 1013 (1014).

[276] *Lutter*, AG-Sonderheft 1997, 52 (54).

[277] *Uwe H. Schneider*, NZG 2009, 1321 (1323); *Bicker*, AG 2012, 542 (544).

(a) Regelungsinhalt der Norm

Gemäß § 93 Abs. 1 Satz 1 AktG haben die Vorstandsmitglieder bei ihrer Geschäftsführung die Sorgfalt eines ordentlichen und gewissenhaften Geschäftsleiters anzuwenden. Die drohende persönliche Haftung nach § 93 Abs. 2 AktG soll die Vorstandsmitglieder zu pflichtgemäßem Verhalten motivieren.[278] Wie bereits zuvor erläutert lassen sich innerhalb der Sorgfaltspflichten des Vorstands drei Pflichtenkreise bilden, welche vom Vorstand zu beachten sind. Dabei handelt es sich um die Legalitätspflicht, Sorgfaltspflicht im engeren Sinne und Überwachungspflicht. Das Ziel dieses Pflichtentrios ist die Förderung des Unternehmenserfolgs und die Abwendung von Schäden für die Gesellschaft.[279] Die Pflichtenkreise werden im Folgenden erörtert, bevor deren Relevanz innerhalb der Compliance-Diskussion erläutert wird.

(aa) Legalitätspflicht

Die Sorgfaltspflicht des § 93 Abs. 1 AktG umfasst zunächst die Legalitätspflicht des Vorstands. Sie bezeichnet grundsätzlich die Pflicht des Vorstands zur Einhaltung der vom Unternehmen und ihren Organen zu beachtenden Gesetze, um so die Legalität des Unternehmens zu gewährleisten. Näher betrachtet setzt sie sich aus zwei Aspekten zusammen, der internen und der externen Pflichtenbindung. Im Rahmen der internen Pflichtenbindung ist jedes Vorstandsmitglied gehalten sämtliche Verhaltensgebote zu erfüllen, die ihm durch das Aktiengesetz oder die Satzung der Gesellschaft bzw. der Geschäftsordnung des Vorstands auferlegt sind.[280] Die externe Legalitätspflicht bindet den Vorstand im Außenverhältnis für ein gesetzeskonformes Verhalten des Unternehmens zu sorgen.[281] Die Gesellschaft und deren Organmitglieder haben sämtliche Rechtsvorschriften einzuhalten, die die Gesellschaft als juristische Person treffen.[282] Dies umfasst sowohl die nationalen öffentlich-rechtlichen und zivilrechtlichen Vorschriften

---

[278] *Goette*, in: Festschrift 50 Jahre Bundesgerichtshof, S. 123 (124, 139); *Fleischer*, in: Festschrift Wiedemann, S. 827 (829); *Fischbach*, Die Haftung des Vorstands im Aktienkonzern, S. 27.

[279] *Hopt*, in: Großkommentar zum AktG, § 93 Rn. 80; *Mertens/Cahn*, in: Kölner Kommentar AktG, § 93 Rn. 66.

[280] *Fleischer*, in: Spindler/Stilz (Hrsg.), AktG, § 93 Rn. 14; *Hopt*, in: Großkommentar zum AktG, § 93 Rn. 98; *Mertens/Cahn*, in: Kölner Kommentar AktG, § 93 Rn. 66; *Spindler*, in: Münchener Kommentar AktG, § 93 Rn. 63 f.; *Habersack*, in: Festschrift Uwe H. Schneider, S. 429 (431 f.).

[281] *Fleischer*, in: Spindler/Stilz (Hrsg.), AktG, § 93 Rn. 14; *Hopt*, in: Großkommentar zum AktG, § 93 Rn. 98; *Mertens/Cahn*, in: Kölner Kommentar AktG, § 93 Rn. 71; *Habersack*, in: Festschrift Uwe H. Schneider, S. 429 (431 f.).

[282] *Spindler*, in: Münchener Kommentar AktG, § 93 Rn. 64; *Habersack*, in: Festschrift Uwe H. Schneider, S. 429 (431 f.).

als auch Vorschriften des ausländischen Rechts.[283] Ein rechtswidriges Verhalten im Außenverhältnis stellt nach ganz herrschender Meinung[284] zugleich eine Pflichtverletzung im Innenverhältnis dar. Der Gesellschaft können nämlich infolge der Gesetzesverletzung Nachteile in Form von Schadensersatzzahlungen, Geldbußen oder Rufschäden entstehen.[285]

Eine Ausnahme von der Legalitätspflicht wird nach einhelliger Auffassung[286] auch nicht für sog. „nützliche Pflichtverletzungen" angenommen, d.h. solchen, die zwar einen Gesetzesverstoß darstellen, dennoch wirtschaftlich aus einer ex-ante Sicht einen Vorteil für die Gesellschaft darstellen und subjektiv im Interesse der Gesellschaft erfolgen. Die Bindung an die Rechtsordnung geht Opportunitätserwägungen vor.[287] Zudem verdrängt die Einhaltung der Gesetzesbestimmungen ohnehin ein Gesellschaftsinteresse, welches auf ein reines Gewinnstreben unter Inkaufnahme von Gesetzesverletzungen abzielt. Dies geht mittelbar aus § 396 Abs. 1 AktG hervor, wonach eine Aktiengesellschaft aufgelöst werden kann, wenn sie durch gesetzeswidriges Verhalten ihrer Verwaltungsträger das Gemeinwohl gefährdet und der Aufsichtsrat bzw. die Hauptversammlung nicht für eine Abberufung der Verwaltungsträger sorgt.[288]

(bb) Sorgfaltpflicht im engeren Sinne - Organisationspflichten

Weiterhin sind die Vorstandsmitglieder im Rahmen ihrer Sorgfaltspflicht aus § 93 Abs. 1 Satz 1 AktG zur ordnungsgemäßen Unternehmensorganisation verpflichtet. Der völlige Verzicht auf die Ausübung des Leitungsermessens ist daher ebenso eine Sorgfaltspflichtverletzung wie dessen Überschreitung,[289] da es kein anderes Organ in der Gesellschaft gibt, das die Leitung des Unternehmens

---

[283] *Mertens/Cahn*, in: Kölner Kommentar AktG, § 93 Rn. 73; *Paefgen*, Unternehmerische Entscheidungen und Rechtsbindung der Organe in der AG, S. 24.

[284] *Fleischer*, in: Spindler/Stilz (Hrsg.), AktG, § 93 Rn. 24.

[285] *Raiser/Veil*, Recht der Kapitalgesellschaften, § 14 Rn. 66; *Fleischer*, ZIP 2005, 141 (144) – *Fleischer* wendet allerdings ein, dass diese Begründung insofern nicht überzeuge, weil sie vom Vorliegen eines Schadens auf den Pflichtverstoß zurückschließe. Die Frage, ob eine Pflicht durch den Vorstand verletzt ist, sei aber vielmehr unabhängig von einem Schadenseintritt zu bewerten.

[286] *Uwe H. Schneider*, in: Scholz (Hrsg.), GmbHG, § 43 Rn. 78; *Fleischer*, ZIP 2005, 141 (146 ff.) – *Fleischer* bezeichnet dies als „Law-as-Limit"-Theorie.; *ders.*, in: Fleischer (Hrsg.), Handbuch Vorstandsrecht, § 7 Rn. 22; *ders.*, NJW 2009, 2337 (2338); *Mertens/Cahn*, in: Kölner Kommentar AktG, § 93 Rn. 71; *Hopt*, in: Großkommentar zum AktG, § 93 Rn. 99; *Verse*, ZHR 175 (2011), 401 (406); *Habersack*, in: Festschrift Uwe H. Schneider, S. 429 (435).

[287] *Fleischer*, ZIP 2005, 141 (145); *Hopt*, in: Großkommentar zum AktG, § 93 Rn. 99.

[288] *Fleischer*, ZIP 2005, 141 (148); *Bicker*, AG 2012, 542 (543).

[289] *Spindler*, in: Münchener Kommentar AktG, § 93 Rn. 43; *Oltmanns* Geschäftsleiterhaftung und unternehmerisches Ermessen, S. 218 ff.

besorgen könnte.[290] Von der Organisationspflicht umfasst ist die Schaffung klarer Leitungs- und Verantwortungsbereiche, deren genaue Ausgestaltung in seinem unternehmerischen Ermessen steht.[291] Die Mitglieder der Geschäftsführung haben eine Organisation zu etablieren, in der sie jederzeit einen Überblick über die wirtschaftliche und finanzielle Situation haben.[292] Sie haben Leitungsentscheidungen ihrer Bedeutung entsprechend vorzubereiten und einen reibungslosen Ablauf der Geschäfte in den einzelnen Teilbereichen der Gesellschaft sicherzustellen.[293] Damit geht einher, dass der Vorstand bei der Besetzung von Mitarbeitern für die einzelnen Teilbereiche hinreichend qualifiziertes Personal auszuwählen hat[294] und dieses im entsprechenden Umfang im jeweiligen Aufgabenbereich geschult wird.[295]

(cc) Überwachungspflichten

Neben der eigenen Sorgfalt bei Entscheidungen trifft das Vorstandsmitglied auch eine organinterne Überwachungspflicht und es muss sich in geeigneter Weise von dem rechts- und zweckmäßigen Verhalten nachgeordneter Unternehmensangehöriger ein Bild verschaffen.[296] Je größer ein Unternehmen ist, desto schwieriger wird es für den Vorstand, jegliche Aufgabenbereiche durch jedes Vorstandsmitglied vornehmen zu lassen. Regelmäßig werden daher Aufgaben horizontal und vertikal delegiert. Die Voraussetzungen wirksamer Delegation wurden bereits eingehend erläutert.[297] Das Prinzip der Gesamtverantwortung des Vorstands verpflichtet den Vorstand zur Überwachung der delegierten Bereiche. Das Ausmaß dieser Überwachungspflicht ist vom Einzelfall abhängig.

---

[290] *Fischbach*, Die Haftung des Vorstands im Aktienkonzern, S. 54 f.

[291] *Fleischer*, in: Spindler/Stilz (Hrsg.), AktG, § 93 Rn. 56; *Landwehrmann*, in: Heidel (Hrsg.), Aktienrecht und Kapitalmarktrecht, § 93 AktG Rn. 54.

[292] *Hopt*, in: Großkommentar zum AktG, § 93 Rn. 107; *Fleischer*, in: Spindler/Stilz (Hrsg.), AktG, § 93 Rn. 57; *Landwehrmann*, in: Heidel (Hrsg.), Aktienrecht und Kapitalmarktrecht, § 93 AktG Rn. 56.

[293] *Fleischer*, in: Spindler/Stilz (Hrsg.), AktG, § 93 Rn. 56; *Uwe H. Schneider*, in: Scholz (Hrsg.), GmbHG, § 43 Rn. 95.

[294] *Fleischer*, in: Spindler/Stilz (Hrsg.), AktG, § 93 Rn. 56; *Hopt*, in: Großkommentar zum AktG, § 93 Rn. 84; *Landwehrmann*, in: Heidel (Hrsg.), Aktienrecht und Kapitalmarktrecht, § 93 AktG Rn. 54.

[295] *Uwe H. Schneider*, DB 1993, 1909 (1914).

[296] *Fleischer*, in: Spindler/Stilz (Hrsg.), AktG, § 93 Rn. 96.

[297] Siehe C. I. 1. a) cc) (2) (c).

(b) Compliance-Pflicht

Die überwiegende Literatur[298] leitet aus dieser umfassenden Sorgfaltspflicht die Rechtspflicht zur Einrichtung einer Compliance-Organisation ab. Neben den branchenspezifischen Spezialnormen, die ausdrücklich eine Compliance-Pflicht kodifizieren, leitet diese Ansicht aus § 93 Abs. 1 Satz 1 AktG in Verbindung mit § 76 Abs. 1 AktG eine solche Pflicht branchenunabhängig für alle Aktiengesellschaften her. Dem ist beizupflichten. Das Vorstandsmitglied, das selbst nicht rechtmäßig handelt bzw. nicht auf ein rechtmäßiges Handeln des Unternehmens insgesamt mittels einer entsprechenden Organisation hinwirkt und somit einen Schaden für das Unternehmen riskiert, sei es in Form von Bußgeldern, Schadensersatz, Reputation o.Ä., beachtet gerade nicht die Sorgfalt eines ordentlichen und gewissenhaften Geschäftsleiters im Sinne des § 93 Abs. 1 Satz 1 AktG.[299] Es kommt seiner Pflicht für ein rechtmäßiges Verhalten der Gesellschaft zu sorgen nicht nach.

Diese Ansicht wird ebenfalls durch das oben dargelegte Compliance-Verständnis gestützt. Danach setzt sich Compliance aus zwei Teilbereichen zusammen: Zum einen gehört hierzu die Einhaltung von Gesetz und internen Unternehmensrichtlinien durch die Organmitglieder und Mitarbeiter. Für dessen Durchsetzung bedarf es zum anderen entsprechender organisatorischer Maßnahmen, um das rechtmäßige Verhalten des Unternehmens und seiner Mitarbeiter zu gewährleisten.

Die Legalitätspflicht fordert gerade diese Einhaltung der gesetzlichen Vorschriften und der Unternehmensrichtlinien durch seine handelnden Organe und ist insofern inhaltsgleich mit dem ersten Bestandteil der vorliegenden Compliance-Definition. Den Vorstand treffen im Rahmen seiner internen Legalitätspflicht u.a. zahlreiche Berichts-, Informations- und Rechenschaftspflichten, da er für ein rechtskonformes Verhalten des Unternehmens zu sorgen hat. Hierbei handelt es sich nicht um eine bloße Ermessensentscheidung; der Vorstand ist rechtlich gebunden.[300] Da es regelmäßig zur Delegation von Aufgaben kommt, muss der Vorstand im Innenverhältnis aufgrund seiner Organisationshoheit die wirksame Erfüllung der Aufgaben sicherstellen. Entsprechend dem zweiten Compliance-

---

[298] *Uwe H. Schneider*, NZG 2010, 1201 (1202); *ders./Sven H. Schneider*, ZIP 2007, 2061 (2062); *Bachmann*, in: VGR (Hrsg.), Gesellschaftsrecht in der Diskussion 2007, S. 65 (73), aber mit Vorbehalten; *Eisele/Faust*, in: Schimansky/Bunte/Lwowski (Hrsg.), Bankrechts-Handbuch, § 109 Rn. 95a; *Fleischer*, in: Spindler/Stilz (Hrsg.), AktG, § 91 Rn. 47; *Immenga*, in: Festschrift Schwark, S. 199 (202); *Verse*, ZHR 175 (2011), 401 (404); *Krieger/Sailer-Coceani*, in: K. Schmidt/Lutter (Hrsg.), AktG, § 93 Rn. 6; *Mertens/Cahn*, in: Kölner Kommentar AktG, § 91 Rn. 35; *Bicker*, AG 2012, 542 (543).

[299] *Gebauer/Niermann*, in: Hauschka (Hrsg.), Corporate Compliance, § 36 Rn. 12.

[300] *Assmann*, AG 1995, 237 (257).

Bestandteil ist der Unternehmensvorstand in seiner Gesamtheit dafür verantwortlich, dass die Gesellschaft gesetzeskonform handelt und diese Gesamtverantwortung des Vorstands führt zu einer Vorstandspflicht, eine Organisation zu etablieren, „die die Einhaltung der Gesetzes- und Satzungsbestimmungen gewährleistet“[301]. Die Legalitätspflicht erschöpft sich nicht in der eigenen Rechtstreue der Vorstandsmitglieder, sondern umfasst ebenfalls die Legalitätskontrolle der Unternehmensangehörigen. Den Vorstand trifft die Pflicht durch organisatorische Maßnahmen für die Einhaltung von Gesetz und unternehmensinterner Richtlinien durch die Unternehmensangehörigen zu sorgen.[302] Dabei hat der Vorstand zwar einen Mindeststandard zu erfüllen; entsprechend der „Business Judgment Rule“ hat er im übrigen ein unternehmerisches Ermessen, die Organisation konkret zu gestalten.[303] Die Überwachungspflicht ist in dem Rahmen als Teil der Organisationspflichten einzuordnen und trägt zu einer effektiven Compliance bei. Kommt es zur Missachtung der Vorgaben aus § 93 Abs. 1 Satz 1 AktG kann dies nicht nur zu unüberschaubaren Unternehmensrisiken führen; der Vorstand ist ebenfalls zum Ersatz seines Schadens aus § 93 Abs. 2 AktG verpflichtet. Dem kann nur durch die Schaffung eines Compliance-Systems Genüge getan werden.[304] Die Einrichtung einer Compliance-Organisation liegt folglich im Unternehmensinteresse sowie im persönlichen Interesse des Vorstands.

Zu erwähnen ist in diesem Zusammenhang die Herleitung einer Compliance-Pflicht aus § 93 Abs. 1 Satz 1 AktG von *Lösler*.[305] Er widmet sich zunächst der Frage, ob juristische Personen Insider im Sinne der WpHG sein können. Während *Grohnert* der Auffassung ist, dass nur natürliche Personen Insider sein können,[306] erkennt *Lösler* richtig, dass sich eine solche Auslegung nicht aus § 13 Abs. 1 WpHG herleiten lässt. Die Norm sei vielmehr offen formuliert und die juristische Person kann über die Wissenszurechnung seiner Organe und Mitarbeiter selbst Insider werden.[307] Dies findet seine Bestätigung in Art. 2 Abs. 2 i.V.m Abs. 1 der Marktmissbrauchsrichtlinie[308], die ausdrücklich juristischen Personen, die über eine Insider-Information verfügen, untersagt, „unter Nutzung

[301] *Landwehrmann*, in: Heidel (Hrsg.), Aktienrecht und Kapitalmarktrecht, § 93 Rn. 75.
[302] *Fleischer*, in: Spindler/Stilz (Hrsg.), AktG, § 91 Rn. 47; *Verse*, ZHR 175 (2011), 401 (404).
[303] *Uwe H. Schneider*, NZG 2010, 1201 (1202).
[304] *Bachmann*, in: VGR (Hrsg.), Gesellschaftsrecht in der Diskussion 2007, S. 65 (73).
[305] *Lösler*, Compliance im Wertpapierdienstleistungskonzern, S. 125 ff., 143 ff.
[306] *Grohnert*, Rechtliche Grundlagen einer Compliance-Organisation und ausgewählte Fragen der Umsetzung, S. 57.
[307] *Lösler*, Compliance im Wertpapierdienstleistungskonzern, S. 126.
[308] Richtlinie 2003/6/EG, ABl. EG Nr. L 96 vom 12. April 2003, S. 16 ff.

derselben für eigene oder fremde Rechnung direkt oder indirekt Finanzinstrumente, auf die sich die Information bezieht, zu erwerben oder zu veräußern oder dies zu versuchen." Die juristische Person ist somit als Insider verpflichtet, ihr diesbezügliches Wissen nicht unbefugt weiter zu geben. Gesellschaftsrechtlich trifft die Erfüllung dieser insiderrechtlichen Pflicht das Leitungsorgan.[309] Um dem nachzukommen, muss die Geschäftsleitung die Gesellschaft dahingehend organisieren, dass sie in Übereinstimmung mit insiderrechtlichen Vorschriften handelt. *Lösler* ist der Auffassung, dass sich die Sorgfaltspflicht aus § 93 Abs. 1 Satz 1 AktG nur dann zu einer Compliance-Pflicht verdichte, wenn sie auch Insider im Sinne des WpHG sind.[310] Diese Verpflichtung scheide allerdings für solche Unternehmen aus, die keine insiderähnliche Eigenschaft besitzen.[311] In diesem Fall liege die Compliance-Pflicht im unternehmerischen Ermessen des Vorstands.[312]

Diese Ansicht ist zu eng. Das Gesellschaftsrecht wächst stetig mit seiner Fülle an neuen Organisations- und Überwachungspflichten.[313] Die zwingend gebotene Beachtung der unüberschaubaren Anzahl an rechtlichen Vorgaben verdichtet die Sorgfaltspflicht aus § 93 Abs. 1 Satz 1 AktG zu einer Pflicht zur Einrichtung einer Compliance-Organisation. Auch die Rechtsprechung erhöht den Druck auf Manager, indem diese immer häufiger zur Haftung herangezogen werden, wenn es zu Rechtsverstößen im Unternehmen gekommen ist. Neben der Durchsetzung von Insiderhandelsvorschriften muss die Geschäftsleitung daher gemäß § 93 Abs. 1 Satz 1 AktG auch in sonstigen Bereichen ein rechtskonformes Verhalten durch eine wirksame Compliance-Organisation sicherstellen. Dadurch reduzieren sich neben den Haftungsrisiken des Vorstands, auch die Risiken des Unternehmens selbst.

(4) Die Rechtsanalogie zu branchenspezifischen Spezialnormen als Rechtsgrundlage für eine Compliance-Pflicht

Das Recht kodifiziert an verschiedenen Stellen öffentlich-rechtliche und kapitalmarktrechtliche Vorschriften, die der Vorstand im Rahmen seiner Geschäftsleitung zu beachten hat. Der Vorstand hat dafür zu sorgen, dass die Gesellschaft im Außenverhältnis rechtmäßig handelt; ihn treffen aber auch unmittelbar gesetzliche Organpflichten. Für diese Untersuchung ist § 25a Abs. 1 KWG von

[309] *Lösler*, Compliance im Wertpapierdienstleistungskonzern, S. 126, 144.
[310] *Lösler*, Compliance im Wertpapierdienstleistungskonzern, S. 127, 145.
[311] *Lösler*, Compliance im Wertpapierdienstleistungskonzern, S. 146.
[312] *Lösler*, Compliance im Wertpapierdienstleistungskonzern, S. 145.
[313] *Fleischer*, NJW 2009, 2337 (2337).

besonderer Relevanz. Auch in anderen Bereich fordern Rechtsnormen vom Vorstand organisatorische Vorkehrungen, die die Einhaltung von Rechtsvorschriften sicherstellen. Zu nennen sind hier beispielsweise § 33 Abs. 1 WpHG, § 64a Abs. 1 VAG, § 52a Abs. 2 BImSchG oder § 53 KrW-/AbfG. In der Literatur[314] früher vertreten, aber heute nicht mehr diskutiert wurde die Auffassung, dass hinter diesen öffentlich-rechtlichen und kapitalmarktrechtlichen Einzelvorschriften ein allgemeiner Rechtsgedanke zu erblicken sei. „Die Vielzahl an öffentlich-rechtlichen Ge- und Verboten verlange die Einrichtung einer Compliance-Organisation“[315]. Diese muss so umfassend angelegt sein, dass sie die Einhaltung sämtlicher gesetzlicher Pflichten gewährleistet.[316] Die Pflicht zur Einrichtung einer Compliance-Organisation für alle Unternehmen, unabhängig von der Gesellschaftsform, ließe sich aus einer Gesamtanalogie zu den Spezialnormen herleiten.[317] Eine Gesamtanalogie wird immer dann angenommen, wenn aus mehreren gesetzlichen Bestimmungen, die an verschiedene Tatbestände die gleiche Rechtsfolge knüpfen, ein gemeinsamer Grundgedanke hergeleitet werden kann, der auf den gesetzlich ungeregelten Tatbestand ebenso wie auf die geregelten Tatbestände zutrifft.[318]

Für die Annahme einer Analogie bedarf es einer planwidrigen Regelungslücke sowie einer vergleichbaren Interessenlage.[319] Nach der herrschenden Meinung[320] mangelt es bereits an einer planwidrige Regelungslücke, da die Pflicht zur Einrichtung einer Compliance-Organisation bereits gesellschaftsrechtlich im Gesetz verankert ist. Hilfserwägend ist jedenfalls die vergleichbare Interessenlage zu verneinen.[321] Diese könnte nur dann angenommen werden, wenn man den Schutzzweck der branchenspezifisch normierten Compliance-Pflichten darauf reduziert, dass diese ein rechtskonformes Verhalten kodifizieren wollten. Hierbei handelt es sich aber bereits um eine Selbstverständlichkeit, die alle Unternehmen betrifft, ohne dass dies explizit kodifiziert werden muss. Mit Blick auf die kapitalmarktrechtlichen Organisationspflichten, § 33 Abs. 1 WpHG und § 25a Abs. 1 KWG, ist vielmehr festzustellen, dass diese darüberhinaus die Funk-

---

[314] *Uwe H. Schneider*, ZIP 2003, 645 (649); *Fleischer*, AG 2003, 291 (299 Fn. 131).
[315] *Uwe H. Schneider*, in: Scholz (Hrsg.), GmbHG, § 43 Rn. 361.
[316] *Uwe H. Schneider*, in: Scholz (Hrsg.), GmbHG, § 43 Rn. 361.
[317] *Uwe H. Schneider*, ZIP 2003, 645 (649).
[318] *Larenz/Canaris*, Methodenlehre der Rechtswissenschaft, S. 202.
[319] *Larenz/Canaris*, Methodenlehre der Rechtswissenschaft, S. 202.
[320] Siehe C. I. 1. c) aa) (2).
[321] *Lebherz*, Emittenten-Compliance, S. 420 ff.; *Sethe*, ZBB 2006, 243 (255); *Lösler*, Compliance im Wertpapierdienstleistungskonzern, S. 124 f.; *Bachmann*, in: VGR (Hrsg.), Gesellschaftsrecht in der Diskussion 2007, S. 65 (75); *ders./Prüfer*, ZRP 2005, 109, (111).

tionsfähigkeit des Kapitalmarkts sicherstellen[322] und die Allgemeinheit vor Vermögensverlusten zu schützen. Auch die anderen dargestellten öffentlich-rechtlichen Einzelvorschriften zur Errichtung einer Compliance-Organisation regeln einen sensiblen Bereich, der erhöhte Schutzpflichten des Staates fordert. In Bereichen, in denen empfindliche Rechtsgüter wie die Gesundheit und das Vermögen der Allgemeinheit zu schützen sind, hat der Gesetzgeber eine Unternehmensorganisation explizit angeordnet. Sonstige Gesellschaften, abseits dieser spezifischen Branchen, haben im Außenverhältnis keine derartigen erhöhten Schutzpflichten gegenüber der Allgemeinheit.

cc) Ergebnis

Zusammenfassend ist zweierlei festzuhalten: Bei der Compliance-Organisation handelt es sich erstens um eine Pflicht des Managements im Unternehmen, welche dogmatisch in § 93 Abs. 1 Satz 1 AktG verankert ist. Compliance-Strukturen für Banken lassen sich somit bereits aus dem Gesellschaftsrecht herleiten. Konkrete Compliance-Maßnahmen sieht das Gesellschaftsrecht zweitens hingegen nicht vor. Dies obliegt dem unternehmerischen Ermessen der Geschäftsleitung. Die spezifischen Anforderungen an die Compliance-Organisation sind abhängig von der Größe und den Risiken des Unternehmens, seiner Komplexität sowie der Vielfalt und Bedeutung der vom Unternehmen einzuhaltenden Vorschriften.[323] Allerdings haben sich in der Praxis gewisse Mindeststandards entwickelt, anhand derer regelmäßig eine gute Compliance-Organisation auszumachen ist. Diese werden noch Gegenstand näherer Untersuchung sein.[324]

d) Überwachung der Einhaltung der Compliance-Pflichten – Die Verantwortung des Aufsichtsrats für Compliance

aa) Überwachungsaufgabe des Aufsichtsrats im Allgemeinen

Der Aufsichtsrat hat nicht nur den Vorstand gemäß § 84 AktG zu bestellen, sondern er muss den Vorstand ebenfalls überwachen. Gesellschaftsrechtlich gehört die Überwachung der Unternehmensleitung nach § 111 Abs. 1 AktG zu seinen Kernaufgaben. Dazu zählt neben der Kontrolle der Geschäftsführung des Vor-

---

[322] *Lebherz*, Emittenten-Compliance, S. 423.
[323] *Uwe H. Schneider*, ZIP 2003, 645 (649).
[324] Siehe C. IV. 3. c).

stands auch dessen Beratung.[325] Die Überwachungspflicht ist allerdings nach herrschender Meinung[326] restriktiv auszulegen, da die Tätigkeit als Aufsichtsrat den Charakter eines Nebenamtes hat, §§ 100 Abs. 2 S. 1 Nr. 1, 110 Abs. 3 AktG.[327] Sie umfasst nicht die Kontrolle sämtlicher Einzelheiten des Tagesgeschäfts, sondern erstreckt sich vielmehr auf die Leitungsmaßnahmen und wesentlichen Einzelmaßnahmen des Vorstands. Die laufende Überwachung des Vorstands durch den Aufsichtsrat umfasst die Rechtmäßigkeit, Wirtschaftlichkeit und Zweckmäßigkeit der Geschäftsführung für die Vergangenheit und die Zukunft[328] und trifft den Aufsichtsrat konzernweit.[329]

bb) Überwachungsaufgabe des Aufsichtsrats in Bezug auf Compliance

Compliance ist „Chefsache“ und die Sicherung der Legalität des Unternehmens fällt somit in den Zuständigkeitsbereich des Vorstands. Der Aufsichtsrat hat ihn – wie dargelegt - bei seiner Aufgabe zu überwachen und muss mithin auch die Compliance-Organisation kontrollieren. Er muss dabei überwachen, ob die Vorstandsmitglieder ihrer Pflicht zur Einrichtung einer Compliance-Organisation umfassend nachgekommen sind.[330] Der Aufsichtsrat hat konkret zu überprüfen, ob das Compliance-Ziel des rechtskonformen Handelns der Gesellschaft durch die Maßnahmen des Vorstands gewährleistet werden kann.[331] Regelmäßig wird diese Aufgabe einem Prüfungsausschuss oder einem anderen Aufsichtsratsaus-

---

325 *Lutter/Krieger*, Rechte und Pflichten des Aufsichtsrats, Rn. 62; *Hopt/Roth*, in: Großkommentar zum AktG, § 111 Rn. 61; *Spindler*, in: Spindler/Stilz (Hrsg.), AktG, § 111 Rn. 10.

326 *Spindler*, in: Spindler/Stilz (Hrsg.), AktG, § 111 Rn. 8; *Hüffer*, AktG, § 111 Rn. 3; *Drygala*, in: K. Schmidt/Lutter (Hrsg.), AktG, § 111 Rn. 13; *Habersack*, in: Münchener Kommentar AktG, § 111 Rn. 18 ff.; *Winter*, in: Festschrift Hüffer, S. 1103 (1108); *Lutter/Krieger*, Rechte und Pflichten des Aufsichtsrats, Rn. 63 ff.

327 *Habersack*, in: Münchener Kommentar AktG, § 111 Rn. 19; *Dürr*, Die Haftung von Aufsichtsratsmitgliedern einer Aktiengesellschaft, S. 30.

328 Siehe *Lutter/Krieger*, Rechte und Pflichten des Aufsichtsrats, Rn. 71 ff.; *Semler*, Leitung und Überwachung der Aktiengesellschaft, Rn. 183 ff.

329 Siehe *Lutter*, in: Festschrift Hüffer, S. 617 (618); *Lutter/Krieger*, Rechte und Pflichten des Aufsichtsrats, Rn. 131 ff.; *Hoffmann-Becking*, ZHR 159 (1995), 325 (331 ff.).

330 *Uwe H. Schneider*, ZIP 2003, 645 (647); *Goette*, ZHR 175 (2011), 388 (392 f.); *Hopt/Roth*, in: Großkommentar zum AktG, § 111 Rn. 246; *Lutter*, in: Festschrift Hüffer, S. 617 (619 ff.) – Mit Nachweisen was im Einzelnen zu tun ist. In diesem Zusammenhang schlägt *Lutter* vor die gesetzlichen Prüfungsberichts- und Berichtspflicht des Abschlussprüfer nach §§ 317, 321 AktG vertraglich auf die Prüfung der Compliance in der Gesellschaft zu erstrecken, um dem Aufsichtsrat so eine bessere Informationsgrundlage über die vom Vorstand geschaffene Compliance-Organisation zu geben.

331 *Mertens/Cahn*, in: Kölner Kommentar AktG, § 116 Rn. 7.

schuss übertragen.[332] Dies entspricht Ziff. 5.3.2 Satz 1 DCGK wonach der Aufsichtsrat selber oder ein beauftragter Prüfungsausschuss unter anderem die Maßnahmen, die vom Vorstand zur Überwachung von Compliance eingerichtet wurden, überprüfen muss. Sonstige Mitarbeiter unterliegen hingegen nach herrschender Meinung nicht der Überwachung durch den Aufsichtsrat.[333] Deren Kontrolle fällt in den Pflichtenkreis der Unternehmensleitung. Um seiner Überwachungsaufgabe sachgerecht nachzugehen, muss sich der Aufsichtsrat über wesentliche Compliance-Vorgänge und deren Behandlung unterrichten lassen. Hierzu bedarf es einer regelmäßigen Berichterstattung durch den Vorstand[334] oder durch den Compliance-Beauftragten, wie dies § 33 Abs. 1 Nr. 5 WpHG vorsieht.[335] Als ein einfaches, aber sehr effektives Mittel zur Gewährleistung einer regelmäßigen Berichterstattung, wird die Aufnahme von Compliance-Themen in die Tagesordnung (unter Umständen als dauernden Tagesordnungspunkt) vorgeschlagen, da hieraus eine Verpflichtung des Vorstands entstehe, regelmäßig über alle compliance-relevanten Sachverhalte zu berichten.[336] Diese Vorstandsberichte sind die wichtigste Informationsquelle des Aufsichtsrats. Auf deren Richtigkeit und Vollständigkeit darf er in der Regel vertrauen.[337]

cc) Compliance als Pflicht des Aufsichtsrats

Fraglich ist, ob den Aufsichtsrat neben seiner Überwachungspflicht auch selbst Compliance-Pflichten treffen. Dass der Aufsichtsrat sich selbst regelkonform zu verhalten hat, kann als Selbstverständlichkeit vorausgesetzt werden. Daneben könnten ihn aber auch Mitwirkungspflichten zur Einrichtung einer Compliance-Organisation für das Unternehmen treffen. Eine solche Pflicht könnte man mit Blick auf § 116 Satz 1 AktG aus § 93 Abs. 1 Satz 1 AktG herleiten, da § 116 Satz 1 AktG auf § 93 AktG verweist. Wegen diesem Verweis auf § 93 AktG kann aber nicht ohne weiteres angenommen werden, dass die Sorgfaltspflichten

---

[332] *Lutter*, in: Festschrift Hüffer, S. 617 (621); *Vetter*, in: Festschrift Graf von Westphalen, S. 719 (734); *Kort*, in: Festschrift Hopt, S. 983 (999 f.); *Bicker*, AG 2012, 542 (545).

[333] *Winter*, in: Festschrift Hüffer, S. 1103 (1109); *Bachmann*, in: VGR (Hrsg.), Gesellschaftsrecht in der Diskussion 2007, S. 65 (93); *Lutter/Krieger*, Rechte und Pflichten des Aufsichtsrats, Rn. 68.

[334] So auch in Ziff. 3.4 Abs. 2 DCGK festgelegt.

[335] Ob der Aufsichtsrat überhaupt neben dem Vorstand auch Angestellte als Informationsgeber aktiv befragen kann ist umstritten und soll an dieser Stelle nicht näher ausgeführt werden. Siehe hierzu *Sven H. Schneider*, Informationspflichten und Informationssystemeinrichtungspflichten im Aktienkonzern, S. 106 f.; *Dreher*, in: Festschrift Ulmer, S. 87 ff.

[336] *Winter*, in: Festschrift Hüffer, S. 1103 (1116, 1120, 1126); *Hüffer*, NZG 2007, 47 (52).

[337] *Winter*, in: Festschrift Hüffer, S. 1103 (1121).

und die Haftung der Aufsichtsratsmitglieder mit denen der Vorstandsmitglieder inhaltlich durchweg gleich sind. Die Anwendung der für den Vorstand geltenden Vorschrift gilt ausdrücklich „sinngemäß“, weshalb Unterschiede in der Aufgabe, der Struktur der Tätigkeit und der beruflichen Herkunft der Organe Berücksichtigung finden müssen.[338] Compliance ist Leitungsaufgabe des Vorstands und eine Übertragung an den Aufsichtsrat ist im Hinblick auf dessen Geschäftsführungsverbot aus § 111 Abs. 4 Satz 1 AktG daher unzulässig.[339] Damit trifft ihn keine unmittelbare Pflicht zur Einrichtung einer Compliance-Organisation. Der Aufsichtsrat überwacht, ob der Vorstand eine Compliance-Organisation eingerichtet hat und überzeugt sich von deren Zweckmäßigkeit, indem er sich vom Vorstand über dessen Maßnahmen und das Feedback aus dem Unternehmen berichten lässt.[340] Er steht dem Vorstand beratend zur Seite und kann somit indirekt auf die Compliance-Organisation Einfluss nehmen. Ihn trifft folglich lediglich eine mittelbare Verantwortung zur Einrichtung einer Compliance-Organisation. Kommt es zu gravierenden Compliance-Verstößen kann sich die Überwachungstätigkeit allenfalls intensivieren und sich situationsbedingt in kritischen Situationen zu einer vorübergehenden Unternehmensführung verdichten.[341]

2. Im GmbH-Recht

Neben Banken in Form von öffentlich gehandelten Aktiengesellschaften werden Banken auch als Gesellschaft mit beschränkter Haftung (GmbH) gegründet. Auf diese Organisationsform ist im Folgenden kurz einzugehen.

a) Leitung in der GmbH

Leitung und Haftung sind in der GmbH und der AG weitgehend deckungsgleich. Daher gelten die Ausführungen zur Leitung der AG zu großen Teilen auch in der GmbH. Die Leitungsaufgabe der Geschäftsleitung ergibt sich in der GmbH aus § 43 Abs. 1 GmbHG. Danach müssen die Geschäftsführer in den Angelegenheiten der Gesellschaft die Sorgfalt eines ordentlichen Geschäftsmannes anwenden. Während die Gesellschafter die Grundsätze der Unternehmenspolitik bestimmen, haben die Geschäftsführer den organisatorischen Rah-

---

[338] *Hüffer*, AktG, § 116 Rn. 1; *Habersack*, in: Münchener Kommentar AktG, § 116 Rn. 2.
[339] *Winter*, in: Festschrift Hüffer, S. 1103 (1108).
[340] *Lutter/Krieger*, Rechte und Pflichten des Aufsichtsrats, Rn. 72; *Kort*, in: Festschrift Hopt, S. 983 (998).
[341] *Hüffer*, AktG, § 111 Rn. 7; *Ringleb*, in: Ringleb/Kremer/Lutter/von Werder (Hrsg.), DCGK, Rn. 629; *Winter*, in: Festschrift Hüffer, S. 1103 (1119); *Bicker*, AG 2012, 542 (545).

men und das Tagesgeschäft zu verantworten.[342] Ihr Pflichtenkreis umfasst u.a. die Legalitätspflicht, wonach jeder Geschäftsführer die an ihn persönlich adressierten Verhaltensanforderungen zu befolgen hat und für die Erfüllung von Pflichten der Gesellschaft sorgen muss.[343] Im Falle der Aufgabendelegation nicht zwingend der Gesamtzuständigkeit unterliegenden Geschäftsführungsaufgaben verlagern sich die Geschäftsführerpflichten hin zur Organisation, Anleitung und Kontrolle.[344] Bei der Wahrnehmung der Leitungsaufgabe hat die Geschäftsführung einen weiten unternehmerischen Ermessensspielraum, sofern sie nicht den Weisungen der Gesellschafterversammlung unterliegt.[345] Obwohl § 43 Abs. 1 GmbHG keine dem § 93 Abs. 1 Satz 2 AktG vergleichbare Regelung enthält, gilt die „Business Judgment Rule" für die Geschäftsführer einer GmbH entsprechend.[346]

b) Die Pflicht zur Einführung einer Compliance-Organisation

Bei der Frage, ob die Gesellschaft eine Pflicht zur Einrichtung einer Compliance-Organisation trifft, lassen sich die Ergebnisse zur AG auf die GmbH übertragen. In der GmbH besteht ebenfalls eine gesellschaftsrechtliche Compliance-Pflicht, wie sich aus unterstehender Diskussion ergibt. Deren Gewährleistung fällt in den Pflichtenkreis der Geschäftsführer.[347] Insofern ergeben sich keine Besonderheiten im Vergleich zur AG. Fraglich ist die Rechtsgrundlage einer solchen Pflicht.

---

[342] *Uwe H. Schneider*, in: Scholz (Hrsg.), GmbHG, § 43 Rn. 46.

[343] *Uwe H. Schneider*, in: Scholz (Hrsg.), GmbHG, § 43 Rn. 46; *Kleindiek*, in: Lutter/Hommelhoff (Hrsg.), GmbHG, § 43 Rn. 12; *Fleischer*, in: Münchener Kommentar GmbHG, § 43 Rn. 21; *Zöllner/Noack*, in: Baumbach/Hueck (Hrsg.), GmbHG, § 43 Rn. 17; *Haas/Ziemons*, in: Michalski (Hrsg.), GmbHG, § 43 Rn. 44.

[344] *Kleindiek*, in: Lutter/Hommelhoff (Hrsg.), GmbHG, § 43 Rn. 30; *Altmeppen*, in: Roth/Altmeppen (Hrsg.), GmbHG, § 43 Rn. 22 ff.

[345] *Altmeppen*, in: Roth/Altmeppen (Hrsg.), GmbHG, § 43 Rn. 8.

[346] BGH NJW 2003, 358 (359); BGH ZIP 2009, 1675 (1676 f.); OLG Oldenburg GmbHR 2006, 1263 (1264); *Lutter*, ZIP 2007, 841 (847 f.).

[347] *Uwe H. Schneider*, in: Scholz (Hrsg.), GmbHG, § 43 Rn. 361; *Fleischer*, in: Münchener Kommentar GmbHG, § 43 Rn. 151; *Stephan/Tieves*, in: Münchener Kommentar GmbHG, § 37 Rn. 25; *Haas/Ziemons*, in: Michalski (Hrsg.), GmbHG, § 43 Rn. 75d.

aa) § 91 Abs. 2 AktG als Rechtsgrundlage für eine Compliance-Pflicht

In der Literatur wird zum Teil angenommen, § 91 Abs. 2 AktG sei entsprechend auf die Geschäftsführer der GmbH anzuwenden.[348] Andere vertreten, dass § 91 Abs. 2 AktG auf die Pflichten des Geschäftsführers zumindest eine „Ausstrahlungswirkung" habe.[349] Die Frage der „Ausstrahlungswirkung" oder gar einer Analogie bedarf vorliegend allerdings keiner näheren Diskussion, da bereits festgestellt wurde, dass die Herleitung einer Compliance-Pflicht aus § 91 Abs. 2 AktG zu eng ist.[350]

bb) § 43 Abs. 1 GmbHG als Rechtsgrundlage für eine Compliance-Pflicht

Die Compliance-Pflicht ergibt sich in der GmbH vielmehr aus § 43 Abs. 1 GmbHG.[351] Neben der Legalitätspflicht trifft die Geschäftsführer eine Legalitätskontrollpflicht, wonach sie im Rahmen des Erforderlichen und Zumutbaren für rechtmäßiges Verhalten der übrigen für die Gesellschaft handelnden Personen Sorge tragen müssen.[352] Erfasst ist die Einrichtung einer Compliance-Organisation, die die Begehung von Gesetzesverstößen durch Mitarbeiter der Gesellschaft verhindern sollen.[353] Nur so können die Geschäftsführer der Sorgfalt eines ordentlichen Geschäftsmannes im Sinne des § 43 Abs. 1 GmbHG nachkommen. Die konkrete Ausgestaltung der Compliance ist wiederum vom jeweiligen Einzelfall abhängig und liegt im unternehmerischen Ermessen der Geschäftsführer.[354]

[348] *Altmeppen*, in: Roth/Altmeppen (Hrsg.), GmbHG, § 43 Rn. 17; *Claussen/Korth*, in: Festschrift Lutter, S. 327 (337 ff.); *Rieder/Falge*, in: Görling/Inderst/Bannenberg (Hrsg.), Compliance, Kap. 2 Rn. 15.

[349] *Lutter*, GmbHR 2000, 301 (305); *Drygala/Drygala*, ZIP 2000, 297 (300 f.).

[350] Siehe C. I. 1. c) bb) (2) (b).

[351] *Verse*, ZHR 175 (2011), 401 (404); *Uwe H. Schneider*, in: Scholz (Hrsg.), GmbHG, § 43 Rn. 361; *Haas/Ziemons*, in: Michalski (Hrsg.), GmbHG, § 43 Rn. 75d; *Kleindiek*, in: Lutter/Hommelhoff (Hrsg.), GmbHG, § 43 Rn. 30; *Fleischer*, in: Münchener Kommentar GmbHG, § 43 Rn. 145; *Ziemons*, in: Oppenländer/Trölitzsch (Hrsg.), Praxishandbuch der GmbH-Geschäftsführung, § 22 Rn. 27.

[352] *Verse*, ZHR 175 (2011), 401 (403).

[353] *Uwe H. Schneider*, in: Scholz (Hrsg.), GmbHG, § 43 Rn. 361; *Haas/Ziemons*, in: Michalski (Hrsg.), GmbHG, § 43 Rn. 75d; *Kleindiek*, in: Lutter/Hommelhoff (Hrsg.), GmbHG, § 43 Rn. 30.

[354] *Haas/Ziemons*, in: Michalski (Hrsg.), GmbHG, § 43 Rn. 75d; *Fleischer*, in: Münchener Kommentar GmbHG, § 43 Rn. 147.

c) Ergebnis

Auf der Grundlage des Gesellschaftsrechts trifft auch die Geschäftsführer einer GmbH die Pflicht zur Einrichtung einer Compliance-Organisation. Diese folgt aus der Leitungspflicht gemäß § 43 Abs. 1 GmbHG, wovon sowohl die Legalitäts- als auch die Legalitätskontrollpflicht erfasst sind. Bei der Entscheidung über die konkreten Compliance-Maßnahmen haben die Geschäftsführer einen breiten Gestaltungsspielraum.

3. Im Genossenschaftsrecht

Der deutsche Bankensektor ist durch eine Drei-Säulen-Struktur gekennzeichnet. Neben den Privatbanken in der ersten Säule, häufig in der Rechtsform der AG oder GmbH, findet sich in der zweiten Säule der Genossenschaftsbankensektor. Genossenschaftsbanken liegt die Gesellschaftsform der eingetragenen Genossenschaft (eG) zugrunde.

a) Leitung in der eG

In der eG ergibt sich eine, dem § 76 Abs. 1 AktG entsprechende, Leitungsaufgabe aus § 27 Abs. 1 Satz 1 GenG. Der Vorstand hat die Genossenschaft unter eigener Verantwortung zu leiten. Der erforderliche Sorgfaltmaßstab ergibt sich aus § 34 Abs. 1 GenG, wonach die Geschäftsleiter bei ihrer Geschäftsführung die Sorgfalt eines ordentlichen und gewissenhaften Geschäftsleiters einer Genossenschaft anzuwenden haben. Der nahezu wortgleiche Norminhalt zum AktG macht deutlich, dass auch inhaltlich keine Unterschiede zum Vorstand der AG bestehen.[355] Es kann insofern auf die dortigen Ausführungen verwiesen werden.[356] § 93 Abs. 1 Satz 2 AktG gilt analog.[357]

b) Die Pflicht zur Einführung einer Compliance-Organisation

Im Hinblick auf die dargestellte Parallele des Vorstands der eG zum Vorstand der AktG gelten die dortigen Ausführungen zu den Leitungspflichten ebenfalls in der eG. Die Sorgfaltspflichten des Vorstands der eG beinhalten die Legalitäts- und die Legalitätskontrollpflicht.[358] Erfasst ist die Compliance-Pflicht. Um bei

---

[355] *Emde*, in: Renz/Hense (Hrsg.), Wertpapier-Compliance in der Praxis, S. 157 (179).

[356] Siehe C. I. 1. c) bb) (3).

[357] *Lutter*, ZIP 2007, 841 (848); *Gätsch*, in: Beck'sches Handbuch der Genossenschaft, § 5 Rn. 61.

[358] *Gätsch*, in: Beck'sches Handbuch der Genossenschaft, § 5 Rn. 61

der Geschäftsführung der Sorgfalt eines ordentlichen und gewissenhaften Geschäftsleiters einer Genossenschaft anzuwenden, bedarf es der Einrichtung einer Compliance-Organisation. Ein Unterlassen stellt somit einen Sorgfaltspflichtverstoß dar, woraus sich Schadensersatzverpflichtungen gemäß § 34 Abs. 2 Satz 1 GenG ergeben können.

c) Ergebnis

Für den Vorstand einer Genossenschaftsbank ergibt sich somit aus § 34 Abs. 1 Satz 1 GenG die gesellschaftsrechtliche Pflicht zur Einrichtung einer Compliance-Organisation. Die konkrete Compliance-Ausgestaltung liegt in ihrem unternehmerischen Ermessen. In der eG richtet sich dies ebenfalls nach der Größe und den Risiken des Unternehmens, seiner Komplexität sowie der Vielfalt und Bedeutung der vom Unternehmen einzuhaltenden Vorschriften.[359]

4. Im Recht der Anstalt des öffentlichen Rechts (AöR)

Als dritte Ausprägung einer Universalbank gibt es die öffentlichen Banken. Gemeint sind insbesondere Landesbanken und Sparkassen. Sie sind regelmäßig als juristische Person des öffentlichen Rechts in der Rechtsform der Anstalt des öffentlichen Rechts[360] organisiert und erfüllen einen öffentlichen Auftrag.[361] Es gibt kein allgemein gültiges Gesetz, welche das Recht der Anstalten des öffentlichen Rechts bundesweit einheitlich regelt.[362] Die Errichtung der jeweiligen öffentlich-rechtlichen Kreditinstitute erfolgt vielmehr durch oder auf Grund eines Gesetzes.[363] Die innere Organisation erfolgt dann entweder nach dem anlassbezogenen Errichtungsgesetz (bspw. die Kreditanstalt für Wiederaufbau) oder einem allgemeinen Gesetz und der im Einzelfall daraufhin beschlossenen Satzung

---

[359] Siehe C. I. 1. c) cc).

[360] Manche Landesbanken, wie die HSH Nordbank AG und die Landesbank Berlin AG, sind als Aktiengesellschaft organisiert.

[361] Zum öffentlichen Auftrag der Landesbanken und Sparkassen *Gruson/Uwe H. Schneider*, Columbia Business Law Review 1995, 337 (363 ff.): Der öffentliche Auftrag besteht aus der Gewährleistung von Bankdienstleistungen an die Allgemeinheit, Unternehmen und öffentlichen Einrichtungen. Daneben tragen sie zum allgemeinen Wettbewerb neben den privaten Mitbewerber auf dem Finanzmarkt bei.

[362] *Uwe H. Schneider*, in: Festschrift Riesenfeld, S. 237 (240); *Gruson/Uwe H. Schneider*, Columbia Business Law Review 1995, 337 (357).

[363] *Rümker/Winterfeld*, Schimansky/Bunte/Lwowski (Hrsg), Bankrechts-Handbuch, § 124 Rn. 18.

(bspw. Sparkassengesetze der Länder).[364] Die organisatorische Verfassung entspricht weitgehend den allgemeinen gesellschaftsrechtlichen Vorgaben.[365]

a) Leitung in der AöR

Als juristische Person werden die öffentlich-rechtlichen Kreditinstitute erst durch ihre Organe handlungsfähig. Die jeweiligen Sparkassen- und Landesbankgesetze übertragen die Leitungsaufgabe dem Vorstand des Instituts.[366] Obwohl durchaus konzeptionelle Unterschiede zwischen einer AG und AöR bestehen, entsprechen die inhaltlichen Anforderungen der Leitung in der AöR weitgehend den aktienrechtlichen Vorgaben.[367] Hinsichtlich der Leitungspflichten des Vorstands kann daher auf die dortigen Ausführungen verwiesen werden. Bei der Wahrnehmung der Leitungspflichten hat die Geschäftsführung einen weiten unternehmerischen Ermessensspielraum. Die „Business Judgment Rule“ gilt für den Vorstand von Landesbanken und Sparkassen analog.[368]

b) Die Pflicht zur Einführung einer Compliance-Organisation

Von den Leitungspflichten des Vorstands einer AöR umfasst ist die Legalitäts- und Legalitätskontrollpflicht. Obwohl einige Sparkassengesetze keine dem § 93 Abs. 1 Satz 1 AktG vergleichbare Regelung enthalten, ist auch in diesen Fällen davon auszugehen, dass sie die Sorgfaltsanforderungen eines ordentlichen und gewissenhaften Geschäftsleiters nach Maßgabe des § 93 AktG anzuwenden haben.[369] Für den Vorstand der AöR gilt ebenfalls die Pflicht zur Einrichtung einer Compliance-Organisation. Es kann auf die obigen Ausführungen verwiesen werden.

---

[364] *Rümker/Winterfeld*, Schimansky/Bunte/Lwowski (Hrsg), Bankrechts-Handbuch, § 124 Rn. 18 f.

[365] *Wolf*, Anstalt als Wettbewerbsunternehmen, S. 21, 25.

[366] Bspw. § 10 Abs. 5 Staatsvertrag über die Bildung einer gemeinsamen Sparkassenorganisation Hessen-Thüringen; § 13 Abs. 1 Gesetz über die Landesbank Baden-Württemberg (LBWG); § 7 Abs. 1 Satz 2 SpkG HE; § 20 Abs. 1 SpkG NW.

[367] *Emde*, in: Renz/Hense (Hrsg.), Wertpapier-Compliance in der Praxis, S. 157 (180).

[368] Für Sparkassen: *Lutter*, ZIP 2007, 841 (848); Für Landesbanken: *Lutter*, Pflichten und Haftung von Sparkassenorganen, S. 10 ff.; *Casper*, in: Festschrift Goette, S. 29 (31 ff.), wobei dieser von einem in § 93 AktG zum Ausdruck kommenden Rechtsgedanken spricht, der auf alle Landesbanken anzuwenden ist.

[369] *Lutter*, Pflichten und Haftung von Sparkassenorganen, S. 10 f.; *Casper*, in: Festschrift Goette, S. 29 (32); *Heinevetter*, Sparkassengesetz Nordrhein-Westfalen, § 38 Anm. 4; *Rümker*, in: Festschrift Werner, S. 745 (754 f., 772).

c) Ergebnis

Für den Vorstand der AöR, insbesondere in Form der Landesbanken und Sparkassen, ergeben sich bei der Pflicht zur Einrichtung einer Compliance-Organisation keine Besonderheiten. Wie bei den anderen, bereits dargestellten Gesellschaftsformen ergibt sich aus der Leitungsaufgabe des Vorstands die Compliance-Pflicht. Die konkrete Ausgestaltung bleibt mittels der analogen Anwendung der „Business Judgment Rule“ im unternehmerischen Ermessen des Vorstands.

II. Rechtmäßige Unternehmensorganisation

1. Überblick

Die obigen Ausführungen zur Rechtspflicht der Errichtung einer Compliance-Organisation haben verdeutlicht, dass die Geschäftsleitung die Gesellschaft im Innenverhältnis ordnungsgemäß zu organisieren hat, so dass das gesamte Unternehmen im Einklang mit dem Gesetz handelt. Hierzu muss die Leitung verschiedene organisatorische Maßnahmen ergreifen, um ein rechtskonformes Unternehmenshandeln zu gewährleisten.[370]

2. Pflichtenumfang der Compliance-Organisation: Grundsatz des weiten unternehmerischen Ermessens – Zur Anwendbarkeit der “Business Judgment Rule”

Verschiedentlich wurde bereits angesprochen, dass die konkrete Ausgestaltung einer Compliance-Organisation nicht schematisch nach einem „One-fits-all“-Ansatz ausgestaltet werden kann, sondern unternehmensindividuell an die jeweilige Gesellschaft anzupassen ist.[371] Dies entspricht den Ausführungen von *Cromme* zum Deutschen Corporate Governance Kodex, der ausdrücklich darauf hinweist, dass der Vorstand bei der Errichtung von Compliance-Systemen einen weiten Ermessensspielraum hat.[372] Ein einheitliches Compliance-System als Standardlösung, welches branchenunabhängig für alle Unternehmen gilt, gibt es nicht und wäre auch wenig effektiv. Die Ausgestaltung der Compliance-

---

[370] Siehe C. IV. 3. c).

[371] So die ganz herrschende Meinung, siehe u.a.: *Rieder/Jerg*, CCZ 2010, 201 (201); *Bürkle*, BB 2005, 565 (569); *ders.*, BB 2007, 1797 (1798); *Uwe H. Schneider*, ZIP 2003, 645 (646); *Grohnert*, Rechtliche Grundlagen einer Compliance-Organisation, S. 10; *Assmann*, AG 1994, 237 (257).

[372] Vgl. die Rede von *Cromme*, S. 7: http://www.corporate-governance-code.de/ger/download/Rede_Cromme_deu_6.pdf (zuletzt abgerufen am 31. Mai 2013).

Organisation ist vom Einzelfall abhängig und richtet sich nach dem jeweiligen Tätigkeitsbereich sowie der Größe, Struktur, der Komplexität der einzelnen Unternehmen, ihrer nationalen oder internationalen Ausrichtung usw.[373] Die Compliance-Organisation in einem Bankkonzern ist selbstverständlich eine andere als bei einem normalen Industriekonzern. Zudem kann es gerade sinnvoll sein, dass es keine konkreten Compliance-Vorgaben gibt. Diese könnten nämlich entgegen dem Sinn einer effektiven Compliance-Organisaton dazu führen, dass die ausformulierten Vorgaben bloß „abgehakt" werden, während andere wichtige, aber nicht ausdrücklich genannte Vorgaben vernachlässigt würden.[374]

Weder das Bundeskartellamt noch die deutschen Gerichte haben bisher einen konkreten Inhalt zu einem Compliance-Programm festgelegt.[375] Lediglich dem Kapitalmarktrecht lassen sich Vorgaben für ein Compliance-Management entnehmen. Diesem wird teilweise Ausstrahlungswirkung auf Unternehmen außerhalb dieser sektorspezifischen Branche zugesprochen.[376] Da sich die Compliance-Pflicht aus der Sorgfaltspflicht des § 93 Abs. 1 Satz 1 AktG herleitet kommt dem Vorstand bei der Ausgestaltung der Compliance ein Ermessen zu, dessen Maßstab sich nach der „Business Judgment Rule" aus § 93 Abs. 1 Satz 2 AktG richtet.[377] Dementsprechend entfällt eine Vorstandshaftung nach § 93 Abs. 2 AktG, wenn sich der Vorstand angemessen über die Unternehmenssituation hinsichtlich seiner Komplexität bzw. Risikoanalyse informiert hat und entsprechende Compliance-Maßnahmen vorgenommen hat. Dann ist ihm keine Pflichtverletzung vorzuwerfen. Welche konkreten Elemente diese Compliance-Organisation umfasst, soll erst innerhalb der branchenspezifischen Compliance-Pflicht des § 25a Abs. 1 KWG diskutiert werden.[378] Vorab ist jedoch der IDW PS 980 als Mindeststandard für eine Compliance-Organisation darzustellen.[379] Es handelt sich hierbei um Compliance-Standards, die regelmäßig für Unternehmen sinnvoll sind.

---

[373] *Vetter*, in: Festschrift Graf von Westphalen, S. 719 (725); *Uwe H. Schneider*, ZIP 2003, 645 (646); *Bürkle*, BB 2005, 565 (569); *ders.*, BB 2007, 1797 (1798).
[374] *Kort*, in: Festschrift Hopt, S. 983 (994).
[375] *Kort*, NZG 2008, 81 (82).
[376] *Kort*, NZG 2008, 81 (82 f.).
[377] Anstatt vieler: *Uwe H. Schneider*, NZG 2010, 1201 (1202).
[378] Siehe C. IV. 3. c).
[379] Siehe C. II. 4.

3. Die Zumutbarkeitsgrenze

In der Literatur[380] wird vorgeschlagen, die Compliance-Organisation unter den Vorbehalt der Verhältnismäßigkeit zu stellen. Der Vorstand muss eine Compliance-Organisation im Rahmen der Eignung, Erforderlichkeit und Zumutbarkeit vornehmen. Hinsichtlich der ersten beiden Voraussetzungen bedarf es keiner näheren Erläuterung. Wenig Sinn würde eine Compliance-Organisation haben, die nicht ihren Schutzzweck erfüllt und mithin ungeeignet ist. Ebenfalls kann nicht geboten sein, was nicht erforderlich ist.[381] Weiterhin ist eine Zumutbarkeitsgrenze einzurichten, da die Unternehmensleitung ihre Rechtspflicht zur Einführung einer Compliance-Organisation regelmäßig erst dann verletzt, wenn die vorhandene Organisation evident unangemessen ist.[382] Die Unternehmensführung soll nicht wahllos das Unternehmen mit einem dichten Compliance-Netz überziehen; sie kommt ihrer Compliance-Pflicht vielmehr nach, wenn sie angemessene Maßnahmen innerhalb der Unternehmensorganisation vornimmt.[383] Das Abstellen auf die Zumutbarkeitsgrenze entspricht dem verfassungsrechtlichen- bzw. europarechtlichen Verhältnismäßigkeitsprinzip und findet in den spezialgesetzlichen Ausprägungen der Compliance-Pflicht, wie bspw. § 25a Abs. 1 KWG, § 64a Abs. 1 VAG, § 33 Abs. 1 Nr. 1, 2 und 3 WpHG oder AT 6 der MaComp, die alle ausdrücklich auf die Angemessenheit einer Maßnahme verweisen, seine Bestätigung.

4. Mindeststandards nach dem IDW PS 980

Vor dem Hintergrund vermehrter Prüfung von Compliance-Management-Systemen durch Wirtschaftsprüfer auf deren Geeignetheit und Effektivität hat der Hauptfachausschuss des Instituts der Wirtschaftsprüfer im März 2010 den Entwurf eines IDW-Prüfungsstandard über „Grundsätze ordnungsgemäßer Prüfung von Compliance-Management-Systemen" (IDW PS 980) verabschiedet, in dem die Berufsauffassung zur Durchführung derartiger Prüfungen dargelegt wird. Infolge vieler Stellungnahmen von Unternehmen sowie Verbänden wurde der Entwurf vom Hauptfachausschuss überarbeitet und schließlich zum 11. März 2011 verabschiedet.[384]

---

[380] *Verse*, ZHR 175 (2011), 401 (406 f.); *Fleischer*, AG 2003, 291 (300); *Dreher*, ZWeR 2004, 75 (94); *Bürkle*, BB 2005, 565 (569); *Reichert*, in: Festschrift Hoffmann-Becking, S. 943 (951).

[381] *Bachmann*, in: VGR (Hrsg.), Gesellschaftsrecht in der Diskussion 2007, S. 65 (78).

[382] *Rieder/Falge*, in: Görling/Inderst/Bannenberg (Hrsg.), Compliance, Kap. 2 Rn. 8.

[383] *Bürkle*, BB 2007, 1797 (1798).

[384] Abgedruckt in WPg Supplement 2/2011, S. 78 ff.

Unter einem Compliance-Management-System versteht der Prüfungsstandard „die auf der Grundlage der von den gesetzlichen Vertretern festgelegten Ziele eingeführten Grundsätze und Maßnahmen eines Unternehmens [...], die auf die Sicherstellung eines regelkonformen Verhaltens der gesetzlichen Vertreter und der Mitarbeiter des Unternehmens sowie ggf. von Dritten abzielen, d.h. auf die Einhaltung bestimmter Regeln und damit auf die Verhinderung von wesentlichen Verstößen (Regelverstößen)“[385]. Er nennt dabei wesentliche Mindeststandards für ein angemessenes Compliance-Management-System, aber gibt der Gesellschaft den hinreichenden Freiraum, dieses System unternehmensindividuell auszugestalten. Die Mindeststandards leitete das IDW aus den am Markt vorhandenen gängigen Rahmenkonzepten, wovon einige in der dem IDW PS 980 beigefügten Anlage aufgezählt sind, und aus den für bestimmte Teilbereiche bzw. Branchen entwickelten Regelwerken her.[386]
Der IDW PS 980 darf dabei aber nicht dahingehend verstanden werden, dass ein wirksames Compliance-Programm mit den dargestellten Grundelementen bereits erreicht sei.[387] Es handelt sich – wie der Name bereits sagt – um Mindeststandards, die durch weitere Elemente ergänzt werden können, um ein risikoadäquates und angemessene Compliance-Management-System zu gewährleisten. Wirtschaftsprüfer werden sich künftig an den Maßgaben des IDW PS 980 bei Compliance-Prüfungen orientieren. Das Compliance-Management-System soll dabei nicht neben der Unternehmensorganisation existieren, sondern in die Geschäftsabläufe eingebunden und unternehmensindividuell ausgestaltet werden.[388]
Ein angemessenes Compliance-Management-System weist nach dem Prüfungsstandard sieben Grundelemente auf, die miteinander in Wechselwirkung stehen.[389] Hierunter fallen die Compliance-Kultur, die Compliance-Ziele, die Compliance-Organisation, die Compliance-Risiken, das Compliance-Programm, die Compliance-Kommunikation und die Compliance-Überwachung und Verbesserung.[390]

---

[385] IDW PS 980, Tz. 6.
[386] WPg 9/2011, 393 (393).
[387] *Rieder/Jerg*, CCZ 2010, 201 (206).
[388] *Eisolt*, BB 2010, 1843 (1845).
[389] IDW PS 980, Tz. 23.
[390] Nähere Erläuterungen hierzu: IDW PS 980, Tz. 23, A14 – A20.

III. Compliance-Pflichten des Ordnungswidrigkeitenrechts aus § 130 OWiG

Neben der dargestellten gesellschaftsrechtlichen Compliance-Pflicht kommt ferner § 130 Abs. 1 OWiG als Norm zur Begründung einer Compliance-Pflicht in Betracht. Insbesondere auf Konzernebene hat die Norm in der Vergangenheit im Zusammenhang mit Compliance an praktischer Relevanz gewonnen.[391] Zunächst sei § 130 OWiG aber auf der Ebene des Einzelunternehmens zu diskutieren.

1. Grundlagen - Aufsichtspflichten nach dem OWiG

Gemäß § 130 Abs. 1 OWiG handelt ordnungswidrig, wer als Inhaber eines Betriebes oder Unternehmens vorsätzlich oder fahrlässig die Aufsichtsmaßnahmen unterlässt, die erforderlich sind, um Pflichtverletzungen zu verhindern, die den Inhaber treffen und deren Verletzung mit Strafe oder Geldbuße bedroht ist. Dementsprechend sind im Unternehmen Vorkehrungen gegen die Begehung solcher betriebsbezogener Zuwiderhandlungen zu treffen.[392]

Die Norm löst den Konflikt, dass es in großen Betrieben bei Pflichtverletzungen nicht möglich ist, den Inhaber bußgeldtechnisch zu belangen, da er regelmäßig nicht persönlich gehandelt, sondern diese Pflichten im Wege der Dezentralisierung und Delegation auf Mitarbeiter übertragen hat, während die eigentlich handelnden Personen allenfalls unter den engen Voraussetzungen des § 9 OWiG haften.[393] Das Fehlverhalten von Mitarbeitern, die nicht durch § 9 OWiG erfasst sind, bliebe folgenlos. Um Zurechnungslücken zu vermeiden und um dieser „haftungsrechtlich eigenartigen Situation“[394] insgesamt zu begegnen, werden dem Inhaber daher über § 130 OWiG Kontroll- und Aufsichtspflichten auferlegt, damit dieser bei einer Pflichtverletzung des Betriebsangehörigen sanktioniert werden kann, wenn er die Zuwiderhandlung durch gehörige Aufsicht hätte verhindern können.

Die Haftung wegen einer Aufsichtspflichtverletzung des Unternehmensinhabers nach § 130 OWiG wird durch die Unternehmenshaftung nach § 30 OWiG flankiert. Danach kann gegen das Unternehmen für das Handeln eines vertretungs-

---

[391] Siehe D. III. 2.

[392] *Rogall*, in: Karlsruher Kommentar OWiG, § 130 Rn. 1; *Lösler*, Compliance im Wertpapierdienstleistungskonzern, S. 127.

[393] Begr. RegE zum OWiG, BT-Drucks. V/1269, S. 69; *Koch*, AG 2009, 564 (568 f.); *Rogall*, in: Karlsruher Kommentar OWiG, § 130 Rn. 1; *ders.*, ZStW 98 (1986), 573 (578 f.); *Lebherz*, Emittenten-Compliance, S. 388.

[394] So *Rogall*, ZStW 98 (1986), 573 (578); *ders.*, in: Karlsruher Kommentar OWiG, § 130 Rn. 4.

berechtigten Organs, eines leitenden Mitarbeiters oder einer sonstigen aufsichtspflichtigen Person eine Geldbuße festgesetzt werden. Voraussetzung ist, dass diese Person eine Straftat oder Ordnungswidrigkeit begangen hat, durch die gesellschaftsbezogene Pflichten verletzt worden sind oder die Gesellschaft entweder bereichert oder ihre Bereicherung beabsichtigt wurde. Über die Tatbestandsergänzungsvorschrift[395] des § 9 OWiG wird bei juristischen Personen der Kreis der Betriebs- und Unternehmensinhaber über den eigentlichen Wortsinn hinaus auf die vertretungsberechtigten Organe oder Mitglieder eines solchen Organs ausgeweitet. Somit können über § 130 OWiG Unternehmensinhaber, Geschäftsführer oder Vorstände für Aufsichtspflichtverletzungen haftbar gemacht werden. Begeht die Geschäftsleitung selber eine Ordnungswidrigkeit, fällt diese dann reflexartig über § 30 OWiG auf die Gesellschaft zurück.[396] Da § 130 OWiG selbst eine Ordnungswidrigkeit im Sinne des § 30 OWiG darstellt,[397] kann der Gesellschaft die Organordnungswidrigkeit zugerechnet werden. Die Gesellschaft haftet mithin für die Verletzung der Kontroll- und Aufsichtspflichten ihrer Geschäftsleiter aus §§ 130, 30, 9 OWiG.

2. Allgemeines zur Aufsichtspflicht des § 130 OWiG

a) Normadressat des § 130 OWiG

Normadressat des § 130 Abs. 1 OWiG ist der Inhaber des Betriebs oder des Unternehmens. Wer sich dahinter verbirgt bedarf näherer Erläuterung. Die Inhabereigenschaft richtet sich nicht nach der Eigentümerstellung oder der Kapitalbeteiligung; „Inhaber“ im Sinne der Vorschrift ist die Person, welcher die Erfüllung der betriebs- oder unternehmensbezogenen Pflichten obliegt.[398] Bei juristischen Personen ist dies der sanktionsrechtlich weder handlungs- noch schuldfähige Personenverband.[399] Das Kreditinstitut kann somit zweifelsfrei Täter einer Ordnungswidrigkeit gemäß § 130 OWiG sein. In sanktionsrechtlich relevanter Weise handelt im Institut regelmäßig die Geschäftsleitung, deren eigene Verantwortlichkeit sich aus § 9 Abs. 1 Nr. 1 OWiG ergibt.

---

[395] *Többens*, NStZ 1999, 1 (7).
[396] *Thüsing*, Arbeitnehmerdatenschutz und Compliance, Rn. 28.
[397] *Többens*, NStZ 1999, 1 (8).
[398] *Rogall*, in: Karlsruher Kommentar OWiG, § 130 Rn. 23; *Lemke/Mosbacher*, OWiG, § 130 Rn. 5.
[399] *Rogall*, in: Karlsruher Kommentar OWiG, § 130 Rn. 23; *Lösler*, Compliance im Wertpapierdienstleistungskonzern, S. 128; *Lebherz*, Emittenten-Compliance, S. 388.

b) Tatbestand

Die Erfüllung des Tatbestands von § 130 OWiG erfordert zwei unterschiedliche Pflichtverletzungen, zunächst das Unterlassen der Aufsichtspflicht durch den Inhaber (1. Pflichtverletzung), welches kausal für eine zeitlich nachfolgende betriebsbezogene Zuwiderhandlung durch einen Mitarbeiter (2. Pflichtverletzung) gewesen sein muss. „Betriebsbezogen" sind dabei sowohl Pflichten aus Sonderdelikten sowie nach herrschender Meinung aus Allgemeindelikten, sofern sie im Zusammenhang mit der Betriebs- und Unternehmensführung stehen.[400] Die konkrete Zuwiderhandlung ist lediglich objektive Strafbarkeitsbedingung und bedarf weder des Vorsatzes noch der Fahrlässigkeit.[401] Der Unrechtsgehalt der Tat liegt in dem Unterlassen der erforderlichen Aufsichtsmaßnahmen, weshalb § 130 OWiG als ein echtes Unterlassungsdelikt einzuordnen ist.[402] Hierauf müssen sich auch Vorsatz oder Fahrlässigkeit beziehen.[403]
Die Einordnung der Norm als ein abstraktes Gefährdungsdelikt[404] wirft mangels hinreichend bestimmter Aufsichtspflichten verfassungsrechtliche Bedenken auf und ist abzulehnen.[405] Vielmehr ist an die Abwendung konkreter Zuwiderhandlungsgefahren durch die Vornahme der insoweit erforderlichen Aufsichtsmaßnahmen anzuknüpfen.[406] § 130 OWiG ist somit ein konkretes Gefährdungsdelikt.[407] Im Verhältnis zum noch näher zu diskutierenden § 25a KWG ergänzt diese spezialgesetzliche Aufsichtspflicht den Tatbestand des § 130 OWiG. Kommt es zur Verletzung einer spezialgesetzlich angeordneten Aufsichtspflicht, dann indiziert dies zugleich den tatbestandsmäßigen Verstoß gegen § 130 OWiG.[408]

---

400 *Többens*, NStZ 1999, 1 (5); *Schücking*, in: Krieger/Uwe H. Schneider (Hrsg.), Handbuch Managerhaftung, § 36 Rn. 49 f.; *Grundmeier*, Rechtspflicht zu Compliance im Konzern, S. 42; a.A.: *Rogall*, in: Karlsruher Kommentar OWiG, § 130 Rn. 84 ff.

401 *Rogall*, in: Karlsruher Kommentar OWiG, § 130 Rn. 15, 36; *Bohnert*, OWiG, § 130 Rn. 2; *Wirtz*, WuW 2001, 342 (344).

402 *Rogall*, in: Karlsruher Kommentar OWiG, § 130 Rn. 36.

403 *Rogall*, in: Karlsruher Kommentar OWiG, § 130 Rn. 103; *Bohnert*, OWiG, § 130 Rn. 32.

404 Diese Auffassung vertritt *Bohnert*, OWiG, § 130 Rn. 2.

405 *Rogall*, in: Karlsruher Kommentar OWiG, § 130 Rn. 17; *ders.*, ZStW 98 (1986), 573 (599); *Lebherz*, Emittenten-Compliance, S. 389; *Grundmeier*, Rechtspflicht zu Compliance im Konzern, S. 45 ff.; *Bock*, ZIS 2009, 68 (72).

406 *Rogall*, in: Karlsruher Kommentar OWiG, § 130 Rn. 17; *ders.*, ZStW 98 (1986), 573 (599).

407 *Rogall*, in: Karlsruher Kommentar OWiG, § 130 Rn. 17; *ders.*, ZStW 98 (1986), 573 (599); *Lebherz*, Emittenten-Compliance, S. 389; *Grundmeier*, Rechtspflicht zu Compliance im Konzern, S. 45 ff.

408 *Schücking*, in: Krieger/Uwe H. Schneider (Hrsg.), Handbuch Managerhaftung, § 36 Rn. 41.

c) Inhalt der Organisations- und Aufsichtspflicht nach § 130 OWiG

Konkrete Kontroll- und Aufsichtsmaßnahmen normiert § 130 OWiG nur im Ansatz. Vorgaben finden sich lediglich dahingehend, dass gemäß § 130 Abs. 1 Satz 2 OWiG „zu den erforderlichen Aufsichtsmaßnahmen [...] auch die Bestellung, die sorgfältige Auswahl und die Überwachung von Aufsichtspersonen" gehören. Die Verwendung des Wortes „auch" verdeutlicht allerdings, dass weitere Maßnahmen geboten sind.[409] Zur Aufsichtspflicht zählen daher zudem Organisations-, Schulungs- und Überwachungsmaßnahmen.[410] Dies umfasst die sorgfältige Auswahl der Mitarbeiter, deren sachgerechte Organisation und Aufgabenverteilung,[411] die Belehrung und fortlaufende Schulung aller Mitarbeiter über die wesentlichen zu beachtenden gesetzlichen Vorschriften sowie deren Überwachung und Kontrolle.[412] Kommt es letztlich dennoch zu Zuwiderhandlungen, so sind diese aufzuklären; weiterhin sind unter Umständen arbeitsrechtliche Sanktionen anzudrohen und zu verhängen.[413] Der konkrete Umfang der Aufsichtspflichten ist unter Berücksichtigung des Maßes der Gefährdung, der Art des Betriebs sowie seiner Größe, der Organisationsstruktur und der Erfahrung zu bestimmen.[414] Die Aufsichtsmaßnahmen werden durch den Vorbehalt der Erforderlichkeit und Zumutbarkeit beschränkt. Erforderlich sind Aufsichtsmaßnahmen, wenn sie geeignet sind, betriebsbezogene Verstöße zu verhindern; bei mehreren gleich geeigneten Mitteln sind die mildesten Maßnahmen anzuwenden.[415] Die Zumutbarkeit, welche aus dem Begriff der „gehörigen Aufsicht" gefolgert wird,[416] gebietet nur solche Aufsichtsmaßnahmen, deren praktische Durchführung in einem verhältnismäßigen Ausgleich zur finanziellen Fähigkeit des Inhabers und dem zu wahrenden Betriebsfrieden stehen.[417]

---

[409] *Rogall*, in: Karlsruher Kommentar OWiG, § 130 Rn. 37; *Többens*, NStZ 1999, 1 (4).

[410] *Pelz*, in: Hauschka (Hrsg.), Corporate Compliance, § 6 Rn. 14; *Wirtz*, WuW 2001, 342 (343); *Rogall*, in: Karlsruher Kommentar OWiG, § 130 Rn. 40.

[411] Ab einer gewissen Unternehmensgröße wird aus der Organisationspflicht eine Pflicht zur Einrichtung einer Revisionsabteilung abgeleitet, welche mit ausreichenden sachlichen und personellen Mitteln auszustatten ist und ihr die entsprechenden Kontrollbefugnisse zu verleihen sind. – KG WuW/E OLG 2330 (2332).

[412] *Pelz*, in: Hauschka (Hrsg.), Corporate Compliance, § 6 Rn. 14 ff.; *Wirtz*, WuW 2001, 342 (343); *Rogall*, in: Karlsruher Kommentar OWiG, § 130 Rn. 40; *Rettenmaier/Palm*, NJOZ 2010, 1414 (1415 ff.).

[413] *Pelz*, in: Hauschka (Hrsg.), Corporate Compliance, § 6 Rn. 29.

[414] OLG Zweibrücken, NStZ-RR 1998, 311 (312); *Dierlamm*, in: Görling/Inderst/Bannenberg (Hrsg.), Compliance, Kap. 6 Rn. 117 f.; *Wirtz*, WuW 2001, 342 (343).

[415] *Rogall*, in: Karlsruher Kommentar OWiG, § 130 Rn. 43, 48.

[416] *Rogall*, ZStW 98 (1986), 573 (603).

[417] *Lebherz*, Emittenten-Compliance, S. 390 f.; *Grundmeier*, Rechtspflicht zu Compliance im Konzern, S. 50.

Zusammenfassend wird ersichtlich, dass sich aus § 130 OWiG weitreichende Pflichten für das Unternehmen ergeben, um einer Bebußung nach § 130 Abs. 3 OWiG zu entgehen.

3. Rechtspflicht zur Einrichtung einer Compliance-Organisation?

Von maßgeblicher Bedeutung für die vorliegende Untersuchung ist die Frage, ob sich aus § 130 OWiG auch die Rechtspflicht für Einzelunternehmen zur Einrichtung einer Compliance-Organisation ergibt. Dazu hat sich die Rechtsprechung bisher nicht geäußert. In der Literatur ist die Frage umstritten. Verschiedentlich wird im Schrifttum eine solche Rechtspflicht abgelehnt.[418] Zwar seien organisatorische Vorkehrungen zu treffen, um ein rechtskonformes Verhalten im Unternehmen zu gewährleisten. Diese müssten aber nicht zwangsläufig die spezifische Form einer Compliance-Organisation haben.[419] Zudem beinhalte § 130 OWiG keine Pflicht zur Einrichtung einer Compliance-Organisation, sondern mehr eine Obliegenheit, da die Norm nicht abstrakt zu organisatorischen Maßnahmen verpflichte, sondern die Sanktionierung einer fehlenden bzw. mangelnde Aufsicht beinhalte.[420] Komme es zu einer betriebsbezogenen Zuwiderhandlung durch einen Mitarbeiter, könne die Einrichtung einer Compliance-Organisation lediglich die Aufsichtspflichtverletzung nach § 130 OWiG entkräften.[421]

Eine andere Auffassung in der Literatur folgert hingegen aus § 130 OWiG eine Pflicht zur Einrichtung einer Compliance-Organisation.[422] Dem ist zu folgen. Bereits der Vergleich der Aufsichtsmaßnahmen des § 130 OWiG mit den bereits dargestellten Compliance-Elementen offenbart die Nähe zur Compliance.[423] Die Compliance-Pflicht ergibt sich insbesondere aus dem Umstand, dass aus den umfassenden bußgeldbewehrten öffentlich-rechtlichen Pflichten eines Unternehmens ein umfassendes Pflichtenprogramm für den Betriebsinhaber ergibt,

---

[418] *Lösler*, Compliance im Wertpapierdienstleistungskonzern, S. 132; *Kremer/Klahold*, ZGR 2010, 113 (119); *Hauschka*, ZIP 2004, 877 (878); *ders.* in: Hauschka (Hrsg.), Corporate Compliance, § 1 Rn. 23; *Meyer/Paetzel*, in: Kölner Kommentar WpHG, § 33 Rn. 40; *Lebherz*, Emittenten-Compliance, S. 393; *Lippe*, Compliance in Banken und Bankenkonzernen, S. 76.
[419] *Assmann*, in: Assmann/Uwe H. Schneider (Hrsg.), WpHG, § 15 Rn. 297.
[420] *Lösler*, Compliance im Wertpapierdienstleistungskonzern, S. 132.
[421] *Lebherz*, Emittenten-Compliance, S. 393.
[422] *Uwe H. Schneider*, NZG 2010, 1201 (1202); *ders.*, NZG 2009, 1321 (1322 f.); *ders.*, ZIP 2003, 645 (649); *ders./v. Buttlar*, ZIP 2004, 1621 (1622); *Gebauer/Kleinert*, in: Krieger/Uwe H. Schneider (Hrsg.), Handbuch Managerhaftung, § 20 Rn. 66; *Bachmann*, in: VGR (Hrsg.), Gesellschaftsrecht in der Diskussion 2007, S. 65 (70 f.); *Wiederholt/Walter*, BB 2011, 968 (969); *Liese*, BB Beilage 5/2008, 17 (22).
[423] In diesem Sinne ebenfalls *Liese*, BB Beilage 5/2008, 17 (22).

infolge der Delegation ihm diese Pflichten regelmäßig aber wieder abgenommen werden. Dies kann den Inhaber freilich nicht von der ordnungsgemäßen Pflichterfüllung frei stellen. Das Pflichtenprogramm wandelt sich vielmehr in eine Aufsichts- und Organisationspflicht, welcher durch eine effektive Compliance-Organisation nachzukommen ist.[424] Die konkrete Ausgestaltung richtet sich nach dem jeweiligen Einzelfall und liegt im Ermessen des geschäftsführenden Organs.

4. Ergebnis

Es ist somit festzustellen, dass sich neben der gesellschaftsrechtlichen Compliance-Pflicht ebenfalls aus § 130 OWiG eine Pflicht zur Einrichtung einer Compliance-Organisation für Kreditinstitute ergibt.

IV. Compliance als aufsichtsrechtliche Organisationspflicht – Die branchenspezifische Sondervorschrift des § 25a KWG

1. Grundlagen

a) Überblick

Die Organisation von Banken ist bereits lange Gegenstand der öffentlichen Diskussion und spätestens seit der Finanzkrise ab 2007 von großer Brisanz. Gewichtige Stimmen in der Literatur[425] sind der Auffassung, dass einer der Gründe für die Finanzkrise in der unzureichenden Regulierung der Banken zu sehen sei und die staatliche Aufsicht der Banken weiter zunehmen müsse. Regulierung durch öffentlich-rechtliche Vorgaben dient stets der Gefahrenabwehr in Bereichen mit besonders erhöhten Schadeneintrittsrisiken, wie dies gerade im Bankensektor der Fall ist.[426] Jegliche Irregularitäten innerhalb eines Kreditinstituts können der übrigen Wirtschaft schwerste Schäden zufügen. Da Rechtsrisiken ein erhebliches Schadenspotential bergen bedarf es u.a. Vorgaben zur Schaffung einer Unternehmensstruktur, die auf ein rechtmäßiges Handeln in der Bank abzielen.

Die für die deutsche Bankenaufsicht maßgeblichen gesetzlichen Regelungen finden sich in § 25a Abs. 1 Satz 1, Abs. 1a und Abs. 1b KWG. In Absatz 1 heißt es: "Ein Institut muss über eine ordnungsgemäße Geschäftsorganisation verfü-

---

[424] In diese Richtung gehend ebenfalls *Spindler*, in: Fleischer (Hrsg.), Handbuch Vorstandsrechts, § 15 Rn. 94 ff.

[425] *Stiglitz*, Im freien Fall, S. 40.

[426] *Schmidt-Preuß*, in: Festschrift R. Schmidt, S. 547 (549).

gen, die die Einhaltung der vom Institut zu beachtenden gesetzlichen Bestimmungen [...] gewährleistet". Es ist somit eine Unternehmensorganisation zu schaffen, die auf die Abwehr von Gefahren durch Rechtsverstöße abzielt. Die Organisationspflichten dienen „den Zielen der Aufsicht und sollen Missständen im Kredit- und Finanzdienstleistungswesen entgegenwirken, welche die Sicherheit der den Instituten anvertrauten Vermögenswerte gefährden, die ordnungsgemäße Durchführung der Bankgeschäfte oder Finanzdienstleistungen beeinträchtigen oder erhebliche Nachteile für die Gesamtwirtschaft herbeiführen können"[427]. Die Vorschrift gewährleistet die gute Ordnung im Markt und schützt die Einleger.[428] Gerade dies ist der generelle Schutzzweck der Kreditaufsicht, wonach die Funktionsfähigkeit des Kapitalmarktes und die Gefahrenabwehr zugunsten der Einleger sowie auch indirekt die Gesamtwirtschaft durch Stabilisierung der Kreditwirtschaft als sensiblem Sektor geschützt werden soll.[429]
Die Umsetzung dieser geschriebenen Vorgaben ist Gegenstand des folgenden Abschnitts. Hierin wird zum einen die Pflicht zur Implementierung eines Compliance-Systems diskutiert.[430] Weiterhin werden die gesetzlich nicht festgelegten Compliance-Elemente erläutert.[431] Es ist zudem der Frage nachzugehen, wie eine effektive Compliance-Organisation im Kreditinstitut zu gewährleisten ist und das Compliance-Bewusstsein im Unternehmen gestärkt werden kann.[432]

b) Entwicklung

aa) Entwicklung des Kreditwirtschaftsrechts unter Berücksichtigung der europäischen Gesetzgebung

Der Kreditwirtschaft kommt eine volkswirtschaftliche Schlüsselposition zu. Als Geld- und Kapitalsammelstelle versorgt sie Unternehmen, die öffentliche Hand und Private als Geld- und Kapitalsammelstelle mit Krediten. Sie wickelt ferner den Zahlungsverkehr innerhalb der Volkswirtschaft ab.[433] Daher stand dieser volkswirtschaftlich-sensible Bereich schon früh im Fokus gesetzlicher Regulierung. Diese Regulierung wehrt Risiken für die öffentliche Sicherheit und Ord-

---

[427] *Langen*, in Schwennicke/Auerbach (Hrsg.), KWG, § 25a Rn. 3; *Braun/Wolfgarten*, in: Boos/Fischer/Schulte-Mattler (Hrsg.), KWG, § 25a Rn. 31.
[428] *Uwe H. Schneider*, NZG 2009, S. 1321 (1323).
[429] *Spindler*, Unternehmensorganisationspflichten, S. 187; BGHZ 74, 144 = NJW 1979, 1354 (1354).
[430] Siehe C. IV. 2. a).
[431] Siehe Siehe C. IV. 3. c).
[432] Siehe C. IV. 5.
[433] *Rümker/Keßeböhmer*, in: Schimansky/Bunte/Lwowski (Hrsg), Bankrechts-Handbuch, § 124 Rn. 1.

nung, die der Betrieb von Bankgeschäften verursachen kann, ab und dient so dem öffentlichen Interesse an der Sicherung der Stabilität der Finanzmärkte und dem Einlegerschutz.[434]

Neben verschiedenen allgemeinen zivil- und öffentlich-rechtlichen Gesetzen finden sich insbesondere im KWG, als öffentliches Sonderrecht der Kreditinstitute,[435] aufsichtsrechtliche Regelungen. Prägend waren dabei die Initiativen der EU-Kommission mit dem Ziel einen einheitlichen Kapitalmarkt zu schaffen.[436] Für die vorliegende Untersuchung sind daher die Entwicklungen und Bestrebungen zur Schaffung eines europäischen Bankenmarktes seit der Gründung der EWG 1957 wesentlich. Die Bestrebungen zur Harmonisierung der Banktätigkeit in der EU hatten auch einen maßgeblichen Einfluss auf die Einführung einer Compliance-Pflicht in Banken. Ein Grund hierfür ist die zunehmende Verflechtung der europäischen Volkswirtschaften und des europäischen Bankensektors. Dabei operieren Banken mittlerweile nicht nur europa-, sondern sogar weltweit. Sie sind über den Interbankenhandel miteinander verknüpft und über Staatskredite mit den unterschiedlichsten Nationen auch außerhalb ihres Sitzes verbunden. In diesem globalen System führt die dargestellte Vernetzung der Banken aber auch dazu, dass Fehlverhalten und Rechtsverstöße nicht nur unternehmensinterne oder nationale, sondern internationale Auswirkungen haben und die Staatsfinanzen ganzer Volkswirtschaften in eine Krise geraten können.[437] Es ist daher essentiell, dass die Banken einheitlichen Regelungen unterliegen, um ein rechtskonformes Funktionieren der Märkte zu gewährleisten. Bestrebungen zur Harmonisierung der Banktätigkeit in der EU tragen, teilweise auch über Compliance-Pflichten, zur Stabilität des europäischen Banksystems bei.

Eine Harmonisierung der nationalen Rechte, innerhalb seiner rechtlichen Grenzen, ist insbesondere mit Hilfe des EU-Rechts zu schaffen. So warf bereits der *Segré*-Bericht[438] 1966 erstmals den Gedanken der Integration und Erweiterung der nationalen Kapitalmärkte sowie der Harmonisierung der Rahmenbedingungen für den Ausgleich von Kapitalangebot und Kapitalnachfrage mit dem Ziel

---

[434] *Weber-Rey*, ZGR 2010, 543 (547).

[435] Verschiedentlich auch als das „Grundgesetz der Kreditinstitute“ bezeichnet.

[436] *Rümker/Keßeböhmer*, in: Schimansky/Bunte/Lwowski (Hrsg), Bankrechts-Handbuch, § 124 Rn. 2.

[437] Dass Einzelrisiken aufgrund der Vernetzung der Marktteilnehmer sich zu einer systematischen Destabilisierung aufschaukeln können hatte bereits der Konkurs der Kölner Herstatt-Bank gezeigt. Diese Krise hatte damals eine kurzfristige Störung des internationalen Zahlungsverkehrs verursacht. Das jüngste Beispiel ist weiterhin die *Subprimekrise*, die im Frühjahr 2007 begann und verheerende volkswirtschaftliche Folgen hatte.

[438] *EWG-Kommission*, Der Aufbau eines europäischen Kapitalmarkts (sog. Segré-Bericht), S. 15 ff., 39 ff.

der Schaffung eines einheitlichen europäischen Kapitalmarktes auf.[439] Diesen Gedanken griff die EU-Kommission 1972 auf und verfolgt ihn seitdem konsequent. Sie veröffentlichte zunächst den Entwurf einer Koordinationsrichtlinie über eine Art „Europäisches KWG“, welches die Angleichung der nationalen Bestimmungen über die Zulassung und Beaufsichtigung von Kreditinstituten zum Ziel hatte.[440] Der Entwurf konnte jedoch politischen nicht durchgesetzt werden und wurde wieder zurückgezogen.[441] Mit Blick auf die im ex-EGV (heute ebenso im AEUV) verankerte Verpflichtung zur Marktintegration und der unionsrechtlichen Dienstleistungs-, Niederlassungs- und Kapitalverkehrsfreiheit wurde die Harmonisierung des Bankensektors dennoch weiter über eine stufenweise Koordinierung vorangetrieben.[442] Den ersten Schritt machte die Kommission mit der Ersten Bankrechtskoordinierungsrichtlinie[443] des Jahres 1977. Sie regelt die Voraussetzungen der erstmaligen Zulassung von Kreditinstituten sowie die Voraussetzungen unter denen sie Niederlassungen in anderen Mitgliedstaaten errichten können.[444] Einen weiteren Harmonisierungsimpuls brachte die Konsolidierungsrichtlinie vom 13. Juni 1983,[445] welche zum Ziel hatte „die gesamte Überwachung eines in mehreren Mitgliedstaaten tätigen Kreditinstituts den zuständigen Behörden des Mitgliedslands zu übertragen, in dem sich der Sitz des Instituts befindet“[446] (sog. Heimatlandkontrolle). Weitere bedeutende Schritte gab auch das „Weißbuch zur Vollendung des Binnenmarktes“ von 1985[447] im Bereich der Finanzdienstleistungen. Es sieht aus Gründen des Verbraucherschutzes eine Koordinierung der Vorschriften für die Geschäftstätigkeit von Finanzintermediären vor, um den Austausch von Finanzdienstleistungen zu erleichtern. Um verbliebene Schranken für die Niederlassungsfreiheit abzubauen und die Dienstleistungsfreiheit in der EU voll herzustellen, konkretisiert der Rat die Vorgaben aus dem genannten Weißbuch im Jahre 1989 in der Zweiten Bankrechtskoordinierungsrichtlinie,[448] welche durch die Eigenmittelrichtlinie[449]

---

[439] *Lösler*, Compliance im Wertpapierdienstleistungskonzern, S. 24.
[440] *Jentsch*, WM 1993, 2189 (2190); *Assmann/Buck*, EWS 1990, 110 (112).
[441] *Immenga/Schäfer*, WM 1985, 2 (6); *Schäfer*, AG 1993, 389 (389).
[442] *Lösler*, Compliance im Wertpapierdienstleistungskonzern, S. 25.
[443] Richtlinie 77/780/EWG des Rates, ABl. Nr. L 322 vom 17. Dezember 1977, S. 30 ff.
[444] *Lutter*, Europäisches Unternehmensrecht, ZGR Sonderheft 1/1996, 308 (308).
[445] Richtlinie 83/350/EWG des Rates, ABl. Nr. L 193 vom 18. Juli 1983, S. 18 ff.
[446] Präambel der Richtlinie 83/350/EWG des Rates, ABl. Nr. L 193 vom 18. Juli 1983, S. 18 ff.
[447] *Kommission*, Vollendung des Binnenmarktes, Weißbuch der Kommission an den Europäischen Rat, KOM (85) 310 endg., S. 27 f.
[448] Richtlinie 89/646/EWG des Rates, ABl. Nr. L 386 vom 30. Dezember 1989, S. 1 ff.
[449] Richtlinie 89/299/EWG des Rates, ABl. Nr. L 124 vom 5. Mai 1989, S. 16 ff.

und die Solvabilitätsrichtlinie[450] ergänzt wurde. Diese ermöglicht im Grundsatz, den in einem Herkunftsmitgliedstaat zugelassenen und beaufsichtigten Kreditinstitut die unionsweite Ausübung der im Richtlinienanhang aufgeführten Tätigkeiten ohne erneute Zulassung oder Überwachung.[451]

Die Verabschiedung der Wertpapierdienstleistungsrichtlinie 93/22/EWG[452] im Jahre 1993 hat eine große Lücke zur Vollendung eines europäischen Finanzmarktes geschlossen.[453] Sie war maßgeblich für die Einführung des § 25a KWG im Rahmen der Sechsten KWG-Novelle. Die Richtlinie sieht vor, dass Kreditinstitute und Wertpapierfirmen über eine „ordnungsgemäße Verwaltung und Buchhaltung, Kontroll- und Sicherheitsvorkehrungen bezüglich der elektronischen Datenverarbeitung sowie über angemessene interne Kontrollverfahren verfügen"[454]. Sie verpflichtete die Banken eine Compliance-Organisation nach dem Vorbild englischer Investmentbanken einzurichten.[455] Mit der anschließenden Einführung des § 25a KWG wurde zudem die gesetzliche Grundlage geschaffen, um die Grundsätze 7 bis 15 der Basler Aufsichtsgrundsätze umzusetzen.[456]

Maßgeblichen Einfluss auf die Entwicklung der einheitlichen Bankenregulierung hatte weiterhin der „Aktionsplan für Finanzdienstleistungen 1999-2005",[457] welcher den Reformbedarf der Wertpapierdienstleistungsrichtlinie feststellte und auf die vollständige Integration der Banken- und Kapitalmärkte bis 2005 abzielte. Als ein gewichtiger Teil dieses Aktionsplans zur beabsichtigten Vollharmonisierung des Finanzmarktes wurde 2004 die Finanzmarktrichtlinie (MiFID)[458] verabschiedet, welche die Wertpapierdienstleistungsrichtlinie ablöste und auf der Grundlage des sog. *Lamfalussy*-Verfahrens implementiert wurde.[459]

---

[450] Richtlinie 89/647/EWG des Rates, ABl. Nr. L 386 vom 30. Dezember 1989, S. 14 ff.

[451] *Schäfer*, AG 1993, 389 (390).

[452] Richtlinie 93/22/EWG des Rates, ABl. Nr. 141 vom 11. Juni 1993, S. 27 ff.

[453] *Jentsch*, WM 1993, 2189 (2189).

[454] Art. 10 Abs. 1 Spiegelstrich 1 der Richtlinie 93/22/EWG des Rates, ABl. Nr. 141 vom 11. Juni 1993, S. 27 bis 46.

[455] *Frisch*, in: Derleder/Knops/Bamberger (Hrsg.), Handbuch zum deutschen und europäischen Bankrecht, § 7 Rn. 13.

[456] *Braun/Wolfgarten*, in: Boos/Fischer/Schulte-Mattler (Hrsg.), KWG, § 25a Rn. 5.

[457] Mitteilung der EU-Kommission, Aktionsrahmen für Finanzdienstleistungen – Fortschrittsbericht, KOM (1999) 232 vom 11. Mai 1999, abgedruckt in: ZBB 1999, 254 (254 ff.). Hierzu *Dier/Fürhoff*, AG 2002, 604 (604 ff.).

[458] Markets in Financial Instruments Directive (MiFID) – Richtlinie 2004/39/EG des Rates, ABl. Nr. L 145 vom 30. Februar 2004, S. 1 ff.

[459] Beim *Lamfalussy*-Verfahren handelt es sich um ein Verfahren zur Beschleunigung des europäischen Rechtsetzungsverfahrens, welches unter dem Vorsitz von *Alexandre Lamfalussy* entwickelt wurde. Danach werden im Rechtsetzungsverfahren vier Stufen unterschieden. Die ersten beiden Stufen beruhen auf dem sog. Komitologieverfahren. In Stufe 1 soll eine Rahmenrichtlinie erlassen werden, wie vorliegend die MiFID. Auf der zweiten Stufe sollen

Die MiFID sowie ihre Durchführungsverordnung[460] und -richtlinie[461] sollen in erster Linie einen hohen Anlegerschutz gewährleisten. Compliance ist dabei ein zentrales Element, um diesen Schutz zu erreichen.[462] Im Zusammenhang mit der MiFID hat die „European Securities and Markets Authority“ am 6. Juli 2012 Leitlinien zur Einführung einer Compliance-Funktion im Wertpapierdienstleistungsunternehmen veröffentlicht.[463]

Die Konsolidierung der erreichten Fortschritte, die Beseitigung noch bestehender Hemmnisse sowie die Verbesserung der Rechtssetzung ist Leitmotiv des „Weißbuch zur Finanzdienstleistungspolitik für die Jahre 2005-2010“.

In Folge der Finanzmarktkrise wurde weiterhin zur Stabilisierung des Finanzmarkts die europäische Aufsicht grundlegend überarbeitet. Auf der Grundlage der Vorschläge des sog. *De-Larosière*-Berichts vom 25. Februar 2009 wurden von der Kommission Regelungen zur Neuordnung der Finanzaufsicht entwickelt und im Dezember 2010 in Form von unterschiedlichen Verordnungen[464] verabschiedet. Kernelement ist hierbei die Schaffung eines Europäischen Finanzaufsichtssystem („European System of Financial Supervision – ESFS“). Neben den nationalen Aufsichtsbehörden sind der Europäische Ausschuss für Systemrisiken („European Systemic Risk Board – ESRB“), drei Europäische Finanzaufsichtsbehörden im Banken-, Versicherungs- und Wertpapiersektor („European

---

die Detailvorschriften bzw. technischen Einzelbestimmungen durch die Kommission unter Mitwirkung des EU-Wertpapierausschusses („European Securities Committee“ – ESC) und dem Ausschuss der Wertpapierregulierungsbehörden („Committee of European Securities Regulators“ – CESR) erlassen werden. Auf der dritten Stufe erstellt das CESR einheitliche Leitlinien und gemeinsame Empfehlungen zu Auslegungsfragen. Die Überwachung der einheitlichen Umsetzung und Einhaltung der Rechtsvorschriften erfolgt auf Stufe 4 durch die EU-Kommission. Siehe zum Verfahren ausführlich: *Seitz*, BKR 2002, 340 (341).

[460] Verordnung (EG) Nr. 1287/2006 der Kommission, ABl. Nr. L 241 vom 2. September 2006, S. 1 ff.

[461] Richtlinie 2006/73/EG der Kommission, ABl. Nr. L 241 vom 2. September 2006, S. 26 ff.

[462] Art. 6 sowie Erwägungsgrund 3 der Richtlinie 2006/73/EG der Kommission, ABl. Nr. L 241 vom 2. September 2006, S. 26 ff.; *Fleischer*, BKR 2006, 389 (392).

[463] http://www.esma.europa.eu/system/files/2012-388.pdf (zuletzt aufgerufen am 31. Mai 2013).

[464] Verordnung (EU) Nr. 1092/2010 des Europäischen Parlaments und des Rates, ABl. Nr. L 331 vom 15. Dezember 2010, S. 1 ff.; Verordnung (EU) Nr. 1096/2010 des Rates, ABl. L 331 vom 15. Dezember 2010, S. 162 ff.; Verordnung (EU) Nr. 1093/2010 des Europäischen Parlaments und des Rates, ABl. Nr. L 331 vom 15. Dezember 2010, S. 12 ff.; Verordnung (EU) Nr. 1094/2010 des Europäischen Parlaments und des Rates, ABl. Nr. L 331 vom 15. Dezember 2010, S. 48 ff.; Verordnung (EU) Nr. 1095/2010 des Europäischen Parlaments und des Rates, ABl. Nr. L 331 vom 15. Dezember 2010, S. 84 ff. Ergänzt werden diese Regelungen durch die materiellen Kompetenzzuweisungen der Omnibusrichtlinie (Richtlinie 2010/78/EU des Europäischen Parlaments und des Rates, ABl. Nr. L 331 vom 15. Dezember 2010, S. 120 ff.).

Banking Authority – EBA"[465], „European Insurance and Occupational Pensions Authority – EIOPA"[466], „European Securities and Markets Authority – ESMA"[467]) sowie ein behördenübergreifender Gemeinsamer Ausschuss der Europäischen Aufsichtsbehörden („Joint Committee") Teil dieses Systems.[468] Das Ziel dieser Institutionen liegt darin Risiken schneller zu erkennen, Finanzinstitute besser zu kontrollieren und im Bedarfsfall schnell und abgestimmt einzugreifen, um Krisen zu verhindern oder einzudämmen.[469] Hiermit wurde ein weiterer Schritt zur Integration der europäischen Finanzmärkte genommen. Die künftige Neugestaltung der Finanzmarktrichtlinie nach MiFID II[470] wird ein weiterer Schritt zur Stabilisierung und Harmonisierung des europäischen Finanzsystems sein. Compliance ist erneut von zentraler Bedeutung. Zu nennen ist ebenfalls die geplante europäische Bankenunion,[471] bestehend aus einem einheitlichen materiellen Aufsichtsrecht (single rulebook) und einem einheitlichen Aufsichtsmechanismus unter Führung der Europäischen Zentralbank (single supervisory mechanism), die zur Stablilität im Finanzsektor beitragen soll.[472]

Aufgrund dieser umfassenden Harmonisierungsmaßnahmen kann das Kapitalmarkt- und Bankrecht als einer der Rechtsbereiche bezeichnet werden, der wohl am weitesten europaweit aufeinander angeglichen ist.[473]

---

[465] Welches alle Aufgaben des bisherigen CEBS („Committee of European Banking Supervisors") übernimmt.

[466] Welches alle Aufgaben des bisherigen CEIOPS („Committee of European Insurance and Occupational Pensions Supervisors") übernimmt.

[467] Welches alle Aufgaben des bisherigen CESR („Committee of Securities Regulators") übernimmt.

[468] Begr. RegE zur Umsetzung der Richtlinie 2010/78/EU, BT-Drucks. 17/6255, S. 1.

[469] *Die Woche im Wirtschaftsrecht*, BB 2010, 2249 (2250).

[470] Vorschlag für eine Richtlinie des Europäischen Parlaments und des Rates über Märkte für Finanzinstrumente zur Aufhebung der Richtlinie 2004/39/EG des Europäischen Parlaments und des Rates, KOM (2011), 656 vom 20. Oktober 2011.

[471] Vorschlag für eine Verordnung des Rates zur Übertragung besonderer Aufgaben im Zusammenhang mit der Aufsicht über Kreditinstitut auf die Europäische Zentralbank, KOM (2012), 511 endg. vom 12. September 2012; Mitteilung der Kommission an das Europäische Parlament und den Rat, Fahrplan für eine Bankenunion, KOM (2012) 510 endg. vom 12. September 2012; Zur verwaltungsverfahrensrechtlichen Durchsetzung einer europäischen Bankenaufsicht: *Geber*, EuZW 2013, 298 (298 ff.).

[472] Kritisch zu den bisherigen Vorschlägen der europäischen Bankenunion *Uwe H. Schneider*, EuZW 2012, 721 (721 f.); *ders.*, Börsen-Zeitung vom 5. Januar 2013, Nr. 3, S. 4.

[473] *Spindler/Kasten*, WM 2006, 1749 (1749).

bb) Einführung des § 25a KWG im Rahmen der Sechsten KWG-Novelle und Umsetzung der Vorgaben in deutsches Aufsichtsrecht

§ 25a Abs. 1 Satz 1 KWG verpflichtet Kreditinstitute nach einhelliger Auffassung[474] zur Einrichtung einer Compliance-Organisation. Die Norm wurde durch das Sechste KWG-Änderungsgesetz[475] zum 1. Januar 1998 in das KWG eingeführt. Sie setzt nach der Regierungsbegründung zur Sechsten KWG-Novelle Art. 10 Abs. 1 Spiegelstrich 1 der Wertpapierdienstleistungsrichtlinie 93/22/EWG[476] und Art. 4 Abs. 4 der Kapitaladäquanzrichtlinie 93/6/EWG[477] in deutsches Recht um. Hierdurch wurden erstmals ausdrücklich bestimmte organisatorische Pflichten der Institute gesetzlich festgeschrieben.[478] Zuvor fanden sich konkrete organisatorische Pflichten hauptsächlich in den Rundschreiben des damaligen Bundesaufsichtsamts für das Kreditwesen im Hinblick auf als besonders risikoträchtig und sensibel eingestufte Bereiche.[479]

Eine bedeutende Änderung brachte das Vierte Finanzmarktförderungsgesetz[480] vom 21. Juni 2002. Hiermit wurde erstmals die „Einhaltung der gesetzlichen Bestimmungen" durch das Institut ausdrücklich festgelegt. Dies versteht der deutsche Gesetzgeber lediglich als Klarstellung; international wurde das Bestehen einer solchen Compliance-Regel – insbesondere nach Grundsatz 14 der Basler Grundsätze für eine ordnungsgemäße Bankenaufsicht[481] – bereits vorausgesetzt.[482] Materiell-rechtlich hat sich der Regelungsgehalt der Norm in Bezug auf Einrichtung einer Compliance-Organisation seitdem nicht geändert. Durch das Finanzkonglomeraterichtlinie-Umsetzungsgesetz[483] vom 21. Dezember 2004 wurde die Compliance-Pflicht unmittelbar an den Beginn des Paragraphen gezogen. Der Wortlaut des § 25a Abs. 1 Satz 1 KWG wurde dahingehend angepasst, dass eine Pflicht zur „ordnungsgemäßen Geschäftsorganisation" hinsichtlich der „Einhaltung der von den Instituten zu beachtenden gesetzlichen Be-

---

474 Anstatt vieler: *Uwe H. Schneider*, NZG 2009, 1321 (1323).

475 Eingearbeitet wurde das 6. Gesetz zur Änderung des Gesetzes über das Kreditwesen (6. KWG-Novelle) gemäß Bekanntmachung vom 22. Oktober 1997, BGBl. I 1997, S. 2518 ff.

476 Richtlinie 93/22/EWG des Rates, ABl. Nr. 141 vom 11. Juni 1993, S. 27 ff.

477 Richtlinie 93/6/EWG des Rates, ABl. Nr. L 141 vom 11. Juni 1993, S. 1 ff.

478 *Braun/Wolfgarten*, in: Boos/Fischer/Schulte-Mattler (Hrsg.), KWG, § 25a Rn. 3; *Spindler*, Unternehmensorganisationspflichten, S. 196.

479 *Spindler*, Unternehmensorganisationspflichten, S. 189 f.

480 BGBl. I 2002 Nr. 39, S. 2010.

481 Grundsätze für eine wirksame Bankenaufsicht, erstellt vom Basler Ausschuss für Bankenaufsicht, Stand: September 1997, abrufbar unter: www.bis.org (zuletzt aufgerufen am 31. Mai 2013).

482 Begr. RegE zum 4. FMFG, BT-Drucks. 14/8017, S. 124; *Lösler* führt hingegen an, dass dies keine Klarstellung sei, sondern eine neue, und zwar an das Unternehmen selbst gerichtete, Organisationspflicht – *Lösler*, NZG 2005, 104 (106).

483 BGBl. I 2004 Nr. 72, S. 3610.

stimmungen“ enthalten ist.[484] Der Anwendungsbereich der organisatorischen Pflichten wurde durch § 25a Abs. 1a, Abs. 1b KWG vom Einzelinstitut auf die Institutsgruppe ausgeweitet.
Weitere Änderungen brachte das Gesetz zur Umsetzung der neu gefassten Bankenrichtlinie und der neu gefassten Kapitaladäquanzrichtlinie vom 17. November 2006 (Siebte KWG-Novelle) in Bezug auf das Risikomanagement aus § 25a Abs. 1 Satz 3 KWG. Die im KWG enthaltenen Pflichten wurden außerdem mit Wirkung zum 1. November 2007 durch das Finanzmarktrichtlinie-Umsetzungsgesetz[485] (FRUG) vom 16. Juli 2007 in Umsetzung der MiFID umfangreich erweitert. Danach wurden lediglich kleinere Änderungen des § 25a KWG vorgenommen.[486] Allerdings wird der Begriff „Compliance“ bis heute nicht vom Gesetzgeber verwendet und es fehlen auch nach der Umsetzung sämtlicher Gesetzesänderungen konkrete Vorgaben, worin die Organisationspflichten im Einzelnen bestehen, sowie der Benennung von Maßnahmen, die von der Compliance-Organisation einzusetzen sind.[487]

c) Anwendungsbereich des § 25a KWG

Der persönliche Anwendungsbereich des § 25a KWG richtet sich an alle Institute[488] im Sinne von § 1 Abs. 1b KWG, also Kreditinstitute gemäß § 1 Abs. 1 KWG, wie Kreditbanken, Sparkassen und Landesbanken/Girozentralen, Kreditgenossenschaften, Realkreditinstitute (Hypothekenbanken), Bausparkassen und Kapitalanlagegesellschaften (Investmentgesellschaften) und die Postbank und zwar unabhängig von ihrer Rechtsform; ferner Finanzdienstleistungsinstitute gemäß § 1 Abs. 1b KWG, wie Anlage- und Abschlussvermittler von Finanzinstrumenten, Finanzportfolioverwalter, Wechselstuben u.a.[489] Über eine Fiktion des Institutsbegriffs in § 53 Abs. 1 KWG unterfallen weiterhin rechtlich unselbstständige Zweigniederlassungen in Deutschland von Unternehmen mit Sitz

---

[484] *Lebherz*, Emittenten-Compliance, S. 368.
[485] BGBl. I 2007 Nr. 31, S. 1330.
[486] Gesetz zur Bekämpfung der Geldwäsche und der Terrorismusfinanzierung (Geldwäschebekämpfungsergänzungsgesetz) vom 13. August 2008 – BGBl. I 2008 Nr. 37, S. 1690; Gesetz zur Fortentwicklung des Pfandbriefrechts vom 20. März 2009 – BGBl. I 2009 Nr. 16, S. 607; Gesetz zur Stärkung der Finanzmarkt- und Versicherungsaufsicht vom 29. Juli 2009 – BGBl. I 2009 Nr. 48, S. 2305; Gesetz über die aufsichtsrechtlichen Anforderungen an die Vergütungssysteme von Instituten und Versicherungsunternehmen vom 21. Juli 2010 – BGBl. I 2010 Nr. 38, S. 950; Gesetz zur Umsetzung der geänderten Bankenrichtlinie und der geänderten Kapitaladäquanzrichtlinie vom 19. November 2010 – BGBl. I 2010 Nr. 58, S. 1592.
[487] *Veil*, WM 2008, 1093 (1095).
[488] Siehe B. I. 1. b).
[489] *Fischer*, in: Schimansky/Bunte/Lwowski (Hrsg.), Bankrechts-Handbuch, § 125 Rn. 1.

in einem Drittstaat dem persönlichen Anwendungsbereich des § 25a KWG.[490] Auf Grund des Prinzips der Heimatlandkontrolle gilt § 25a KWG auch für Zweigniederlassungen deutscher Institute im Ausland.[491] Über § 25a Abs. 1a, Abs. 1b KWG werden zudem Institutsgruppen, Finanzholding-Gruppen und Finanzkonglomerate erfasst.

Der sachliche Anwendungsbereich der Norm meint mit „der Einhaltung der vom Institut zu beachtenden gesetzlichen Bestimmungen" nicht nur solche des KWG; im Sinne einer weiten Auslegung werden hiermit vielmehr alle gesetzlichen Bestimmungen erfasst, „die dem Schutz der anvertrauten Vermögenswerte, der ordnungsgemäßen Durchführung der Bankgeschäfte und Dienstleistungen sowie der Vermeidung von Nachteilen für die Gesamtwirtschaft durch Missstände im Kredit- und Finanzdienstleistungswesen dienen"[492]. In erster Linie sind damit die einschlägigen aufsichtsrechtlichen Gesetze, nämlich das Kreditwesengesetz, das Wertpapierhandelsgesetz, das Gesetz über Bausparkassen, das Depotgesetz, das Geldwäschegesetz, das Pfandbriefgesetz, das Hypothekenbankgesetz sowie ähnliche Gesetze und die zur Durchführung dieser Gesetze erlassenen Rechtsverordnungen, gemeint.[493] Darüber hinaus sind ebenfalls alle sonstigen gesetzlichen Bestimmungen und demnach auch solche erfasst, die keinen unmittelbaren Bezug zur Erbringung von Bankgeschäften bzw. Finanzdienstleistungen aufweisen.[494] Der Wortlaut der Norm fordert „eine ordnungsgemäße Geschäftsorganisation [...], die die Einhaltung der vom Institut zu beachtenden gesetzlichen Bestimmungen [...] gewährleistet." Ein Institut hat danach sämtliche materiellen Gesetze, sowohl mit Bezug zum Bank- und Kapitalmarktrecht als auch darüber hinaus zu beachten. Dies entspricht insbesondere der Gesetzesbegründung zum Finanzkonglomeraterichtlinie-Umsetzungsgesetz[495], wonach über die oben dargestellten Vorschriften mit Bank- und Kapitalmarktbezug hinaus „weitere gesetzliche [...] Pflichten bestehen"[496]. Mit Blick auf den Schutzzweck der Norm käme zudem eine enge Auslegung diesem Schutzzweck nicht nach; sämtliche Rechtsverstöße können ein Kreditinstitut empfindlich treffen, sei dies finanziel-

---

[490] *Langen*, in: Schwennicke/Auerbach (Hrsg.), KWG, § 25a Rn. 12.
[491] *Langen*, in: Schwennicke/Auerbach (Hrsg.), KWG, § 25a Rn. 14.
[492] *Braun/Wolfgarten*, in: Boos/Fischer/Schulte-Mattler (Hrsg.), KWG, § 25a Rn. 37.
[493] Begr. RegE zum FinKongRUG, BT-Drucks. 15/3641, S. 47.
[494] Vgl. *Langen*, in: Schwennicke/Auerbach (Hrsg.), KWG, § 25a Rn. 48; *Eisele/Faust*, in: Schimansky/Bunte/Lwowski (Hrsg.), Bankrechts-Handbuch, § 109 Rn. 93; *Meyer/Paetzel*, in: Kölner Kommentar WpHG, § 33 Rn. 83; *Lösler*, NZG 2005, 104 (106); a.A.: *Braun/Wolfgarten*, in: Boos/Fischer/Schulte-Mattler (Hrsg.), KWG, § 25a Rn. 29.
[495] BGBl. I 2004 Nr. 72, S. 3610.
[496] Begr. RegE zum FinKongRUG, BT-Drucks. 15/3641, S. 47.

ler Art oder in ihrer Reputation. Diese weite Auslegung steht ebenfalls im Einklang mit der sich international abzeichnenden Entwicklung. Grundsatz 14 der Baseler Grundsätze für eine wirksame Bankenaufsicht[497] sowie Einführungspunkt 3 des Dokuments „Compliance and the compliance function in banks“[498] nehmen auf alle einschlägigen Gesetze und Bestimmungen umfassend Bezug.[499] Im Ergebnis ist die Frage der engen oder weiten Auslegung allerdings nach der hier vertretenen Ansicht unerheblich, da die Beachtung dieser Vorschriften sich ohnehin bereits aus der gesellschaftsrechtlichen Pflicht der Unternehmen zur Einrichtung einer Compliance-Organisation ergibt.

2. Ordnungsgemäße Compliance-Organisation, § 25a Abs. 1 Satz 1 KWG

a) Die Pflicht zur Implementierung eines Compliance-Systems

Die Pflicht zur Implementierung einer Compliance-Organisation wird im Besonderen Wirtschaftsrecht bei Kredit- und Finanzdienstleistungsinstituten aus § 25a Abs. 1 Satz 1 KWG hergeleitet.[500] Expressis verbis verwendet die Norm zwar nicht den Begriff „Compliance“, wie dies beispielsweise in § 33 WpHG und § 12 WpDVerOV der Fall ist. Dass dennoch auch § 25a KWG eine Pflicht zur Einrichtung einer Compliance-Organisation beinhaltet ergibt sich mit Blick auf das Begriffsverständnis von Compliance, wonach eine Organisation zu schaffen ist, die der Sicherstellung der Einhaltung aller an ein Unternehmen gerichteten Gesetze und Regeln dient. Stellt man diese Compliance-Definition mit der gesetzlichen Regelung ins Verhältnis, dann sind die Organisationsanforderungen des § 25a Abs. 1 Satz 1 KWG unter den Compliance-Begriff subsumierbar. Die Einrichtung einer Compliance-Organisation folgt demnach aus den Anforderungen an die Geschäftsorganisation. Durch diese Kodifizierung sollen Risiken, die im Zusammenhang mit der Erbringung von Bankgeschäften und Finanzdienstleistungen für die Institute und Kunden entstehen können, präventiv vermieden werden.[501] Dass der Gesetzgeber in der Norm den Terminus „gewährleisten“ gewählt hat, verdeutlicht, dass bloße verbale Bekundungen zu legalem Verhalten nicht genügen, sondern konkrete Aktivitäten in Form von Vor-

---

[497] Grundsätze für eine wirksame Bankenaufsicht, erstellt vom Basler Ausschuss für Bankenaufsicht, Stand: September 1997, abrufbar unter: www.bis.org (zuletzt aufgerufen am 31. Mai 2013).

[498] Basel Committee on Banking Supervision: Compliance and the Compliance Function in Banks, Stand: April 2005, abrufbar unter: www.bis.org (zuletzt aufgerufen am 31. Mai 2013).

[499] *Meyer/Paetzel*, in: Kölner Kommentar WpHG, § 33 Rn. 83.

[500] Anstatt vieler: *Uwe H. Schneider*, NZG 2009, 1321 (1323); a.A: *Langen*, in: Schwennicke/Auerbach (Hrsg.), KWG, § 25a Rn. 49.

[501] *Lebherz*, Emittenten-Compliance, S. 371.

kehrungen, Kontrollen und Maßnahmen von der Geschäftsführung zu fordern sind.[502]

Langen[503] lehnt hingegen gegen eine Rechtspflicht im Falle des § 25a Abs. 1 Satz 1 KWG ab. Dies verwundert, da er diese im Wertpapierdienstleistungsunternehmen nach § 33 Abs. 1 Satz 2 Nr. 1 WpHG anerkennt.[504] Hierin heißt es, Wertpapierdienstleistungsunternehmen müssen „angemessene Grundsätze aufstellen, Mittel vorhalten und Verfahren einrichten, die darauf ausgerichtet sind, sicherzustellen, dass das Wertpapierdienstleistungsunternehmen selbst und seine Mitarbeiter den Verpflichtungen dieses Gesetzes nachkommen, wobei insbesondere eine dauerhafte Compliance-Funktion einzurichten ist, die ihre Aufgaben unabhängig wahrnehmen kann“. Zwar wird hier die Compliance-Funktion explizit erwähnt. Daraus zu schließen, dass nur in diesem Fall die Einrichtung einer Compliance-Funktion verpflichtend ist, überzeugt im Ergebnis nicht. Zum einen müssten Wertpapierdienstleistungsunternehmen dann lediglich die Einhaltung der Vorschriften des WpHG gewährleisten. Eine Compliance-Organisation zur Einhaltung aller sonstiger Rechtsrisiken wäre demnach ausgeklammert. An dieser Stelle setzt aber gerade die Rechtspflicht der Institute zur Einrichtung einer Compliance-Funktion aus § 25a Abs. 1 Satz 1 KWG ein, worauf § 33 Abs. 1 Satz 1 WpHG auch verweist. Zum anderen wurde im Rahmen des Vierten Finanzmarktförderungsgesetzes[505] 2002 der damalige § 25a Abs. 1 Nr. 1 KWG dahingehend ergänzt, dass die „Einhaltung der gesetzlichen Bestimmungen“ durch das Institut ausdrücklich festgelegt wurde. In der Gesetzesbegründung wurde in diesem Zusammenhang auf Grundsatz 14 der Baseler Grundsätze für eine ordnungsgemäße Bankenaufsicht[506] verwiesen, der von einer „Compliance-Funktion zur Prüfung der Einhaltung dieser Vorschriften sowie der einschlägigen Gesetze und Bestimmungen“[507] spricht. Hieraus wird ersichtlich, dass der Gesetzgeber bereits damals die Pflicht zur Einrichtung einer Compliance-Organisation im Sinn hatte. Es kann daher nicht angenommen werden, dass nur dort Compliance „drinsteckt“ wo auch Compliance explizit „draufsteht“.

---

502 Zur Parallelnorm im Versicherungsaufsichtsrecht: *Bürkle*, in: Bähr (Hrsg.), Handbuch des Versicherungsaufsichtsrechts, § 9 Rn. 25.

503 *Langen*, in: Schwennicke/Auerbach (Hrsg.), KWG, § 25a Rn. 49.

504 *Langen*, in: Schwennicke/Auerbach (Hrsg.), KWG, § 25a Rn. 49.

505 BGBl. I 2002 Nr. 39, S. 2010.

506 Grundsätze für eine wirksame Bankenaufsicht, erstellt vom Basler Ausschuss für Bankenaufsicht, Stand: September 1997, abrufbar unter: www.bis.org (zuletzt abgerufen am 31. Mai 2013).

507 Begr. RegE zum 4. FMFG, BT-Drucks. 14/8017, S. 124.

Den Normadressaten bleibt jedoch ein weiter Gestaltungsspielraum hinsichtlich der organisatorischen Umsetzung. Der Gesetzgeber hat davon abgesehen die konkreten Elemente einer Compliance-Organisation im Sinne von Geboten und Verboten zu benennen. Er folgt damit dem Trend der heutigen verwaltungsrechtlichen Praxis weg von einer imperativen Gestaltung hin zur Selbstregulierung. Für eine Selbstregulierung spricht, dass Private den Markt häufig besser kennen und flexibel sind, erforderliche Anpassungen vorzunehmen.[508] Die Gefahr einer rein gesellschaftlichen Selbstregulierung liegt allerdings in der mangelnden Durchsetzungsmöglichkeit der privaten Bestimmungen.[509] Mit Blick auf die bereits erwähnte besondere volkswirtschaftliche Stellung der Banken und der daraus folgenden notwendigen Stabilität im Finanzsystem wäre eine generelle Selbstregulierung ohne staatliche Impulse nicht ausreichend. Es bedarf einer Regulierung des Staates; diese ist aber prinzipienorientiert ausgestaltet (sog. prinzipienorientierte Regulierung). Der Staat gibt hierbei den Marktteilnehmern nur ein Ziel, nämlich aufsichtskonformes Verhalten durch organisatorische Aktivitäten vor und überlässt den Marktteilnehmern selbst die Entscheidung darüber, wie sie dieses Ziel erreichen wollen.[510] Diese Form der (Selbst-)Regulierung kann flexibel auf die unterschiedlichsten Geschäftsmodelle eingehen.

Grund für die Idee der gesteuerten Selbstregulierung ist u.a. die Entlastung des Staates, der durch immer mehr Herausforderungen privater Träger überfordert ist.[511] Daneben kann auch ein psychologischer Aspekt relevant werden. Es ist ein Erfahrungswert, dass die Pflichtenbindung zu einer Abwehrreaktion beim Verpflichteten führt. Die staatlich auferlegten Pflichten werden vom Unternehmen zwar beachtet; eine gesteigerte Effektivität kann dennoch durch eine innovative Selbstregulierung erreicht werden. Das Ziel wird vom Staat vorgegeben und der Weg dorthin wird von der Bank selbst konzipiert. Ein Finanzinstitut, dass eine eigene Compliance-Organisation entwickelt, welche für das Unternehmen individuell angepasst am effektivsten ist, wird diesem Pflichtenprogramms eher nachkommen, als in einem starren Korset staatlicher Regelungen, welches die individuelle Situation des Unternehmen unberücksichtigt lässt. Das konkrete Pflichtenprogramm für Kredit- und Finanzdienstleistungen wird dabei

---

[508] *Niemeyer*, SSE/EFI Working Paper Series in Economics and Finance No. 482, S. 45 f., zu finden unter: http://swopec.hhs.se/hastef/papers/hastef0482.pdf (zuletzt aufgerufen am 31. Mai 2013); *Möllers*, AcP 208 (2008), 1 (15).

[509] *Möllers*, AcP 208 (2008), 1 (11 f., 15).

[510] Zur Parallelnorm im Versicherungsaufsichtsrechts: *Bürkle*, in: Bähr (Hrsg.), Handbuch des Versicherungsaufsichtsrechts, § 9 Rn. 26.

[511] *Schmidt-Preuß*, VVDStRL 56 (1997), 160 (203); *Di Fabio*, VVDStRL 56 (1997), 235 (239).

je nach Rechtsform, Unternehmensgröße, Risikogehalt der Geschäftstätigkeit usw. variieren.[512] Dennoch gibt es Kernelemente einer Compliance-Organisation, die in jedem Kreditinstitut vorzufinden sind.[513]

b) Die Auslegung des § 25a KWG in Bezug auf Compliance

Die Einführung des § 25a KWG geht – wie bereits oben dargelegt – auf Art. 10 Abs. 1 Spiegelstrich 1 der Wertpapierdienstleistungsrichtlinie 93/22/EWG[514] und Art. 4 Abs. 4 der Kapitaladäquanzrichtlinie 93/6/EWG[515] zurück und wurde seitdem verschiedentlich, insbesondere aufgrund europäischer Vorgaben, überarbeitet. Zwar hat der EuGH den Mitgliedstaaten bei der Umsetzung der EU-Richtlinien grundsätzlich einen Wertungsspielraum zugebilligt,[516] wodurch der nationale Gesetzgeber die Vorgaben der Richtlinie über die Mindestbestimmungen hinaus überschreiten kann.[517] Der deutsche Gesetzgeber hat sich dennoch bei der Umsetzung ins KWG eng an der Richtlinie orientiert.

Die Auslegung der KWG-Regelung hat im Lichte dieser unionsrechtlichen Vorgaben und der damit verfolgten Regelungsziele zu erfolgen.[518] Erst wenn der Regelungsgehalt der Richtlinie erkannt ist, kann das aufgrund der Richtlinienvorgaben harmonisierte innerstaatliche Recht ausgelegt und angewendet werden.[519] Die unionsrechtlichen Vorschriften sind maßgeblich durch die Standardsetzung des Baseler Ausschusses für Bankenaufsicht beeinflusst, weshalb diesen Basel-Vorgaben ebenfalls ein entsprechender Stellenwert einzuräumen ist.

Der Gesetzgeber macht in § 25a Abs. 1 Satz 1 KWG keine näheren Angaben zur Ausgestaltung der Compliance-Organisation, so dass es grundsätzlich im Ermessensspielraum des jeweiligen Instituts liegt, wie es der Compliance-Pflicht nachkommt. Da Regelverstöße, wie bereits dargelegt, ein Schadenspotential beinhalten, sei es in Form von unmittelbaren finanziellen Schäden oder durch Reputationsschäden, kann ein Rechtsverstoß als operationelles Risiko verstan-

---

[512] *Emde*, in: Renz/Hense (Hrsg.), Wertpapier-Compliance in der Praxis, S. 157 (160).

[513] Siehe C. IV. 3. c).

[514] Richtlinie 93/22/EWG des Rates, ABl. Nr. 141 vom 11. Juni 1993, S. 27 ff.

[515] Richtlinie 93/6/EWG des Rates, ABl. Nr. L 141 vom 11. Juni 1993, S. 1 ff.

[516] EuGH, Urteil vom 8. Mai 2008, Rs. C-491/06, Rn. 31 – *Danske Svineproducenter*.

[517] *Haratsch/Koenig/Pechstein*, Europarecht, S. 168 f.

[518] Dies entspricht der ständigen Rechtsprechung des EuGH, wonach harmonisierte nationale Rechtsvorschriften im Lichte des Wortlauts und des Zwecks der Richtlinien auszulegen sind. Diese Pflicht zur richtlinienkonformen Auslegung wird mit Art. 4 Abs. 3 EUV („effet utile“) und Art. 288 Abs. 3 AEUV begründet. – EuGH, Urteil vom 10. April 1984, Rs. 14/83, Rn. 26 – *von Colson/Kamann*; EuGH, Urteil vom 10. April 1984, Rs. 79/83, Rn. 26 – *Harz*; EuGH, Urteil vom 13. November 1990, Rs. C-106/89, Rn. 8 – *Marleasing*; EuGH, Urteil vom 5. Oktober 2004, Rs. C-397/01 bis C-403/01, Rn. 110 – *Pfeiffer u.a.*

[519] *Lösler*, Compliance im Wertpapierdienstleistungskonzern, S. 61.

den werden.[520] Compliance ist somit als Bestandteil eines integrierten Risikomanagementsystems im Sinne von § 25a Abs. 1 Satz 3 KWG zu sehen, welches durch die „Mindestanforderungen an das Risikomanagement – MaRisk (BA)“[521] der BaFin konkretisiert wird. Hinsichtlich der Compliance im Wertpapierdienstleistungsunternehmen ist die BaFin zudem mit den „Mindestanforderungen an die Compliance-Funktion und die weiteren Verhaltens,- Organisations- und Transparenzpflichten nach §§ 31 ff. WpHG für Wertpapierdienstleistungsunternehmen – MaComp“[522] den Unsicherheiten in Bezug auf die Aufgaben und Verantwortungsbereiche der Compliance-Funktion begegnet. Inwiefern diese Mindestanforderungen als „best practice“ für Compliance-Organisation im Institut herangezogen werden kann, ist noch zu diskutieren.[523] Innerhalb der nun folgenden Untersuchung der Organisationspflichten sind die dargestellten Auslegungshilfen zu berücksichtigen.

3. Die Organisationspflichten

a) Überblick

Die gesellschaftsrechtliche Organisationsfreiheit in Unternehmen ist bei Kreditinstituten in den vergangenen zwanzig Jahren stark eingeschränkt worden und nun durch aufsichtsrechtliche Vorgaben geprägt. Von entscheidender Bedeutung ist dabei § 25a KWG, der Kreditinstituten die Pflicht zur Errichtung einer Compliance-Organisation auferlegt. Ziel dieser Regelung ist es, die im Zusammenhang mit der Erbringung von Bankgeschäften und Finanzdienstleistungen stehenden Risiken für die Institute und Kunden präventiv zu vermeiden.[524] Die Geschäftsleiter haben hierzu ein Pflichtenprogramm zu erarbeiten, welches eine effektive Compliance-Organisation garantiert. Der Gesetzgeber hat ihnen dabei einen breiten Ermessensspielraum gelassen; wir befinden uns im Bereich der

---

[520] *Uwe H. Schneider*, ZIP 2003, 645 (645); *Eisele/Faust*, in: Schimansky/Bunte/Lwowski (Hrsg.), Bankrechts-Handbuch, § 109 Rn. 95a.

[521] Rundschreiben 10/2012 (BA) vom 14. Dezember 2012 – Mindestanforderungen an das Risikomanagement (MaRisk), abrufbar unter www.bafin.de (zuletzt aufgerufen am 31. Mai 2013). Im Folgenden wird die MaRisk der Banken und Finanzdienstleister mit „MaRisk (BA)“ gekennzeichnet, um die Abgrenzung zur MaRisk für Versicherer und Pensionsfonds – im Folgenden: MaRisk (VA) – zu veranschaulichen.

[522] Rundschreiben 4/2010 (WA) vom 7. Juni 2010 (Stand: 30. November 2012) – Mindestanforderungen an die Compliance-Funktion und die weiteren Verhaltens,- Organisations- und Transparenzpflichten nach §§ 31 ff. WpHG für Wertpapierdienstleistungsunternehmen (MaComp), abrufbar unter www.bafin.de (zuletzt aufgerufen am 31. Mai 2013).

[523] Siehe C. IV. 3. b) dd) (3).

[524] *Lebherz*, Emittenten-Compliance, S. 371.

prinzipienorientierten Regulierung. Dennoch muss Klarheit darüber herrschen, welche Compliance-Elemente hierzu zur Verfügung stehen, um rechtmäßiges Verhalten durch die Gesellschaft und seine Mitarbeiter herzustellen.

Die nachfolgenden Ausführungen befassen sich mit diesen einzelnen Compliance-Maßnahmen. Hierbei sollen zum einen die Quellen berücksichtigt werden, welche Hinweise auf die einzelnen Compliance-Maßnahmen geben. Dies erfolgt mit Blick auf nationale und internationale Rechtsquellen sowie wesentliche Standards und Empfehlungen. Mittels dieser Analyse lässt sich herausarbeiten, welches die jeweiligen Compliance-Elemente sind und was ihr Inhalt ist. Abschließend ist darauf einzugehen, wie die erarbeiteten Compliance-Elemente bestmöglich im Institut durchzusetzen sind.

b) Die allgemeine Compliance-Organisation

aa) Keine gesetzliche Spezifizierung

Der Norm des § 25a Abs. 1 Satz 1 KWG lässt sich zwar die rechtliche Verpflichtung zur Einrichtung einer Compliance-Funktion entnehmen. Hinsichtlich der genauen Ausgestaltungen macht der Gesetzgeber jedoch nur generelle Vorgaben in § 25a Abs. 1 Satz 3 – 6 KWG. Dies gilt zwar in erster Linie für das Risikomanagement, kann aber auch für die Teilmenge Compliance herangezogen werden. Präzise staatliche Vorgaben wie die Compliance-Organisation im Institut konkret auszugestalten ist, sind gesetzlich nicht normiert. Auch die Gesetzesmaterialien geben keinen weiteren Aufschluss. Somit hat die Bank nur einen groben Leitfaden und muss daraus ein System schaffen, wodurch diese von sich heraus rechtmäßig handelt. Der verbleibende weite Ermessensspielraum hinsichtlich geeigneter organisatorischer Maßnahmen und Elemente zur Erreichung der Ziele einer Compliance-Organisation, entspricht der Öffnungsklausel des § 25a Abs. 1 Satz 4 KWG.
Einen Überblick über die konkreten zur Verfügung stehenden Compliance-Elemente geben die Verlautbarungen der BaFin, die Standardsetzung internationaler Organisationen, das Unionsrecht, aber auch die „Best-Practice-Leitlinien für Wertpapier-Compliance“ des Bundesverbands deutscher Banken[525], der IDW-Prüfungsstandard über „Grundsätze ordnungsgemäßer Prüfung von Compliance-Management-Systemen“ (IDW PS 980), der „Final Report“ zur „Com-

[525] Bundesverband deutscher Banken, Best-Practice-Leitlinien für Wertpapier-Compliance, abrufbar unter http://www.bankenverband.de/downloads/11-2009/091110-compliance-best-practice-leitlinien.pdf (zuletzt aufgerufen am 31. Mai 2013).

pliance Function at Market Intermediaries“ der Internationalen Vereinigung der Wertpapieraufsichtsbehörden (IOSCO)[526] sowie ein Rechtsvergleich mit ausländischen Rechtsvorgaben. Sie bieten eine Variation verschiedenster Compliance-Elemente.

Fraglich ist in diesem Zusammenhang, inwiefern die kapitalmarktrechtlichen Anforderungen des WpHG und dessen WpDVerOV auf das KWG übertragen werden können. Über die Pflicht zu Compliance hinaus werden dort zusätzliche besondere organisatorische Anforderungen in Bezug auf die Einrichtung einer Compliance-Organisation festgelegt. Sie stützen sich auf die Vorgaben des Art. 6 der MiFID-Durchführungsrichtlinie[527] sowie den dortigen Erwägungsgrund 3, welche konkrete Maßnahmen zur Umsetzung einer effektiven Compliance-Organisation beinhalten. Art. 6 Abs. 1 der Durchführungsrichtlinie gibt vor, dass „die Wertpapierfirmen angemessene Grundsätze und Verfahren festlegen und auf Dauer einhalten“, um Compliance-Risiken aufzudecken und zu minimieren. Art. 6 Abs. 2 der Durchführungsrichtlinie fordert die Einführung einer Compliance-Abteilung, die die Geschäftsprozesse hinsichtlich ihrer Geeignetheit und Effektivität überwacht und bewertet. Die mit der Compliance-Organisation betrauten Personen müssen nach Art. 6 Abs. 3 Durchführungsrichtlinie unabhängig sein und ihnen sind umfassende Kompetenzen einzuräumen. Da sich die Anwendungsbereiche des KWG und des WpHG überlappen und „das WpHG fast als das allgemeinere Gesetz angesehen werden kann“, wirft *Spindler* die Überlegung auf, dass „die Organisationspflichten nach § 33 WpHG als allgemein geltender *aquis organisataire* angesehen werden“ können.[528] Dies werde durch den Verweis in § 33 Abs. 1 Satz 1 WpHG auf § 25a KWG bekräftigt.[529] Hieran kann insoweit festgehalten werden, dass es im Ergebnis wohl faktisch zur einer Übertragung der kapitalmarktrechtlichen Anforderungen des WpHG und dessen WpDVerOV auf das KWG kommen wird. Das Ermessen der Geschäftsführung wird sich derart reduzieren, dass er die im WpHG und WpDVerOV aufgeführten Anforderungen umsetzen muss, um eine effektive Compliance im Kreditinstitut zu etablieren.[530] Dennoch darf sich die Einrichtung einer Compliance-Organisation nicht verpflichtend nach den kapitalmarktrechtlichen Vorschriften richten. Obwohl Art. 6 der Durchführungsrichtlinie sowie der dortige Erwägungsgrund 3 konkrete Maßnahmen zur Umsetzung einer effektiven

[526] IOSCO, Compliance Function at Market Intermediaries – Final Report, S. 7 ff., abrufbar unter http://www.iosco.org/library/pubdocs/pdf/IOSCOPD214.pdf (zuletzt aufgerufen am 31. Mai 2013).
[527] Richtlinie 2006/73/EG der Kommission, ABl. Nr. L 241 vom 2. September 2006, S. 26 ff.
[528] *Spindler*, WM 2008, 905 (908).
[529] *Spindler*, WM 2008, 905 (908).
[530] So wohl auch im Ergebnis *Spindler*, WM 2008, 905 (908).

Compliance-Organisation beinhalten, hat der Gesetzgeber von Vorgaben im KWG abgesehen, während eine Umsetzung im WpHG im gleichen Zuge vorgenommen wurde. Dies kann als klarer Hinweis verstanden werden, dass die dortigen Anforderungen im KWG keine Anwendung finden. Dieses Vorgehen wird in der Literatur[531] kritisiert. Aufgrund der bereits angesprochenen Risikomanagementfunktion von Compliance und der dort kodifizierten Unternehmensorganisationspflicht für Kreditinstitute- und Finanzdienstleistungsinstitute wäre die konkrete Ausgestaltung der Compliance-Funktion in § 25a KWG sinnvoller gewesen, um generell sowohl Institute als auch Wertpapierdienstleistungsunternehmen von der Regelung zu erfassen.[532]

bb) Mindestanforderung an das Risikomanagement, MaRisk (BA)

(1) Überblick

Wie bereits mehrfach innerhalb dieser Arbeit dargelegt, regelt der § 25a KWG die Anforderungen an die „besonderen organisatorischen Pflichten von Instituten" wenig detailliert. Die Norm führt in Abs. 1 Satz 1 an, dass ein Institut über eine ordnungsgemäße Geschäftsorganisation verfügen muss; das Kernstück einer ordnungsgemäßen Geschäftsorganisation ist nach Abs. 1 Satz 3 ein angemessenes und wirksames Risikomanagement. Das System des Risikomanagements muss dabei u.a. aus internen Kontrollverfahren mit einem internen Kontrollsystem und einer Internen Revision bestehen. Hinsichtlich des internen Kontrollsystems wird ausgeführt, dass sich dieses insbesondere aus Regelungen zur Aufbau- und Ablauforganisation sowie aus Risikosteuerungs- und Risikocontrollingprozessen zusammensetzt.

Zu ihrer praktischen Handhabung bedarf es einer näheren Auslegung, welche die BaFin auf der Grundlage des § 25a KWG durch das Rundschreiben zu den MaRisk (BA) geschaffen hat.[533] Die MaRisk (BA) wurden mit dem Rundschreiben 18/2005 am 20. Dezember 2005 erstmals veröffentlicht und sind seitdem verschiedentlich überarbeitet worden.[534] Sie regeln umfassend für alle Institute

---

[531] *Hense/Renz*, CCZ 2008, 181 (182); *Lösler*, WM 2008, 1098 (1100).
[532] *Hense/Renz*, CCZ 2008, 181 (182); *Lösler*, WM 2008, 1098 (1100).
[533] So auch ausdrücklich in der BT-Drucks. 16/4028, S. 95. Die Befugnis zu ihrem Erlass bedarf keiner besonderen gesetzlichen Ermächtigung, sondern ist der Exekutive inhärent; wird die Befugnis zum Erlass allgemeiner Verwaltungsvorschriften dennoch durch die Verfassung oder durch Gesetz geregelt, so haben diese Bestimmungen lediglich deklaratorischen Charakter – BVerfGE 26, 338 (396).
[534] Durch Anpassungen infolge der MiFID bzw. durch die Integration der Auslagerungsanforderungen wurde das Rundschreiben 18/2005 durch das Rundschreiben 5/2007 vom 30. Oktober 2007 aufgehoben. Die „zweite MaRisk-Novelle" folgte der

die Anforderungen an das Risikomanagement der Institute und geben damit „einen flexiblen und praxisnahen Rahmen für die Ausgestaltung des Risikomanagements der Institute vor“[535]. Die MaRisk (BA) dienen der Umsetzung der qualitativen Anforderungen an die Institute nach Säule 2 aus Basel II[536] sowie den korrespondierenden Anforderungen nach der Bankenrichtlinie.[537]

Wie wichtig ein angemessenes und wirksames Risikomanagement ist hat die Finanzkrise plastisch vor Augen geführt. Banken und Finanzdienstleister können nur dann ihre Risiken objektiv evaluieren und dadurch Existenzrisiken vermeiden, wenn sie über geeignete Risikomanagementinstrumente verfügen.[538]

Die MaRisk (BA) wurden von der BaFin modular ausgestaltet.[539] Somit kann eine zeitnahe Anpassung bzw. Ergänzung einzelner Module an neue regulatorische Entwicklungen gewährleistet werden, ohne das gesamte Dokument anpassen zu müssen.[540] Der allgemeine Teil (Modul AT) enthält grundlegende Anforderungen. Besondere Anforderungen an das interne Kontrollsystem und die Ausgestaltung der Internen Revision sind Gegenstand des Moduls BT.

Finanzmarktkrise mit dem Rundschreiben 16/2009 vom 14. August 2009 und enthielt Vorgaben, die die G-20-Staaten auf ihrem Gipfel im September 2009 in Pittburgh formuliert hatten. Das Programm enthielt insbesondere eine Verschärfung der Eigenkapitalvorschriften und eine effektivere Bankenaufsicht. Infolge von Arbeiten auf internationaler Ebene, insbesondere im Baseler Ausschuss für Bankenaufsicht sowie im damaligen CEBS, sowie aufgrund gesammelter Erfahrungen aus der Aufsichts- und Prüfungspraxis ergab sich für die MaRisk (BA) Änderungsbedarf vor allem bei den Themen Risikokonzentration, Stresstests und Liquiditätsrisiken. Dies führte zur Veröffentlichung der überarbeiteten Version der MaRisk (BA), die mit dem Rundschreiben 11/2010 am 15. Dezember 2010 veröffentlicht wurde. Die internationalen Regulierungsvorhaben führten abermals zu einer Überarbeitung und Veröffentlichung der heute geltenden Version der MaRisk (BA) am 14. Dezember 2012.

[535] Rundschreiben 10/2012 (BA) – MaRisk, Einleitungssatz, AT 1 Tz. 1.

[536] Basel II wurde am 26. Juni 2004 verabschiedet und sollte Schwächen der damals geltenden Eigenkapitalregelungen beseitigen, sowie Anreize für den Einsatz risikosensitiver Verfahren in den Banken schaffen. Basel II untergliedert sich in eine Drei-Säulen-Architektur. Gegenstand der ersten Säule sind Regelungen hinsichtlich der Berechnung der aufsichtsrechtlich erforderlichen Eigenmittel. Säule Zwei sieht ein aufsichtliches Überprüfungsverfahren (den sogenannten „Supervisory Review Process“ – SRP) vor, mittels dessen sich die Bankaufseher verstärkt aus eigener Anschauung einen Eindruck über die Qualität des Risikomanagements in den Instituten verschaffen können. Die dritte Säule enthält verschiedene Offenlegungsvorschriften. - *Hannemann/Andreas Schneider*, Mindestanforderungen an das Risikomanagement (MaRisk), S. 7.

[537] *Braun/Wolfgarten*, in: Boos/Fischer/Schulte-Mattler (Hrsg.), KWG, § 25a Rn. 88.

[538] *Hannemann/Andreas Schneider*, Mindestanforderungen an das Risikomanagement (MaRisk), S. 4.

[539] AT 1 Tz. 6 MaRisk (BA).

[540] *Niermann*, ZBB 2010, 400 (402).

(2) Bindungswirkung des Rundschreibens

Fraglich ist, ob die Organisationsvorgaben des Rundschreibens gerichtlich durchsetzbar und dementsprechend für die Bank verbindlich sind. Zur Beantwortung der Frage kommt es auf die verwaltungsrechtliche Rechtsnatur der Rundschreiben der BaFin an. Hierzu wird vertreten, die MaRisk (BA) entweder als norminterpretierende[541] oder normkonkretisierende[542] Verwaltungsvorschrift[543] zu charakterisieren. Der entscheidende Unterschied liegt in der unmittelbaren Außenwirkung der normkonkretisierenden Verwaltungsvorschriften (im Gegensatz zur norminterpretierenden Verwaltungsvorschrift), die dementsprechend für die Gerichte verbindlich sind und daher wie eine Norm angewendet werden müssen.[544] Sie füllen aufgrund gesetzlicher Ermächtigung einen Beurteilungsspielraum aus, welcher durch die vorgelagerte Regelung der Verwaltung gerichtlich nur beschränkt (hinsichtlich der Willkürverbots und des Verhältnismäßigkeitsgrundsatzes) überprüfbar ist.[545] Norminterpretierende Verwaltungsvorschriften bestimmen hingegen die Auslegung und Anwendung von Rechtsnormen, insbesondere beim Vorliegen unbestimmter Rechtsbegriffe.[546] Die Bestandteile des § 25a Abs. 1 KWG, wie die „ordnungsgemäße Geschäftsorganisation“, die „angemessene Strategie“ und die „internen Kontrollverfahren“ sind genau solche unbestimmten Rechtsbegriffe. Die BaFin bringt mit der MaRisk (BA) zum Ausdruck, was sie unter den Begriffen versteht und gibt den Instituten somit ihren eigenen Aufsichtsrahmen zu erkennen.[547] Daher sind die MaRisk (BA) als norminterpretierende Verwaltungsvorschrift im Sinne des Art. 84 Abs. 2 GG zu charakterisieren. Sie entfalten grundsätzlich keine gegenüber Instituten

---

[541] Für die Einordnung der MaRisk als norminterpretierende Verwaltungsvorschrift: *Mülbert*, BKR 2006, 349 (353); *Reischauer/Kleinhans*, KWG, Anhang zu § 25a, AT 1 1 Rn. 2; *Braun/Wolfgarten*, in: Boos/Fischer/Schulte-Mattler (Hrsg.), KWG, § 25a Rn. 47; *Langen*, in: Schwennicke/Auerbach (Hrsg.), KWG, § 25a Rn. 8; *Hellstern*, in: Luz/Neus/Scharpf/Schneider/Weber (Hrsg.), KWG, § 25a Rn. 4; *Schmitz-Lippert/Andreas Schneider*, WPg 2005, 1353 (1356); *Andreas Schneider*, WPg 2008, 435 (437); *Hannemann/Andreas Schneider*, Mindestanforderungen an das Risikomanagement (MaRisk), S. 19; betreffend die MaRisk (VA): *Bürkle*, VersR 2009, 866 (866 f.).

[542] Für die Einordnung der MaRisk als normkonkretisierende Verwaltungsvorschrift: *Binder*, ZGR 2007, 745 (749).

[543] Grundsätzlich handelt es sich bei Verwaltungsvorschriften um generelle Regelungen des verwaltungsinternen Bereichs, die von einer vorgesetzten Behörde an nachgeordnete Behörden oder vom Behördenchef an die ihm unterstellten Verwaltungsbediensteten gerichtet werden – *Maurer*, Allgemeines Verwaltungsrecht, § 24 Rn. 1, 9.

[544] *Maurer*, Allgemeines Verwaltungsrecht, § 24 Rn. 25a.

[545] *Maurer*, Allgemeines Verwaltungsrecht, § 24 Rn. 25a; *Möstl*, in: Erichsen/Ehlers (Hrsg.), Allgemeines Verwaltunsrecht, § 20 Rn. 20.

[546] *Maurer*, Allgemeines Verwaltungsrecht, § 24 Rn. 9.

[547] *Schmitz-Lippert/Andreas Schneider*, WpG 2005, 1353 (1356 f.).

und Gerichten wie auch immer geartete Bindungswirkung; es handelt sich lediglich um die Kundgabe der Rechtsauffassung der BaFin.[548]
Dennoch können auch norminterpretierende Verwaltungsvorschriften nach herrschender verwaltungsrechtlicher Lehre eine zumindest mittelbare Außenwirkung entfalten.[549] Durch ständige Anwendung einer gleichmäßig geübten Verwaltungspraxis kommt es zu einer Selbstbindung der Verwaltung, die über den Gleichheitssatz aus Art. 3 Abs. 1 GG gegenüber der BaFin geltend gemacht werden kann.[550] Von ihr kann nur in einem besonders gelagerten Ausnahmefall abgewichen werden.[551] Insofern kommt es auch zu einer indirekten Bindungswirkung für den Richter, der die Verwaltungsvorschrift zum Maßstab seiner Entscheidung macht.[552] Die norminterpretierenden Verwaltungsvorschriften verleihen den Instituten somit bloß einklagbare Rechte, ohne ihnen in gleichem Maße auch Pflichten aufzuerlegen.
In der Literatur mehren sich die Einwände, das Rundschreiben der BaFin als bloße norminterpretierende Verwaltungsvorschrift zu charakterisieren.[553] Hierzu wird vorgebracht, dass die Mindestanforderungen an das Risikomanagement ausdrücklich an die Anwender adressiert sind und einer Rechtsnorm mit Außenwirkung gleichen. Zudem wurde den Instituten im Begleitschreiben eine Umsetzungsfrist bis zum 31. Dezember 2011 gegeben; dieses Begleitschreiben warnt sogar indirekt vor aufsichtsrechtlichen Sanktionen, wenn nach der Umsetzungsfrist die Institute den Vorgaben aus der MaRisk (BA) nicht gerecht werden. Institute werden daher die MaRisk (BA) umsetzen, um aus strategischen Gründen einen Konflikt oder Rechtsstreit mit der BaFin zu vermeiden.[554] Den

[548] VGH Kassel, WM 2007, 392 (393); *Langen*, in: Schwennicke/Auerbach (Hrsg.), KWG, § 25a Rn. 8.
[549] *Maurer*, Allgemeines Verwaltungsrecht, § 24 Rn. 21.
[550] *Weber-Rey*, in: Görling/Inderst/Bannenberg (Hrsg.), Compliance, Kap. 7 Rn. 153; *Mülbert*, BKR 2006, 349 (353); verschiedentlich wird auch versucht eine mittelbare Außenwirkung mit dem Grundsatz des Vertrauensschutzes zu begründen – Vgl. *Michael*, VersR 2010, 141 (142); *Niermann*, ZBB 2010, 400 (405); a.A.: *Maurer*, Allgemeines Verwaltungsrecht, § 24 Rn. 24.
[551] *Maurer*, Allgemeines Verwaltungsrecht, § 24 Rn. 23.
[552] *Maurer*, Allgemeines Verwaltungsrecht, § 24 Rn. 20 f.; *Möstl*, in: Erichsen/Ehlers (Hrsg.), Allgemeines Verwaltunsrecht, § 20 Rn. 21.
[553] *Hellstern*, in: Luz/Neus/Scharpf/Schneider/Weber (Hrsg.), KWG, § 25a Rn. 4; *Weber-Rey*, ZGR 2010, 543 (556 f.); in Bezug auf die MaComp: *Niermann*, ZBB 2010, 400 (406); von einer faktischen Wirkung sprechend, ohne die MaRisk (VA) konkret als norminterpretierende Verwaltungsvorschrift einzustufen: *Michael*, VersR 2010, 141 (143 f.).
[554] *Kuthe/Zipperle*, Corporate Finance Law 2010, 337 (337 f.); in Bezug auf die MaComp: *Niermann*, ZBB 2010, 400 (406); in Bezug auf die MaRisk (VA) *Michael*, VersR 2010, 141 (143).

MaRisk (BA) wird daher eine atypisch faktische Bindungswirkung zuerkannt.[555] Der BaFin geht es um die Vorhersehbarkeit des Vollzugs der Verwaltungspraxis im Außenverhältnis zu den Instituten.[556]
Anhand der MaRisk (BA) wird die BaFin prüfen, ob die Institute ihren Pflichten nach § 25a KWG nachkommen. Rechtsfolgen kann sie aus der MaRisk (BA) zwar nicht herleiten. Dennoch besteht im Fall einer nicht nachvollziehbar begründeten Nichteinhaltung der MaRisk (BA) ein erhöhtes Risiko gesetzlicher Rechtsfolgen aus dem KWG. Das KWG sieht zahlreiche Anordnungsbefugnisse hinsichtlich der Organisationspflichten des § 25a KWG vor. Diese sind in § 2 Abs. 10, § 6 Abs. 3, § 25a Abs. 1 Satz 8, § 25a Abs. 3 und § 45b KWG kodifiziert. Empfindliche Eingriffsmaßnahmen sehen zudem § 35 Abs. 2 Nr. 6 KWG sowie § 36 Abs. 1 und 2 KWG vor. Hiernach kann die BaFin die Erlaubnis, Bankgeschäfte zu betreiben oder Finanzdienstleistungen zu erbringen, widerrufen bzw. den Geschäftsleiter eines Instituts abberufen.
Die BaFin gibt der Bank mit den MaRisk (BA) eine Richtschnur für die ordnungsgemäße Geschäftsführung im Rahmen ihres Risikomanagements und erwartet faktisch ihre Umsetzung. Somit ist die Befolgung der MaRisk (BA) für das Institut ratsam.[557]

(3) Compliance-Organisation im Rahmen der MaRisk (BA)

Bevor die Frage beantwortet wird, ob die MaRisk (BA) inhaltlich überhaupt Vorgaben zu einer Compliance-Organisation machen, ist zuvor kurz das Verhältnis von Compliance und Risikomanagement zu klären. Zwischen dem Risikomanagement und Compliance besteht eine enge Verknüpfung. Insbesondere innerhalb des § 25a Abs. 1 KWG werden die beiden Institute schnell miteinander in Verbindung gebracht. Das Risikomanagement bezeichnet die systematische Ermittlung, Bewertung und Kontrolle von Risiken sowie die Steuerung von Reaktionen auf festgestellte Risiken.[558] Compliance beschreibt eine ähnliche Managementfunktion, nämlich die Steuerung des Risikos, dass Gesetze sowie interne Regelungen und Vorschriften verletzt werden, was die Gefahr verwal-

---

[555] *Hellstern*, in: Luz/Neus/Scharpf/Schneider/Weber (Hrsg.), KWG, § 25a Rn. 4; *Niermann*, ZBB 2010, 400 (406); *Weber-Rey*, ZGR 2010, 543 (556 f.); von einer faktischen Wirkung sprechend, ohne die MaRisk (VA) konkret als norminterpretierende Verwaltungsvorschrift einzustufen: *Michael*, VersR 2010, 141 (143 f.).
[556] *Hannemann/Andreas Schneider*, Mindestanforderungen an das Risikomanagement (MaRisk), S. 19; in Bezug auf die MaComp: *Niermann*, ZBB 2010, 400 (406); in Bezug auf die MaRisk (VA): *Michael*, VersR 2010, 141 (143).
[557] *Hellstern*, in: Luz/Neus/Scharpf/Schneider/Weber (Hrsg.), KWG, § 25a Rn. 4.
[558] *Weber-Rey*, in: Görling/Inderst/Bannenberg (Hrsg.), Compliance, Kap. 7 Rn. 143.

tungsrechtlicher Sanktionen und strafrechtlicher oder zivilrechtlicher Folgen sowie eines Reputationsverlusts birgt.[559] Zwar gibt es in der Zielsetzung der beiden Institute den Unterschied, dass das Risikomanagement ausschließlich der wirtschaftlichen Bestandssicherung dienen soll, während Compliance in erster Linie das rechtmäßige Handeln des Unternehmens sicherstellt und sich somit mit rechtlichen Risiken beschäftigt. Aber auch hier spielt die Vermeidung finanzieller Risiken in Form der genannten Bußgelder oder mittelbarer finanzieller Einbußen durch Reputationsverlust eine zentrale Rolle. Die Compliance-Risiken stellen einen Teilbereich der Unternehmensrisiken dar, weshalb Compliance von der herrschenden Meinung[560] als ein Bestandteil des Risikomanagements gewertet wird. Die MaRisk (BA) findet auch in Bezug auf Compliance Anwendung. Die Compliance-Risiken sind innerhalb der MaRisk (BA) als operationelle Risiken einzustufen.[561] Die MaRisk (BA) benennt zudem ausdrücklich Compliance und fordert in AT 5 Tz. 3 MaRisk (BA), dass die Organisationsrichtlinien des Instituts unter anderem „Regelungen, die die Einhaltung gesetzlicher Bestimmungen sowie sonstiger Vorgaben (z.B. Datenschutz, Compliance) gewährleisten" enthalten müssen. Das bisherige Rundschreiben machte allerdings keine näheren Angaben zur Compliance-Organisation innerhalb der Bank, so dass es bei der Suche nach organisatorischen Vorgaben zur nach § 25a Abs. 1 KWG einzurichtenden Organisation letztlich nicht weiterzuhelfen vermochte. Im Rahmen der MaRisk-Novelle 2012 wurde in der überarbeiteten MaRisk (BA) Compliance jedoch stärker berücksichtigt. Dabei orientiert sie sich an Vorgaben der MaComp.[562] In der novellierten MaRisk (BA) wird erstmalig ausdrücklich in AT 4.4.2 die Pflicht zur Einrichtung einer Compliance-Funktion als Bestandteil des internen Kontrollsystems nach § 25a Abs. 1 Satz 3 Nr. 1 KWG festgelegt. Damit wird neben Interner Revision und Risikocontrolling ausdrücklich eine weitere Kontrollinstanz geschaffen, welche auf die Einhaltung der für das Institut wesentlichen rechtlichen Regelungen und Vorgaben sowie entsprechender

---

[559] *Eisele/Faust*, in: Schimansky/Bunte/Lwowski (Hrsg.), Bankrechts-Handbuch, § 109 Rn. 1.

[560] *Eisele/Faust*, in: Schimansky/Bunte/Lwowski (Hrsg.), Bankrechts-Handbuch, § 109 Rn. 1; *Lösler*, NZG 2005, 104 (104); *Rothenhöfer*, in: Kümpel/Wittig (Hrsg.), Bank- und Kapitalmarktrecht, Rn. 3.312; *Spindler*, WM 2008, 905 (907); *Immenga*, in: Festschrift Schwark, S. 199 (200); Nach anderer Auffassung sei Compliance nicht als Teil des Risikomanagements zu betrachten; die beiden Institute stünden vielmehr nebeneinander. – *Bürkle*, in: Hauschka (Hrsg.), Corporate Compliance, § 8 Rn. 52; *Langen*, in: Schwennicke/Auerbach (Hrsg.), KWG, § 25a Rn. 49; *Geiser*, Leitungspflichten des Vorstands in der AG, S. 130.

[561] *Uwe H. Schneider*, ZIP 2003, 645 (645); *Gebauer/Kleinert*, in: Krieger/Uwe H. Schneider (Hrsg.), Handbuch Managerhaftung, § 20 Rn. 4.

[562] Zur Besprechung der inhaltlichen Kernaussagen der MaComp siehe C. IV. 3. b) dd) (2).

Kontrollen hinwirkt.[563] Unbeschadet dieser Aufgaben der Compliance-Funktion liegt die Compliance-Verantwortung weiterhin bei der gesamten Geschäftsleitung.[564] Daher ist vom Aufgabenbereich der Compliance-Funktion die Unterstützung und Beratung der Geschäftsleitung hinsichtlich dieser rechtlichen Regelungen und Vorgaben erfasst.[565] Ferner hat sie sich mit den Risiken aus der Nichteinhaltung gesetzlicher Bestimmungen und Vorgaben zu befassen.[566] Innerhalb ihrer Zuständigkeit wird sie mit umfangreichen Zugangs- und Informationsrechten ausgestattet, die für die Erfüllung ihrer Aufgaben erforderlich sind.[567] Die Compliance-Funktion ist unmittelbar der Geschäftsleitung unterstellt und dieser gegenüber mindestens jährlich sowie anlassbezogen berichtspflichtig.[568] Gegenstand des Berichts ist „die Angemessenheit und Wirksamkeit der Regelungen zu Einhaltung der wesentlichen rechtlichen Regelungen und Vorgaben" sowie die Angabe möglicher Defizite und den Maßnahmen zu deren Behebung.[569] Die Berichte sind dem Aufsichtsorgan und der Internen Revision weiterzuleiten.[570] Institute haben weiterhin einen Compliance-Beauftragten zu benennen, der für die Erfüllung der Aufgaben der Compliance-Funktion verantwortlich ist.[571] Abhängig von Art, Umfang, Komplexität oder Risikogehalt der Geschäftstätigkeit sowie der Größe des Instituts kann seine Funktion in Ausnahmefällen von einem Geschäftsleiter übernommen werden.[572]

cc) Die Grundsätze des Baseler Ausschusses für Bankenaufsicht („Compliance and the compliance function in banks")

Das Bankenaufsichtsrecht ist entscheidend durch die Arbeit des Baseler Ausschusses für Bankenaufsicht[573] geprägt. Zur Etablierung einer einheitlicher Bankenaufsicht hat der Ausschuss mit dem Dokument „Compliance and the compli-

---

[563] AT 4.4.2 Tz. 1 MaRisk (BA).
[564] Erläuterung zu AT 4.4.2 Tz. 1 MaRisk (BA).
[565] AT 4.4.2 Tz. 1 MaRisk (BA).
[566] AT 4.4.2 Tz. 1 MaRisk (BA).
[567] AT 4.4.2 Tz. 5 MaRisk (BA).
[568] AT 4.4.2 Tz. 3, 5 MaRisk (BA).
[569] AT 4.4.2 Tz. 6 Satz 2, 3 MaRisk (BA).
[570] AT 4.4.2 Tz. 6 Satz 4 MaRisk (BA).
[571] AT 4.4.2 Tz. 4 MaRisk (BA).
[572] AT 4.4.2 Tz. 4 MaRisk (BA).
[573] Der Baseler Ausschuss für Bankenaufsicht an der Bank für Internationalen Zahlungsausgleich in Basel wurde durch die Zentralbanken der G-10-Staaten gegründet und setzt sich heute aus Vertretern aus 27 Ländern zusammen.

ance function in banks“[574], das u.a. mit Beteiligung der BaFin und der Bundesbank erstellt wurde, im Jahr 2005 Leitlinien für eine effektive Compliance-Funktion und den Umgang mit Compliance-Risiken entwickelt. Ein drei Jahre später veröffentlichter Bericht[575] des Baseler Ausschusses bewertete die Empfehlungen von 2005 und stellte fest, dass ein großer Teil der nationalen Aufsichtsbehörden ihre Compliance-Standards nah an den Empfehlungen des Baseler Ausschusses ausrichten.[576] Ihre Ausgestaltung erfolgt in Form von Gesetzen, verbindlichen Verordnungen sowie unverbindlichen Richtlinien.[577] Aufgrund dieser zentralen Bedeutung der Compliance-Empfehlungen durch den Baseler Ausschuss werden sie an dieser Stelle näher erläutert.

Einleitend formuliert der Ausschuss zentrale Aussagen zur Compliance-Organisation in der Bank. Er weist darauf hin, dass nicht nur das Einzelinstitut, sondern auch der Konzern von den Compliance-Vorgaben des Dokuments erfasst ist.[578] Er benennt das Ziel von Compliance, spricht Grundsätze für eine effektive Compliance an und definiert die Begriffe „compliance-risk“ und „compliance-function“. Danach umfasst das Compliance-Risiko das Risiko (aufsichts-)rechtlicher Sanktionen, das finanzielle Verlustrisiko oder das Reputationsrisiko, das sich aus der Nichteinhaltung der Gesetze, Rechtsverordnungen, behördlichen Anordnungen oder Regularien quasi-hoheitlicher Organisationen sowie aus berufsständischen Integritätsstandards für das Bankgeschäft ergeben kann.[579] Der Baseler Ausschuss geht von einem weiten Compliance-Begriff aus.[580]

---

[574] Compliance and the compliance function in banks, Basel Committee on Banking Supervision, Basel 2005, abrufbar unter http://www.bis.org (zuletzt aufgerufen am 31. Mai 2013).

[575] Implementation of the compliance principles – A survey, Basel Committee on Banking Supervision, Basel 2008, abrufbar unter http://www.bis.org (zuletzt aufgerufen am 31. Mai 2013).

[576] Implementation of the compliance principles – A survey, Basel Committee on Banking Supervision, Basel 2008, Tz. 5/S. 2.

[577] Implementation of the compliance principles – A survey, Basel Committee on Banking Supervision, Basel 2008, Tz. 35/S. 6.

[578] Compliance and the compliance function in banks, Basel Committee on Banking Supervision, Basel 2005, Introduction Tz. 11/S. 8.

[579] Compliance and the compliance function in banks, Basel Committee on Banking Supervision, Basel 2005, Introduction Tz. 3/S. 7: „Compliance risk is defined in this paper as the risk of legal or regulatory sanctions, material financial loss, or loss to reputation a bank may suffer as a result of its failure to comply with laws, regulations, rules, related self-regulatory organisations standards, and codes of conduct applicable to its banking activities“.

[580] Compliance and the compliance function in banks, Basel Committee on Banking Supervision, Basel 2005, Introduction Tz. 5/S. 7: „Compliance laws, rules and standards have various sources, including primary legislation, rules and standards issued by legislators and supervisors, market conventions, codes of practice promoted by industry associations, and internal codes of conduct applicable to the staff members of the bank“.

Die Baseler Grundsätze kennen drei Compliance-Zuständigkeitsebenen, die Compliance-Funktion, das „board of directors" und das „senior management". Dem „board of directors" als Überwachungsorgan obliegt die Aufsicht über die Organisation des Compliance-Risikos in der Bank. Er muss das Compliance-Konzept billigen und dessen Umsetzung mindestens ein Mal jährlich bewerten (Principle 1).[581] Er trägt kontrollierend dafür Sorge, dass die Compliance-Organisation in der Bank effektiv ausgestaltet ist.

Das „senior management" ist als Leitungsorgan gemäß Principle 2 für die Compliance-Organisation gesamtverantwortlich. Hierzu gehört die Erstellung eines Compliance-Konzepts, welches er dokumentiert, innerhalb der Bank an sämtliche Mitarbeiter kommuniziert und dessen Befolgung er umfassend sicherstellt. Kommt es zu Compliance-Verstößen im Unternehmen, dann hat die Unternehmensleitung entsprechende Abhilfe- und Disziplinarmaßnahmen zu schaffen.[582] Weiterhin identifiziert sie die Compliance-Risiken im Institut, bewertet diese, erstattet dem „board of directors" umfassend Bericht hierüber (mindestens ein Mal jährlich) und erarbeitet Strategien zu deren Bewältigung.[583] Die Leitung ist zudem für die Einrichtung einer ständigen und effektiven Compliance-Funktion zuständig (Principle 4).[584]

Die Compliance-Funktion beschreibt die mit Compliance konkret befassten Mitarbeiter.[585] Sie kann als operativer Teil neben dem „board of directors" und dem „senior management" gesehen werden. Die Compliance-Funktion ist nach den Empfehlungen des Baseler Ausschusses im Rahmen ihrer Aufgabenerfüllung unabhängig[586] und soll das „senior management" bei der Umsetzung des Compliance-Konzepts unterstützen.[587] Unabhängigkeit bedeutet dabei, dass die Compliance-Funktion in der Bank als fester Compliance-Bestandteil mit umfassenden Befugnissen zu etablieren ist, sie einen Compliance-Beauftragten („head of compliance") zu ernennen hat, der die Compliance-Umsetzung koordiniert und beaufsichtigt und weiterhin vor Interessenkonflikten innerhalb seiner Tätig-

---

581 Compliance and the compliance function in banks, Basel Committee on Banking Supervision, Basel 2005, Principle 1, S. 9.

582 Compliance and the compliance function in banks, Basel Committee on Banking Supervision, Basel 2005, Tz. 17/S. 10.

583 Compliance and the compliance function in banks, Basel Committee on Banking Supervision, Basel 2005, Principle 2 ff./S. 10 f.

584 Compliance and the compliance function in banks, Basel Committee on Banking Supervision, Basel 2005, Principle 4/S. 10.

585 Compliance and the compliance function in banks, Basel Committee on Banking Supervision, Basel 2005, Introduction Tz. 6/S. 7.

586 Compliance and the compliance function in banks, Basel Committee on Banking Supervision, Basel 2005, Principle 5/S. 10.

587 Compliance and the compliance function in banks, Basel Committee on Banking Supervision, Basel 2005, Principle 7/S. 13.

keit zu schützen ist.[588] Der Compliance-Funktion sind sämtliche Informationen und Mittel (Personal- sowie Sachmittel) zur Verfügung zu stellen, die für die Erfüllung ihrer Aufgaben notwendig sind und das zur Verfügung stehende Budget darf sich nicht streng an der Ergebnisentwicklung der Bank bzw. einzelner Geschäftsbereiche orientieren.[589] Die Bestellung und Abberufung eines Compliance-Beauftragten ist der jeweiligen Aufsichtsbehörde und dem „board of directors“ unter Angabe von Gründen zu melden.[590]

Ein Schwerpunkt des Abschlussberichts des Baseler Ausschusses liegt in der Aufzählung der von der Compliance-Funktion vorzunehmenden Compliance-Maßnahmen. Dem Proportionalitätsgrundsatz entsprechend ist die konkrete Compliance-Organisation unternehmensindividuell u.a. von der Größe der Bank, ihrer Komplexität sowie ihren juristischen und regulatorischen Vorgaben abhängig.[591] Zu den Compliance-Maßnahmen gehört die Beratung und Unterstützung der Geschäftsführung bei der Compliance-Organisation, um die Einhaltung der gesetzlichen Verpflichtungen und sonstiger Compliance-Standards zu gewährleisten.[592] Dies umfasst Schulungs- und Beratungsmaßnahmen der Mitarbeiter sowie die Erstellung eines Handbuchs.[593] Die Compliance-Funktion sollte die Compliance-Risiken identifizieren, dokumentieren und bewerten, die im Zusammenhang mit den geschäftlichen Aktivitäten der Bank entstehen, einschließlich solcher aus der Entwicklung der Produkte und Geschäftspraktiken, sowie beim Eingehen neuer Geschäfts- und Kundenbeziehungen bzw. bei deren Änderung.[594] Zudem sollte sie das vorhandene Compliance-Konzept prüfen und dessen Angemessenheit beurteilen.[595] Bei Bedarf sind Optimierungsmöglichkeiten auszuarbeiten.[596] Weiterhin wird die Compliance-Funktion als Verbindungs-

---

588 Compliance and the compliance function in banks, Basel Committee on Banking Supervision, Basel 2005, Tz. 22 ff./S. 11 ff.

589 Compliance and the compliance function in banks, Basel Committee on Banking Supervision, Basel 2005, Principle 7; Tz. 29 ff./S. 12 f.

590 Compliance and the compliance function in banks, Basel Committee on Banking Supervision, Basel 2005, Tz. 27/S. 12.

591 Compliance and the compliance function in banks, Basel Committee on Banking Supervision, Basel 2005, Introduction Tz. 9/S. 8.

592 Compliance and the compliance function in banks, Basel Committee on Banking Supervision, Basel 2005, Tz. 35 f./S. 13 f.

593 Compliance and the compliance function in banks, Basel Committee on Banking Supervision, Basel 2005, Tz. 36/S. 13 f.

594 Compliance and the compliance function in banks, Basel Committee on Banking Supervision, Basel 2005, Tz. 37/S. 14.

595 Compliance and the compliance function in banks, Basel Committee on Banking Supervision, Basel 2005, Tz. 37 ff./S. 14.

596 Compliance and the compliance function in banks, Basel Committee on Banking Supervision, Basel 2005, Tz. 39/S. 14.

stelle zu den Behörden verstanden.[597] Ferner hat der Compliance-Beauftragte dem „senior management" über Compliance-Angelegenheiten regelmäßig Bericht zu erstatten, damit dieses beurteilen kann, ob die Bank ihre Compliance-Risiken effektiv behandelt.[598] Auch hierbei wird als Mindestvoraussetzung ein jährlicher Bericht angesehen.[599] Der Bericht sollte auf die Bewertung der Compliance-Risiken Bezug nehmen, die im Berichtszeitraum durchgeführt wurde, einschließlich der Änderung im Risikoprofil.[600]

Die Compliance-Maßnahmen sollen nach Principle 8 regelmäßig durch eine, von der Compliance-Funktion unabhängige, Interne Revision auf ihre Effektivität hin überprüft werden.[601]

Führt das Institut Banktätigkeiten auch in Drittstaaten aus, so empfiehlt der Baseler Ausschuss, die Unternehmens-Compliance auch nach den dortigen Gesetzen und Verordnungen auszurichten (Principle 9).[602]

Als Bestandteil des Risikomanagements gestatten die Vorgaben des Baseler Ausschusses zwar bestimmte Compliance-Maßnahmen auszulagern; sie müssen aber weiterhin durch den Compliance-Beauftragten angemessen beaufsichtigt werden können und es darf insbesondere die Aufsicht durch die Mitgliedstaaten nicht beeinträchtigt werden (Principle 10).[603]

Zusammenfassend kristallisieren sich aus den Baseler Grundsätzen „Compliance and the compliance function in banks" die formellen und materiellen Voraussetzungen von Compliance heraus. Formell sehen sie eine dreistufige Verantwortlichkeit für Compliance in der Bank vor. Auf der ersten Stufe steht das „senior management", das aktiv ein Compliance-Konzept entwickelt, welches auf der zweiten Stufe durch die Compliance-Funktion umgesetzt wird und auf der dritten Stufe durch das „board of directors" auf ihre Effektivität hin überwacht wird. Materiell benennen die Grundsätze unterschiedliche Compliance-Maßnahmen. Damit geben die Vorgaben des Baseler Ausschusses einen wertvollen Leitfaden für die Errichtung einer effektiven Compliance-Organisation.

---

[597] Compliance and the compliance function in banks, Basel Committee on Banking Supervision, Basel 2005, Tz. 42/S. 14.

[598] Compliance and the compliance function in banks, Basel Committee on Banking Supervision, Basel 2005, Tz. 18, 41/S. 10, 14.

[599] Compliance and the compliance function in banks, Basel Committee on Banking Supervision, Basel 2005, Tz. 18/S. 10.

[600] Compliance and the compliance function in banks, Basel Committee on Banking Supervision, Basel 2005, Tz. 41/S. 14.

[601] Compliance and the compliance function in banks, Basel Committee on Banking Supervision, Basel 2005, Tz. 44 f./S. 15.

[602] Compliance and the compliance function in banks, Basel Committee on Banking Supervision, Basel 2005, Tz. 46 ff/S. 15.

[603] Compliance and the compliance function in banks, Basel Committee on Banking Supervision, Basel 2005, Tz. 49 f./S. 15 f.

dd) Mindestanforderungen an Compliance und die weiteren Verhaltens-, Organisations- und Transparenzpflichten nach §§ 31 ff. WpHG, MaComp

(1) Überblick

Die Anforderungen an die Compliance-Funktion im Wertpapierdienstleistungsunternehmen wurde ursprünglich in der sog. Compliance-Richtlinie der BaFin geregelt, bis diese zum 1. November 2007, im Nachgang zur Umsetzung der MiFID durch das FRUG, aufgehoben wurde. Die darin aufgeführten Maßnahmen hatten sich in der Praxis bewährt und wurden nach Ansicht der BaFin im Sinne einer sog. „best practice" weiterhin bei der Erfüllung der Anforderungen des § 33 Abs. 1 WpHG herangezogen.[604] Als „best practice" werden üblicherweise solche Verfahren bezeichnet, die sich in der Anwendung bei Vergleichsunternehmen oder in vergleichbaren Sachverhaltskonstellationen als ein erfolgreiches Mittel etabliert haben, um ein bestimmtes Ziel zu erreichen.[605]

In Reaktion auf den Zusammenbruch der US-Investmentbank Lehman Brothers[606] am 15. September 2008 wurden die MaComp am 7. Juni 2010 nach schriftlicher und mündlicher Anhörung von der BaFin veröffentlicht und sind am 1. Januar 2011 in Kraft getreten. Eine Neufassung der MaComp wurde von der BaFin zuletzt am 30. November 2012 veröffentlicht. Daneben finden auf Kreditinstitute und Finanzdienstleistungsinstitute die ein multilaterales Handelssystem im Sinne der §§ 31f, 31g WpHG betreiben[607] die MaComp II[608] Anwendung. Mit den MaComp will die BaFin gezielt die Stellung von Compliance in den Unternehmen verbessern.[609] Nach AT 1 Tz. 2 MaComp sollen sie „das Vertrauen der Anleger in das ordnungsgemäße Funktionieren der Wertpapiermärkte fördern, den Schutz der Gesamtheit der Anleger und die institutionelle Funktionsfähigkeit der Kapitalmärkte stärken sowie dem Schutz des Unternehmens und seiner Mitarbeiter dienen". Die Finanzkrise hatte Mängel in der Compliance

---

[604] *Frisch*, in: Derleder/Knops/Bamberger (Hrsg.), Handbuch Bankrecht, § 7 Rn. 14.

[605] *Niermann*, ZBB 2010, 400 (405).

[606] Vgl. Jahresbericht 2009 der BaFin, S. 162 ff., abrufbar unter www.bafin.de (zuletzt aufgerufen am 31. Mai 2013).

[607] Gemäß § 2 Abs. 3 Satz 1 Nr. 8 WpHG ist der Betrieb eines multilateralen Handelssystems dahingehend zu verstehen, dass die Interessen einer Vielzahl von Personen am Kauf und Verkauf von Finanzinstrumenten innerhalb des Systems und nach festgelegten Bestimmungen in einer Weise zusammengebracht werden, die zu einem Vertrag über den Kauf dieser Finanzinstrumente führt.

[608] Rundschreiben 8/2012 (WA) vom 10. Dezember 2012 – Besondere Organisatorische Anforderungen für den Betrieb eines multilateralen Handelssystems nach §§ 31 f und 31 g WpHG (MaComp II), abrufbar unter www.bafin.de (zuletzt aufgerufen am 31. Mai 2013).

[609] Jahresbericht 2009 der BaFin, S. 163, abrufbar unter www.bafin.de (zuletzt aufgerufen am 31. Mai 2013).

der Banken offenbart, welche es auszumerzen galt.[610] Hinsichtlich der rechtlichen Verbindlichkeit der MaComp können die oben dargestellten Ausführungen zu den MaRisk (BA)[611] analog herangezogen werden. Den MaComp ist daher ebenfalls eine atypisch faktische Bindungswirkung zuzusprechen. Die BaFin selbst bezeichnet sie als ein Kompendium, welches ihre Verwaltungspraxis zu den einzelnen Regelungen des 6. Abschnitts des WpHG zusammenführt.[612]

Zwar regelt § 33 Abs. 1 Satz 2 Nr. 1 WpHG und § 12 WpDVerOV die Compliance-Organisation im Unternehmen vergleichsweise detailliert. Während das KWG oder andere Gesetze die Compliance nur mittelbar ansprechen und auch auf genaue Erläuterungen gänzlich verzichten, formuliert das WpHG und die WpDVerOV zumindest gewisse Vorgaben hinsichtlich einer Compliance-Organisation. Dennoch bleiben zahlreiche Fragen offen. Zur Beantwortung dieser Fragen sei die MaComp heranzuziehen. In dieser finden sich konkretisierte Standards für die aufsichtsrechtlichen Compliance-Pflichten.[613] Bei Erstellung des Rundschreibens schöpfte die BaFin aus nationalen und internationalen Rechtsquellen,[614] sowie Best-Practice-Standards und Empfehlungen.[615] Inhaltlich ist die MaComp somit ein Spiegel der sich bereits etablierten Compliance-Standards.
Die BaFin hat in der MaComp, wie auch bereits in den MaRisk, eine Zweiteilung in einen allgemeinen und einen besonderen Teil vorgenommen. Das Modul AT enthält u.a. die allgemeinen organisatorischen Anforderungen für Wertpapierdienstleistungsunternehmen nach § 33 Abs. 1 WpHG und beschreibt Zielsetzung, Rechtsquellen und Anwendungsbereich des Rundschreibens. Weiterhin skizziert es die grundlegenden Strukturanforderungen an Compliance im Wertpapierhandelsbereich. Gegenstand des Moduls BT ist u.a. eine detaillierte Darstellung der Anforderungen an die Compliance-Funktion. Deren Regelungstiefe hat im Rahmen der 3. Neufassung der MaComp vom 30. November 2012 deutlich zugenommen. Insbesondere werden nun verschiedentlich auch Compliance-Anforderungen im Konzern diskutiert.[616] Aus der Gesamtschau des Moduls AT und BT ergeben sich Vorgaben für die Compliance-Organisation.[617] Die MaComp enthält dabei Muss- und Sollregelungen sowie Empfehlungen. Im An-

---

610 Vgl. *Birnbaum/Kütemeier*, WM 2011, 293 (293).
611 Siehe C. IV. 3. b) bb) (2).
612 AT 1 Tz. 3 MaComp.
613 *Uwe H. Schneider*, NZG 2010, 1201 (1202).
614 AT 2 MaComp.
615 *Engelhart*, ZIP 2010, 1832 (1833).
616 Vgl. BT 1.2.2 Tz. 7, BT 1.2.4 Tz. 6, BT 1.3.1.1 Tz. 2 Satz 3, BT 1.3.2.2 MaComp.
617 *Engelhart*, ZIP 2010, 1832 (1833).

schreiben zur Erstfassung der MaComp vom 7. Juni 2010 führt die BaFin zu den Anforderungen in Form von Empfehlungen oder Soll-Vorschriften aus, „dass die Einhaltung dieser Vorgaben als ‚best practice' angesehen werden kann"[618]. Die folgende Untersuchung des Rundschreibens arbeitet die grundlegenden Compliance-Vorgaben der MaComp heraus.

(2) Inhaltliche Kernaussagen der MaComp

(a) Grundlagen

Das Rundschreiben richtet sich explizit an alle Wertpapierdienstleistungsunternehmen im Sinne von § 2 Abs. 4 WpHG; Kredit- und Finanzdienstleistungsinstitute hingegen unterliegen den allgemeinen organisatorischen Anforderungen des § 25a Abs. 1 KWG.[619] Inwiefern auch für sie die Vorgaben der MaComp virulent sein können wird im Weiteren noch erläutert.[620] Dem Proportionalitätsgrundsatz entsprechend sind die Vorgaben des Rundschreibens flexibel anwendbar. Die Umsetzung soll der Größe der Institute, den Geschäftsschwerpunkten und der Risikosituation entsprechen; somit wird der unterschiedlichen Institutsstruktur und der Vielfalt der Geschäftsaktivitäten Rechnung getragen.[621] Die MaComp beschreiben inhaltlich zum einen die Zuständigkeiten für die Compliance-Organisation und zum anderen die einzelnen Compliance-Maßnahmen. Eine Vielzahl der Compliance-Anforderungen richtet sich dabei an die Compliance-Funktion.[622]

(b) Zuständigkeitsverteilung und Anforderungen an die Compliance-Funktion

Hinsichtlich der Zuständigkeitsverteilung gilt der allgemein anerkannte Grundsatz, dass die Compliance-Verantwortung, für die das Wertpapierdienstleistungsunternehmen treffende Einhaltung der Regelungen des WpHG, bei der gesamten Geschäftsleitung liegt.[623] Dies gilt unabhängig von der internen Zuständigkeit im Unternehmen oder Konzern.[624]

---

[618] Anschreiben zum Rundschreiben 4/2010 – MaComp.
[619] AT 3.1 MaComp.
[620] Siehe C. IV. 3. b) dd) (3).
[621] AT 3.2 MaComp; darüber hinaus finden sich auch innerhalb der besonderen Anforderungen Öffnungsklauseln, bspw. in BT 1.3.3.1 Tz. 2 MaComp.
[622] AT 1 Tz. 7 MaComp.
[623] AT 4 MaComp; Dieser Grundsatz ist auch in § 33 Abs. 1 Satz 1 WpHG i.V.m. § 25a Abs. 1 Satz. 2 KWG gesetzlich normiert.
[624] Siehe C. I. 1 b) aa).

Eine zentrale Rolle innerhalb der Zuständigkeitsverteilung der MaComp spielt die Compliance-Funktion, da sie die Geschäftsleitung bei der Koordination der Compliance-Bemühungen maßgeblich unterstützt bzw. die Compliance-Organisation operativ übernimmt. Obwohl es sie innerhalb der Zuständigkeit für Compliance zu erwähnen gilt, ist ihre Implementierung selbst ebenfalls Teil der Compliance-Maßnahmen der Geschäftsleitung. Hinsichtlich ihrer unternehmensinternen Stellung muss die Compliance-Funktion dauerhaft und wirksam eingerichtet werden und ihre Aufgaben unabhängig wahrnehmen können.[625] Unabhängigkeit bedeutet dabei in disziplinarischer Hinsicht, dass die Compliance-Funktion ihre Aufgaben fachlich weisungsfrei von den anderen Geschäftsbereichen wahrnehmen muss und bei der Überwachung der Geschäftsleitung unabhängig ist.[626] Die Compliance-Funktion ist weiterhin in organisatorischer Hinsicht unabhängig, d.h. sie ist von den operativen Geschäftsbereichen, den Geschäfts-, Handels- und Abwicklungsabteilungen eines Instituts, zu trennen.[627] Eine Ausnahme ist nach BT 1.3.3.1 Tz. 2 MaComp dann möglich, wenn aufgrund der Größe des Unternehmens oder Art, Umfang, Komplexität oder Risikogehalt der Geschäftstätigkeit des Unternehmens oder Art und Spektrum der angebotenen Dienstleistung eine solche Trennung unverhältnismäßig wäre („Öffnungsklausel"). Die Inanspruchnahme dieser Ausnahme ist entsprechend zu begründen.[628] Eine Kombination mit anderen Kontrollfunktionen ist (mit Ausnahme der Anbindung an die Interne Revision) möglich, solange die Wirksamkeit und Unabhängigkeit der Compliance-Funktion dadurch nicht beeinträchtigt wird.[629] Das dritte Unabhängigkeitselement beschreibt die finanzielle Unabhängigkeit, wonach „die Vergütung der Mitarbeiter der Compliance-Funktion [...] nicht von der Tätigkeit derjenigen Mitarbeiter abhängen" darf, die sie überwachen.[630] Hinsichtlich der Vergütung des Compliance-Beauftragten wird, um dessen Unabhängigkeit zu wahren, in BT 1.3.3.4 Tz. 5 MaComp empfohlen, diese an derjenigen der Leiter der Revision, des Risikocontrollings und der Rechtsabteilung des Wertpapierdienstleistungsunternehmens zu orientieren. Nach BT 1.3.3.4 Tz. 6 MaComp wird eine erfolgsbezogene Vergütung nur dann zugelassen, wenn hierdurch keine Interessenkonflikte entstehen. Weiterhin wird

---

625 BT 1.1 Tz. 1 MaComp.
626 BT 1.3.3 Tz. 1 MaComp.
627 BT 1.3.3.1 Tz. 1 MaComp.
628 BT 1.3.3.1 Tz. 9 MaComp.
629 Näher BT 1.3.3.2 MaComp.
630 BT 1.3.3.4 Tz. 6 MaComp.

vorgeschlagen sein Unabhängigkeit durch einen mindestens 24-monatigen Ernennungszeitraum und spezielle Kündigungsfristen abzusichern.[631]
Um das Element der „Wirksamkeit“ sicherzustellen ist nach den MaComp für die Compliance-Funktion das jederzeitige Zugangs-, Auskunfts- und Einsichtsrecht von essentieller Bedeutung, um sie in sämtliche Informationsflüsse einzubinden.[632] Daneben muss die Compliance-Funktion in personeller, sachlicher sowie sonstiger Hinsicht über angemessene Mittel verfügen[633] und ihre Mitarbeiter müssen die erforderliche Sachkunde für den jeweils zugewiesenen Aufgabenbereich vorweisen können.[634] Die Angemessenheit der Ausstattung und die Organisation der Compliance-Funktion insgesamt richtet sich nach den individuellen Umständen des Unternehmens.[635]
Als weitere maßgebliche Anforderung an die Compliance-Funktion wird deren Dauerhaftigkeit genannt. Überwachungshandlungen haben demnach nicht nur anlassbezogen, sondern auf der Grundlage eines schriftlichen Überwachungsplans regelmäßig zu erfolgen.[636] Über den Gesetzeswortlaut des § 33 Abs. 1 Satz 2 Nr. 1 WpHG hinaus weisen die MaComp darauf hin, dass die Compliance-Funkion prozessbegleitend sowie präventiv tätig ist.[637]

Die Compliance-Funktion wird durch einen Compliance-Beauftragten geleitet, der durch die Geschäftsleitung gemäß § 12 Abs. 4 Satz 1 WpDVerOV[638] ernannt wird und dieser unterstellt ist. BT 1.3.1.4 MaComp bestimmt, welche Qualifikationen der Compliance-Beauftragte neben den allgemein für alle Compliance-Mitarbeiter geltenden Qualifikationen aus BT 1.3.1.3 Tz. 1 MaComp aufzuweisen hat. Er muss über die für die Tätigkeit erforderliche Zuverlässigkeit im Sinne des § 34d Abs. 3 Satz 1 WpHG[639] verfügen und ein ausreichend hohes Maß an Fachkenntnissen und Erfahrungen für den ihm jeweils zugewiesenen Aufgabenbereich vorweisen können, um die Verantwortung für die Compliance-Funktion als Ganzes übernehmen und ihre Wirksamkeit sicherstellen zu können.

---

631 BT 1.3.3.4 Tz. 4 MaComp.
632 BT 1.3.1.2 Tz. 1 MaComp.
633 BT 1.3.1.1 Tz. 1 MaComp.
634 BT 1.3.1.3 und BT 1.3.1.4 MaComp.
635 Näher BT 1.3.1 MaComp.
636 BT 1.3.2.1 MaComp; *Zingel*, BKR 2010, 500 (503 f.).
637 AT 6 Tz. 1 MaComp.
638 Nahezu inhaltsgleich BT 1.1 Tz. 3 MaComp.
639 Diese Qualifikationserfordernisse des Compliance-Beauftragten wurden durch Art. 9 Abs. 4 Anlegerstärkungs- und Funktionsverbesserungsgesetz (BGBl. I 2011 Nr. 14, S. 538) mit Inkrafttreten zum 1. November 2012 gesetzlich verankert. Unternehmen sollen hierdurch ihr Bewusstsein für die Bedeutung der Mitarbeiterwahl und ihre Verantwortung schärfen – Begr. des RegE AnsFuG, BT-Drucks. 17/3628, S. 22.

Die Fachkenntnisse und Erfahrungen sind kapitalmarktrechtlicher sowie compliance-spezifischer Art und werden in BT 1.3.1.3. und BT 1.3.1.4.1 bzw. 1.3.1.4.2 MaComp näher erläutert. Spezifisches für das konkrete Wertpapierdienstleistungsunternehmen zugeschnittenes Spezialwissen hat er sich unter Umständen anzueignen.[640]

Entsprechend dem in Deutschland geltenden dualistischen System erwähnt die MaComp innerhalb der Zuständigkeitsverteilung neben der Unternehmensleitung und der Compliance-Funktion zudem das Aufsichtsorgan. Damit dieses seiner Kontroll- und Beratungsfunktion nachkommen kann bestehen ihm gegenüber verschiedentliche Berichts- und Informationspflichten. Die Weiterleitung des Berichts und der Information erfolgt grundsätzlich durch die Geschäftsleitung.[641]

(c) Allgemeine Compliance-Maßnahmen des Wertpapierdienstleistungsunternehmens

Hinsichtlich der Compliance-Maßnahmen enthält AT 6 Tz. 1 MaComp, in nahezu wörtlicher Übereinstimmung mit § 33 Abs. 1 Satz 2 Nr. 1 WpHG, die inhaltlichen Anforderungen der Verwaltungspraxis an die Erfüllung der Compliance-Organisation. Gemäß AT 6 MaComp hat das Wertpapierdienstleistungsunternehmen „angemessene Grundsätze aufzustellen, Mittel vorzuhalten und Verfahren einzurichten, die darauf ausgerichtet sind, sicherzustellen, dass das Wertpapierdienstleistungsunternehmen selbst und seine Mitarbeiter den Verpflichtungen des WpHG nachkommen“. Zudem haben sie „die effektive Durchführung der erforderlichen Kontrollhandlungen sicherzustellen. Hierbei sind zunächst die operativen Bereiche für die Einhaltung der Vorschriften und die Durchführung von Kontrollen (Selbstkontrollen) verantwortlich. Es ist sicherzustellen, dass zusätzlich – zumindest stichprobenartig – Überwachungshandlungen durch andere Bereiche, etwa eine Überwachung des Handels durch die Handelsabwicklung und/oder die Compliance-Funktion erfolgen“[642].
Die konkreten Compliance-Maßnahmen hängen davon ab, inwieweit im Unternehmen Interessenkonflikte vorliegen oder ein regelmäßiger Zugang von Mitarbeitern zu compliance-relevanten Informationen gegeben ist.[643] Die BaFin wählt somit einen risikobasierten Ansatz, wonach die Errichtung eines Compliance-

[640] BT 1.3.1.4 Tz. 3 MaComp.
[641] BT 1.1 Tz.2, BT 1.2.2 Tz. 3 MaComp.
[642] AT 6 Tz. 2 MaComp.
[643] AT 6.1 MaComp.

Systems mit ihren jeweiligen Aufgaben auf der Analyse der internen Unternehmensstruktur aufbaut.[644] AT 6.2 MaComp zählt beispielhaft auf, welche Mittel und Verfahren das Wertpapierdienstleistungsunternehmen einsetzen muss, um den Vorgaben der §§ 31 ff. WpHG nachzukommen. Es sind hiernach insbesondere Maßnahmen für ein Interessenkonfliktmanagement zu schaffen. Die Unternehmen benötigen Vorkehrungen und Maßnahmen, mit deren Hilfe sie Interessenkonflikte auf einer ersten Stufe erkennen können, um sie anschließend auf der zweiten Stufe zu lösen, damit eine konfliktfreie Erbringung einer Dienstleistung möglich ist.[645] Ein klassisches Instrument, um Interessenkonflikte zu begegnen und den Informationsfluss zu steuern, ist die Errichtung von sogenannten „Chinese Walls"[646] mit der Möglichkeit des „Wall Crossings"[647], wenn dies erforderlich ist („need-to-know-Prinzip"). Die Überwachung von Geschäften in Finanzinstrumenten kann mit Hilfe einer Beobachtungsliste (watch-list)[648] und/oder Sperrliste (restricted-list)[649] durchgeführt werden.

---

644 *Engelhart*, ZIP 2010, 1832 (1835).

645 *Niermann*, ZBB 2010, 400 (413).

646 Hierbei handelt es sich um organisatorische Maßnahmen und Verfahrenweisen, die das Institut in verschiedene, voneinander getrennte Vertraulichkeitsbereiche einteilt. Ziel der „Chinese Walls" liegt darin, vertrauliche Informationen in dem Bereich zu belassen, in dem sie anfallen oder verwendet werden; die Informationen sollen diesen Bereich lediglich im Fall einer betrieblichen Notwendigkeit auf einem vorgeschriebenen Weg verlassen. Der Sinn und Zweck liegt darin, den Informationsaustausch zwischen Mitarbeitern zu verhindern oder zu kontrollieren, wenn dieser Informationsaustausch Kundeninteressen beeinträchtigen könnte. Mittels „Chinese Walls" kann somit die Einhaltung von Gesetzen und Richtlinien sichergestellt werden. – *Rothenhöfer*, in: Kümpel/Wittig (Hrsg.), Bank- und Kapitalmarktrecht, Rn. 3.334 ff.

647 „Wall Crossing" liegt vor, wenn vertrauliche Informationen ihren Vertraulichkeitsbereich verlassen, um vorhandene Ressourcen und Spezialisten bestmöglich zu nutzen. – *Rothenhöfer*, in: Kümpel/Wittig (Hrsg.), Bank- und Kapitalmarktrecht, Rn. 3.344.

648 Auf die (nicht öffentliche und laufend aktualisierte) „watch-list" werden alle Finanzinstrumente eingetragen, zu denen im Unternehmen compliance-relevante Informationen vorliegen sowie die Namen der Mitarbeiter, die Zugang zu diesen Informationen haben. Bekommt ein sonstiger Mitarbeiter von diesen Informationen Kenntnis, dann hat er dies unverzüglich an Compliance zu melden. Somit kann zeitnah kontrolliert werden, ob die Chinese Walls funktionieren. – *Gebauer/Niermann*, in: Hauschka (Hrsg.), Corporate Compliance, § 36 Rn. 31.

649 Die „restricted-list" ist eine laufend aktualisiert Liste von meldepflichtigen Werten für die unternehmensinterne Restriktionen bei der Durchführung von Geschäften auferlegt werden, um die Einhaltung von Gesetzen durch Mitarbeiter der Bank zu gewährleisten. Werden Verstöße gegen diese „restricted-list" durch Compliance festgestellt, besteht die Möglichkeit der Rückgängigmachung (Stornierung). – *Rothenhöfer,* in: Kümpel/Wittig (Hrsg.), Bank- und Kapitalmarktrecht, Rn. 3.363 f.

(d) Besondere Aufgaben der Compliance-Funktion

Welche Aufgaben konkret der Compliance-Funktion übertragen sind, zählt BT 1.2 MaComp auf. Umfang und Schwerpunkt der Tätigkeit der Compliance-Funktion sind dabei auf Grundlage einer Risikoanalyse festzulegen.[650] Im Kern geht es um den planvollen Umgang mit Compliance-Risiken,[651] welcher durch vier Instrumente abzusichern ist:

(1) Die regelmäßige risikobasierte Überwachung und Bewertung der im Unternehmen aufgestellten Grundsätze und eingerichteten Verfahren sowie der zur Behebung von Defiziten getroffenen Maßnahmen.[652] Die Compliance-Funktion hat „darauf hinzuwirken, dass den aufgestellten Grundsätzen und eingerichteten Verfahren, somit den Organisations- und Arbeitsanweisungen des Wertpapierdienstleistungsunternehmens, nachgekommen wird und dass die Mitarbeiter der Geschäftsbereiche, die Wertpapierdienstleistungen erbringen, das nötige Bewusstsein für Compliance-Risiken aufweisen“[653]. Bei der Wahrnehmung der Überwachungshandlung sind geeignete Quellen, Methoden und Instrumente heranzuziehen.[654] Gemäß BT 1.2.1.2 Tz. 8 MaComp hat die Compliance-Funktion, soweit Defizite in den Grundsätzen und Vorkehrungen festgestellt werden, die notwendigen Maßnahmen, die zur Behebung von Defiziten im Bereich der bestehenden organisatorischen Vorkehrungen notwendig sind, zu ermitteln und die Geschäftleitung darüber zu informieren.

Weiterhin treffen die Compliance-Funktion (2) regelmäßige[655] schriftliche Berichtspflichten gegenüber der Geschäftsleitung und dem Aufsichtsorgan,[656] um diesem ein Bild über die Umsetzung und Wirksamkeit des gesamten Kontrollwesen der Wertpapierdienstleistungen und identifizierten Compliance-Risiken des Unternehmens mit entsprechend durchgeführten bzw. durchzuführenden Compliance-Maßnahmen zu geben.[657]

Darüber hinaus hat die Compliance-Funktion (3) Beratungspflichten, wie die Unterstützung bei Mitarbeiterschulungen und die tägliche Betreuung von Mitarbeitern.[658]

---

[650] BT 1.2.1.1

[651] *Niermann*, ZBB 2010, 400 (408, 415).

[652] BT 1.2.1 Tz. 1, 2 MaComp.

[653] BT 1.2.1 Tz. 2 MaComp.

[654] Näher BT 1.2.1.2 Tz. 4 MaComp.

[655] Mindestens einmal jährlich oder unverzüglich mittels eines Ad-hoc-Berichts bei schwerwiegenden Compliance-Verstößen – BT 1.2.2 Tz 1 Satz 3, Tz. 2 MaComp.

[656] BT 1.2.2 MaComp.

[657] Näher zum Mindestinhalt des Compliance-Berichts BT 1.2.2 Tz. 6 MaComp.

[658] BT 1.2.3 Tz. 1 MaComp.

Eng damit verknüpft gehört zu ihrem Pflichtenkreis (4) die Begleitung bei der Erstellung neuer Grundsätze und Verfahren für das Wertpapierdienstleistungsunternehmen und deren ständige Weiterentwicklung.[659] Die BaFin weist dabei explizit darauf hin, dass die Compliance-Funktion prozessbegleitend möglichst frühzeitig einzubeziehen ist, um zu gewährleisten, dass die Organisations- und Arbeitsanweisungen geeignet sind, Verstöße gegen gesetzliche Bestimmungen zu verhindern.[660]

(3) MaComp als „best practice" für Institute im Sinne des KWG

Die BaFin stellt in AT 3.1 des Rundschreibens zunächst klar, dass die MaComp für Kredit- und Finanzdienstleistungsinstitute, die keine Unternehmen im Sinne von § 2 Abs. 4 WpHG sind, den allgemeinen organisatorischen Anforderungen des § 25 Abs. 1 KWG, nicht aber den Anforderungen der §§ 31 ff. WpHG und des Rundschreibens unterliegen. Dies wurde auch bereits einleitend in dieser Untersuchung festgestellt. Dennoch befreit diese Feststellung nicht von der Frage, ob die MaComp auch außerhalb ihres Anwendungsbereichs als eine Art „Rechtserkenntnisquelle" heranzuziehen ist. Eine pauschale Übertragung von aufsichtsrechtlichen Vorgaben auf das gesamte Gesellschaftsrecht wird aufgrund der vom Gesetzgeber ausdrücklich vorgesehenen Spezialität im Aufsichtsrecht von der herrschenden Meinung in der Literatur abgelehnt.[661] *Kuthe/Zipperle* erwarten dennoch, dass die Compliance-Standards der MaComp langfristig Einfluss auf die allgemein anerkannten Anforderungen des Gesellschaftsrechts (insbesondere des Aktienrechts) nehmen werden, da die Erfahrung gezeigt habe, dass das Aufsichtsrecht im Finanzbereich eine Schrittmacherrolle für das allgemeine Unternehmensrecht eingenommen hat.[662] Zudem sei anzunehmen, dass Gerichte die MaComp auch außerhalb ihres eigentlichen Anwendungsbereichs heranziehen werden.[663]

Für die vorliegende Untersuchung ist insbesondere die Frage, ob die Übertragung der Compliance-Standards der MaComp auf Institute im Sinne von § 25a KWG als sinnvoll erachtet werden kann, von zentraler Bedeutung. Zunächst ist eine unternehmensweite Befolgung der Compliance-Vorgaben aus dem Rundschreiben dort naheliegend, wo Institute neben der Wertpapierdienstleistung

---

[659] BT 1.2.4 Tz. 1 MaComp.
[660] BT 1.2.4 Tz. 2 MaComp.
[661] *Weber-Rey*, ZGR 2010, 543 (571); *Spindler*, in: Fleischer (Hrsg.), Handbuch Vorstandsrechts, § 19 Rn. 19; *Dreher*, ZGR 2010, 496 (502); *Fleischer*, in: Spindler/Stilz (Hrsg.), AktG, § 91 Rn. 43; *Kuthe/Zipperle*, Corporate Finance Law 2010, 337 (338).
[662] *Kuthe/Zipperle*, Corporate Finance Law 2010, 337 (338 f.).
[663] *Kuthe/Zipperle*, Corporate Finance Law 2010, 337 (339).

auch andere Banktätigkeiten übernehmen, welche nicht vom Anwendungsbereich der MaComp unmittelbar erfasst sind. Wenn ein Institut ohnehin aus den MaComp faktisch gebunden ist eine umfassende Compliance-Organisation zu schaffen, dann ist es gebunden in die Errichtung einer Compliance-Organisation zu investieren. Für diesen Fall sollte es im eigenen Unternehmensinteresse liegen eine umfassende Compliance-Organisation zu schaffen, die nicht auf den Wertpapierdienstleistungsbereich beschränkt ist.

Die Entwicklung zu einer umfassenden Compliance-Organisation wird sich ohnehin dort ergeben, wo die Wertpapierdienstleistungsunternehmen die Wertpapier-Compliance organisatorisch mit anderen Compliance-Themen zusammengefasst haben.[664] Aber auch darüber hinaus ist die Übertragung der MaComp-Grundsätze für die Ausgestaltung der Compliance-Pflichten nach § 25a KWG sinnvoll. Zwar haben § 25a KWG und § 33 WpHG unterschiedliche Schutzzwecke. § 25a KWG soll Missständen im Kredit- und Finanzdienstleistungswesen entgegenwirken, welche die Sicherheit der den Instituten anvertrauten Vermögenswerte gefährden, die ordnungsgemäße Durchführung der Bankgeschäfte oder Finanzdienstleistungen sowie die Stabilität des Finanzsystems beeinträchtigen oder erhebliche Nachteile für die Gesamtwirtschaft herbeiführen können.[665] § 33 WpHG hingegen dient dem Schutz der Anleger und soll das Funktionieren des Wertpapiermarktes durch die richtige Organisation des Geschäftsbetriebs gewährleisten.[666] Im Tenor sind sie dennoch vergleichbar, da sie beide dem Schutz vor Risiken im Finanzsektor dienen. Zudem unterliegen sowohl Wertpapierdienstleistungsunternehmen als auch Kredit- und Finanzdienstleistungsinstitute einer qualitativen Aufsicht durch die BaFin und sind von einem hohen Regulierungscharakter gekennzeichnet. Es lassen sich verschiedene Parallelen zwischen den Tätigkeiten beobachten, so dass man von einem Gleichlauf in Bezug auf Compliance im KWG und WpHG sprechen kann.

Für die Feststellung, dass eine Übertragung der MaComp auch auf Institute im Sinne von § 25a KWG als sinnvoll einzustufen ist, lassen sich weitere Gründe anführen. Die MaComp geben ein detailliertes Compliance-Schema vor, an dem sich die Geschäftsleitung im Rahmen ihres Ermessens sinnvollerweise orientieren sollte. Somit laufen sie nicht die Gefahr mit der BaFin in einen Konflikt zu geraten. Obwohl die MaComp keine unmittelbare Anwendung auf den § 25a KWG entfaltet wird in der Literatur[667] angenommen, dass sich das Ermessen der

---

[664] *Zingel*, BKR 2010, 500 (504).

[665] *Langen*, in: Schwennicke/Auerbach (Hrsg.), KWG, § 25a KWG, Rn. 3; *Braun/Wolfgarten*, in Boos/Fischer/Schulte-Mattler (Hrsg.), KWG, § 25a KWG, Rn. 31.

[666] *Fuchs*, in: Fuchs (Hrsg.), WpHG, § 33 Rn. 1.

[667] *Spindler*, WM 2008, 905 (908).

Unternehmensleitung angesichts der Regelungen im WpHG (und in Bezug hierauf auch der MaComp) sowie der internationalen Vorgaben als „best practice" oftmals erheblich verdichtet, so dass de facto doch eine Pflicht zur Ausgestaltung nach den Vorgaben des WpHG bzw. der WpDVerOV (und somit auch der MaComp) entsteht.[668] Zudem wurde von *Zingel* bereits 2010 angeführt, dass die BaFin „einzelne Auslegungen in den MaComp im Rahmen der MaRisk für das KWG" möglicherweise übernimmt,[669] was sich durch die MaRisk (BA)-Novelle 2012 bestätigt hat. Ferner spricht für eine Übertragung der MaComp, dass in der Praxis ein entsprechendes Rundschreiben für die Banken erwartet wird, so dass eine Compliance-Organisation im Sinne der MaComp als vorauseilender Gehorsam sinnvoll ist und letztlich dem Schutz des Unternehmens sowie seiner Mitarbeiter dient.

Im Ergebnis lässt sich daher feststellen, dass die MaComp zwar nicht unmittelbar auf das KWG Anwendung findet. Eine solche Auslegung ist mit dem ausdrücklichen Wortlaut der MaComp unvereinbar. Die konkreten Compliance-Maßnahmen stehen grundsätzlich im Ermessen der Geschäftsleitung. Dennoch ist den Banken anzuraten, auch außerhalb des Anwendungsbereichs des Rundschreibens Compliance-Maßstäbe zu entwickeln, die sich nach den Vorgaben der MaComp im Sinne einer „best practice" orientieren.[670] Angesichts der angeführten Gründe kann sogar von einem faktischen Zwang für die Institute gesprochen werden, die Compliance-Standards der MaComp umzusetzen. Somit kann nicht nur vermieden werden, dass deren Nichtbeachtung sich später nachteilig auswirken kann; die Umsetzung kann sich ebenfalls entlastend auswirken, wenn es zu Unregelmäßigkeiten im Institut gekommen ist.

ee) Zusammenfassung

Sowohl der Basler Ausschusses für Bankenaufsicht mit dem Dokument „Compliance and the compliance function in banks" als auch die Vorgaben der BaFin mit den MaComp und MaRisk (BA), aber auch weitere Mindeststandards und Best-Practice-Standards wie IDW PS 980 machen deutliche Vorgaben zur Ausgestaltung der von der Geschäftsleitung einzurichtenden Compliance-Organisation. Hierbei handelt es sich um Mindeststandards, an denen sich die Bank beim Aufbau ihrer Compliance-Organisation orientieren sollte. Da § 25a

---

668 *Spindler*, WM 2008, 905 (908).

669 *Zingel*, BKR 2010, 500 (504).

670 So auch *Engelhart*, ZIP 2010, 1832 (1836); *Lösler*, WM 2010, 1917 (1923); *Kuthe/Zipperle*, Corporate Finance Law 2010, 337 (338); in diese Richtung gehend: *Spindler*, WM 2008, 905 (908); *Zingel*, BKR 2010, 500 (504).

Abs. 1 KWG selbst keine konkreten Vorgaben zur Compliance-Organisation macht, hat die Geschäftsleitung dabei grundsätzlich einen breiten Ermessensspielraum.

c) Wesentliche Elemente einer ordnungsgemäßen Compliance-Organisation bei Kreditinstituten

In der bisherigen Darstellung wurde auf die Frage eingegangen, inwieweit eine Pflicht der Unternehmensleitung zur Einführung einer Compliance-Organisation besteht. In einem weiteren Schritt sind nun die Elemente einer ordnungsgemäßen Compliance-Organisation eingehend zu behandeln. Sowohl die zuvor behandelten Mindeststandards als auch die Literatur haben hierzu einen Pflichtenkatalog entwickelt. Konkretisierende Bestimmungen sind auch im WpHG und in der WpDVerOV enthalten, wenn auch nicht so konturenreich wie in den zuvor genannten Bestimmungen.

Von einer analogen Anwendung der Wertpapier-Vorschriften auf das Institut im Sinne von § 1 Abs. 1b KWG ist dennoch abzusehen, da sich der Gesetzgeber offenbar bewusst gegen eine ausdrückliche Normierung der einzelnen Organisationspflichten entschieden hat und es demnach bereits an einer planwidrigen Regelungslücke fehlt. Während für den Bereich der Wertpapier-Compliance mit Umsetzung der MiFiD eine gesetzlich geregelte Aufgabenbeschreibung in § 33 Abs. 1 Nr. 1 WpHG und § 12 Abs. 3 und 4 WpDVerOV aufgenommen wurde, blieb der § 25a Abs. 1 KWG dahingehend unverändert, obwohl die Entwicklung der beiden Vorschriften zu einem großen Teil durch die gleichen Einflüsse geprägt ist. Dem Gesetzgeber hätte es freigestanden innerhalb des § 25a Abs. 1 KWG entweder vergleichbare Ausführungen vorzunehmen oder durch einen Verweis auf § 33 Abs. 1 Satz 2 Nr. 1 WpHG die dortige Regelung im Rahmen des Instituts für anwendbar zu erklären.

In der Praxis ist die strikte Unterscheidung der beiden Normen von nachrangiger Bedeutung. Wie bereits oben festgestellt wurde sind Kreditinstitute bzw. Finanzdienstleistungsinstitute, die innerhalb der genannten Dienstleistungen tätig sind, ebenfalls als Wertpapierdienstleistungsunternehmen reguliert.[671] Dies ergibt sich auch aus § 2 Abs. 4 WpHG. Somit wird regelmäßig § 33 WpHG neben § 25a KWG zur Anwendung kommen.

Die konkrete Compliance-Organisation steht letztlich im Ermessen der Institutsleitung, so dass die Compliance unternehmensindividuell auszugestalten ist. Je nach Risikopotential, Größe, Komplexität etc. der Bank kann sich das Ermessen

---

[671] So auch *Röh*, in: Renz/Hense (Hrsg.), Wertpapier-Compliance in der Praxis, S. 956.

jedoch derart reduzieren, dass die Geschäftsleitung die Befolgung einzelner oder aller Compliance-Vorgaben entsprechend gewährleisten muss.
Die folgenden Ausführungen beginnen mit der Darstellung der Compliance-Funktion, um im Anschluss die weiteren Instrumente der Compliance-Organisation darzulegen, welche regelmäßig von der Compliance-Funktion wahrgenommen werden.

aa) Compliance-Funktion

Die Compliance-Funktion, vor Umsetzung der MiFID noch als Compliance-Stelle bezeichnet, ist die organisatorische Schaltzentrale der Compliance im Unternehmen und steht im Zentrum der Anforderungen an die Compliance-Organisation.[672] Wie bereits erwähnt wurde, liegt Compliance zwar grundsätzlich im Verantwortungsbereich der Geschäftsleitung, weshalb auch die Errichtung der Compliance-Funktion eine Compliance-Maßnahme der Unternehmensleitung darstellt. In Übereinstimmung mit der Geschäftsleitung nimmt die Compliance-Funktion allerdings die konkreten Compliance-Maßnahmen im Unternehmen vor. Sie hat dabei die Rechtsqualität einer Abteilung innerhalb des Unternehmens und nimmt keine „organähnliche" Rolle ein,[673] da es hierfür an einer entsprechenden gesetzlichen Regelung fehlt.[674] Die Durchführungsrichtlinie zur MiFiD forderte erstmals die Einrichtung einer solchen Compliance-Funktion.[675] Dies wurde innerhalb des § 33 Abs. 1 Satz 2 Nr. 1 WpHG und § 12 Abs. 3 und 4 WpDVerOV in nationales Recht umgesetzt.[676] Das Dokument „Compliance and the compliance function in banks" als auch die MaComp und die MaRisk (BA) verlangen ebenfalls die Einrichtung einer solchen Funktion. Darin finden sich auch weitergehende Ausführungen zu ihrer unternehmensinternen Stellung und zu den Aufgaben der Compliance-Funktion. Jüngstes Beispiel, das im Finanzbereich die verpflichtende Einrichtung einer Compliance-Funktion vorsieht ist die

---

672 *Veil*, WM 2008, 1093 (1095).
673 *Veil*, WM 2008, 1093 (1096 f.);*Harm*, Compliance in Wertpapierdienstleitungsunternehmen und Emittenten von Finanzinstrumenten, S. 62.
674 *Lippe*, Compliance in Banken und Bankenkonzernen, S. 104.
675 Art. 6 Abs. 2 Richtlinie 2006/73/EG der Kommission, ABl. Nr. L 241 vom 2. September 2006, S. 26 ff.
676 Aufgrund der Risikomanagementfunktion von Compliance wird in der Literatur vertreten, dass es vorzugswürdig gewesen sei, die konkrete Regelung der Compliance-Funktion in § 25a KWG vorzunehmen, anstatt dies auf Wertpapierdienstleistungsunternehmen zu beschränken. – *Lösler*, WM 2008, 1098 (1100); *Hense/Renz*, CCZ 2008, 181 (182).

AIFM-Richtlinie.[677] Innerhalb des KWG wird die Compliance-Funktion als Bestandteil der umfassenden Organisationspflichten des Instituts nach § 25a KWG verstanden.[678] § 25a KWG selbst enthält nur wenige Vorgaben, wie die Compliance-Funktion konkret strukturiert ist.[679] Die Norm beinhaltet lediglich eine Öffnungsklausel, indem § 25a Abs. 1 Satz 4 KWG darauf verweist, dass die Ausgestaltung des Risikomanagements (und somit auch die Compliance als Teilbereich des Risikomanagements) „von Art, Umfang, Komplexität und Risikogehalt der Geschäftstätigkeit" abhängt.[680] Die folgenden Ausführungen stützen sich daher in erster Linie auf die genannten Rechtsquellen und den Vorschläge innerhalb der Literatur. Die Compliance-Funktion wird von einem Compliance-Beauftragten geleitet.

(1) Unternehmensinterne Stellung der Compliance-Funktion

Hinsichtlich ihrer unternehmensinternen Stellung hat sich die Formel etabliert, dass die Compliance-Funktion dauerhaft und wirksam eingerichtet werden und ihre Aufgaben unabhängig wahrnehmen können muss.[681]

(a) Unabhängigkeit

Zentrales Element einer effektiven Compliance-Organisation ist die Unabhängigkeit der Compliance-Funktion. In Betracht kommen drei Formen der Unabhängigkeit:[682] die disziplinarische Unabhängigkeit, die organisatorische Unabhängigkeit und die finanzielle Unabhängigkeit.

Um die disziplinarische Unabhängigkeit der Compliance-Funktion herzustellen sind die mit der Compliance-Organisation befassten Mitarbeiter im Institut im Rahmen ihrer Aufgabenerfüllung frei von Weisungen. Nur so lässt sich eine effektive Aufgabenerfüllung der Compliance-Funktion gewährleisten.[683] Gegenüber der Unternehmensleitung findet diese Unabhängigkeit ihre Grenzen; hier

---

[677] Richtlinie 2011/61/EU des Europäischen Parlaments und des Rates, ABl. Nr. L 174 vom 8. Juni 2011, S. 1 ff; zur Compliance-Funktion nach der AIFM-Richtlinie: *Klebeck/Zollinger*, BB 2013, 459 (459 ff.).

[678] *Lösler*, WM 2008, 1098 (1100).

[679] *Gebauer/Niermann*, in: Hauschka (Hrsg.), Corporate Compliance, § 36 Rn. 59.

[680] *Gebauer/Niermann*, in: Hauschka (Hrsg.), Corporate Compliance, § 36 Rn. 59.

[681] § 33 Abs. 1 Satz 2 Nr. 1 WpHG; AT 6 Tz. 1 MaComp.

[682] *Lösler*, NZG 2005, 104 (107); *Harm*, Compliance in Wertpapierdienstleitungunternehmen und Emittenten von Finanzinstrumenten, S. 63 f.; *Lippe*, Compliance in Banken und Bankenkonzernen, S. 108 ff.

[683] *Lösler*, Compliance im Wertpapierdienstleistungskonzern, S. 194.

bleibt die Compliance-Funktion grundsätzlich fachlich weisungsgebunden, da die Aufgaben der Compliance-Abteilung in den Aufgabenbereich der Unternehmensführung fallen und lediglich auf vertikaler Ebene delegiert werden.[684] Im Rahmen ihrer Überwachungsaufgabe ist die Compliance-Funktion aber auch der Geschäftsleitung gegenüber unabhängig.[685] Wäre eine völlige Weisungsfreiheit vom Gesetzgeber beabsichtigt gewesen, so hätte er dies wie in § 4f Abs. 3 BDSG ausdrücklich geregelt.[686]

Die organisatorische Unabhängigkeit fordert die Trennung der Compliance-Funktion vom operativen Geschäft.[687] Dies bedeutet konkret, dass die Compliance weder von Mitarbeitern der Geschäfts- oder Handelsabteilung noch solcher der Abwicklungsabteilung eines Instituts organisiert werden darf.[688] Eine Ausnahme sei nur dann zuzulassen, wenn im Einzelfall keine volle Personalstelle erforderlich ist.[689] Ein Dialog zwischen Compliance und den anderen Geschäftsbereichen der Bank sollte dennoch nicht vollends ausgeschlossen werden, da diese Zusammenarbeit beim Erkennen von Compliance-Risiken hilfreich sein kann.[690]

Zur Wahrung der finanziellen Unabhängigkeit darf sich die Vergütung der Mitarbeiter der Compliance-Funktion grundsätzlich nicht am geschäftlichen Erfolg des Unternehmens ausrichten.[691] Sie ist so auszugestalten, dass die Wahrnehmung der Compliance-Aufgaben keinen Effektivitätsverlust erleidet, indem für

---

684 *Lösler*, WM 2007, 676 (679); In der Literatur wird hingegen auch vertreten, dass die Compliance-Funktion komplett – und somit auch von der Geschäftsleitung – weisungsfrei sein müsse, soweit sie ihre Aufgaben erfülle – *Veil*, WM 2008, 1093 (1098); *Illing/Umnuss*, CCZ 2009, 1 (4).

685 BT 1.3.3 Tz. 1 MaComp.

686 *Lösler*, Compliance im Wertpapierdienstleistungskonzern, S. 195; *Spindler*, WM 2008, 905 (911); *Casper*, in: Festschrift K. Schmidt, S. 199 (209); *ders.*, Rechtliche Grundlage und aktuelle Entwicklungen der Compliance am Beispiel des Kapitalmarktrechts, Bankrechtstag 2008, S. 139 (152).

687 BT 1.3.3.1 Tz. 1 MaComp; Compliance and the compliance function in banks, Basel Committee on Banking Supervision, Basel 2005, Tz. 21; *Lösler*, NZG 2005, 104 (107); *ders.*, WM 2008, 1098 (1103); *Gebauer/Niermann*, in: Hauschka (Hrsg.), Corporate Compliance, § 36 Rn. 64; *Koller*, in: Assmann/Uwe H. Schneider (Hrsg.), WpHG, § 33 Rn. 4; *Casper*, in: Festschrift K. Schmidt, S. 199 (205).

688 *Lösler*, NZG 2005, 104 (107); *ders.*, WM 2008, 1098 (1103); *Spindler*, in: Fleischer (Hrsg.), Handbuch Vorstandsrechts, § 19 Rn. 52.

689 § 12 Abs. 4 Satz 3 i.V.m. § 12 Abs. 5 WpDVerOV; BT 1.3.3.1 Tz. 2, 3 MaComp.

690 *Gebauer/Niermann*, in: Hauschka (Hrsg.), Corporate Compliance, § 36 Rn. 66; *Lösler*, WM 2008, 1098 (1103); *ders.*, NZG 2005, 104 (107).

691 BT 1.3.3.4 Tz. 6 MaComp; Compliance and the compliance function in banks, Basel Committee on Banking Supervision, Basel 2005, Tz. 29; *Spindler*, WM 2008, 905 (910).

die Mitarbeiter der Compliance-Funktion Anreize entstehen im Unternehmensinteresse Rechtsverstöße nicht zu vermeiden.[692]

Fraglich ist, ob es von dieser Regel Ausnahmen geben kann. Zwar sieht § 12 Abs. 5 WpDVerOV sowie BT 1.3.3.4 Tz. 6 Satz 2 MaComp die Möglichkeit der erfolgsbezogenen Vergütung der Compliance-Mitarbeiter vor, wenn dies im Einzelfall keinen Interessenkonflikt begründet. Umstritten ist, wann ein solcher Ausnahmefall erfolgsabhängiger Vergütung tatsächlich in Betracht kommt. Es ließe sich daran denken die Bonuszahlung leistungsorientiert an den Erfolg der Compliance-Organisation zu knüpfen. In Betracht käme eine „Fangprämie", wonach die Bonuszahlung sich nach den aufgedeckten Compliance-Verstößen durch die Compliance-Funktion richtet. Dies birgt allerdings die Gefahr, dass sich die Compliance-Funktion zur Aufdeckung von Compliance-Verstößen rechtswidriger Mittel bedienen könnte und somit selbst zum Compliance-Risiko wird. Diese Form der Bonusvergütung ist folglich abzulehnen.[693] Weiterhin könnte sich die Vergütung der Compliance-Mitarbeiter nach einer Effektivitätsbewertung der Compliance-Organisation richten. Hiergegen lässt sich aber einwenden, dass sich der Erfolg einer Compliance-Organisation nicht pauschal an der Anzahl entdeckter Regelverstöße messen lässt.[694] Weiterhin besteht die Gefahr, dass die Compliance-Funktion identifizierte Regelverstöße nicht hinreichend meldet, um ihre Bonuszahlungen nicht zu gefährden. Zu suchen ist daher nach einem alternativen Messwert, da ein Ausschluss der Compliance-Mitarbeiter von einer Boni-Vergütung die Gefahr einer Zweiklassengesellschaft im Unternehmen birgt[695] und sich nachteilig auf die Qualifikation und Erfahrung im Sinne einer „adverse selection" auswirken kann.[696] Vorzugswürdig ist daher die Auffassung, die eine erfolgsabhängige Vergütung der Compliance-Mitarbeiter dann als zulässig erachtet, wenn diese vom langfristigen Gesamtgeschäftserfolg des Unternehmens abhängig gemacht wird.[697] Die Bonuszahlungen

---

692 *Spindler*, WM 2008, 905 (910); *Rothenhöfer*, in: Kümpel/Wittig (Hrsg.), Bank- und Kapitalmarktrecht, Rn. 3.312; *Röh*, BB 2008, 398 (403); *Schlicht*, BKR 2006, 469 (470); *Geiser*, Leitungspflichten des Vorstandes in der AG, S. 206.

693 Im Ergebnis ebenso *Casper*, Rechtliche Grundlage und aktuelle Entwicklungen der Compliance am Beispiel des Kapitalmarktrechts, Bankrechtstag 2008, S. 139 (149).

694 *Newton*, The Handbook of Compliance, S. 144; *Eisele/Faust*, in: Schimansky/Bunte/Lwowski (Hrsg.), Bankrechts-Handbuch, § 109 Rn. 124a.

695 So *Spindler*, WM 2008, 905 (910); *Casper*, Rechtliche Grundlage und aktuelle Entwicklungen der Compliance am Beispiel des Kapitalmarktrechts, Bankrechtstag 2008, S. 139 (149).

696 So *Harm*, Compliance in Wertpapierdienstleistungsunternehmen und Emittenten von Finanzinstrumenten, S. 64.

697 In diesem Sinne *Harm*, Compliance in Wertpapierdienstleistungsunternehmen und Emittenten von Finanzinstrumenten, S. 64; *Spindler*, WM 2008, 905 (910); *Casper*, Rechtliche Grundlage und aktuelle Entwicklungen der Compliance am Beispiel des

sind nicht an kurzfristige Erfolge zu knüpfen, da hier ein höherer Anreiz besteht, Rechtsverstöße im Unternehmen zu decken, um einen höheren Unternehmensgewinn zu erzielen und somit eine erfolgsabhängige Vergütung nicht zu gefährden. Sinnvoll ist ebenfalls der Vorschlag von *Schlicht*, den Compliance-Mitarbeitern eine ständige „Standardprämie“ in Form eines höheren Gehalts zu gewähren.[698] Dies ergebe sich aus der herausgehobenen Stellung der Compliance-Funktion und der hohen Qualifikationenerfordernisse an die Compliance-Mitarbeiter.[699]

(b) Wirksamkeit und Dauerhaftigkeit

Neben der Unabhängigkeit muss die Compliance-Funktion wirksam und dauerhaft eingerichtet sein.

Um die Wirksamkeit der Compliance-Funktion sicherzustellen ist sie, unter Berücksichtigung der individuellen Unternehmensumstände, mit hinreichenden personellen, sachlichen und sonstigen Ressourcen auszustatten.[700] Die Compliance-Mitarbeiter müssen über die erforderlichen Fachkenntnisse für den entsprechend zugewiesenen Bereich verfügen[701] und das der Compliance-Funktion zur Verfügung stehende Budget muss angemessen sein; mit Blick auf die finanzielle Unabhängigkeit darf es nicht von der Ergebnisentwicklung der Geschäftsbereiche abhängig sein.[702]

Zur Gewährleistung einer dauerhaften Compliance-Funktion bedarf es deren institutionellen Verankerung durch Organisationsverfügungen und Arbeitsanweisungen. Dieses Erfordernis wurde bereits seit langem als in AT 5 Tz. 3 MaRisk (BA) verankert gesehen[703] und ist nun auch in den MaComp ausdrücklich

---

Kapitalmarktrechts, Bankrechtstag 2008, S. 139 (150); *Röh*, BB 2008, 398 (403); *Held*, in: Ellenberger/Schäfer/Clouth/Lang (Hrsg.), Praktikerhandbuch Wertpapier- und Derivategeschäft, Rn. 1512; Auf den Gesamtgeschäftserfolg abstellend: Compliance and the compliance function in banks, Basel Committee on Banking Supervision, Basel 2005, Tz. 29.

[698] *Schlicht*, BKR 2006, 469 (470).

[699] *Schlicht*, BKR 2006, 469 (470).

[700] BT 1.3.1.1 MaComp; *Bürkle*, in: Hauschka (Hrsg.), Corporate Compliance, § 8 Rn. 31; *Fleischer*, in: Fleischer (Hrsg.), Handbuch Vorstandsrechts, § 8 Rn. 45; *Gebauer/Niermann*, in: Hauschka (Hrsg.), Corporate Compliance, § 36 Rn. 64; *Lösler*, NZG 2005, 104 (107); *ders.*, WM 2008, 1098 (1103).

[701] BT 1.3.1.3 MaComp.

[702] Consultative paper on „The compliance function in banks“, Basel Committee on Banking Supervision, Basel 2003, Tz. 22; *Lösler*, WM 2008, 1098 (1103); *ders.*, NZG 2005, 104 (107).

[703] *Spindler*, WM 2008, 905 (911).

vorgeschrieben. Hierdurch soll eine ad-hoc-Compliance vermieden werden, welche nur anlassbezogen tätig wird.[704]

(2) Hierarchische Ansiedlung der Compliance-Funktion

Die Compliance-Funktion, repräsentiert durch den Compliance-Beauftragten, unterstützt und berät die Geschäftsleitung in allen compliance-relevanten Fragen.[705] Hierzu gehört u.a. eine noch näher zu diskutierende Berichtspflicht des Compliance-Beauftragten an die Geschäftsleitung.[706] Als neutrale Stabstelle wird sie im Rahmen der vertikalen Delegation direkt unterhalb der Leitungsebene, aber getrennt und übergeordnet von den sonstigen Geschäftsbereichen, tätig.[707] Sie ist somit der Geschäftsleitung unmittelbar nachgeordnet, obwohl das Gesetz eine solche Aussage nicht – wie beispielsweise in § 14 Abs. 2 Nr. 1 GwG – vornimmt. Diese hierarchische Ansiedlung ist insofern auch sinnvoll, als die Überwachung von Chinese Walls nur von einer Stelle effektiv ausgeübt werden kann, die sich – bildlich gesprochen – „über“ einer Wall befindet.[708]

(3) Kompetenzen der Compliance-Funktion

Für eine ordnungsgemäße und somit letztlich auch wirksame Erfüllung der Compliance-Organisation muss die Compliance-Funktion mit entsprechenden Kompetenzen ausgestattet sein. Dies beinhaltet zum einen, dass die Compliance-Mitarbeiter alle erforderlichen Informationen erhalten müssen, um ihre Aufgabe effektiv wahrnehmen zu können.[709] Den Compliance-Mitarbeitern ist ein „uneingeschränktes Auskunft-, Einsichts- und Zugangsrecht zu sämtlichen Räumlichkeiten und Unterlagen, Aufzeichnungen, Tonbandaufnahmen, IT-Systemen sowie weiteren Informationen, die für die Ermittlung relevanter Sachverhalte erforderlich sind, zu gewähren“[710]. Nur so lässt sich eine effektive Compliance

[704] *Bretschneider*, in: Renz/Hense (Hrsg.), Wertpapier-Compliance in der Praxis, S. 10.
[705] *Bürkle*, in: Hauschka (Hrsg.), Corporate Compliance, § 8 Rn. 12.
[706] Siehe C. IV. 3. c) aa) (5) (d).
[707] *Eisele*, WM 1993, 1021 (1021); *Lösler*, Compliance im Wertpapierdienstleistungskonzern, S. 196; *ders.*, WM 2008, 1098 (1102).
[708] *Lösler*, Compliance im Wertpapierdienstleistungskonzern, S. 196.
[709] § 12 Abs. 4 Satz 2 WpDVerOV; BT 1.3.1.2 Tz. 1 MaComp; Compliance and the compliance function in banks, Basel Committee on Banking Supervision, Basel 2005, Tz. 30 ff.; *Rothenhöfer*, in: Kümpel/Wittig (Hrsg.), Bank- und Kapitalmarktrecht, Rn. 3.332; *Spindler*, WM 2008, 905 (911); *Fuchs*, in: Fuchs (Hrsg.), WpHG, § 33 Rn. 81; *Lösler*, Compliance im Wertpapierdienstleistungskonzern, S. 193.
[710] BT 1.3.1.2 Tz. 1 Satz 3 MaComp.

realisieren.[711] Die arbeitsrechtlichen und datenschutzrechtlichen Grenzen werden an anderer Stelle der vorliegenden Bearbeitung diskutiert.[712]
Zum anderen fällt in den Kompetenzbereich der Compliance-Funktion ein Weisungsrecht hinsichtlich gewisser Aufgaben. Dieses bezieht sich auf Angelegenheiten die mit ihrer Aufgabenerfüllung in Verbindung stehen, wie beispielsweise die Einforderung von Unterlagen und compliance-relevanter Informationen.[713] Eine Anordnungsbefugnis zum Abstellen von Missständen im Unternehmen hat die Compliance-Funktion hingegen nicht. Zwar kann sie die betroffenen Stellen auf Mängel aufmerksam machen und diese auffordern den rechtmäßigen Zustand herzustellen. Kommt die Stelle der Aufforderung aber nicht nach, muss die Compliance-Funktion die Mängel unverzüglich der Unternehmensleitung melden (sog. Eskalationsrecht).[714] Dieser obliegt letztlich die Weisungsbefugnis zum Abstellen der Mängel, da gerade sie die Letztentscheidungsbefugnis hat und sie für die Herstellung des rechtmäßigen Zustandes im Unternehmen verantwortlich ist.[715]
Fraglich ist, ob die Compliance-Funktion weitere Maßnahmen ergreifen muss, wenn die Geschäftsleitung trotz Meldung der Mängel solchen nicht nachgeht.[716] Der Übergang der Entscheidungskompetenz auf die Compliance-Funktion ist gesellschaftsrechtlich ausgeschlossen.[717] In Betracht käme die Eskalation an den Aufsichtsrat.[718] Dazu müsste die Compliance-Funktion bzw. in diesem Fall konkret der Compliance-Beauftragte die Möglichkeit haben, sich an den Aufsichtsrat zu wenden. Grundsätzlich lehnt die herrschende Meinung[719] und auch die BaFin in der MaComp[720] einen Direktkontakt zwischen Aufsichtsrat und Com-

[711] *Spindler*, WM 2008, 905 (911).
[712] Siehe C. IV. 3. c) bb) (3) (d) (aa) und C. IV. 3. c) bb) (3) (d) (bb).
[713] BT 1.3.1.2 Tz. 1 Satz 4, 5 MaComp; Compliance and the compliance function in banks, Basel Committee on Banking Supervision, Basel 2005, Tz. 30 ff.; *Spindler*, WM 2008, 905 (911); *Fuchs*, in: Fuchs (Hrsg.), WpHG, § 33 Rn. 81.
[714] *Lösler*, WM 2008, 1098 (1104); *ders.*, NZG 2005, 104 (108); *ders.*, Compliance im Wertpapierdienstleistungskonzern, S. 193.
[715] *Lösler*, Compliance im Wertpapierdienstleistungskonzern, S. 193.
[716] Vgl. Beispiel von *Rodewald/Unger*, BB 2007, 1629 (1632). Diese beschreiben den Fall, dass die Geschäftsleitung entweder selber betroffen ist oder es als sinnvoll erachtet den Missstand nicht ans Tageslicht zu bringen, um Reputationsschäden zu vermeiden (Beurteilungsdiskrepanz).
[717] *Rodewald/Unger*, BB 2007, 1629 (1632); *Lösler*, WM 2008, 1098 (1102); *Geiser*, Leitungspflichten des Vorstandes in der AG, S. 209.
[718] So *Illing/Umnuß*, CCZ 2009, 1 (4); *Rodewald/Unger*, BB 2007, 1629 (1632); *Geiser*, Leitungspflichten des Vorstandes in der AG, S. 209 f.
[719] *Kort*, in: Großkommentar zum AktG, § 90 Rn. 94; *Hüffer*, AktG, § 90 Rn. 11; *Fleischer*, in: Spindler/Stilz (Hrsg.), AktG, § 90 Rn. 43; *Mertens/Cahn*, in: Kölner Kommentar AktG, § 90 Rn. 52; *Spindler*, in: Münchener Kommentar AktG, § 90 Rn. 38.
[720] BT 1.2.2 Tz. 3 Satz 2, 3 MaComp.

pliance-Funktion ab. Den nachgeordneten Mitarbeitern kommt keine Berechtigung zu, sich aus eigenem Antrieb mit Anliegen, Vorschlägen oder Beschwerden an den Aufsichtsrat zu wenden.[721] Dies ergibt sich aus der Leitungsautorität der Geschäftsleitung sowie dem Loyalitätsverhältnis zwischen dem Compliance-Beauftragten und der Geschäftsleitung.[722] Eine Ausnahme ist allerdings dann anzunehmen, wenn die Geschäftsleitung selbst oder Dritte auf Veranlassung der Leitung strafrechtlich relevante Handlungen vornehmen.[723] Daneben sollte der Compliance-Beauftragte – unter eingehender Abwägung der dargestellten Leitungsautorität und dem Loyalitätsverhältnis zum Unternehmensinteresse an einem rechtskonformen Handeln – dann die Möglichkeit der Eskalation an den Aufsichtsrat haben, wenn die Geschäftsleitung pflichtwidrig handelt. Werden der Compliance-Funktion mittels ihrer Fachkenntnis erhebliche Missstände im Unternehmen bekannt und weist die Compliance-Funktion die Geschäftsleitung erfolglos darauf hin, entsprechende Compliance-Maßnahmen zu unternehmen, dann kann sich der Compliance-Beauftragte unmittelbar an den Aufsichtsrat zu wenden, damit dieser auf die Erfüllung der erforderlichen Pflichten durch die Geschäftsleitung hinwirkt.[724] Nur so lässt sich eine glaubwürdige Compliance-Organisation und Compliance-Kultur im Institut etablieren.[725] Zuzustimmen ist *Harm* darin, dass der Compliance-Beauftragte in praxi nach der Eskalation an den Aufsichtsrat regelmäßig sein Beauftragtenamt niederlegen muss, da die Grundlage einer vertrauensvollen Zusammenarbeit mit der Geschäftsleitung verloren gegangen ist.[726]

---

[721] *Lutter*, Information und Vertraulichkeit im Aufsichtsrat, Rn. 319; *Haouache*, Unternehmensbeauftragte und Gesellschaftsrecht der AG und GmbH, S. 127 f.; *Harm*, Compliance in Wertpapierdienstleistungsunternehmen und Emittenten von Finanzinstrumenten, S. 135.

[722] *Haouache*, Unternehmensbeauftragte und Gesellschaftsrecht der AG und GmbH, S. 127 f.; *Harm*, Compliance in Wertpapierdienstleistungsunternehmen und Emittenten von Finanzinstrumenten, S. 135 f.

[723] *Lutter*, Information und Vertraulichkeit im Aufsichtsrat, Rn. 319; *Haouache*, Unternehmensbeauftragte und Gesellschaftsrecht der AG und GmbH, S. 128; *Harm*, Compliance in Wertpapierdienstleistungsunternehmen und Emittenten von Finanzinstrumenten, S. 135.

[724] In diesem Sinne ebenfalls *Harm*, Compliance in Wertpapierdienstleistungsunternehmen und Emittenten von Finanzinstrumenten, S. 138 f.; *Haouache*, Unternehmensbeauftragte und Gesellschaftsrecht der AG und GmbH, S. 129; *Lebherz*, Emittenten-Compliance, S. 329; *Krieger/Günther*, NZA 2010, 367 (372); *Lackhoff/Schulz*, CCZ 2010, 81 (87); *Favoccia/Richter*, AG 2010, 137 (140); So wohl auch *Casper*, in: Festschrift K. Schmidt, S. 199 (207). Der Aufsichtsrat kann zwar keine unmittelbaren Geschäftsführungsmaßnahmen vornehmen; ihm obliegen aber unterschiedliche Instrumentarien, um auf den Vorstand einzuwirken, z.B. durch Beanstandung oder notfalls auch durch Abberufung.

[725] *Lebherz*, Emittenten-Compliance, S. 325.

[726] *Harm*, Compliance in Wertpapierdienstleistungsunternehmen und Emittenten von Finanzinstrumenten, S. 139.

(4) Abgrenzung der Compliance-Funktion zu anderen Abteilungen

Neben der Compliance-Funktion gibt es im Institut noch weitere Abteilungen, welche die Bewertung von Risiken zur Aufgabe haben. Zu nennen sind die Interne Revision, das Risikomanagement und die Rechtsabteilung. Im Folgenden ist es geboten das Verhältnis der jeweiligen Abteilungen zueinander zu erarbeiten. Dabei stellt sich die Frage, inwieweit die Compliance-Funktion in die genannten Abteilungen integriert werden kann bzw. darf. Nach BT 1.3.3.2 und BT 1.3.3.3 MaComp ist die Anbindung der Compliance-Funktion an andere Kontrolleinheiten (mit Ausnahme der Internen Revision) sowie ihre Kombination mit der Rechtsabteilung grundsätzlich zulässig,[727] wenn hierdurch die Wirksamkeit und Unabhängigkeit der Compliance-Funktion nicht beeinträchtigt wird.[728]

(a) Compliance und Interne Revision

„Die Interne Revision erbringt unabhängige und objektive Prüfungs- und Beratungsdienstleistungen, welche darauf ausgerichtet sind, Mehrwerte zu schaffen und die Geschäftsprozesse zu verbessern. Sie unterstützt die Organisation bei der Erreichung ihrer Ziele, indem Sie mit einem systematischen und zielgerichteten Ansatz die Effektivität des Risikomanagements, der Kontrollen und der Führungs- und Überwachungsprozesse bewertet und diese verbessern hilft."[729] Somit hat die Innenrevision ebenfalls eine Kontroll- und Beratungsfunktion. Insbesondere mit Blick auf Art. 6 und 8 MiFID-DRL[730] wird die enge Beziehung der beiden Funktionen deutlich.[731] Eine Verknüpfung der Compliance-Funktion und der Internen Revision ist dennoch abzulehnen.[732] Das ergibt sich bereits aus § 25a Abs. 1 Satz 3 KWG und AT 1 Tz. 1 MaRisk (BA), wonach

---

[727] So ebenfalls AT 4.4.2 Tz. 3 Satz 2 MaRisk (BA).

[728] Die Kombination der Compliance-Funktion mit der Rechtsabteilung ist gemäß BT 1.3.3.3 Tz. 2 MaComp jedoch regelmäßig unstatthaft, wenn ein großes oder mit komplexen Tätigkeiten befasstes Wertpapierdienstleistungsunternehmen die Wertpapierdienstleistungen Eigenhandel (§ 2 Abs. 3 Nr. 2 WpHG, ebenfalls in § 1 Abs. 1a Nr. 4 KWG geregelt), Emissionsgeschäft (§ 2 Abs. 3 Nr. 5 WpHG, ebenfalls in § 1 Abs. 1 Nr. 10 KWG geregelt) oder Wertpapiernebendienstleistungen gemäß § 2 Abs. 3a Nr. 3, 5 oder 6 WpHG in nicht unerheblichem Umfang erbringt.

[729] Internationale Standards für die berufliche Praxis der Internen Revision 2013, Deutsches Institut für Interne Revision e.V., S. 5, abrufbar unter http://www.diir.de/fileadmin/fachwissen/standards/downloads/IIA_Standards_2013.pdf (zuletzt aufgerufen am 31. Mai 2013).

[730] Richtlinie 2006/73/EG der Kommission, ABl. Nr. L 241 vom 2. September 2006, S. 26 ff.

[731] Die Gemeinsamkeiten von Compliance und Interner Revision besonders herausstellend: *Röh*, in: Renz/Hense (Hrsg.), Wertpapier-Compliance in der Praxis, S. 963 ff.

[732] BT 1.3.3.2 Tz. 2 MaComp; Compliance and the compliance function in banks, Basel Committee on Banking Supervision, Basel 2005, Tz. 45.

Compliance als Teil des internen Kontrollsystems nicht mit der Innenrevision organisatorisch verbunden sein darf.[733] Vielmehr unterliegt die Compliance-Funktion als Bestandteil des internen Kontrollsystems der Internen Revision;[734] die Integration der beiden Funktionen würde die effektive Überwachung gefährden[735] und die Unabhängigkeit der Compliance-Funktion unterlaufen.[736] Dementsprechend bestimmt BT 2.2 Tz. 3 MaRisk (BA), dass „Mitarbeiter, die in anderen Organisationseinheiten beschäftigt sind, [...] grundsätzlich nicht mit Aufgaben der Revision betraut werden" dürfen. Zudem behandelt die Interne Revision in erster Linie die nachträgliche Kontrolle von abgeschlossenen Sachverhalten zur Verbesserung der Prozesse, während die Compliance im Schwerpunkt präventiv Regelverstöße verhindern soll.[737]

(b) Compliance und Risikomanagement

Oben wurde bereits die enge Verknüpfung von Risikomanagement und Compliance dargestellt. Die Steuerung der Gesamtbankrisiken innerhalb des Risikomanagements ist nur unter Einbeziehung der Compliance-Risiken möglich.[738] Von der herrschenden Meinung[739] wird Compliance daher als ein Bestandteil des Risikomanagements gewertet. Dennoch ist bei der organisatorische Verknüpfung der beiden Funktionen Vorsicht geboten; die Integration der Compliance-Funktion in das Risikomanagement könnte sich zu Lasten der Unabhängigkeit

---

733 So ebenfalls BT 1.3.3.2 Tz. 2 MaComp.

734 AT 4.4 Tz. 3 MaRisk (BA); *Eisele/Faust*, in: Schimansky/Bunte/Lwowski (Hrsg.), Bankrechts-Handbuch, § 109 Rn. 112c; *Gebauer/Niermann*, in: Hauschka (Hrsg.), Corporate Compliance, § 36 Rn. 62; *Bretschneider*, in: Renz/Hense (Hrsg.), Wertpapier-Compliance in der Praxis, S. 23; *Lebherz*, Emittenten-Compliance, S. 268.

735 *Lippe*, Compliance in Banken und Bankenkonzernen, S. 117.

736 BT 1.3.3.2 Tz. 2 MaComp.

737 *Rothenhöfer*, in: Kümpel/Wittig (Hrsg.), Bank- und Kapitalmarktrecht, Rn. 3.314; *Bretschneider*, in: Renz/Hense (Hrsg.), Wertpapier-Compliance in der Praxis, S. 23; *Schäfer*, BKR 2011, 45 (52).

738 *Auerbach/Jost*, in: Hopt/Wohlmannstetter (Hrsg.), Handbuch Corporate Governance von Banken, S. 651 (666); *Bürkle*, in: Hauschka (Hrsg.), Corporate Compliance, § 8 Rn. 52.

739 *Eisele/Faust*, in: Schimansky/Bunte/Lwowski (Hrsg.), Bankrechts-Handbuch, § 109 Rn. 1; *Lösler*, NZG 2005, 104 (104); *Rothenhöfer*, in: Kümpel/Wittig (Hrsg.), Bank- und Kapitalmarktrecht, Rn. 3.312; *Spindler*, WM 2008, 905 (907); *Immenga*, in: Festschrift Schwark, S. 199 (200); Nach anderer Auffassung ist Compliance nicht als Teil des Risikomanagements zu betrachten; die beiden Institute stehen danach vielmehr nebeneinander. – *Langen*, in: Schwennicke/Auerbach (Hrsg.), KWG, § 25a Rn. 49; *Geiser*, Leitungspflichten des Vorstands in der AG, S. 130.

von Compliance auswirken und die Gewährleistung einer wirksamen Compliance-Organisation beeinträchtigen.[740]

(c) Compliance und Rechtsbereich

Die Verknüpfung von Compliance und dem Rechtsbereich ist grundsätzlich naheliegend. Beide Funktionen weisen eine Parallele auf, da sich beide mit den rechtlichen Rahmenbedingungen unternehmerischer Tätigkeit befassen und auf ein rechtskonformes Handeln hinwirken. Aufgabe der Compliance-Funktion ist es durch organisatorische Maßnahmen Rechtsverstöße präventiv zu verhindern, während die Rechtsabteilung in erster Linie die juristische Beratung bis hin zur Beschwerde- bzw. Prozessbetreuung übernimmt.[741] Die Anbindung von Compliance an die Rechtsabteilung wird mit dem Argument befürwortet, dass dies zur „Bündelung juristischer Kompetenz" führe.[742] Die Verzahnung der Abteilungen hat sich weiterhin als praxistauglich erwiesen.[743] Dennoch ist grundsätzlich eine Integration von Compliance-Funktion und Rechtsabteilung abzulehnen.[744] Um die volle Unabhängigkeit der Compliance-Funktion zu wahren ist sie von der Rechtsabteilung organisatorisch zu trennen.[745] Eine Intergration kommt gemäß BT 1.3.3.3 Tz. 1 MaComp in Betracht, wenn das Wertpapierdienstleistungsunternehmen aufgrund der Größe des Unternehmens oder Art, Umfang, Komplexität oder Risikogehalt der Geschäftstätigkeit des Unternehmens oder Art und Spektrum der angebotenen Dienstleistungen von der Ausnahme nach § 12 Abs. 4 Satz 4 WpDVerOV Gebrauch machen könnte. Davon unabhängig ist die Kooperation der beiden Funktionen untereinander sinnvoll, wenn die juristischen Fachkenntnisse der Rechtsabteilung für das effektive Management von Compliance-Risiken dienlich sind.[746]

---

[740] *Bürkle*, in: Hauschka (Hrsg.), Corporate Compliance, § 8 Rn. 53; *Lippe*, Compliance in Banken und Bankenkonzernen, S. 117 f.; *Auerbach/Jost*, in: Hopt/Wohlmannstetter (Hrsg.), Handbuch Corporate Governance von Banken, S. 651 (666).
[741] *Rothenhöfer*, in: Kümpel/Wittig (Hrsg.), Bank- und Kapitalmarktrecht, Rn. 3.316.
[742] *Engelhart*, ZIP 2010, 1832 (1836 f.).
[743] *Gebauer/Niermann*, in: Hauschka (Hrsg.), Corporate Compliance, § 36 Rn. 63.
[744] *Eisele/Faust*, in: Schimansky/Bunte/Lwowski (Hrsg.), Bankrechts-Handbuch, § 109 Rn. 112a; *Schäfer*, BKR 2011, 45 (51); *Engelhart*, ZIP 2010, 1832 (1837); *Birnbaum/Kütemeier*, WM 2011, 293 (293).
[745] *Eisele/Faust*, in: Schimansky/Bunte/Lwowski (Hrsg.), Bankrechts-Handbuch, § 109 Rn. 112a.
[746] *Eisele/Faust*, in: Schimansky/Bunte/Lwowski (Hrsg.), Bankrechts-Handbuch, § 109 Rn. 112a; *Lösler*, WM 2010, 1917 (1920).

(5) Der Compliance-Beauftragte

(a) Überblick

Der Compliance-Beauftragte ist „Chef" der Compliance-Funktion. Er wird im Gesellschaftsrecht ebenfalls als Compliance-Officer oder Head of Compliance bezeichnet. § 12 Abs. 4 Satz 1 WpDVerOV sowie BT 1.1 Tz. 3 MaComp ordnen die Benennung eines Compliance-Beauftragten für das Wertpapierdienstleistungsunternehmen seit der Umsetzung der MiFiD durch das FRUG verpflichtend an.[747] Obwohl sich im KWG selbst keine entsprechende Regelung findet ergibt sich dies für das Institut nun aus AT 4.4.2 Tz. 4 MaRisk (BA). Zuvor wurde die Bestellung eines Compliance-Beauftragten in der Literatur jedoch bereits als sinnvoll erachtet[748] und es konnte angenommen werden, dass das Ermessen der Unternehmensleitung zur Frage der Benennung eines Compliance-Beauftragten zumindest bei größeren Instituten auf Null reduziert war. Wechselt die Position des Compliance-Beauftragten, ist das Aufsichtsorgan zu informieren.[749]

(b) Auswahl und Qualifikation

Um eine gute Compliance im Unternehmen sicherzustellen bedarf es qualifizierter Mitarbeiter, denen eine qualifizierte Leitung in Form des Compliance-Beauftragten übergeordnet ist. § 25a KWG selbst macht keinerlei Ausführungen zu den fachlichen Voraussetzungen des Compliance-Beauftragten. Erste Hinweise zur persönlichen Qualifikation auf normativer Grundlage finden sich in § 12 Abs. 4 Satz 3 WpDVerOV, wonach der Compliance-Beauftragte für eine ordnungsgemäße und unabhängige Erfüllung seiner Aufgaben über die „erforderlichen Fachkenntnisse" verfügen muss. Deren Vorliegen ergibt sich entweder aus der Erfahrung oder der Ausbildung des Compliance-Beauftragten.[750] Mit Blick auf das Aufgabenspektrum der Compliance-Funktion fordern *Jens Hüffer/Uwe H. Schneider* (jedenfalls bei Industrieunternehmen), dass der Compliance-Beauftragte persönlich integer sein muss und eine juristische Ausbildung

[747] Ausführungen zur Benennung eines Compliance-Beauftragten finden sich weiterhin in: Compliance and the compliance function in banks, Basel Committee on Banking Supervision, Basel 2005, Tz. 24 ff.
[748] *Uwe H. Schneider*, ZIP 2003, 645 (650); *Bürkle*, BB 2005, 565 (565); *ders.*, DB 2004, 2158 (2160); *Hauschka*, NJW 2004, 257 (259).
[749] AT 4.4.2 Tz. 7 MaRisk (BA).
[750] *Rothenhöfer*, in: Kümpel/Wittig (Hrsg.), Bank- und Kapitalmarktrecht, Rn. 3.329.

mit einschlägiger Erfahrung vorweisen sollte.[751] Diese Forderung lässt sich auch auf das Kreditinstitut bzw. Finanzdienstleistungsinstitut übertragen. Neben den charakterlichen Eigenschaften wie der persönlichen Zuverlässigkeit und Integrität ist weiterhin eine juristische Ausbildung mit der entsprechenden branchenspezifischen Erfahrung im Banken- und Kapitalmarktrecht und dem compliance-spezifischen Wissen sinnvoll. Daneben sind die Akzeptanz sowie das persönliche „Standing" im Unternehmen und bei den Mitarbeitern, gepaart mit einem guten Durchsetzungsvermögen von Bedeutung, um die Wirksamkeit der Compliance zu gewährleisten.[752]

Konkrete Ausführungen macht nun die BaFin in BT 1.3.1.4.1 und BT 1.3.1.3 Tz. 1 MaComp. In einem Katalog werden die Kenntnisse und Erfahrungen kapitalmarktrechtlicher und compliance-spezifischer Art aufgezählt, die die Compliance-Mitarbeiter und damit auch der Compliance-Beauftragte vorweisen muss, wobei an den Compliance-Beauftragten insgesamt erhöhte Anforderungen zu stellen sind.[753]

Die BaFin setzt die Messlatte an die Fachkenntnisse der Compliance-Mitarbeiter hoch an, um eine Erhöhung des operationellen Risikos für das Unternehmen in Bezug auf die Prozesse zum Management des Compliance-Risikos zu vermeiden.[754] Zwar müssen die erforderlichen Qualifikationen gemäß BT 1.3.1.3 Tz. 1 MaComp nicht bereits bei Beginn der Tätigkeit vorliegen, sondern spätestens nach Ablauf einer Einarbeitungszeit. Dennoch sollte in der Praxis auch ein neuer Compliance-Beauftragter die entsprechende Grundqualifikation vorweisen können, welche in der Einarbeitungsphase zu vertiefen ist – bestenfalls durch eine

---

751 *Jens Hüffer/Uwe H. Schneider*, ZIP 2010, 55 (55); ähnlich: *Gebauer*, in: DIRK (Hrsg.), Handbuch Investor Relations, S. 505 (539); hinsichtlich der fachlichen Qualifikation ebenso: *Bürkle*, DB 2004, 2158 (2160); vereinzelt wird darüber hinaus die Anwaltszulassung des Compliance-Beauftragten zur Wahrung seiner Unabhängigkeit gefordert: *Wolf*, DStR 2006, 1995 (1996).

752 *Schäfer*, BKR 2011, 45 (55); ähnlich *Gebauer/Niermann*, in: Hauschka (Hrsg.), Corporate Compliance, § 36 Rn. 64.

753 Dies umfasst insbesondere Kenntnisse über die regulatorischen Voraussetzungen und aufsichtsrechtlich relevanten Rechtsvorschriften, Verwaltungsvorschriften und Verlautbarungen; Kenntnisse über die Grundzüge der Organisation und Zuständigkeit der Bundesanstalt; Kenntnisse der Anforderungen und Ausgestaltung angemessener Prozesse zur Verhinderung und Aufdeckung von Verstößen gegen aufsichtsrechtliche Bestimmungen; Kenntnisse zu Aufgaben, Verantwortlichkeiten der Compliance-Funktion und des Compliance-Beauftragten; Kenntnisse über verschiedene Ausgestaltungen von Vertriebsvorgaben sowie der Aufbau- und Ablauforganisation des Unternehmens; Kenntnisse der Funktionsweise und Risiken der Arten von unternehmensrelevanten Finanzinstrumenten; Kenntnisse zu beachtender ausländischer rechtlicher Anforderungen; für Wertpapierdienstleistungsunternehmen, deren Mitarbeiter regelmäßig Zugang zu compliancerelevanten Informationen haben: Kenntnisse der Handelsüberwachung; Kenntnisse über die verschiedenen Geschäftstätigkeiten und immanenten Risiken des Unternehmens.

754 *Niermann*, ZBB 2010, 400 (425).

zeitweise fachliche Begleitung des neuen Compliance-Beauftragten durch den Vorgänger im Compliance-Amt. Auf diese Weise kann der neue Compliance-Beauftragte Kenntnisse über die internen Abläufe und der personellen Besetzung des Unternehmens gewinnen.[755]
Die persönliche Qualifikation des Compliance-Beauftragten ist nun mit dem Anlegerschutz- und Funktionsverbesserungsgesetz vom 7. April 2011 (AnsFuG)[756] auch gesetzlich geregelt worden. Hiernach gilt seit dem 1. November 2012 der neu eingefügte § 34d Abs. 3 Satz 1 WpHG. Dieser verpflichtet Wertpapierdienstleistungsunternehmen ausschließlich sachkundige und zuverlässige Compliance-Beauftragte einzusetzen. Hierdurch sollen die Unternehmen ihr Bewusstsein für die Bedeutung der Mitarbeiterwahl und ihre Verantwortung schärfen.[757] Auf Grundlage von § 34d Abs. 6 Satz 1 Nr. 2 WpHG kann das Bundesministerium der Finanzen die Anforderungen durch Rechtsverordnung konkretisieren. Die Anforderung an die Sachkunde wird durch § 3 Abs. 1 WpHG-Mitarbeiteranzeigeverordnung (WpHGMaAnzV) ergänzt, dessen Vorgaben sich mit denen der MaComp streckenweise überschneiden. Die Sachkunde ist nachzuweisen, wobei § 3 Abs. 2 und § 4 WpHGMaAnzV entsprechende Nachweismöglichkeiten vorgeben. In Betracht kommt gemäß § 3 Abs. 2 WpHGMaAnzV der Nachweis durch Abschluss- oder Arbeitszeugnisse, Stellenbeschreibungen, Schulungsnachweise oder in anderer geeigneter Weise. Gemäß § 4 Nr. 3 WpHGMaAnzV kann der Nachweis insbesondere durch bestimmte Berufsqualifikationen (Abschluss eines Studiums der Rechtswissenschaft oder der Betriebswirtschaftslehre – im letzteren Fall gelten zusätzliche Anforderungen, § 4 Nr. 1 lit. b) WpHGMaAnzV – sowie der Abschluss als Bank- oder Sparkassenbetriebswirt einer Bank- oder Sparkassenakademie) erbracht werden. Der unbestimmte Rechtsbegriff der Zuverlässigkeit wird durch § 6 WpHGMaAnzV konkretisiert. Danach hat die „erforderliche Zuverlässigkeit nach § 34d [...] Abs. 3 Satz 1 WpHG [...] in der Regel nicht, wer in den letzten fünf Jahren vor Beginn einer anzeigepflichtigen Tätigkeit wegen eines Verbrechens oder wegen Diebstahls, Unterschlagung, Erpressung, Betruges, Untreue, Geldwäsche, Urkundenfälschung, Hehlerei, Wuchers, einer Insolvenzstraftat, einer Steuerhinterziehung oder aufgrund des § 38 WpHG rechtskräftig verurteilt worden ist". Weiterhin gibt § 34d Abs. 3 Satz 2 WpHG vor, dass der BaFin der Compliance-Beauftragte angezeigt werden muss, bevor dieser seine Tätigkeit aufnimmt. Zur effektiven Aufsicht wird die BaFin jedem Compliance-Beauftragten für die ge-

---

755 Ähnlich *Geiser*, Leitungspflichten des Vorstandes in der AG, S. 201.
756 BGBl. I 2011 Nr. 14, S. 538 ff; vgl. zur Begr. des RegE AnsFuG, BT-Drucks. 17/3628; Einen Überblick über die Neuregelungen geben *Möllers/Wenninger*, NJW 2011, 1697 (1698).
757 Begr. des RegE AnsFuG, BT-Drucks. 17/3628, S. 22.

samte Berufslaufbahn eine Identifikationsnummer (BaFin-ID) zuweisen.[758] Auf diese Weise kann gewährleistet werden, dass auffällig gewordene Mitarbeiter auch bei einem Arbeitgeberwechsel für die BaFin erkennbar bleiben[759] und somit die Qualität der Compliance-Funktion gesichert wird. Eine zentrale Bedeutung nimmt letztlich auch § 34d Abs. 4 Nr. 1 WpHG ein. Die darin vorgesehene Möglichkeit der BaFin einem Unternehmen die Benennung eines bestimmten Compliance-Beauftragten zu untersagen, wenn dieser die erforderlichen Qualifikationen nicht besitzt, bedeutet einen tiefen Eingriff in die Unternehmerfreiheit gemäß Art. 12 Abs. 1 GG.[760] Dass der Gesetzgeber diesen Eingriff zur Sicherung einer guten Compliance-Organisation als verhältnismäßig erachtet, unterstreicht die enorme Bedeutung eines qualifizierten Compliance-Beauftragten für eine gute Compliance im Institut.

Wird dem Compliance-Beauftragten ein Vertreter zugeordnet, wie BT 1.3.2 Tz. 2 MaComp verpflichtend vorsieht, dann muss dieser ebenfalls ausreichend qualifiziert sein, um die Vertretung des Compliance-Beauftragten während seiner Abwesenheit zu übernehmen. Die Vorgaben zum Compliance-Beauftragten gelten entsprechend.

(c) Unabhängigkeit des Compliance-Beauftragten

Für eine effektive Compliance-Organisation bedarf es einer unabhängigen Compliance-Funktion. Die dargestellten Formen der Unabhängigkeit - die disziplinarische Unabhängigkeit, die organisatorische Unabhängigkeit und die finanzielle Unabhängigkeit – gelten erst recht für den Compliance-Beauftragten. Hinsichtlich der finanziellen Unabhängigkeit spricht die MaComp für den Compliance-Beauftragten zudem die Empfehlung aus, sich an der Vergütung der Leiter von Revision, des Risikocontrollings und der Rechtsabteilung zu orientieren.[761]

Darüber hinaus wird empfohlen dem Compliance-Beauftragten im Interesse einer effektiven Compliance-Organisation die erforderliche arbeitsrechtliche Unabhängigkeit einzuräumen, um zu verhindern, dass sich ein Unternehmen unbequemer Compliance-Beauftragter durch Kündigung entledigt. Gemäß BT 1.3.3.4 Tz. 4 Satz 1 MaComp wird daher eine Ernennung des Compliance-Beauftragten für einen Zeitraum von mindestens 24 Monaten empfohlen. Ein geeignetes Mit-

---

[758] *Möllers/Wenninger*, NJW 2011, 1697 (1698).

[759] *Möllers/Wenninger*, NJW 2011, 1697 (1698).

[760] Das BVerfG hat den Schutz der Unternehmerfreiheit durch Art. 12 GG anerkannt: BVerfGE 50, 290 (363).

[761] BT 1.3.3.4 Tz. 5 MaComp.

tel für dessen Unabhängigkeit soll zusätzlich die Vereinbarung einer 12-monatigen Kündigungsfrist seitens des Arbeitgebers sein.[762]

(d) Berichtspflichten des Compliance-Beauftragten

Die Rechtsstellung des Compliance-Beauftragten richtet sich grundsätzlich nach dem normalen Arbeitsverhältnis des Arbeitgebers und seinem Arbeitnehmer. Im Anstellungsvertrag ist individualvertraglich der Aufgaben- und Pflichtenkreis seiner Arbeit festgelegt.

Für das Wertpapierdienstleistungsunternehmen ergeben sich zudem Vorgaben aus dem WpHG, dem WpDVerOV und der MaComp. Im Institut können diese der Geschäftsleitung als Orientierungshilfe dienen. Daneben finden sich für das Institut zudem Vorgaben aus den MaRisk (BA). Der Compliance-Beauftragte ist danach für die Compliance-Funktion und die Berichte an die Geschäftsleitung und das Aufsichtsorgan[763] verantwortlich.[764] Die Verantwortlichkeit für die Compliance-Funktion ergibt sich ebenfalls aus der noch näher zu diskutierenden Haftungsgefahr für den Compliance-Beauftragten.

Die internen Berichtspflichten werden sowohl durch die MaRisk (BA) als auch die MaComp konkretisiert. Der Compliance-Beauftragte muss hiernach der Geschäftleitung und dem Aufsichtsorgan sowie unter Umständen der Internen Revision in angemessenen zeitlichen Abständen, mindestens einmal jährlich,[765] einen schriftlichen Compliance-Bericht erstatten. Gegenstand des Berichts ist die Beschreibung der Angemessenheit und Wirksamkeit der Compliance-Maßnahmen sowie der Umgang mit identifzierten Compliance-Risiken.[766] Bei Vorliegen akuter Compliance-Risiken muss die Geschäftsleitung ad-hoc infor-

---

[762] BT 1.3.3.4 Tz. 5 Satz 2 MaComp.

[763] Zum Verhältnis von § 33 Abs. 1 Satz 2 Nr. 5 WpHG i.V.m. § 12 Abs. 4 Satz 1 WpDVerOV zu § 90 Abs. 1 AktG siehe: *Hense/Renz*, CCZ 2008, 181 (184 f.).

[764] § 33 Abs. 1 Satz 2 Nr. 5 WpHG i.V.m. § 12 Abs. 4 Satz 1 WpDVerOV; BT 1.2.2 Tz. 1, 3 MaComp; AT 4.4.2 Tz. 6 MaRisk (BA); Compliance and the compliance function in banks, Basel Committee on Banking Supervision, Basel 2005, Tz. 18.

[765] Wie oft eine Berichterstattung tatsächlich zu erfolgen hat kann nicht pauschal festgelegt werden und sollte vom jeweiligen Einzelfall abhängen. Dies richtet sich nach der Risikogeneigtheit des Instituts, der Anzahl an Compliance-Verstößen, laufenden Projekten zur Compliance, Gesetzesänderungen etc. Die Geschäftsleitung und der Aufsichtsrat sollten zumindest hinreichend Kenntnis über die Compliance relevanten Informationen im Institut haben. Parallel zur Berichterstattung nach den MaRisk wird von *Auerbach/Jost* eine vierteljährliche Berichtsfrequenz als sinnvoll erachtet – *Auerbach/Jost*, in: Hopt/Wohlmannstetter (Hrsg.), Handbuch Corporate Governance von Banken, S. 651 (676).

[766] Näher BT 1.2.2 Tz. 6 MaComp und AT 4.4.2 Tz. 6 MaRisk (BA).

miert werden.[767] Die Übermittlung der Berichte an das Aufsichtsorgan erfolgt grundsätzlich durch die Geschäftsleitung.[768] Über inhaltliche Ergänzungen des Berichts durch die Geschäftsleitung ist der Vorsitzende des Aufsichtsrat zu informieren.[769] In Ausnahmefällen ist auch ein Direktkontakt zwischen Aufsichtsrat und Compliance-Funktion ohne Einbeziehung der Geschäftsleitung möglich.[770]

Fraglich ist, ob den Compliance-Beauftragten darüber hinaus auch externe Berichtspflichten gegenüber der BaFin treffen. In der Praxis fungiert der Compliance-Beauftragte zwar oftmals als autorisierter Ansprechpartner der BaFin, da er die nötige Sachkenntnis vorweisen kann.[771] Dennoch darf er keinesfalls als unternehmensinterne Ermittlungsbehörde der BaFin verstanden werden, da er dem Unternehmensinteresse zur Loyalität verpflichtet ist. Externe Berichtspflichten bestehen nur dort, wo sie gesetzlich vorgesehen sind (bspw. in §§ 10 WpHG, 11 GwG).[772] Der Aufsichtsbehörde gegenüber hat der Compliance-Beauftragte in der Regel auch keine Melde- bzw. Anzeigepflichten von Rechtsverletzungen; eine Ausnahme greift nur im Fall des Straftatbestandes der „Nichtanzeige geplanter Straftaten“ gemäß § 138 Abs. 1 StGB.[773] Weiterhin wird die Anzeige dann als zulässig erachtet, wenn diese der Abwendung eines erheblichen Schadens dient oder die Gefahr der Verletzung bedeutender Rechtsgüter der Allgemeinheit besteht.[774] Um die Verhältnismäßigkeit der Maßnahme zu wahren muss der Compliance-Beauftragte zunächst alle internen Möglichkeiten ausschöpfen, um den Gesetzesverstoß zu beheben.[775] Erst in einem zweiten Schritt steht ihm der Weg zur BaFin offen. Dies wird in der Praxis der Institute einen

[767] BT 1.2.2 Tz. 2 MaComp; AT 4.4.2 Tz. 6 MaRisk (BA); *Auerbach/Jost*, in: Hopt/Wohlmannstetter (Hrsg.), Handbuch Corporate Governance von Banken, S. 651 (676).

[768] BT 1.2.2 Tz. 3 Satz 2 MaComp.

[769] BT 1.2.2 Tz. 4 MaComp.

[770] Siehe C. IV. 3. c) aa) (3).

[771] Compliance and the compliance function in banks, Basel Committee on Banking Supervision, Basel 2005, Tz. 42; *Gebauer/Niermann*, in: Hauschka (Hrsg.), Corporate Compliance, § 36 Rn. 56; *Auerbach/Jost*, in: Hopt/Wohlmannstetter (Hrsg.), Handbuch Corporate Governance von Banken, S. 651 (677); *Harm*, Compliance in Wertpapierdienstleistungsunternehmen und Emittenten von Finanzinstrumenten, S. 140 f. – *Harm* fordert in dem Zusammenhang den Compliance-Beauftragten für die im Außenverhältnis erfolgenden Verhandlungen mit Vollmacht auszustatten, damit dieser die Möglichkeit hat, namens des Unternehmens rechtlich verbindliche Erklärungen abzugeben.

[772] *Lösler*, WM 2008, 1098 (1098); *Casper*, Rechtliche Grundlage und aktuelle Entwicklungen der Compliance am Beispiel des Kapitalmarktrechts, Bankrechtstag 2008, S. 139 (154); *Eisele/Faust*, in: Schimansky/Bunte/Lwowski (Hrsg.), Bankrechts-Handbuch, § 109 Rn. 99.

[773] *Lösler*, WM 2007, 676 (678); eingehend zum Problem des Offenbarens von betrieblichen Rechtsverstößen: *Herbert/Oberrath*, NZA 2005, 193 ff.

[774] *Lösler*, WM 2007, 676 (678).

[775] *Illing/Umnuß*, CCZ 2009, 1 (5).

seltenen Ausnahmefall darstellen.[776] Kommt es aber zum Ausnahmefall und somit zum Whistleblowing an die BaFin wird dies nachhaltig das Vertrauensverhältnis zwischen Vorstand und Compliance-Beauftragten schädigen, so dass dieser danach regelmäßig sein Beauftragtenamt niederlegt. Informiert der Compliance-Beauftragte hingegen die BaFin über einen unternehmensinternen Gesetzesverstoß ohne das einer der dargelegten Ausnahmesituationen in Betracht kommt, dann verstößt er gegen die Verschwiegenheitspflicht, Loyalitätspflicht und Schadensabwendungspflicht gegenüber dem Arbeitgeber.[777] In der Konsequenz hat er eine ordentliche oder außerordentliche Kündigung zu befürchten.[778] Weiterhin kommt die Geltendmachung von Schadensersatzansprüchen gegen den Compliance-Beauftragten in Betracht.[779]

(e) Kompetenzen des Compliance-Beauftragten

Als Mitarbeiter der Compliance-Funktion ist der Compliance-Beauftragte mit den bereits dargestellten Kompetenzen ausgestattet. Als Leiter der Compliance-Funktion nimmt er jedoch eine besondere Stellung innerhalb der Compliance-Organisation ein.

Fraglich ist, ob sich diese besondere Stellung auf den Kompetenzbereich des Compliance-Beauftragten erweiternd auswirkt. In der Literatur wird verschiedentlich angenommen, dass der Compliance-Beauftragte gegenüber Fachabteilungen dahingehend weisungsbefugt ist, dass die Compliance-Funktion rechtswidrige Maßnahmen untersagen bzw. stornieren und rückabwickeln kann.[780] Das Gesetz sehe eine entsprechende Kompetenz zwar nicht ausdrücklich vor; eine solche Auslegung ergebe sich aber aus § 12 Abs. 4 WpDVerOV[781] und dem Schutzzweck der Normen § 33 Abs. 1 WpHG und § 12 WpDVerOV.[782] Nach einer anderen, vorzugswürdigen Auffassung stehen dem Compliance-Beauftragten hingegen keine Weisungsbefugnisse zu.[783] Für die erste Auffas-

---

[776] *Lösler*, WM 2007, 676 (678); *Lebherz*, Emittenten-Compliance, S. 324.
[777] *Herbert/Oberrath*, NZA 2005, 193 (195).
[778] *Herbert/Oberrath*, NZA 2005, 193 (199).
[779] *Herbert/Oberrath*, NZA 2005, 193 (199).
[780] *Veil*, WM 2008, 1093 (1098); *Eisele*, WM 1993, 1021 (1024); *Harm*, Compliance in Wertpapierdienstleistungsunternehmen und Emittenten von Finanzinstrumenten, S. 58; *Lebherz*, Emittenten-Compliance, S. 324; *Rothenhöfer*, in: Kümpel/Wittig (Hrsg.), Bank- und Kapitalmarktrecht, Rn. 3.333.
[781] *Harm*, Compliance in Wertpapierdienstleistungsunternehmen und Emittenten von Finanzinstrumenten, S. 58 Fn. 173.
[782] *Harm*, Compliance in Wertpapierdienstleistungsunternehmen und Emittenten von Finanzinstrumenten, S. 58.
[783] *Lösler*, WM 2008, 1098 (1102); *Spindler*, WM 2008, 905 (911); *Lippe*, Compliance in Banken und Bankenkonzernen, S. 157.

sung könnte zwar der durch das AnsFuG eingefügte § 12 Abs. 3 Satz 2 WpDVerOV sprechen, wonach der Compliance-Beauftragte berechtigt sein muss, „geeignete und erforderliche vorläufige Maßnahmen zu treffen, um eine konkrete Gefahr der Beeinträchtigung von Kundeninteressen bei der Erbringung von Wertpapierdienstleistungen oder Wertpapiernebendienstleistungen abzuwenden“. Weisungsbefugnisse könnten hierbei „Maßnahmen“ im Sinne von § 12 Abs. 3 Satz 2 WpDVerOV sein. Ein solche Auslegung widerspricht allerdings dem geltenden Gesellschaftsrecht und auch dem Pflichtenkreis des Compliance-Beauftragten. Die Befugnis, Maßnahmen zur Behebung von Missständen vorzunehmen, hat er nicht. Zwar muss er sich Zugang zu allen für die Compliance-Aufgabe relevanten Informationen verschaffen können. Offenbaren sich hierbei Compliance-Verstöße, dann kann er die entsprechende Stelle auffordern den rechtmäßigen Zustand wiederherzustellen und auf mögliche Maßnahmen hinweisen.[784] Bleibt die Stelle allerdings untätig, dann ist die Geschäftsleitung zu informieren. Bei ihr liegt die Verantwortung für die ordnungsgemäße Compliance-Organisation im Unternehmen und nur sie hat die Befugnis zum Abstellen der Mängel.[785]
In Betracht käme, dem Compliance-Beauftragten eine entsprechende Befugnis auf freiwilliger Basis einzuräumen.[786] Hierbei ist darauf zu achten, dass die Weisungsbefugnisse des Compliance-Beauftragten hinsichtlich seiner Grenzen klar umrissen sind, damit es keine Unklarheiten bei der Kompetenzverteilung zwischen Geschäftleitung und Compliance-Beauftragten gibt, welche sich nachteilig auf die Effektivität der Compliance auswirken.[787]

(f) Der Compliance-Beauftragte als Unternehmensbeauftragter?

Der dargestellte Aufgabenkreis des Compliance-Beauftragten, seine Kompetenzen und seine Stellung im Unternehmen offenbaren eine Parallele zum Unternehmensbeauftragten. Hierbei handelt es sich um eine Funktion, die vom Gesetzgeber regelmäßig in solchen Wirtschaftsbereichen eingeführt wird, die öffentliche Interessen berühren, um dort auf ein rechtskonformes Handeln hinzuwirken.[788] Eine einheitliche gesetzliche Konzeption des Unternehmensbeauftrag-

---

784 Siehe C. IV. 3. c) aa) (3).
785 *Lösler*, WM 2008, 1098 (1102).
786 *Eisele/Faust*, in: Schimansky/Bunte/Lwowski (Hrsg.), Bankrechts-Handbuch, § 109 Rn. 150 Fn. 494; *Lippe*, Compliance in Banken und Bankenkonzernen, S. 157 f.
787 *Lippe*, Compliance in Banken und Bankenkonzernen, S. 158.
788 *Meier-Greve*, CCZ 2010, 216 (219), der als Beispiele die Beauftragten für Geldwäsche (§ 14 Abs. 2 Nr. 1 GwG), für Datenschutz (§§ 4f, 4g BDSG), für Strahlenschutz (§§ 31 ff.

ten besteht zwar nicht.[789] In der Literatur[790] haben sich allerdings drei Merkmale herauskristallisiert, welche den Unternehmensbeauftragten definieren: Der Unternehmensbeauftragte wird durch gesetzliche Anordnung bestellt, das Gesetz muss ihm klar umrissene Aufgaben zuweisen und er muss dem Schutz bestimmter Allgemeinwohlbelange verpflichtet sein. Dabei steht er als Hilfsorgan der Geschäftsleitung in einer privatrechtlichen Beziehung zum Unternehmen und ist nicht Außenstelle der Aufsichtsbehörde.[791] Der Aufgabenkreis des Unternehmensbeauftragten umfasst regelmäßig Kontroll-, Innovations-, Informations- und Berichtsfunktionen.[792]

Fraglich ist, ob der Compliance-Beauftragte ein Unternehmensbeauftragter ist. Wäre dem so, dann könnten die gesetzlichen Ausführungen zum Unternehmensbeauftragten den Aufgabenbereich des Compliance-Beauftragten konkretisieren. Teile der Literatur[793] ordnen den Compliance-Beauftragten als Unternehmensbeauftragten ein und wenden die Regelungen zu den anderen Unternehmensbeauftragten auf den Compliance-Beauftragten analog an. Hierfür müsste sich die Funktion des Compliance-Beauftragten unter die dargestellten Kriterien subsumieren lassen. Als problematisch wird bereits die erste Voraussetzung, die gesetzliche Anordnung der Bestellung, erachtet.[794] Zum einen spreche die Tatsache, dass die Pflicht in einer das formelle Gesetz konkretisierenden Verwaltungsvorschrift (§ 12 Abs. 4 Satz 1 WpDVerOV) verankert worden ist gegen die Einordnung als Unternehmensbeauftragten.[795] Zum anderen seien keine konkreten Anforderungen, abgesehen vom Vorhandensein erforderlicher Fachkenntnisse, an die Bestellung des Compliance-Beauftragten geknüpft.[796] Im Vergleich zu sonstigen Unternehmensbeauftragten gebe es zudem keine Pflicht zur Benennung und Abberufung eines Compliance-Beauftragten gegenüber der Aufsichtsbehörde.[797] Der letztgenannte Kritikpunkt ist mit Inkrafttreten des §

StrlSchV), für Tierschutz (§ 8b TierSchG) anführt. Zudem gibt es noch in zahlreichen anderen Bereichen Unternehmensbeauftragte.

[789] *Haouache*, Unternehmensbeauftragte und Gesellschaftsrecht der AG und GmbH, 2003, S. 24; *Casper*, in: Festschrift K. Schmidt, S. 199 (212); *ders.*, Rechtliche Grundlage und aktuelle Entwicklungen der Compliance am Beispiel des Kapitalmarktrechts, Bankrechtstag 2008, S. 139 (155); *Rehbinder*, ZGR 1989, 305 (314); *Veil*, WM 2008, 1093 (1097).

[790] *Haouache*, Unternehmensbeauftragte und Gesellschaftsrecht der AG und GmbH, S. 24 ff.; *Lösler*, WM 2008, 1098 (1100); *Rehbinder*, ZGR 1989, 305 (314 ff.).

[791] *Rehbinder*, ZGR 1989, 305 (313).

[792] *Haouache*, Unternehmensbeauftragte und Gesellschaftsrecht der AG und GmbH, S. 33 ff.; *Dreher*, in: Festschrift Claussen, S. 69 (71 f.).

[793] *Veil*, WM 2008, 1093 (1097); *Meier-Greve*, CCZ 2010, 216 (221).

[794] *Lösler*, WM 2008, 1098 (1101).

[795] *Lösler*, WM 2008, 1098 (1101).

[796] *Lösler*, WM 2008, 1098 (1101).

[797] *Lösler*, WM 2008, 1098 (1101).

34d Abs. 3 Satz 2 WpHG zumindest im Kapitalmarktrecht gegenstandslos geworden, da das Unternehmen verpflichtet wird, die Ernennung und Abberufung des Compliance-Beauftragten der Bundesanstalt unverzüglich mitzuteilen.[798] Ob die beiden verbleibenden Kritikpunkte letztlich die hinreichende Durchschlagskraft haben, um die Subsumtion des Compliance-Beauftragten unter die dargestellten Merkmale gänzlich abzulehnen[799] ist letztlich jedoch unerheblich, da der Compliance-Beauftragte aufgrund der weiteren Kriterien ohnehin nicht als Unternehmensbeauftragter einzuordnen ist. Dem Compliance-Beauftragten werden keine eigenen, klar umrissenen Aufgaben zugewiesen; er übernimmt vielmehr abgeleitete Aufgaben der Geschäftsleitung, weshalb ihm regelmäßig keine unmittelbaren Weisungsbefugnisse obliegen. Bei der Geschäftsleitung liegt die Entscheidungsbefugnis zum Abstellen der Mängel. Aufgedeckte Rechtsverstöße müssen daher vom Compliance-Beauftragten an die Geschäftsleitung eskaliert werden.

Schlussendlich liegt Compliance zudem vorrangig im Unternehmens- und Mitarbeiterinteresse. Im Falle der branchenspezifischen Compliance nach dem KWG werden zwar ebenfalls Allgemeinwohlbelange verfolgt, da im Sinne des Anlegerschutzes Missstände im Kredit- und Finanzdienstleistungswesen sowie Nachteile für die Gesamtwirtschaft vermieden werden sollen. Dieser Schutz von Allgemeinwohlbelangen ist aber nur Regelungsreflex, so dass auch hier die Subsumtion unter den Unternehmensbeauftragten scheitert.[800]

Dementsprechend ist der Compliance-Beauftragte kein Unternehmensbeauftragter, so dass der Rechtsgedanke einzelner spezialgesetzlicher Vorschriften zum Unternehmensbeauftragten nicht analog herangezogen werden kann.

(g) Haftung des Compliance-Beauftragten

„Compliance ist Chefsache“ - darauf wurde bereits hingewiesen. Somit fällt die gesamte Compliance-Organisation in den Pflichtenkreis der Geschäftsleitung. Das zivil- und strafrechtliche Haftungsrisiko trifft daher in erster Linie die Unternehmensleitung. Fraglich ist, ob daneben überhaupt Platz verbleibt, um den

---

[798] *Schaaf*, Risikomanagement und Compliance in Versicherungsunternehmen, S. 147 – hält auch an dem letzten Kritikpunkt fest, indem er anführt, dass BT 1.3 MaComp a.F. einer gesetzlichen Grundlage entbehre.

[799] Ablehnend *Casper*, in: Festschrift K. Schmidt, S. 199 (213); *Lippe*, Compliance in Banken und Bankenkonzernen, S. 150.

[800] Ebenso *Casper*, in: Festschrift K. Schmidt, S. 199 (214); *ders.*, Rechtliche Grundlage und aktuelle Entwicklungen der Compliance am Beispiel des Kapitalmarktrechts, Bankrechtstag 2008, S. 139 (155); *Lösler*, WM 2008, 1098 (1102); *ders.*, NZG 2005, 104 (108); *Lippe*, Compliance in Banken und Bankenkonzernen, S. 151; *Rönnau/Schneider*, ZIP 2003, 53 (56).

Compliance-Beauftragten mit einem Haftungsrisiko zu belegen. Konkrete gesetzliche Vorgaben über die rechtliche Verantwortlichkeit des Compliance-Beauftragten gibt es nicht. Im Folgenden ist zu untersuchen, ob den Compliance-Beauftragten dennoch zivilrechtliche Schadensersatzrisiken und sogar Strafbarkeitsrisiken treffen. Darüber hinausgehende unternehmensinterne arbeitsrechtliche Konsequenzen bleiben unberührt.

(aa) Zivilrechtliche Haftung

Eingangs wurde bereits festgestellt, dass das zivilrechtliche Schadensersatzrisiko für eine mangelhafte Compliance-Organisation in erster Linie die Geschäftsleitung gegenüber der Gesellschaft trifft. Kommt es dadurch zu Rechtsverstößen des Unternehmens, haftet im Aktienrecht beispielsweise der Vorstand einer AG gemäß § 93 Abs. 2 AktG[801] gegenüber der Gesellschaft, da ein rechtswidriges Verhalten im Außenverhältnis auch eine Pflichtverletzung im Innenverhältnis gegenüber der Gesellschaft darstellt.[802] Fraglich ist, wie es sich auswirkt, wenn die Geschäftsleitung zwar eine eigene Entscheidung trifft, diese Entscheidung allerdings durch den sachkundigen Compliance-Beauftragten maßgeblich beeinflusst wurde. Kommt es dabei zu einer objektiv pflichtwidrigen Handlung wird sich die Geschäftsleitung regelmäßig exkulpieren können, wenn sie ihrer Pflicht zur eigenen Bewertung sowie regelmäßigen Prüfung der Compliance-Organisation genügt und die Vorarbeiten des Compliance-Beauftragen bzw. der Compliance-Funktion auf ihre Plausibilität hin überprüft hat.[803] In Bezug auf unmittelbare Pflichtverletzungen des Compliance-Beauftragten haftet die Geschäftsleitung nur im Falle eines Auswahl-, Einweisungs- oder Überwachungsverschuldens,[804] da die Geschäftsleitung auch hier nur für eigenes Verschulden haftet, d.h. fremde Pflichtverletzungen ihr nicht zugerechnet werden.[805]

---

801 Vergleichbare Haftungstatbestände finden sich auch in der GmbH, der eG oder der AöR.

802 Für die AG: *Fleischer*, in: Spindler/Stilz (Hrsg.), AktG, § 93 Rn. 24; *ders*, in: Fleischer (Hrsg.), Handbuch Vorstandsrechts, § 8 Rn. 26; *Wilsing*, in: Krieger/Uwe H. Schneider (Hrsg.), Handbuch Managerhaftung, § 27 Rn. 22; für die GmbH: *Uwe H. Schneider*, in: Scholz (Hrsg.), GmbHG, § 43 Rn. 78; *Zöllner/Noack*, in: Baumbach/Hueck (Hrsg.) GmbHG, § 43 Rn. 17.

803 *Harm*, Compliance in Wertpapierdienstleistungsunternehmen und Emittenten von Finanzinstrumenten, S. 151 f.

804 *Uwe H. Schneider*, in: Scholz (Hrsg.), GmbHG, § 43 Rn. 41; *ders./Sven H. Schneider*, GmbHR 2005, 1229 (1231); *Fleischer*, in: Spindler/Stilz (Hrsg.), AktG, § 93 Rn. 100 ff.; *ders*, in: Fleischer (Hrsg.), Handbuch Vorstandsrechts, § 8 Rn. 28 ff.

805 *Uwe H. Schneider*, in: Scholz (Hrsg.), GmbHG, § 43 Rn. 31; *Zöllner/Noack*, in: Baumbach/Hueck (Hrsg.) GmbHG, § 43 Rn. 17; *Fleischer*, in: Spindler/Stilz (Hrsg.), AktG, § 93 Rn. 98; *Hüffer*, AktG, § 93 Rn. 14.

Daneben kommt eine zivilrechtliche Haftung des Compliance-Beauftragten in Form einer Schadensersatzverpflichtung in Betracht. Zu unterscheiden ist zwischen Haftungsansprüchen der Gesellschaft und Dritter.

Schadensersatzansprüche der Gesellschaft nach § 93 Abs. 2 AktG, § 43 Abs. 2 GmbHG, § 34 Abs. 2 GenG u.a. scheiden aus, da der Compliance-Beauftragte nach der gesetzlichen Verfassung von Gesellschaften kein „Organ der Gesellschaft" ist.[806] Aufgrund der tatsächlichen Einflussnahme des Compliance-Beauftragten auf die Geschäftsleitung ist allerdings fraglich, ob dieser faktisch wie ein Organ (sog. Haftung des faktischen Organs) nach § 93 Abs. 2 AktG haftet. Bereits die Figur des faktischen Organs ist umstritten.[807] Dessen Existens unterstellt kann der Compliance-Beauftragte allerdings nicht als faktisches Organ eingeordnet werden.[808] Erforderlich wäre, dass der Compliance-Beauftragte wie ein Vorstand bzw. Geschäftsführer handelt und nicht bloß in Einzelfragen Einfluss auf die Geschäftsleitung nimmt.[809] Der Compliance-Beauftragte nimmt die organspezifischen Aufgaben aber nicht unmittelbar wahr; seine Aufgaben als nachgeordneter Unternehmensangehöriger beschränken sich darauf der Geschäftsleitung beratend zur Seite zu stehen und Leitungsentscheidungen vorzubereiten. Der Compliance-Beauftragte hat lediglich faktischen Einfluss auf die Entscheidungen der Geschäftsleitung ohne selbst de facto die Möglichkeit eines eigenen Handelns im Außenverhältnis zu besitzen. Er bleibt gegenüber der Geschäftsleitung letztlich weisungsgebunden, was der faktischen Organschaft widerspricht.[810] Compliance relevante Entscheidungen der Geschäftsleitung werden in der Praxis zwar durchaus durch die Vorgaben der Compliance-Funktion geprägt sein; dennoch ist die Geschäftsleitung nicht an die Vorgaben der Compliance-Funktion gebunden.

Obwohl die Benennung eines Compliance-Beauftragten vorgeschrieben wird, liegt seiner Benennung ein *privatrechtlicher Dienstvertrag* zugrunde. Bei Pflichtverletzungen kommt daher eine vertragliche Haftung aus § 280 Abs. 1

---

806 *Hauschka*, Compliance im Gesellschaftsrecht und die aktuellen Entwicklungen in der Diskussion, Bankrechtstag 2008, S. 103 (127); *Casper*, Rechtliche Grundlage und aktuelle Entwicklungen der Compliance am Beispiel des Kapitalmarktrechts, Bankrechtstag 2008, S. 139 (165).

807 Befürwortend: *Hopt*, in: Großkommentar zum Aktiengesetz, § 93 Rn. 49 f.; *Fleischer*, in: Spindler/Stilz (Hrsg.), AktG, § 93 Rn. 187; *Spindler*, in: Münchener Kommentar AktG, § 93 Rn. 17; *Uwe H. Schneider*, in: Scholz (Hrsg.), GmbHG, § 43 Rn. 22; *Zöllner/Noack*, in: Baumbach/Hueck (Hrsg.) GmbHG, § 43 Rn. 3; Ablehnend: *Hüffer*, AktG, § 93 Rn. 12; *Mertens/Cahn*, in: Kölner Kommentar AktG, § 93 Rn. 43.

808 Im Ergebnis ebenso: *Harm*, Compliance in Wertpapierdienstleistungsunternehmen und Emittenten von Finanzinstrumenten, S. 163 ff.

809 *Uwe H. Schneider*, in: Scholz (Hrsg.), GmbHG, § 43 Rn. 22.

810 *Fleischer*, in: Spindler/Stilz (Hrsg.), AktG, § 93 Rn. 195.

Satz 1 (i.V.m. §§ 619a, 611) BGB in Betracht.[811] Die konkrete Verantwortlichkeit nach § 276 BGB richtet sich nach dem Umfang der Delegation.[812] Dabei ist zu klären, ob die Grundsätze des innerbetrieblichen Schadensausgleichs[813] einen Compliance-Beauftragten enthaften können. Grundsätzlich gilt die Haftungserleichterung für alle Arbeitnehmer im Unternehmen.[814] Entgegen früherer Rechtsprechung[815] wird die Haftungsbeschränkung heute generell auch leitenden Angestellten zugestanden, „soweit sie nicht Geschäftsführer sind".[816] Das arbeitsrechtliche Haftungsprivileg sollte ebenfalls für den Compliance-Beauftragten gelten.[817] Der Compliance-Beauftragte muss sich im Rahmen seiner Beratungsfunktion oftmals mit äußerst komplexen und schwierigen Fragestellungen befassen. Ihn bereits bei Eintritt eines Schadens durch geringfügige Außerachtlassung der erforderlichen Sorgfalt haften zu lassen wäre unbillig. Zudem bestünde die Gefahr, dass der sich dauernden und beachtlichen Haftungsrisiken ausgesetzte Compliance-Beauftragte übertrieben vorsichtig und abwartend handelt, was die Effektivität der Compliance-Organisation belasten könnte.[818]

Kommt es zu einer quotalen Schadensverteilung erfolgt die Zumessung des vom Compliance-Beauftragten zu tragenden Schadensanteils durch Abwägung der Gesamtumstände.[819] Das Verschulden des Arbeitnehmers, die Gefahrgeneigtheit der Tätigkeit und das Betriebsrisiko des Arbeitgebers sind grundsätzlich gegeneinander abzuwägen. Der besonderen Verantwortung des Compliance-Beauftragten für das Unternehmensinteresse sowie das Allgemeinwohl ist innerhalb der konkreten Abwägung zur Haftungsverteilung Rechnung zu tragen, indem an ihn besonders hohe Sorgfaltsanforderungen gestellt werden. Um die

---

[811] *Bürkle/Fecker*, NZA 2007, 589 (593 ff.) und *Fecker/Kinzl*, CCZ 2010, 13 (20) befürworten die Anwendung der „Business Judgment Rule" auch für leitende Angestellte.

[812] *Zimmermann*, BB 2011, 634 (636).

[813] BAG NZA 1994, 1083 (1084): Das BAG geht in ständiger Rechtsprechung davon aus, dass der Arbeitnehmer für Schäden, die er bei der Verrichtung gefahrgeneigter Arbeit fahrlässig verursacht hat, dem Arbeitgeber nur nach folgenden Grundsätzen haftet: „Bei grober Fahrlässigkeit hat der Arbeitnehmer in aller Regel den gesamten Schaden zu tragen, bei leichtester Fahrlässigkeit haftet er dagegen nicht, während bei normaler Fahrlässigkeit der Schaden in aller Regel zwischen Arbeitgeber und Arbeitnehmer quotal zu verteilen ist, wobei die Gesamtumstände von Schadensanlass und Schadensfolgen nach Billigkeitsgründen und Zumutbarkeitsgesichtspunkten gegeneinander abzuwägen sind.

[814] *Reichold*, in: Münchener Handbuch zum Arbeitsrecht, § 51 Rn. 64.

[815] BGH VersR 1969, 474 (477).

[816] BGH NJW 2001, 3123 (3124).

[817] Ebenso: *Krieger/Günther*, NZA 2010, 367 (372); *Zimmermann*, BB 2011, 634 (636); *Lackhoff/Schulz*, CCZ 2010, 81 (87). Offen gelassen: *Favoccia/Richter*, AG 2010, 137 (144). Verneinend: *Harm*, Compliance in Wertpapierdienstleistungsunternehmen und Emittenten von Finanzinstrumenten, S. 169 f.

[818] So im Zusammenhang der Zulässigkeit vorheriger Freistellungsvereinbarungen: *Favoccia/Richter*, AG 2010, 137 (146).

[819] *Reichold*, in: Münchener Handbuch zum Arbeitsrecht, § 51 Rn. 44.

Haftungsgefahren des Compliance-Beauftragten weiter zu begrenzen wird vorgeschlagen ihn mit einer D&O-Versicherung zu versichern.[820] Weiterhin ist eine gesetzliche Haftung des Compliance-Beauftragten gegenüber der Gesellschaft nach §§ 823 Abs. 2, 830, 840 BGB denkbar, wenn der Compliance-Beauftragte gegen ein Schutzgesetz verstößt.[821]
Eine Haftung gegenüber unternehmensfremden Dritten kommt lediglich nach §§ 823 Abs. 2, 830, 840 BGB in Betracht.[822] Die vertragliche Haftung scheidet mangels direkter Vertragsbeziehungen zu unternehmensfremden Dritten aus. Der Arbeitsvertrag entfaltet keine Schutzpflicht zugunsten des Geschädigten.[823]

(bb) Strafrechtliche Haftung

Die strafrechtliche Haftung des Compliance-Beauftragten[824] setzt ein aktives Tun[825] oder Unterlassen voraus. Gegenstand aktueller Diskussion ist die Strafbarkeit des Compliance-Beauftragten wegen Unterlassens und in diesem Zusammenhang dessen Garantenstellung. Erforderlich ist, dass der Täter eine besondere Verpflichtung zur Abwendung des tatbestandlichen Erfolgs hat, wobei sich der Inhalt und der Umfang der Garantenpflicht nach konkreten Pflichten bestimmt.[826] Der 5. Strafsenat des BGH hat sich am 17. Juli 2009[827] orbiter dictu hinsichtlich der Garantenstellung des Compliance-Beauftragten geäußert. In dem Urteil ging es darum, dass der Leiter der Rechtsabteilung sowie der Innenrevision der Berliner Stadtreinigungsbetriebe – einer Anstalt öffentlichen Rechts – den Vorstandsvorsitzenden bzw. den Aufsichtsrat nicht über einen ihm bekannten Berechnungsfehler bei der Festsetzung der Straßenreinigungsgebühren informierte. Dies führte zu überhöhten Gebühren von insgesamt 23 Millionen Euro. Der Angeklagte wurde wegen Beihilfe zum Betrug durch Unterlassen verurteilt. In den Gründen führte der BGH u.a. aus, der Compliance-Beauftragte habe die Aufgabe, Rechtsverstöße, insbesondere Straftaten zu verhindern, die aus dem Unternehmen heraus begangen werden oder diesem erhebliche Nachtei-

[820] Hierzu ausführlich: *Held*, CCZ 2009, 231 ff.
[821] *Favoccia/Richter*, AG 2010, 137 (144).
[822] *Favoccia/Richter*, AG 2010, 137 (145).
[823] *Favoccia/Richter*, AG 2010, 137 (145).
[824] Allgemein zu den strafrechtlichen Aspekten der Compliance in Kreditinstituten *Wessing/Hugger/Dann*, in: Renz/Hense (Hrsg.), Wertpapier-Compliance in der Praxis, S. 203 ff.
[825] Zu den Strafbarkeitsrisiken des Compliance-Beauftragten durch aktives Tun: *Zimmermann*, BB 2011, 634 (635).
[826] *Held*, CCZ 2009, 231 (231).
[827] BGH NJW 2009, 3173 ff.

le durch Haftungsrisiken oder Reputationsgefahren bereiten können.[828] Den Compliance-Beauftragten treffe daher regelmäßig eine strafrechtliche Garantenpflicht[829] gemäß § 13 Abs. 1 StGB, Straftaten von Unternehmensangehörigen, die im Zusammenhang mit der Tätigkeit des Unternehmens stehen, zu verhindern.[830] Das orbiter dictum wurde daraufhin in der Literatur umfassend diskutiert und kritisiert.[831] In der Praxis haben sich die Risiken des Compliance-Beauftragten durch das Urteil erhöht. Es werden hohe Anforderungen an den Compliance-Beauftragten geknüpft. Wird er diesen Anforderungen nicht gerecht und kommt es zu einer nachlässigen Compliance-Organisation droht somit neben der bereits dargestellten zivilrechtlichen Haftung auch die strafrechtliche Verurteilung.

bb) Compliance-Elemente

§ 25a Abs. 1 Satz 1 KWG postuliert, dass ein Institut über eine ordnungsgemäße Geschäftsorganisation verfügen muss, um die Einhaltung der vom Institut zu beachtenden gesetzlichen Bestimmungen zu gewährleisten. Wann eine Geschäftsorganisation für das jeweilige Institut „ordnungsgemäß" ist, kann allerdings nicht pauschal bestimmt werden, sondern variiert je nach Größe, Branche, Anzahl und Art der Risikofelder sowie Komplexität und Internationalisierungsgrad des Unternehmens.[832]

Grundlage jeder Compliance-Organisation ist zunächst eine Risikoanalyse, um die spezifischen rechtlichen Risiken und Risikobereiche im Institut zu identifizieren.[833] Diese Analyse erfolgt durch die Zusammenarbeit von Compliance-Funktion und den jeweiligen Geschäftseinheiten.[834] Für die Risikoerfassung und den Aufbau der Compliance-Organisation wird weiterhin die Heranziehung ex-

---

[828] BGH NJW 2009, 3173 (3175), Tz. 27.

[829] Konkret ist der Compliance-Beauftragte Überwachergarant kraft freiwilliger Übernahme.

[830] BGH NJW 2009, 3173 (3175), Tz. 27.

[831] Eine ausführliche Darstellung der Reaktionen aus der Literatur findet sich in *Lippe*, Compliance in Banken und Bankenkonzernen, S. 163 ff.

[832] *Uwe H. Schneider*, ZIP 2003, 645 (646 f.); *Rodewald/Unger*, BB 2007, 1629 (1629); *Auerbach/Jost*, in: Hopt/Wohlmannstetter (Hrsg.), Handbuch Corporate Governance von Banken, S. 651 (670); *Bürkle*, BB 2004, 2158 (2160).

[833] *Hauschka*, in: VGR (Hrsg.), Gesellschaftsrecht in der Diskussion 2007, S. 51 (57); *ders./Greeve*, BB 2007, 165 (166); *Lebherz*, Emittenten-Compliance, S. 279; *Liese*, BB Beilage 5/2008, 17 (21).

[834] Bundesverband deutscher Banken, Best-Practice-Leitlinien für Wertpapier-Compliance, S. 12 – abrufbar unter http://www.bankenverband.de/downloads/11-2009/091110-compliance-best-practice-leitlinien.pdf (zuletzt aufgerufen am 31. Mai 2013).

terner Experten empfohlen.[835] Die Bestandsaufnahme der Risiken erfolgt u.a. im Rahmen der Befragung von Mitarbeitern durch Interviews.[836]

Im Anschluss sind die identifizierten Risiken hinsichtlich ihrer Höhe und Eintrittswahrscheinlichkeit zu bewerten.[837] Die Ausgestaltung der Compliance-Aufgaben ist letztlich an den Ergebnissen dieser Analyse und Bewertung (Compliance-Check) auszurichten. Auf diese Weise lässt sich eine unternehmensindividuelle Compliance-Organisation entwickeln, die in einem angemessenen Verhältnis zu den Compliance-Risiken steht und somit auch „ordnungsgemäß" i.S.v. § 25a Abs. 1 Satz 1 KWG ist. Die sich hieraus ergebenden unternehmensbezogenen, standort- und branchenabhängigen Compliance-Standards sind in ein unternehmensbezogenes Pflichtenheft aufzunehmen.[838] Der Vorgang des Compliance-Checks ist in regelmäßigen Abständen zu wiederholen, um die bereits vorgenommenen Maßnahmen für eine gute Compliance zu überprüfen.[839]

Im Folgenden sollen die zentralen Grundelemente eines Compliance-Systems dargestellt werden, die für den Großteil der Institute in Betracht kommen. In diesem Zusammenhang darf allerdings nicht angenommen werden, dass ein Institut seiner Compliance-Pflicht genügt, wenn es die unterschiedlichen Compliance-Elemente schematisch in seiner Unternehmensorganisation etabliert. Die Besonderheit bei Compliance liegt gerade darin, dass der Gesetzgeber kein allgemein gültiges Compliance-Konzept vorgibt.[840] Er bestimmt lediglich das Ziel, „die Einhaltung der vom Institut zu beachtenden gesetzlichen Bestimmungen", welches unternehmensindividuell umzusetzen ist.

Diese Form der Gesetzgebung ist atypisch, da innerhalb von Ge- und Verbotsnormen regelmäßig konkrete Handlungsvorgaben gemacht werden. Durch die vorliegende prinzipienorientierte Regulierung hat der Gesetzgeber allerdings einen guten Ausgleich zwischen staatlicher Überwachung und Selbstregulierung

---

835 *Lebherz*, Emittenten-Compliance, S. 279.

836 *Rodewald/Unger*, BB 2006, 113 (116); *Auerbach/Jost*, in: Hopt/Wohlmannstetter (Hrsg.), Handbuch Corporate Governance von Banken, S. 651 (671); *Geiser*, Leitungspflichten des Vorstands in der AG, S. 215.

837 *Gebauer/Niermann*, in: Hauschka (Hrsg.), Corporate Compliance, § 36 Rn. 39.

838 *Uwe H. Schneider*, ZIP 2003, 645 (648); *ders./Sven H. Schneider*, ZIP 2007, 2061 (2064).

839 *Auerbach/Jost*, in: Hopt/Wohlmannstetter (Hrsg.), Handbuch Corporate Governance von Banken, S. 651 (672); *Held*, in: Ellenberger/Schäfer/Clouth/Lang (Hrsg.), Praktikerhandbuch Wertpapier- und Derivategeschäft, Rn. 1521.

840 Der Deutsche Corporate Governance Kodex macht ebenfalls keine Angaben zur Ausgestaltung der Compliance-Organisation. *Cromme*, der frühere Vorsitzende der Deutschen Corporate Governance Kommission, soll bei der Vorstellung der Neufassung des Deutschen Corporate Governance Kodex am 6. Juni 2007 erklärt haben, dass man bewusst darauf verzichtet habe, von den Unternehmen die Einrichtung konkreter und spezifischer Compliance-Systeme zu verlangen. – *Uwe H. Schneider/Nowak*, in: Festschrift Kreutz, S. 855 (861).

der Institute geschaffen. Der Staat kann rechtskonformes Handeln in den Instituten durch Eingriffs- und Sanktionsbefugnisse durchsetzen ohne auf die Marktkenntnisse der Institute verzichten zu müssen. „Anregungen" hinsichtlich der organisatorischen Anforderungen finden sich jedoch in der jüngeren Vergangenheit in den Mindestanforderungen der BaFin sowie den Empfehlungen der Wirtschaftsprüfer und Verbände.[841]

Die folgende Darstellung der Compliance-Elemente soll abschließend einen Ansatz diskutieren, wie im Unternehmen „Incentives" geschaffen werden können, damit ein Institut aus sich selbst heraus eine gute und effektive Compliance etabliert.

(1) Compliance-Kultur

Grundelement einer jeden Compliance-Organisation ist die Schaffung einer unternehmensweiten Compliance-Kultur.[842] Bei den Mitarbeitern des Instituts soll ein Bewusstsein für Compliance geschaffen oder geschärft werden. Wichtig ist dabei die Bekenntnis der Geschäftsleitung zur Einhaltung der geltenden Vorschriften (sog. Mission Statement).[843] Diese Grundeinstellung muss unternehmensweit eindeutig kommuniziert werden, um so die Bedeutung von Complian-

---

[841] In den USA sind ordnungsgemäße Compliance-Programme näher definiert. § 8B2.1 (b) der oben diskutierten Federal Sentencing Guidelines regelt, wann ein Compliance-System „ordnungsgemäß" im Sinne der Vorschriften ist: (1) Die Gesellschaft hat Standards und Prozeduren aufzustellen, um der Begehung von Straftaten vorzubeugen und begangene Straftaten zu identifizieren. (2) Die Geschäftsleitung hat die ihnen bekannte Compliance-Organisation auf den Grad der Umsetzung sowie Effektivität zu beaufsichtigen. (3) Zur Überwachung der Compliance sei ein Beauftragter aus der Führungsebene zu bestellen. (4) Es ist sicherzustellen, dass Mitarbeitern mit einer bekannten Neigung zur Begehung von Compliance-Verstößen kein Entscheidungsermessen eingeräumt wird. (5) Mitarbeitern sind die Compliance-Richtlinien in ordnungsgemäßer Weise mitzuteilen, etwa durch Schulungsprogramme oder sonstige Formen der Verbreitung. (6) Die Gesellschaft hat ausreichende Überwachungsmaßnahmen vorzunehmen, um die Einhaltung der Compliance-Richtlinie sicherzustellen. (7) Die Compliance-Richtlinien sind durchzusetzen. (8) Bei Entdeckung einer Straftat hat die Gesellschaft ausreichende Maßnahmen vorzunehmen, um auf den Verstoß ordnungsgemäß zu reagieren und vergleichbare Straftaten in Zukunft zu verhindern. (9) Die Gesellschaft hat die Compliance-Richtlinie unter Berücksichtigung einer Risikoanalyse periodisch zu überarbeiten und anzupassen.

[842] Institut der Wirtschaftsprüfer (IDW), IDW Prüfungsstandard: Grundsätze ordnungsgemäßer Prüfung von Compliance-Management-Systemen (IDW PS 980), Stand: 11.3.2011, IDW-FN, 4/2011, S. 203-231, Tz. 23, A 14; BT 1.1 Tz. 5 MaComp; Compliance and the compliance function in banks, Basel Committee on Banking Supervision, Basel 2005, Tz. 6; *Gebauer/Niermann*, in: Hauschka (Hrsg.), Corporate Compliance, § 36 Rn. 20; Anschreiben zum Rundschreiben 10/2012 – MaRisk (BA).

[843] *Bachmann*, in: VGR (Hrsg.), Gesellschaftsrecht in der Diskussion 2007, S. 65 (82); *Hauschka*, NJW 2004, 257 (260); *ders./Greeve*, BB 2007, 165 (167); *Lampert*, BB 2002, 2237 (2240); *Reichert*, in: Festschrift Hoffmann-Becking, S. 943 (947).

ce im Institut in ganzer Klarheit hervorzuheben.[844] Die sog. *Treviño*-Studie arbeitete heraus, dass das Führungsverhalten der wichtigste Faktor zur Verbesserung der Einhaltung rechtlicher Vorgaben sei. Räumt die Unternehmensführung dem Thema Compliance einen hohen Stellenwert ein, verhalten sich die Mitarbeiter regelmäßig rechtstreuer.[845] Bestätigung findet diese Studie in den Erkenntnissen der Organisationspsychologie, die feststellt, dass die Wirksamkeit von Compliance im Wesentlichen von den Führungskräften und einer starken Compliance-Kultur abhängt.[846]

(2) Mitarbeiterauswahl

Von grundlegender Bedeutung ist zudem eine sorgfältige Auswahl der Mitarbeiter.[847] Insbesondere dort, wo Mitarbeiter mit finanzmarktrelevanten Aktivitäten in Berührung kommen, sollten diese ein dahingehendes Problembewusstsein und Fachwissen bereits bei ihrer Einstellung aufweisen können.[848] Der Einsatz von hochqualifiziertem Personal verringert die Gefahr von Rechtsrisiken im Unternehmen.[849]

(3) Monitoring

Entsprechend der dargestellten Überwachungsfunktion von Compliance sieht § 25a Abs. 1 Satz 3 Nr. 1 KWG die Einrichtung eines Monitoring-Systems vor.[850] Dieses gewährleistet im Rahmen der Compliance eine zeitnahe Kontrolle bezüglich der einzuhaltenden Gesetze sowie der internen und externen Regelwerke.[851] Gemäß BT 1.2.1 Tz. 2 MaComp wird durch die regelmäßigen Überwachungshandlungen darauf hingewirkt, dass den aufgestellten Grundsätzen und eingerichteten Verfahren nachgekommen wird und Mitarbeiter in compliancerelevanten Bereichen das nötige Bewusstsein für Compliance-Risiken aufwei-

---

[844] *Hauschka/Greeve*, BB 2007, 165 (167); *Lebherz*, Emittenten-Compliance, S. 280.
[845] *Pape*, CCZ 2009, 233 (235).
[846] *Pape*, CCZ 2009, 233 (235 f.).
[847] *Uwe H. Schneider*, NZG 2009, 1321 (1325); *Gebauer*, in: DIRK (Hrsg.), Handbuch Investor Relations, S. 505 (527).
[848] *Gebauer*, in: DIRK (Hrsg.), Handbuch Investor Relations, S. 505 (527).
[849] *Gebauer*, in: DIRK (Hrsg.), Handbuch Investor Relations, S. 505 (527).
[850] Vgl. ebenfalls: Institut der Wirtschaftsprüfer (IDW), IDW Prüfungsstandard: Grundsätze ordnungsgemäßer Prüfung von Compliance-Management-Systemen (IDW PS 980), Stand: 11. März 2011, IDW-FN, 4/2011, S. 203-231, Tz. 23, A 14; BT 1.2.1 MaComp.
[851] *Uwe H. Schneider*, NZG 2009, 1321 (1325); *Lösler*, NZG 2005, 104 (105); *Eisele/Faust*, in: Schimansky/Bunte/Lwowski (Hrsg.), Bankrechts-Handbuch, § 109 Rn. 166.

sen. Das Monitoring erfolgt meist mittels EDV-gestützter Systeme.[852] Als weitere Überwachungsinstrumente der Mitarbeiter-Geschäfte kommen die Stichprobenprüfung sowie Berichtslinien von Geschäfts-, Kontroll- und Back-Office-Funktionen an die Compliance-Funktion in Betracht.[853] Zu beachten gilt, dass gemäß § 25a Abs. 1 KWG die Monitoring-Ansätze im Verhältnis zum Risiko der Bank angemessen sein müssen.[854] Erkennt die Compliance-Funktion innerhalb ihrer Überwachungsfunktion Regelverstöße, werden diese regelmäßig an die Geschäftsleitung gemeldet.[855] Diese hat grundsätzlich die Kompetenz sodann entsprechende Maßnahmen zu ergreifen, um den entsprechenden Sachverhalt aufzuklären, Missstände zu beenden und zu sanktionieren.[856]

(a) Erkennen von Interessenkonflikten

Eine wesentliche Monitoring-Maßnahme ist das Erkennen von Interessenkonflikten. Der Begriff des Interessenkonfliktes lässt sich definieren als das Auftreten gegenläufiger Interessen mehrerer Beteiligter an der Gestaltung eines bestimmten Lebenssachverhalts.[857] Insbesondere im Wertpapierdienstleistungsbereich ist das Auftreten von Interessenkonflikten funktionsimmanent.[858] Der Gesetzgeber hat sich daher im WpHG dieser Problematik angenommen. § 33 Abs. 1 Satz 2 Nr. 3 WpHG trifft die organisationsrechtliche Pflicht, dass Wertpapierdienstleistungsunternehmen angemessene und auf Dauer wirksame Vorkehrungen zu treffen haben, um Interessenkonflikte zu vermeiden. Reichen die vom Wertpapierdienstleistungsunternehmen vorgenommenen organisatorischen Vorkehrungen nach § 33 Abs. 1 Satz 2 Nr. 3 WpHG hingegen nicht aus, um nach vernünftigem Ermessen das Risiko der Beeinträchtigung von Kundeninteressen zu vermeiden, ist ein Wertpapierdienstleistungsunternehmen gemäß § 31 Abs. 1 Nr. 2 WpHG verpflichtet, vor Durchführung von Geschäften für Kunden diesen die allgemeine Art und Herkunft des Interessenkonflikts eindeutig darzulegen. § 13 Abs. 1 WpDVerOV enthält einen nicht abschließenden Prüfungskatalog für

---

[852] *Gebauer/Niermann*, in: Hauschka (Hrsg.), Corporate Compliance, § 36 Rn. 23; *Lebherz*, Emittenten-Compliance, S. 313.
[853] *Eisele/Faust*, in: Schimansky/Bunte/Lwowski (Hrsg.), Bankrechts-Handbuch, § 109 Rn. 166.
[854] *Gebauer/Niermann*, in: Hauschka (Hrsg.), Corporate Compliance, § 36 Rn. 23.
[855] Institut der Wirtschaftsprüfer (IDW), IDW Prüfungsstandard: Grundsätze ordnungsgemäßer Prüfung von Compliance-Management-Systemen (IDW PS 980), Stand: 11. März 2011, IDW-FN, 4/2011, S. 203-231, Tz. 23.
[856] *Reichert*, in: Festschrift Hoffmann-Becking, S. 943 (948).
[857] *Meyer/Paetzel*, in: Kölner Kommentar WpHG, § 33 Rn. 62; *Rothenhöfer*, in: Kümpel/Wittig (Hrsg.), Bank- und Kapitalmarktrecht, Rn. 3.378.
[858] *Meyer/Paetzel*, in: Kölner Kommentar WpHG, § 33 Rn. 62.

das Erkennen von Interessenkonflikten. Gemäß BT 1.2.1 Tz. 3 MaComp liegt die Vermeidung von Interessenkonflikten im Aufgabenbereich der Compliance-Funktion. Unvermeidbaren Interessenkonflikten habe die Compliance-Funktion ausreichend Rechnung zu tragen.

Aufgrund der bereits dargestellten Überschneidungen von Wertpapierdienstleistungen gemäß § 2 Abs. 3 WpHG und Finanzdienstleistungen nach § 1 Abs. 1a KWG werden die dargestellten Pflichten des WpHG im gesamten Bankbereich relevant. Bei vielfältigen Kundenbeziehungen fallen auch abseits des Wertpapiergeschäfts Interessenkonflikte zwischen dem Institut und den einzelnen Kunden bzw. zwischen den Kunden untereinander an.[859] So kann es entsprechende Konflikte beispielsweise bei der Erbringung von Dienstleistungen geben, wie der Anlagevermittlung, der Anlageberatung, dem Depotgeschäft, der Finanzierung von Finanzinstrumenten sowie Devisengeschäften im Zusammenhang mit Geschäften in Finanzinstrumenten oder der Erstellung und der öffentlichen Verbreitung oder Weitergabe von Finanzanalysen Dritter an Kunden.[860] Auch hier ist es Aufgabe der Compliance-Funktion den Informationsfluss zu steuern sowie Interessenkonflikte zu erkennen und zu lösen.

Zur Identifikation von Interessenkonflikten bedient sich die Compliance-Funktion in der Praxis der Erstellung einer sog. Interessenkonfliktmatrix sowie sog. Konfliktregister.[861] Bei der Interessenkonfliktmatrix werden innerhalb einer Tabelle auf der Waagerechten alle Dienstleistungen des Instituts aufgelistet, während auf der Senkrechten die verschiedenen Quellen benannt werden, aus denen sich Interessenkonflikte ergeben können.[862] Auf diese Weise sollen Konfliktpotentiale einer Bank in Interaktion mit einzelnen Bereichen transparent gemacht werden, um anschließend Gegenmaßnahmen zur Lösung des Konflikts festzulegen.[863] Bei Konfliktregistern handelt es sich hingegen um ein vertrauliches Verzeichnis, welches die laufenden und transaktionsbezogenen Geschäftsbeziehungen führt, um Interessenkonflikte frühzeitig zu identifizieren.[864] Kommt es zu neuen Geschäftsbeziehungen prüft die Compliance-Funktion diese, in Zusammenarbeit mit den betroffenen Geschäftsbereichen, vorab auf eventuell bestehende Interessenkonfliktlagen.[865]

---

[859] *Gebauer/Niermann*, in: Hauschka (Hrsg.), Corporate Compliance, § 36 Rn. 24.
[860] Informationsblatt der ehemaligen WestLB zum Thema Interessenkonflikte.
[861] *Gebauer/Niermann*, in: Hauschka (Hrsg.), Corporate Compliance, § 36 Rn. 25.
[862] *Göres*, in: von Böhlen/Kan (Hrsg.), MiFID-Kompendium, S. 301 (309).
[863] *Gebauer/Niermann*, in: Hauschka (Hrsg.), Corporate Compliance, § 36 Rn. 25.
[864] Näher *Eisele/Faust*, in: Schimansky/Bunte/Lwowski (Hrsg.), Bankrechts-Handbuch, § 109 Rn. 155.
[865] Bundesverband deutscher Banken, Best-Practice-Leitlinien für Wertpapier-Compliance, S. 20 – abrufbar unter http://www.bankenverband.de/downloads/11-2009/091110-compliance-

(b) Erkennen von Insiderverstößen

Zum Betätigungsfeld des Monitoring gehört weiterhin das Erkennen von Insiderverstößen. Im Wertpapierhandel sind Insiderinformationen gemäß § 13 Abs. 1 Satz 1 WpHG eine konkrete Information über nicht öffentlich bekannte Umstände, die sich auf einen oder mehrere Emittenten von Insiderpapieren oder auf die Insiderpapiere selbst beziehen und geeignet sind, im Falle ihres öffentlichen Bekanntwerdens, den Börsen- und Marktpreis der Insiderpapiere erheblich zu beeinflussen. Ihr Verbot liegt darin begründet, dass ein durchschnittlicher Marktteilnehmer gegenüber einem Geheimnisträger nicht übervorteilt werden soll.[866] Finanzdienstleistungsinstitute sind, soweit sie in den Anwendungsbereich des WpHG fallen, verpflichtet, die Geschäfte ihrer Mitarbeiter auf Verstöße gegen das Insiderrecht zu kontrollieren. Für Mitarbeiter, die im Rahmen ihrer Geschäfte mit der Erbringung von Wertpapierdienstleistungen befasst sind, ist diese Verpflichtung in § 33b Abs. 2 WpHG verankert; Geschäfte der übrigen Mitarbeiter mit Zugang zu Insiderinformationen, ergibt sich diese Verpflichtung aus § 25a Abs. 1 Satz 1 KWG, um die Einhaltung der gesetzlichen Pflichten, u.a. der Insidervorschriften nach §§ 12 ff. WpHG, zu garantieren.[867] Um diesen rechtlichen Verpflichtungen zu entsprechen, kommen unterschiedliche Maßnahmen in Betracht. Der Informationsfluss innerhalb des Unternehmens kann zum einen präventiv durch Vertraulichkeitsbereiche, sog. Chinese Walls, begrenzt werden. Dennoch eintretende Verstöße gegen das Insiderrecht lassen sich durch das Führen einer Insiderliste (sog. Watch list) bzw. einer Sperrliste (sog. Restricted list), mit der die Geschäfte von Mitarbeitern abgeglichen werden, identifizieren. Diese Maßnahmen seien nachfolgend zu diskutieren.

(aa) Chinese Walls

Ein wesentliches Element zur Prävention von Insiderverstößen ist die Schaffung von *Chinese Walls*. Hierbei handelt es sich um organisatorische Maßnahmen und Verfahrensweisen, die das Institut in unterschiedliche, voneinander getrennte Vertraulichkeitsbereiche einteilt, damit vertrauliche Informationen in dem Bereich verbleiben, in dem sie anfallen (Informationssteuerung).[868] Der Missbrauch von kurssensitiven oder insiderrelevanten Tatsachen und Informationen

---

best-practice-leitlinien.pdf (zuletzt aufgerufen am 31. Mai 2013); *Gebauer/Niermann*, in: Hauschka (Hrsg.), Corporate Compliance, § 36 Rn. 27; *Lippe*, Compliance in Banken und Bankenkonzernen, S. 124.

[866] *Knauth*, in: Renz/Hense (Hrsg.), Wertpapier-Compliance in der Praxis, S. 504.

[867] *Gebauer/Niermann*, in: Hauschka (Hrsg.), Corporate Compliance, § 36 Rn. 31 Fn. 53.

[868] *Rothenhöfer*, in: Kümpel/Wittig (Hrsg.), Bank- und Kapitalmarktrecht, Rn. 3.335; *Lösler*, Compliance im Wertpapierdienstleistungskonzern, S. 73.

soll auf diese Weise unterbunden werden.[869] Praktisch umgesetzt wird die Errichtung von *Chinese Walls* durch funktionale und räumliche Trennungen, wie separaten Stockwerken, Zutrittbeschränkungen und Zugriffsbeschränkungen auf Daten, sowie durch geschäftliche und gedankliche Trennungen.[870] Obwohl diese Vertraulichkeitsbereiche zur Minimierung von Insiderverstößen elementar sind, geht die Bildung der Chinese Walls zu Lasten der Effektivität des Geschäftsbetriebs. Synergievorteile, insbesondere in großen Universalbanken, werden erheblich beschnitten.[871] Daher besteht die Möglichkeit der Informationsweitergabe (sog. „Wall Crossing") insbesondere bei komplexen Transaktionen mit hohem Schwierigkeits- und/oder Risikograd und der Erstellung von objektiven Risikoprognosen hinsichtlich der in den verschiedenen Geschäftsbereichen vorhandenen Risiken.[872] Voraussetzung ist, dass der bereichsübergreifende Informationsfluss auf die unbedingt erforderlichen Informationen beschränkt wird (sog. „Need-to-know-Prinzip").[873]

(bb) Watch List

Die *Watch List* ist eine streng vertrauliche, nicht öffentliche und laufend aktualisierte Liste, die die Finanzinstrumente, zu denen in einem Unternehmen compliance-relevante Informationen vorliegen sowie die Mitarbeiter, die Zugang zu den compliance-relevanten Informationen haben, führt.[874] Zwar unterliegen die auf den *Watch List* vermerkten Finanzinstrumente grundsätzlich keinen Handels- und/oder Beratungsbeschränkungen; jeder Mitarbeiter ist aber verpflichtet, jegliche compliance-relevante Informationen[875] und die involvierten Personen an die Compliance-Funktion zu melden. Auf diese Weise kann die Compliance-Funktion die Bank- und Mitarbeitergeschäfte daraufhin überwachen, ob Infor-

[869] *Lösler*, Compliance im Wertpapierdienstleistungskonzern, S. 72.

[870] AT 6.2 Tz. 3 lit. a) MaComp; *Rothenhöfer*, in: Kümpel/Wittig (Hrsg.), Bank- und Kapitalmarktrecht, Rn. 3.337; *Meyer/Paetzel*, in: Kölner Kommentar WpHG, § 33 Rn. 69, 71; *Gebauer*, in: DIRK (Hrsg.), Handbuch Investor Relations, S. 505 (534); *Eisele/Faust*, in: Schimansky/Bunte/Lwowski (Hrsg.), Bankrechts-Handbuch, § 109 Rn. 142 ff.

[871] *Lösler*, Compliance im Wertpapierdienstleistungskonzern, S. 81.

[872] AT 6.2 Tz. 3 lit. b) MaComp; *Rothenhöfer*, in: Kümpel/Wittig (Hrsg.), Bank- und Kapitalmarktrecht, Rn. 3.344.

[873] AT 6.2 Tz. 3 lit. b) MaComp; *Rothenhöfer*, in: Kümpel/Wittig (Hrsg.), Bank- und Kapitalmarktrecht, Rn. 3.345; *Meyer/Paetzel*, in: Kölner Kommentar WpHG, § 33 Rn. 72.

[874] AT 6.2 Tz. 3 lit. c) MaComp; *Meyer/Paetzel*, in: Kölner Kommentar WpHG, § 33 Rn. 75; *Lösler*, Compliance im Wertpapierdienstleistungskonzern, S. 85 f.; *Gebauer/Niermann*, in: Hauschka (Hrsg.), Corporate Compliance, § 36 Rn. 31.

[875] Für Kreditinstitute hat sich ein weiter Begriff der compliance-relevanten Informationen etabliert, um einen wirksamen Schutz gegen Insiderverstöße zu gewährleisten. – *Gebauer/Niermann*, in: Hauschka (Hrsg.), Corporate Compliance, § 36 Rn. 31.

mationen unlauter verwendet wurden.[876] Daneben dient sie der laufenden Kontrolle der Funktionsfähigkeit der *Chinese Walls*.[877] Offenbaren sich Insiderverstöße, kann die Transaktion untersagt oder nachträglich storniert werden (Erlaubnis mit Verbotsvorbehalt).[878] Die entsprechende Entscheidung obliegt der Geschäftsleitung soweit der Compliance-Beauftragte nicht mit den erforderlichen Befugnissen ausgestattet ist.[879]

(cc) Restricted List

Die „dritte Säule" zum Schutz gegen Insiderverstöße wird durch das Führen einer *Restricted List* geschaffen. Hierbei handelt es sich um eine ebenfalls ständig zu aktualisierende Liste meldepflichtiger Werte, die jedoch unternehmensweit veröffentlicht wird, um die betroffenen Mitarbeiter auf Restriktionen im Handel, in der Beratung oder bei ihren eigenen Geschäften aufmerksam zu machen.[880] Gründe für die Aufnahme in die Liste werden regelmäßig nicht genannt.[881] In Betracht kommen die Insidereigenschaft einer Information sowie geschäftspolitische Überlegungen.[882] Die Art (Verbot oder Beschränkung) und Dauer der Restriktionen sind einzelfallabhängig. Ausnahmen von den in der *Restricted List* genannten Restriktionen können durch die Compliance-Funktion zugelassen werden (Verbot mit Erlaubnisvorbehalt).[883] Transaktionen auf Weisung eines Kunden sowie die marktausgleichende Tätigkeit als Market-Maker (passives Marketmaking) bleiben ebenfalls zulässig.[884]

---

[876] *Eisele/Faust*, in: Schimansky/Bunte/Lwowski (Hrsg.), Bankrechts-Handbuch, § 109 Rn. 150.

[877] *Gebauer/Niermann*, in: Hauschka (Hrsg.), Corporate Compliance, § 36 Rn. 33; *Lösler*, Compliance im Wertpapierdienstleistungskonzern, S. 85; *Rothenhöfer*, in: Kümpel/Wittig (Hrsg.), Bank- und Kapitalmarktrecht, Rn. 3.361.

[878] *Eisele/Faust*, in: Schimansky/Bunte/Lwowski (Hrsg.), Bankrechts-Handbuch, § 109 Rn. 150.

[879] Siehe C. IV. 3. c) aa) (5) (e).

[880] AT 6.2 Tz. 3 lit. c) MaComp; *Gebauer/Niermann*, in: Hauschka (Hrsg.), Corporate Compliance, § 36 Rn. 34.

[881] AT 6.2 Tz. 3 lit. c) MaComp; *Gebauer*, in: DIRK, Handbuch Investor Relations, S. 505 (537); *Rothenhöfer*, in: Kümpel/Wittig (Hrsg.), Bank- und Kapitalmarktrecht, Rn. 3.365.

[882] *Gebauer*, in: DIRK, Handbuch Investor Relations, S. 505 (537); *Gebauer/Niermann*, in: Hauschka (Hrsg.), Corporate Compliance, § 36 Rn. 34; *Rothenhöfer*, in: Kümpel/Wittig (Hrsg.), Bank- und Kapitalmarktrecht, Rn. 3.364.

[883] *Rothenhöfer*, in: Kümpel/Wittig (Hrsg.), Bank- und Kapitalmarktrecht, Rn. 3.366; *Eisele/Faust*, in: Schimansky/Bunte/Lwowski (Hrsg.), Bankrechts-Handbuch, § 109 Rn. 151.

[884] *Eisele/Faust*, in: Schimansky/Bunte/Lwowski (Hrsg.), Bankrechts-Handbuch, § 109 Rn. 151; *Rothenhöfer*, in: Kümpel/Wittig (Hrsg.), Bank- und Kapitalmarktrecht, Rn. 3.368.

(c) Transaktionsmonitoring

Gemäß der Verpflichtung aus § 25a Abs. 1 Satz 1 KWG ist das Institut weiterhin verpflichtet die Geschäfte mit Finanzinstrumenten laufend auf ihre Gesetzmäßigkeit hin zu überprüfen. Neben der Überwachung der Rechtskonformität durch die Geschäftsbereiche selbst (erste Kontrollebene) sollen ebenfalls die laufenden Verfahren der Geschäftsbereiche auf Regel- und Marktgerechtigkeit durch die Compliance-Funktion kontrolliert werden (zweite Kontrollebene).[885] Dies ermöglicht das Erkennen gesetzeswidriger Verhaltensweisen, wie beispielsweise Empfehlungen gegen das Kundeninteresse oder Empfehlungen eines Geschäfts, das mit der Kunden- und Risikoklassifizierung nicht im Einklang steht.[886]

(d) Internal Investigations

(aa) Einführung

Zum Monitoring gehören zudem „Investigative Maßnahmen" („Internal Investigations").[887] Dies sind alle präventiven und repressiven Compliance-Nachforschungen. Die Unternehmensleitung sowie die Compliance-Funktion überprüft im Rahmen von Ermittlungen, ob sich die Mitarbeiter gegenwärtig und künftig rechtmäßig verhalten und/oder ob sie in der Vergangenheit pflicht- oder rechtswidrig gehandelt haben.[888] Neben stichprobenartigen Nachforschungen intensivieren sich die Maßnahmen bei einem konkreten Verdacht rechtswidrigen Verhaltens.[889]

Man wird nicht von der Hand weisen können, dass unternehmensinterne Ermittlungen in der Praxis für die Gewährleistung einer effektiven Compliance ein wesentliches Element darstellen. Compliance-Nachforschungen setzen allerdings meist die Erhebung, Verarbeitung und Nutzung personenbezogener Daten voraus, was wiederum arbeitsrechtliche sowie datenschutzrechtliche Probleme aufwirft. Gute Compliance sollte jedoch auch seine Grenzen im Blick haben. Die Unternehmensleitung steckt insofern in einer Zwickmühle. Sie läuft entweder Gefahr wegen eines Compliance-Verstoßes in die Haftung genommen zu

---

[885] *Eisele/Faust*, in: Schimansky/Bunte/Lwowski (Hrsg.), Bankrechts-Handbuch, § 109 Rn. 175.

[886] *Gebauer/Niermann*, in: Hauschka (Hrsg.), Corporate Compliance, § 36 Rn. 35.

[887] Umfassend hierzu: *Deutsches Aktieninstitut*, Internal Investigations bei Compliance-Verstößen – Praxisleitfaden für die Unternehmensleitung, Studie des Deutschen Aktieninstituts.

[888] *Uwe H. Schneider*, NZG 2010, 1201 (1201).

[889] *Uwe H. Schneider*, NZG 2010, 1201 (1201).

werden oder aber gegen arbeits- und datenschutzrechtliche Bestimmungen zu verstoßen. Daher sei das Verhältnis von Compliance zum arbeitsrechtlichen bzw. datenschutzrechtlichen Vertraulichkeitsschutz zu erläutern. Eine umfassende Darstellung der Problematik würde den Umfang dieser Arbeit überschreiten. Die folgenden Ausführungen sind daher auf das gebotene Maß zu reduzieren.

(bb) Vertraulichkeit im Datenschutzrecht

Der datenschutzrechtliche Vertraulichkeitsschutz ist im Gesetz verankert. Gemäß § 4 Abs. 1 BDSG ist der Umgang mit personenbezogenen Daten[890] unzulässig, wenn nicht das BDSG oder eine andere Rechtsvorschrift dies erlaubt oder wenn der Betroffene eingewilligt hat. Es handelt sich um ein Verbot mit Erlaubnisvorbehalt.[891] Das BDSG greift beispielsweise dann nicht, wenn Banken ihrer gesetzlichen Pflicht aus § 25c Abs. 2 KWG[892] nachkommen und angemessene Datenverarbeitungsanlagen zur Vermeidung betrügerischer Handlungen unterhalten. § 25c Abs. 2 KWG betrifft allerdings in erster Linie das Verhältnis Bank – Kunde. In Bezug auf unternehmensinterne Compliance-Maßnahmen zwischen Unternehmensleitung und seinen Mitarbeitern gelten die allgemeinen Grundsätze.

In Reaktion auf die Datenskandale der Jahre 2008 und 2009 in mehreren Großunternehmen hat der Gesetzgeber im Jahr 2009 für den Umgang mit Daten im Arbeitsverhältnis den § 32 in das Bundesdatenschutzgesetz eingefügt. Eine Neuregelung des Beschäftigtendatenschutzes durch Einfügung der §§ 32a-32l BDSG soll künftig in Kraft treten.[893] Diese Neuregelung soll Beschäftigte an ihrem Arbeitsplatz wirksam vor Bespitzelung schützen sowie eine Grundlage für die Korruptionsbekämpfung und die Durchsetzung von Compliance-Anforderungen darstellen.[894] Eine durch den jetzigen § 32 BDSG einhergehende Verschärfung des Arbeitnehmerdatenschutzes hatte bereits Auswirkungen auf die Compliance und internen Ermittlungen. Gemäß § 32 Abs. 1 Satz 1 BDSG dürfen personenbezogene Daten eines Beschäftigten für Zwecke des Beschäfti-

---

[890] Personenbezogene Daten sind Einzelangaben über persönliche oder sachliche Verhältnisse einer bestimmten oder bestimmbaren Person (Betroffener), § 3 Abs. 1 BDSG.
[891] *Uwe H. Schneider*, NZG 2010, 1201 (1204).
[892] Umfassend zu § 25c KWG in Bezug auf Compliance und Datenschutz – *Zentes/Wybitul*, CCZ 2011, 90 ff.
[893] Gesetzesentwurf der Bundesregierung, BT-Drucks. 17/4230. Das Gesetzesvorhaben wurde durch die Bundesregierung am 26. Februar 2013 vorläufig gestoppt und soll in der 18. Legislaturperiode des Bundestags weiterverfolgt werden.
[894] *Uwe H. Schneider*, NZG 2010, 1201 (1205).

gungsverhältnisses erhoben, verarbeitet oder genutzt werden, wenn dies für die Entscheidung über die Begründung eines Beschäftigungsverhältnisses und für dessen Durchführung oder Beendigung erforderlich ist. Maßgebliches Kriterium ist die *Erforderlichkeit* der Datenerhebung. Diese ist gegeben, wenn die berechtigten Interessen des Unternehmens auf andere Weise nicht oder nicht angemessen gewahrt werden können.[895] Es läuft somit auf eine Interessenabwägung hinaus. Abzuwägen sind das Aufklärungsinteresse des Unternehmens mit dem Persönlichkeitsrecht und dem Recht auf informationelle Selbstbestimmung des Arbeitnehmers.[896] Von Bedeutung ist dabei der Verhältnismäßigkeitsgrundsatz.[897] Somit sind bei der präventiven Vermeidung von Compliance-Verstößen strenge Regeln zu beachten. Präventive Kontrollen ohne konkreten Verdacht auf Regelverstöße erfordern eine genaue Analyse der Kontrollmaßnahmen, um diese präzise auf die Anforderungen des Datenschutzes abzustimmen.[898]
Bei der Aufdeckung konkreter, bereits begangener Straftaten kommt hingegen die Regelung des § 32 Abs. 1 Satz 2 BDSG zur Anwendung. Danach dürfen „zur Aufdeckung von Straftaten [...] personenbezogene Daten eines Beschäftigten nur dann erhoben, verarbeitet oder genutzt werden, wenn zu dokumentierende tatsächliche Anhaltspunkte den Verdacht begründen, dass der Betroffene im Beschäftigungsverhältnis eine Straftat begangen hat, die Erhebung, Verarbeitung und Nutzung zur Aufdeckung erforderlich ist und das schutzwürdige Interesse des Beschäftigten an dem Ausschluss der Erhebung, Verarbeitung und Nutzung nicht überwiegt, insbesondere Art und Ausmaß im Hinblick auf den Anlass nicht unverhältnismäßig sind". Folglich ist auch hier eine Abwägung vorzunehmen.
Bleiben die dargestellten Grundsätze unbeachtet drohen Bußgelder, Schadensersatzklagen, Rufschäden und andere Risiken.[899]
Obwohl der Unternehmensleitung insbesondere innerhalb der Geschäftssphäre wohl weitreichende Untersuchungsbefugnis zur Durchsetzung guter Compliance zukommt,[900] hat § 32 BDSG den Unternehmen die gewünschte Rechtssicherheit

---

[895] *Wybitul*, BB 2009, 1582 (1583).
[896] *Uwe H. Schneider*, NZG 2009, 1321 (1326); *ders.*, NZG 2010, 1201 (1205).
[897] *B. Schmidt*, RDV 2009, 193 (198 f.); *Thüsing*, Arbeitnehmerdatenschutz und Compliance, Rn. 68, mit einer umfassenden Diskussion zur Abwägung ab Rn. 78; *Wybitul*, BB 2010, 1085 (1086) nimmt – entsprechend der Rechtsprechung des Bundesverfassungsgericht zur Vorratsdatenspeicherung – eine Differenzierung nach den Lebenssphären Geschäftssphäre, Privatsphäre und Intimsphäre vor. Eine ausführliche Auseinandersetzung mit den Folgen des Bundesverfassungsgerichtsurteils zur Vorratsdatenspeicherung für die Compliance im Unternehmen – *Wybitul*, BB 2010, 889 ff.
[898] *Wybitul*, BB 2009, 1582 (1583).
[899] *Wybitul*, BB 2010, 1085 (1083).
[900] *Uwe H. Schneider*, NZG 2010, 1201 (1205); *Wybitul*, BB 2010, 1085 (1086).

nicht verschafft.[901] In der Praxis wird daher empfohlen die Erlaubnis zum Umgang mit Arbeitnehmerdaten nach § 4 Abs. 1 BDSG in einer Betriebsvereinbarung zu regeln.[902] Die Betriebsvereinbarung ist eine *andere Rechtsvorschrift* im Sinne des § 4 Abs. 1 BDSG.[903] Unbestimmte Rechtsbegriffe des BDSG lassen sich hierdurch konkretisieren und der Datenschutz der Arbeitnehmer kann gestärkt aber auch geschwächt werden.[904] Mit Blick auf das laufende Gesetzgebungsverfahren für ein neues Beschäftigungsdatenschutzgesetz[905] wird eine Regelung durch eine entsprechende Betriebsvereinbarung künftig allerdings nicht mehr möglich sein, denn § 32l Abs. 1 BDSG-E sieht vor, dass eine Einwilligung des Beschäftigten zur Erhebung, Verarbeitung und Nutzung von Daten nur noch möglich ist, sofern das Gesetz diese ausdrücklich zulässt.[906] Die Kontrollbefugnisse der Unternehmensleitung bzw. Compliance-Funktion werden insgesamt eingeschränkt.[907]

(cc) Vertraulichkeit im Arbeitsrecht

Der arbeitsrechtliche Vertraulichkeitsschutz ist aus verschiedenen Blickwinkeln zu diskutieren, der Duldungspflicht, der Mitwirkungspflicht, der Auskunftspflicht des Arbeitnehmers, dem Verbot des Zwangs zur Selbstbezichtigung, der Kronzeugenregelung bzw. Amnestieprogrammen, dem anwaltlichen Beistand bei Interviews und der Rechte des Betriebsrats.[908] Es handelt sich um einen sensiblen Bereich, da bei unrechtmäßiger Sachverhaltsermittlung ein zivilrechtliches Beweisverwertungsverbot besteht.[909]

Grundsätzlich sollte der Arbeitgeber die Befugnis haben, die Handlungen seiner Arbeitnehmer zu kontrollieren; die Arbeitnehmer trifft die arbeitsvertragliche Nebenpflicht (§ 241 Abs. 2 BGB) entsprechende Kontrollmaßnahmen zu dulden.[910] Unproblematisch ist dies bei geschäftlicher Korrespondenz, da hier der Arbeitnehmer bloßer Besitzdiener (§ 855 BGB) hinsichtlich der dienstlichen

---

[901] So *Barton*, RDV 2009, 200 (202); *Salvenmoser/Hauschka*, NJW 2010, 331 (333).
[902] *Uwe H. Schneider*, NZG 2010, 1201 (1204); *Wybitul*, BB 2009, 1582 (1584); *Thüsing*, Arbeitnehmerdatenschutz und Compliance, Rn. 99 ff.; *Ernst*, NZA 2002, 585 (591).
[903] *Thüsing*, Arbeitnehmerdatenschutz und Compliance, Rn. 102.
[904] BAG BB 1986, 2333 ff.
[905] Gesetzesentwurf der Bundesregierung, BT-Drucks. 17/4230.
[906] Kritisch *Thüsing*, RDV 2010, 147 (148).
[907] *Uwe H. Schneider*, NZG 2010, 1201 (1205); a.A.: *Gola/Klug*, NJW 2010, 2483 (2485).
[908] *Uwe H. Schneider*, NZG 2010, 1201 (1204); *Deutsches Aktieninstitut*, Internal Investigations bei Compliance-Verstößen – Praxisleitfaden für die Unternehmensleitung, Studie des Deutschen Aktieninstituts, S. 93 ff.
[909] *Mengel*, Compliance und Arbeitsrecht, S. 111.
[910] *Mengel*, Compliance und Arbeitsrecht, S. 109; *Maschmann*, in: Dölling (Hrsg.), Handbuch der Korruptionsprävention, Kap. 3 Rn. 4.

Unterlagen ist und somit bereits kein Eingriff in sein Persönlichkeitsrecht vorliegt.[911] Kommt es allerdings zu einem Konflikt mit dem allgemeinen Persönlichkeitsrecht des Arbeitnehmers (beispielsweise bei der Auswertung privater Dokumente, privater E-Mails oder der Personalakte), dann sind dessen Belange gegen die schutzwürdigen Interessen des Arbeitgebers abzuwägen. Der Grundsatz der Verhältnismäßigkeit ist dabei zu befolgen.[912]

Neben der passiven Duldung von Kontrollmaßnahmen ist zur Aufklärung unternehmensinterner Compliance-Verstöße zudem die Mitarbeiterbefragung ein wichtiges Instrument. Arbeitnehmer haben einen umfassenden Einblick in das Unternehmen und können als „Wissensträger" von unschätzbarem Wert sein.[913] Fraglich ist, ob und in welchem Umfang die Mitarbeiter zur Auskunft und dementsprechend zur Mitwirkung verpflichtet sind. Eine unmittelbar vertraglich geschuldete Auskunftspflicht wird es lediglich beim Compliance-Beauftragten geben.[914] Gemäß §§ 666, 675 BGB sind allerdings alle Arbeitnehmer als arbeitsvertragliche Nebenpflicht zur umfassenden Auskunft und Rechenschaft über alle Vorgänge verpflichtet, die im Zusammenhang mit ihrer Unternehmenstätigkeit stehen.[915] Inhalt und Grenzen der Auskunfts- und Berichtspflicht „richtet sich u.a. nach der Stellung des Arbeitnehmers im Betrieb, der Art der Tätigkeit oder der Dauer seiner Betriebszugehörigkeit"[916]. Daneben tritt ein Auskunftsanspruch aus §§ 611, 241 Abs. 2 BGB über Vorgänge, die nicht mit der Unternehmenstätigkeit im Zusammenhang stehen.[917] Schutzwürdige Interessen des Arbeitnehmers sind regelmäßig zu berücksichtigen.[918]

Im Zusammenhang mit diesen Auskunftspflichten ist zum einen fraglich, ob der Arbeitnehmer einen Anspruch auf Rechtsbeistand (Anwalt) hat und ob hier das Verbot des Zwangs zur Selbstbezichtigung gilt. Ein Anspruch auf Beistand

---

[911] *Mengel*, Compliance und Arbeitsrecht, S. 113; *dies./Ullrich*, NZA 2006, 240 (241).

[912] *Mengel*, Compliance und Arbeitsrecht, S. 109; *Maschmann*, in: Dölling (Hrsg.), Handbuch der Korruptionsprävention, Kap. 3 Rn. 6.

[913] *Göpfert/Merten/Siegrist*, NJW 2008, 1703 (1704).

[914] *Böhm*, WM 2009, 1923 (1924).

[915] *Uwe H. Schneider*, NZG 2010, 1201 (1204); *Mengel*, Compliance und Arbeitsrecht, S. 118; *dies./Ullrich*, NZA 2006, 240 (242 f.).

[916] *Mengel*, Compliance und Arbeitsrecht, S. 118; *dies./Ullrich*, NZA 2006, 240 (243).

[917] *Böhm*, WM 2009, 1923 (1924); *Diller*, DB 2004, 313 (313 f.). Der Auskunftsanspruch aus §§ 611, 241 Abs. 2 BGB setzt voraus, dass zwischen den beiden Vertragsparteien eine Schuldverhältnis besteht, die Auskunft ersuchende Arbeitgeber in entschuldbarer Weise über Bestehen oder Umfang seiner Recht im Ungewissen ist und der auf Auskunft in Anspruch genommene Arbeitnehmer die zur Beseitigung der Ungewissheit erfoerderliche Auskunft unschwer selbst geben kann.

[918] *Uwe H. Schneider*, NZG 2010, 1201 (1204).

durch einen Rechtsanwalt bei Interviews wird nach allgemeiner Auffassung[919] abgelehnt und ist allenfalls dann zu gestatten, wenn zu befürchten ist, dass der Arbeitnehmer, sich selbst bei einer Befragung strafrechtlich belastet.[920]
Zum anderen ist zu klären, ob der Arbeitnehmer seine Auskunft verweigern kann, wenn er sich hierdurch selbst bezichtigen muss. In Bezug auf das Verbot des Zwangs zur Selbstbezichtigung vertritt das LAG Hamm[921] die Ansicht, der Arbeitnehmer sei grundsätzlich zu einer umfassenden Auskunft verpflichtet. Der Selbstbelastungsfreiheit wird durch ein strafrechtliches Verwertungsverbot Rechnung getragen. *Uwe H. Schneider* plädiert hingegen dafür den Rechtsgedanken aus § 4 Abs. 9 WpHG zu übertragen und dem Arbeitnehmer ein Auskunftsverweigerungsrecht einzuräumen, wenn er sich durch die Auskunft der Gefahr einer straf- oder ordnungswidrigkeitenrechtlichen Verfolgung aussetzt.[922]
Ist der Mitarbeiter „Täter" eines Compliance-Verstoßes wird er regelmäßig der Offenlegung des Verstoßes scheuen, da er um die Konsequenzen fürchtet. Sinnvoll sind daher Kronzeugen- und Amnestieregelungen (in der Form eines Verzichts auf die Kündigung oder sonstiger Ansprüche), um Anreize für die Mitwirkung des Mitarbeiters an der Aufklärung von Compliance-Verstößen zu schaffen.[923]
Bei „Internal Investigations" sind letztlich auch die Informationsrechte des Betriebsrates gemäß § 80 Abs. 2 BetrVG sowie dessen Mitbestimmungsrechte nach § 87 Abs. 1 BetrVG zu beachten.[924]

(4) Beratung und Unterstützung

Ein effizientes Mittel zur Minimierung von Regel- und Gesetzesverstößen durch das Institut und seine Mitarbeiter liegt weiterhin in der Beratung und Unterstützung der Mitarbeiter durch die Compliance-Funktion.[925] Den Mitarbeitern des

[919] *Uwe H. Schneider*, NZG 2010, 1201 (1204); *Mengel*, Compliance und Arbeitsrecht, S. 121 f.; *dies./Ullrich*, NZA 2006, 240 (244); *Göpfert/Merten/Siegrist*, NJW 2008, 1703 (1708).
[920] *Mengel*, Compliance und Arbeitsrecht, S. 121 f.; *dies./Ullrich*, NZA 2006, 240 (244); *Göpfert/Merten/Siegrist*, NJW 2008, 1703 (1708).
[921] LAG Hamm CCZ 2010, 237 ff.
[922] *Uwe H. Schneider*, NZG 2010, 1201 (1204).
[923] *Göpfert/Merten/Siegrist*, NJW 2008, 1703 (1704) wobei sie den „Deal" zwischen Unternehmensleitung und Arbeitnehmer an eine Interessenabwägung im Einzelfall knüpfen. Das Aufklärungsinteresse muss dem Sanktionsinteresse überwiegen und die Maßnahme des Verzichts auf Sanktionen muss angemessen sein.
[924] Nähere Ausführungen zur Beteiligung des Betriebsrats finden sich in *Mengel*, Compliance und Arbeitsrecht, S. 123 ff; *dies./Ullrich*, NZA 2006, 240 (244 f.); *Göpfert/Merten/Siegrist*, NJW 2008, 1703 (1708 f.).
[925] § 12 Abs. 3 Nr. 2 WpDVerOV; BT 1.2.3 MaComp.

Instituts sind durch unterschiedliche Formen der Beratung präventiv die Möglichkeiten und Grenzen ihres Handelns darzulegen. Instrumente der Beratung und Unterstützung sind die persönliche Beratung (Beratung im engeren Sinne), die Beratung mittels geschriebener interner Verhaltensregeln sowie die Schulung in allen gesetzlichen Bestimmungen und sonstigen compliance-relevanten Regeln.[926]

(a) Beratung

Compliance steht dem operativen Bereich als Ratgeber bei seinen Geschäftsaktivitäten persönlich zur Seite. Empfohlen wird die Einrichtung einer Hotline zur Compliance-Funktion, um sich in Bezug auf begangene oder drohende Rechtsverletzungen oder bestehende Interessenkonflikte beraten zu lassen.[927] Neben der Rechtsberatung der Mitarbeiter berät die Compliance-Funktion allerdings auch bei geschäftspolitischen und/oder reputationellen Fragestellungen, da es Situationen gibt, in denen selbst rechtmäßiges Verhalten das öffentliche Ansehen der Bank belasten kann.[928] Hinsichtlich des rechtsberatenden Teils kommt es zu Überschneidungen mit der reinen Rechtsberatung durch die Rechtsabteilung. Auf das Verhältnis der Compliance-Funktion zur Rechtsabteilung wurde bereits hingewiesen.[929]

Eine unmittelbare Beratung der Mitarbeiter operativer Geschäftsfelder durch die Compliance-Funktion kommt insbesondere bei schwierigen Auslegungsfragen, strategischen Entscheidungen und wesentlichen Veränderungen betrieblicher Prozesse oder Strukturen in Betracht.[930] Indem die Compliance-Funktion bei der Entwicklung neuer Produkte eingebunden wird, kann weiterhin auf die durch neue Geschäftsaktivitäten bedingten Compliance-Risiken frühzeitig reagiert werden.[931] Dies entspricht der angloamerikanischen Praxis, wo die Entwicklung neuer Geschäftsideen, Marketingkampagnen, Erschließung neuer Geschäftsfelder, Dienstleistungen etc. durch die Compliance-Funktion zu begleiten ist.[932] BT 1.2.4 Tz. 6 MaComp enthält eine nicht abschließende Liste von Aufgaben, in welche Compliance in ihrer Beratungsfunktion einzubeziehen ist. Darunter sind

---

[926] So auch die Vorgaben aus: Compliance and the compliance function in banks, Basel Committee on Banking Supervision, Basel 2005, Tz. 36.

[927] *Uwe H. Schneider*, ZIP 2003, 645 (650); *Kremer/Klahold*, in: Krieger/Uwe H. Schneider (Hrsg.), Handbuch Managerhaftung, § 21 Rn. 45.

[928] *Gebauer/Niermann*, in: Hauschka (Hrsg.), Corporate Compliance, § 36 Rn. 48; *Gebauer*, in: DIRK (Hrsg.), Handbuch Investor Relations, S. 505 (532).

[929] Siehe C. IV. 3. c) aa) (4) (c).

[930] AT 8.2 Tz. 1 MaRisk (BA); BT 1.2.4 Tz. 3 MaComp.

[931] AT 8.1 Tz. 4 MaRisk (BA); BT 1.2.4 Tz. 3 MaComp.

[932] *Lösler*, WM 2010, 1917 (1922).

zu fassen: die Ermittlung der Kriterien zur Bestimmung der Compliance-Relevanz der Mitarbeiter, die Festlegung der Grundsätze für Vertriebsziele und Bonuszahlungen für Mitarbeiter, die Einrichtung von Vertraulichkeitsbereichen, die Ausgestaltung der Prozesse zur Überwachung der Mitarbeitergeschäfte im Unternehmen und die Festlegung der Grundsätze zur bestmöglichen Auftragsausführung sowie gegebenenfalls Grundsätze zur Weiterleitung bei Ausführung durch ein drittes Unternehmen. Die konkrete Form der persönlichen Beratung reicht von schlichten Hinweisen oder dem sachlichen Aufmerksammachen, über Empfehlungen, nachdrücklichem Rat und dringendem Abraten bis hin zu deutlichen Warnungen.[933]

Aus der Beratungsfunktion von Compliance können allerdings keine Anweisungsbefugnisse des Compliance-Beauftragten erwachsen;[934] diese verbleiben bei der Geschäftsleitung.

(b) Geschriebene interne Verhaltensregeln

Des Weiteren hat die Compliance-Funktion bei der Erstellung und ständigen Aktualisierung interner Verhaltensregeln mitzuwirken. Diese fassen in einem Compliance-Handbuch sowohl die gesetzlichen Anforderungen an die Bank sowie deren Vorstellung von ethisch einwandfreiem Verhalten zusammen.[935] Den Mitarbeitern der Bank wird ein Überblick über die zu beachtenden Verhaltens- und Organisationsregeln gegeben, die für das Institut und seine Mitarbeiter gelten.[936] Auf diese Weise können sie sich innerhalb angemessener Zeit einen Einblick in Compliance-Regelungen verschaffen,[937] was letztlich der Etablierung einer guten Compliance im Institut dient. Sofern die Erstellung des Compliance-Regelwerks nicht durch die Compliance-Funktion selbst übernommen wird, berät sie die anderen Abteilungen frühzeitig bei der Ausarbeitung der Verhaltensregeln.[938] Um die kapitalmarktrechtlichen Compliance-Regelungen übersichtlich darzustellen, ist aufgrund der Vielfalt der gesetzlichen Bestimmungen folgende Kategorisierung vorzunehmen: Globale Grundsätze für ethisches und gesetzes-

---

933 *Eisele/Faust*, in: Schimansky/Bunte/Lwowski (Hrsg.), Bankrechts-Handbuch, § 109 Rn. 164.

934 *Eisele/Faust*, in: Schimansky/Bunte/Lwowski (Hrsg.), Bankrechts-Handbuch, § 109 Rn. 164.

935 *Eisele/Faust*, in: Schimansky/Bunte/Lwowski (Hrsg.), Bankrechts-Handbuch, § 109 Rn. 164; *Gebauer*, in: DIRK (Hrsg.), Handbuch Investor Relations, S. 505 (528).

936 *Eisele/Faust*, in: Schimansky/Bunte/Lwowski (Hrsg.), Bankrechts-Handbuch, § 109 Rn. 164.

937 *Braun/Wolfgarten*, in: Boos/Fischer/Schulte-Mattler (Hrsg.), KWG, § 25a Rn. 43.

938 BT 1.2.3 Tz. 1 MaComp; *Gebauer/Niermann*, in: Hauschka (Hrsg.), Corporate Compliance, § 36 Rn. 53.

treues Verhalten, lokale Compliance-Richtlinien, bereichsbezogene Compliance-Richtlinien, Leitsätze für Mitarbeitergeschäfte, Richtlinien für die Compliance-Organisation.[939] Nach Abschluss der Erstellung des Compliance-Regelwerks hat die Compliance-Funktion die Angemessenheit und Wirksamkeit dieser Verhaltensregelungen gemäß BT 1.2.1 Tz. 1 MaComp regelmäßig zu überwachen und zu bewerten. Um die stetige Aktualisierung der Compliance-Vorschriften auch unternehmensintern den Mitarbeitern zügig mitzuteilen, sollte das Compliance-Regelwerk über eine Intranet-Webseite zugänglich sein. Gerade die Vorschriften aus dem Finanzsektor unterliegen mit Blick auf die ständige Regulierung durch Richtlinien und insbesondere Verordnungen einer Dynamik, welche es aufzufangen gilt. Anpassungen der internen Verhaltensregeln lassen sich in elektronischer Form am schnellsten vornehmen. Es empfiehlt sich hierbei Änderungen deutlich zu machen. Neben einem gedruckten Newsletter sollte daher mit der Neuerscheinung der überarbeiteten Compliance-Regelwerke im Intranet ebenfalls ein Anschreiben zur Neufassung mit Hinweis auf die Änderungen veröffentlicht werden. Änderungen von Gewicht sind zudem mit Schulungsmaßnahmen zu verbinden.[940]

(c) Schulungen

Eine compliance-bezogene Schulungspflicht der Mitarbeiter von Banken ergibt sich mittelbar aus § 25a KWG.[941] Schulungen lassen sich als geeignete Maßnahmen zur Steuerung und Überwachung des Compliance-Risikos einordnen.[942] Eine unmittelbare Verpflichtung sieht BT 1.2.3 Tz. 2 MaComp vor, wonach die Compliance-Funktion zur Unterstützung der operativen Bereiche bei der Durchführung oder zur eigenen Durchführung regelmäßiger und anlassbezogener Schulungen angehalten wird. Das Rechtsbewusstsein der Mitarbeiter wird im Rahmen der Schulungsmaßnahmen gestärkt und eine Compliance-Kultur im Institut geschaffen.[943] Inhaltlich sind die Mitarbeiter über die wesentlichen gesetzlichen Pflichten und internen Regelungen des Instituts zu informieren, damit

---

[939] Näher *Eisele/Faust*, in: Schimansky/Bunte/Lwowski (Hrsg.), Bankrechts-Handbuch, § 109 Rn. 129 ff.

[940] *Meyer/Paetzel*, in: Kölner Kommentar WpHG, § 33 Rn. 87; *Rothenhöfer*, in: Kümpel/Wittig (Hrsg.), Bank- und Kapitalmarktrecht, Rn. 3.373.

[941] *Gebauer/Niermann*, in: Hauschka (Hrsg.), Corporate Compliance, § 36 Rn. 50.

[942] *Gebauer/Niermann*, in: Hauschka (Hrsg.), Corporate Compliance, § 36 Rn. 50.

[943] *Meyer/Paetzel*, in: Kölner Kommentar WpHG, § 33 Rn. 87; *Gebauer*, in: DIRK (Hrsg.), Handbuch Investor Relations, S. 505 (531); *Rothenhöfer*, in: Kümpel/Wittig (Hrsg.), Bank- und Kapitalmarktrecht, Rn. 3.372.

diese compliancekonform handeln.[944] Weder § 25a KWG noch die MaComp machen konkrete Vorgaben zur Konzeption der Schulungen. In der Literatur[945] wird eine Differenzierung zwischen Basisschulungen, bei denen alle Mitarbeiter die wesentlichen Regelungen vermittelt bekommen, und funktionsbezogenen Vertiefungsschulungen empfohlen.[946] Hinsichtlich der Schulungsart kommen verschiedene Lernformen in Betracht. Denkbar sind Präsenzveranstaltungen, computergestützte Selbstschulungen[947] sowie Workshops.[948] Diese werden in großen Instituten regelmäßig von der Compliance-Funktion selbst organisiert und abgehalten; in kleineren Instituten wird die Schulung meist von externen Anbietern übernommen.[949] Über die Teilnahme der jeweiligen Mitarbeiter an den Schulungen sollten Nachweise geführt werden.[950]

(5) Whistleblowing-Hotline

Fraglich ist, ob eine ordnungsgemäße Geschäftsorganisation zur Einhaltung der vom Institut zu beachtenden gesetzlichen Bestimmungen im Sinne des § 25a Abs. 1 Satz 1 KWG die Einrichtung einer Whistleblowing-Hotline beinhaltet. Sec. 802 in Verbindung mit Sec. 301 Sarbanes-Oxley-Act 2002 sieht eine solche Pflicht beispielsweise in Bezug auf Beschwerden über Rechnungslegungsmethoden ausdrücklich vor.

Beim Whistleblowing handelt es sich um die Möglichkeit der Mitarbeiter, vermeintliche oder tatsächliche Verstöße gegen Rechtsnormen oder innerbetriebliche Verhaltensweisen ihrer Kollegen oder Vorgesetzten bei einer zentralen Stel-

---

[944] *Uwe H. Schneider*, ZIP 2003, 645 (649); *Rothenhöfer*, in: Kümpel/Wittig (Hrsg.), Bank- und Kapitalmarktrecht, Rn. 3.372; *Gebauer/Niermann*, in: Hauschka (Hrsg.), Corporate Compliance, § 36 Rn. 50; *Rodewald/Unger*, BB 2007, 1629 (1630).

[945] *Meyer/Paetzel*, in: Kölner Kommentar WpHG, § 33 Rn. 87; *Rothenhöfer*, in: Kümpel/Wittig (Hrsg.), Bank- und Kapitalmarktrecht, Rn. 3.373; *Gebauer*, in: DIRK (Hrsg.), Handbuch Investor Relations, S. 505 (531).

[946] *Meyer/Paetzel*, in: Kölner Kommentar WpHG, § 33 Rn. 87; *Rothenhöfer*, in: Kümpel/Wittig (Hrsg.), Bank- und Kapitalmarktrecht, Rn. 3.373; *Gebauer*, in: DIRK (Hrsg.), Handbuch Investor Relations, S. 505 (531).

[947] *Geiser*, Leitungspflichten des Vorstands in der AG, S. 223, rät von einer rein computergestützten Selbstschulung ab. Empfehlenswert erscheine dies nur in einem zweiten Schritt zur Auffrischung und Aktualisierung der Kenntnisse, die zuvor in einer Präsenzveranstaltung erlernt wurden.

[948] *Kremer/Klahold*, in: Krieger/Uwe H. Schneider (Hrsg.), Handbuch Managerhaftung, § 21 Rn. 40 ff.; *Gebauer/Niermann*, in: Hauschka (Hrsg.), Corporate Compliance, § 36 Rn. 51 f.; *Rothenhöfer*, in: Kümpel/Wittig (Hrsg.), Bank- und Kapitalmarktrecht, Rn. 3.374; *Eisele/Faust*, in: Schimansky/Bunte/Lwowski (Hrsg.), Bankrechts-Handbuch, § 109 Rn 135.

[949] *Gebauer/Niermann*, in: Hauschka (Hrsg.), Corporate Compliance, § 36 Rn. 51 f.; *Rothenhöfer*, in: Kümpel/Wittig (Hrsg.), Bank- und Kapitalmarktrecht, Rn. 3.374; *Eisele/Faust*, in: Schimansky/Bunte/Lwowski (Hrsg.), Bankrechts-Handbuch, § 109 Rn 135.

[950] *Gebauer/Niermann*, in: Hauschka (Hrsg.), Corporate Compliance, § 36 Rn. 52.

le anzuzeigen, ohne ihre Identität offen legen zu müssen.[951] Als eine solche Anlaufstelle kommt aufgrund seiner Unabhängigkeit und Vertrauensstellung der Compliance-Beauftragte in Betracht.[952] Alternativ besteht die Möglichkeit einen externen Rechtsanwalt zu beauftragen.[953] Der Compliance-Beauftragte bzw. der externe Rechtsanwalt dient nicht nur als passive Stelle zur Entgegennahme von Berichten der Mitarbeiter, sondern kann ebenfalls bei der vertraulichen Beratung und Information der hilfesuchenden Arbeitnehmer behilflich sein.[954] *Uwe H. Schneider* bezeichnet die Whistleblowing-Hotline daher vielmehr als „Helpline".[955] Diese Kombination von Whistleblowing und Beratung ist äußerst sinnvoll. In der Praxis handelt es sich beim Whistleblowing um ein wirksames Mittel. Mitarbeiter haben regelmäßig einen guten Einblick in die Arbeit ihrer Kollegen und können damit Regelverstöße gut identifizieren. Dennoch hat die Erfahrung gezeigt, dass das Fehlverhalten häufig nicht gemeldet wird.[956] Mitarbeiter können das Verhalten ihrer Kollegen oftmals rechtlich nicht einordnen und bleiben aufgrund dieser Unsicherheit letztlich untätig. Dem trägt die Schnittstelle von Whistleblowing und Beratung beim Compliance-Beauftragten bzw. externen Rechtsanwalt Rechnung. Indem sich die Mitarbeiter zunächst beraten lassen, können sie das Verhalten ihrer Kollegen rechtlich bewerten. Der Compliance-Beauftragte kann im Rahmen der Beratung zudem die Glaubwürdigkeit des Hinweisgebers beurteilen.[957] Mittelbar erhält die Compliance-Funktion ebenfalls Kenntnis von Unregelmäßigkeiten. Wurden Rechtsverstöße begangen, dann unternimmt die Whistleblowing-Stelle alle weiteren Schritte, um Abhilfe zu schaffen. Für ein effektives Whistleblowing bedarf es dabei einer Vertrauensbeziehung zwischen den Mitarbeitern und dem Compliance-Beauftragten bzw. dem beauftragten Rechtsanwalt. Alle Anfragen und Mitteilungen sind daher streng vertraulich zu behandeln.[958] Repressalien muss der Mitarbeiter nicht fürchten, da das Verfahren anonym bleibt.

Obwohl die Whistleblowing-Hotline im Wesentlichen als sinnvoll zu erachten ist, hat der Gesetzgeber deren Einrichtung in § 25a Abs. 1 Satz 1 KWG nicht

---

[951] *Uwe H. Schneider/Nowak*, in: Festschrift Kreutz, S. 855 (862); *Casper*, Rechtliche Grundlage und aktuelle Entwicklungen der Compliance am Beispiel des Kapitalmarktrechts, Bankrechtstag 2008, S. 139 (161); *Bürkle*, DB 2004, 2158 (2158).

[952] *Lebherz*, Emittenten-Compliance, S. 285.

[953] *Uwe H. Schneider/Nowak*, in: Festschrift Kreutz, S. 855 (862); *Bürkle*, BB 2004, 2158 (2160); *Kremer/Klahold*, ZGR 2010, 113 (133).

[954] *Geiser*, Leitungspflichten des Vorstands in der AG, S. 229.

[955] *Uwe H. Schneider*, ZIP 2003, 645 (650); ebenso *Bürkle*, BB 2004, 2158 (2160).

[956] *Inderst*, in: Görling/Inderst/Bannenberg (Hrsg.), Compliance, Kap. 4 Rn. 34.

[957] *Uwe H. Schneider/Nowak*, in: Festschrift Kreutz, S. 855 (862), allerdings in Bezug auf eine externe Anwaltskanzlei als Whistleblowing-Stelle.

[958] *Bürkle*, BB 2004, 2158 (2161); *Kremer/Klahold*, ZGR 2010, 113 (134).

verpflichtend geregelt.[959] Grund dafür könnte sein, dass die Schaffung einer Whistleblowing-Hotline durchaus auch Nachteile birgt. Kritisiert wird das Whistleblowing zum einen dahingehend, dass es dem Denunziantentum Vorschub leiste.[960] Zum anderen werfte es arbeits- und datenschutzrechtliche Bedenken auf.[961] Gegen eine Whistleblowing-Hotline könnte ferner sprechen, dass der Schutz des Verdächtigten und dessen Anspruch auf rechtliches Gehör in der Abwägung höher zu bewerten ist als ein bisher nicht hinreichend abgesicherter Effizienzgewinn durch das Hinweisgebersystem.[962] Insbesondere ist Vertraulichkeit ein hohes Gut zwischenmenschlicher Beziehungen, welches es zu schützen gilt[963] und welches durch ein von Misstrauen geprägtes Arbeitsklima zerstört werden kann. Weiterhin ist die Einrichtung einer Whistleblowing-Hotline nicht erforderlich, um sich eine angemessene Informationsbasis im Sinne der „Business Judgment Rule" zu verschaffen.[964]
Die Schaffung einer Whistleblowing-Hotline ist daher letztlich vielmehr Good Practice für die wirksame Compliance-Organisation eines Unternehmens.[965] Das Ermessen der Unternehmensleitung kann sich allenfalls dann zu einer Pflicht verdichten, wenn es im Unternehmen zu systematischen Pflichtverletzungen kommt, welche durch die Einrichtung einer Whistleblowing-Hotline wirksam begegnet werden kann.[966]

(6) Disziplinarmaßnahmen

Bedeutend für eine wirksame Compliance-Organisation ist abschließend die Androhung und Durchführung angemessener Disziplinarmaßnahmen bei Compliance-Verstößen.[967] Auf diese Weise lässt sich sicherstellen, dass die Mitarbei-

---

[959] In diesem Sinne wohl *Uwe H. Schneider/Nowak*, in: Festschrift Kreutz, S. 855 (863); *Casper*, Rechtliche Grundlage und aktuelle Entwicklungen der Compliance am Beispiel des Kapitalmarktrechts, Bankrechtstag 2008, S. 139 (162).

[960] *Hauschka/Greeve*, BB 2007, 165 (172); *Casper*, Rechtliche Grundlage und aktuelle Entwicklungen der Compliance am Beispiel des Kapitalmarktrechts, Bankrechtstag 2008, S. 139 (161).

[961] Näher dazu *Wisskirchen/Körber/Bissels*, BB 2006, 1567 ff.

[962] *Casper*, Rechtliche Grundlage und aktuelle Entwicklungen der Compliance am Beispiel des Kapitalmarktrechts, Bankrechtstag 2008, S. 139 (162); *Kremer/Klahold*, ZGR 2010, 113 (133); *dies.*, in: Krieger/Uwe H. Schneider (Hrsg.), Handbuch Managerhaftung, § 21 Rn. 57.

[963] *Uwe H. Schneider/Nowak*, in: Festschrift Kreutz, S. 855 (863).

[964] *Uwe H. Schneider/Nowak*, in: Festschrift Kreutz, S. 855 (864).

[965] *Uwe H. Schneider/Nowak*, in: Festschrift Kreutz, S. 855 (863 f.).

[966] *Casper*, Rechtliche Grundlage und aktuelle Entwicklungen der Compliance am Beispiel des Kapitalmarktrechts, Bankrechtstag 2008, S. 139 (162).

[967] *Uwe H. Schneider*, ZIP 2003, 645 (650); *Sven H. Schneider*, Informationspflichten und Informationsystemeinrichtungspflichten im Aktienkonzern, S. 300; *Lampert*, in: Hauschka (Hrsg.), Corporate Compliance, § 9 Rn. 33.

ter den Gesetzen und Regeln nachkommen.[968] Sowohl der Delinquent als auch die an der Zuwiderhandlung unbeteiligten Unternehmensangehörigen werden durch Sanktionen vor erneuten Compliance-Verstößen abgeschreckt und rechtstreue Unternehmensanghörige bestärkt, gesetzeskonform zu handeln.[969] Eine Compliance-Organisation ohne „spürbare" Folgen für den regelwidrig handelnden Mitarbeiter wäre wenig zielführend und könnte seine Durchsetzungskraft verlieren. Handelt ein Mitarbeiter nicht compliance-konform, dann hat das Institut mitunter entsprechende arbeitsrechtliche Maßnahmen vorzunehmen; im Ausnahmefall kann es sogar zur Erstattung der Strafanzeige kommen (sog. „Zero Tolerance Policy").[970] Die arbeitsrechtlichen Sanktionen reichen von der Abmahnung und/oder finanziellen Sanktion (wie der Streichung eines Bonus, Gehaltskürzungen etc.) bis hin zur unternehmensinternen Versetzung oder (fristlosen) Kündigung.[971] Die Compliance-Funktion und konkret der Compliance-Beauftragte ahndet die Verstöße nicht selbst; vielmehr deckt er Verstöße auf, macht Vorschläge hinsichtlich der Ahndung und gibt diese an die zuständige Stelle weiter. Kommt die zuständige Stelle den vorgeschlagenen Maßnahmen des Compliance-Beauftragten nicht nach, kann er die Geschäftsleitung informieren. Sie hat die Befugnis zum Abstellen der Mängel.[972]

4. Rechtliche Maßnahmen der BaFin bei Missachtung des Pflichtenkanons aus § 25a KWG

Zur Durchsetzung der Compliance-Pflicht ist die BaFin nicht rechtsmittellos. Kommt es zu Missständen im Institut, dann kann die BaFin entsprechende Konsequenzen ziehen. Die Hauptaufgabe der BaFin ist gemäß § 6 Abs. 1 und Abs. 2 KWG die laufende Aufsicht über die Institute und das Entgegenwirken gegen Missstände im Kredit- und Finanzdienstleistungsgewerbe. Diese Aufsicht bezieht sich auf die Einhaltung der Bestimmungen des KWG sowie verwandter oder ergänzender Gesetze.[973]

Fraglich war lange Zeit, ob § 6 Abs. 1 KWG und § 6 Abs. 2 KWG als Ermächtigungsgrundlagen für Verwaltungsakte in Betracht kommen. Weitgehend anerkannt ist, dass § 6 Abs. 1 KWG eine Anordnungsbefugnis mit Außenwirkung

---

[968] *Uwe H. Schneider*, ZIP 2003, 645 (650).

[969] *Reichert*, in: Festschrift Hoffmann-Becking, S. 943 (950).

[970] *Hauschka/Greeve*, BB 2007, 165 (171); *Lampert*, in: Hauschka (Hrsg.), Corporate Compliance, § 9 Rn. 33.

[971] *Lampert*, in: Hauschka (Hrsg.), Corporate Compliance, § 9 Rn. 33.

[972] Siehe zur Kompetenz der Compliance-Funktion – C. IV. 3. c) aa) (3); Siehe zur Kompetenz des Compliance-Beauftragten – C. IV. 3. c) aa) (5) (e).

[973] *Fischer*, in: Schimansky/Bunte/Lwowski (Hrsg.), Bankrechts-Handbuch, § 125 Rn. 25.

dort vorsieht, wo das KWG spezielle Pflichten regelt, ohne zugleich eine speziell normierte Eingriffsbefugnis der BaFin bei Verletzung dieser Pflichten vorzusehen.[974] § 6 Abs. 2 KWG beinhaltet hingegen nach allgemeiner Auffassung keine Anordnungskompetenz der BaFin, sondern ist lediglich Grundlage unverbindlicher, allgemeiner Aufsichtshandlungen ohne rechtliche Außenwirkung.[975] Durch die im Rahmen der 6. KWG-Novelle eingefügten ausdrücklichen allgemeinen Anordnungsbefugnis in § 6 Abs. 3 KWG und die besondere Anordnungsbefugnis in § 25a Abs. 1 Satz 8 KWG ist die Frage der Anordnungsbefugnis durch die BaFin hinsichtlich der Organisationspflichten aus § 25a KWG obsolet geworden. Gemäß § 6 Abs. 3 KWG kann die BaFin durch Verwaltungsakte Anordnungen in allen Bereichen der ihr zugewiesenen Aufgaben treffen, um Missstände zu beseitigen oder zu verhindern, welche die anvertrauten Vermögenswerte gefährden oder die ordnungsgemäße Durchführung der Bankgeschäfte oder Finanzdienstleistungen beeinträchtigen. Hiervon erfasst ist die Sicherstellung einer ordnungsgemäßen Geschäftsorganisation in den Instituten, so dass § 25a KWG über § 6 Abs. 3 KWG durch das Bundesaufsichtsamt durchgesetzt werden kann.[976] Die Nichtbeachtung der Vorgaben aus § 25a KWG kann eine Verwarnung nach § 26 Abs. 2 KWG durch die BaFin zur Folge haben. Zudem bestimmt § 25a Abs. 1 Satz 8 KWG, dass die Bundesanstalt gegenüber einem Institut im Einzelfall Anordnungen treffen kann, die geeignet und erforderlich sind, die ordnungsgemäße Geschäftsorganisation [...] sicherzustellen". § 45b KWG normiert weitere Maßnahmen bei organisatorischen Mängeln.

Verfügt ein Institut nicht über eine ordnungsgemäße Geschäftsorganisation im Sinne des § 25a Abs. 1 KWG, kann die Bundesanstalt auch bereits vor oder gemeinsam mit einer Anordnung nach § 25a Abs. 1 Satz 8 KWG anordnen, dass das Institut Maßnahmen zur Reduzierung von Risiken ergreift, weitere Zweigstellen nur mit Zustimmung der BaFin errichten darf und einzelne Geschäftsarten nicht oder nur in beschränktem Umfang betreiben darf, § 45b Abs. 1 Satz 1 KWG. Die BaFin besitzt somit umfassende Aufsichtsbefugnisse, um Missständen im Institut entgegenzuwirken. Um nicht in den Fokus der BaFin zu gelangen sollte es daher bereits im Unternehmensinteresse liegen eine wirksame Compliance-Organisation im Institut zu errichten.

---

[974] *Habetha/Schwennicke*, in: Schwennicke/Auerbach (Hrsg.), KWG, § 6 Rn. 6; *Schäfer*, in: Boos/Fischer/Schulte-Mattler (Hrsg.), KWG, § 6 Rn. 8.
[975] *Habetha/Schwennicke*, in: Schwennicke/Auerbach (Hrsg.), KWG, § 6 Rn. 18; *Schäfer*, in: Boos/Fischer/Schulte-Mattler (Hrsg.), KWG, § 6 Rn. 55.
[976] Begr. RegE BT-Drucks. 13/7142, S. 87.

5. Analyse/Selbstregulativer Ansatz für eine wirksame Compliance

a) Einführung

Die Diskussion um Compliance hat seit der vergangenen Finanzmarktkrise in der öffentlichen Diskussion an Fahrt aufgenommen. Das gesamte europäische Finanzsystem leidet unter einem großen und andauernden Vertrauensverlust. Die Finanzmarktkrise wird daher auch in weiten Teilen als Vertrauenskrise bezeichnet.[977] Kreditinstitute sind aber gerade in besonderer Weise auf das Vertrauen ihrer Kunden und der Wirtschaft angewiesen. Geld ist ein empfindliches Gut in der Gesellschaft und die meist langfristige Bindung in Dauerschuldverhältnissen zwischen Kreditinstitut und Anleger bedingen ein tiefes Vertrauensverhältnis zwischen den Vertragspartnern. Verlieren Kunden ihr Vertrauen in ein Institut, kann es zum allgemeinen „Run" auf den Bankschalter kommen, der die Gefahr des Zusammenbruchs der Kreditwirtschaft birgt und dessen Folgen die gesamte Volkswirtschaft treffen.[978] Die Geldanleger sind vorsichtig geworden und haben ein gestiegenes Bedürfnis nach Sicherheit. Ein gut funktionierendes Bankensystem ist allerdings der Kernbestandteil der modernen Wirtschaft und der Schlüssel zu mehr ökonomischer Zuversicht und damit zu einem dauerhaften Aufschwung.[979] Daher soll der Ruf der Banken verbessert und somit das Vertrauen in die Banken wieder gestärkt werden.[980] Essentiell ist dafür u.a. die Einrichtung eines wirksamen Compliance-Systems, um Rechtsverstöße umfassend zu vermeiden.

Was ein wirksames Compliance-System grundsätzlich beinhaltet wurde bereits eingehend behandelt.[981] Neben den bestehenden ordnungsrechtlichen Verpflichtungen, sei im Folgenden ein Vorschlag zu diskutieren, wie die Banken durch neuartige und zusätzliche – aber freiwillige – Verpflichtungen noch stärker auf die Gewährleistung einer wirksamen Compliance-Organisation hinwirken.

[977] *Kaiser/Kosprowicz*, Börsen-Zeitung vom 10. August 2012, Nr. 153, S. 4.

[978] *Fischer*, in: Schimansky/Bunte/Lwowski (Hrsg.), Bankrechts-Handbuch, § 125 Rn. 17.

[979] *Lewis*, Banken auf der Suche nach Vertrauen, auf: http://www.handelsblatt.com/unternehmen/banken/essay-sammlung-banken-auf-der-suche-nach-vertrauen/6196532.html (zuletzt aufgerufen am 31. Mai 2013).

[980] So ebenfalls *Kaiser/Kosprowicz*, Börsen-Zeitung vom 10. August 2012, Nr. 153, S. 4; Eingehend zu Reputationsrisiken in Finanzinstituten: *KPMG*, Studie zum Financial Risk Management, Reputationsrisiko – Management und Controlling.

[981] Siehe C. IV. 3. c).

b) Das Auditierungsverfahren

In gedanklicher Anlehnung an das Gemeinschaftssystem für Umweltmanagement und Umweltbetriebsprüfung (Eco-Management Audit Scheme, kurz EMAS)[982] und den IDW PS 980 sei im Folgenden ein selbstregulativer Ansatz zu vertiefen. Bei der EMAS Auditierung verpflichtet sich ein Unternehmen freiwillig dazu, Umweltmanagementsysteme zu errichten und anzuwenden, um die kontinuierliche Verbesserung der Umweltleistung des Unternehmens zu fördern. Die Leistung dieser Systeme wird einer systematischen, objektiven und regelmäßigen Bewertung unterzogen.[983] Aus der Teilnahme an EMAS erwachsen dem Unternehmen Vorteile hinsichtlich der behördlichen Kontrollen, der Kosteneinsparung und ihres Ansehens in der Öffentlichkeit.[984]

Übertragen auf die vorliegende Untersuchung hat die Bank zum einen ein ausdifferenziertes Compliance-Management zu schaffen, welches auf die Rechtskonformität des Instituts in starkem Maße hinwirkt. Dies ist bereits geltendes Recht. Zum anderen soll sich die Bank zur freiwilligen Teilnahme an einer externen Konformitätsprüfung, vergleichbar mit der des IDW PS 980, unterwerfen. Hierin liegt der selbstregulative Vorschlag. Innerhalb dieses externen Audits ist die Angemessenheit und Wirksamkeit des Compliance-Managements zu bewerten.[985] Diese Prüfung findet durch einen (noch zu schaffenden) Compliance-Gutachter statt. Kommt der Compliance-Gutachter zu dem Ergebnis, dass die Bank eine wirksame Compliance-Organisation etabliert hat, validiert er deren Compliance-Management. Die Bank erhält dadurch die Befugnis, ein „BaFin-Qualitätssiegel" tragen zu dürfen. Diese schematische Darstellung des Audits soll nun im Einzelnen aufgezeigt werden:

Die Grundlagen zur Errichtung einer Compliance-Organisation und deren Bestandteile wurden bereits herausgearbeitet. Auf zweiter Ebene wird diese Compliance-Organisation einer Prüfung unterzogen und bewertet. De lege ferenda bedarf es des Berufs eines unabhängigen Compliance-Gutachters als externer

---

[982] Aktuelle Rechtsgrundlage der EMAS ist die Verordnung (EG) Nr. 1221/2009. Das Thema eingehend behandelnd: *Schickert*, Der Umweltgutachter der EG-Umwelt-Audit-Verordnung; *Kenzler*, Das umweltrechtliche und vergaberechtliche Privilegierungspotential des gemeinschaftsrechtlichen Umwelt-Audit-Systems (EMAS); *Schmidt-Preuß*, in: Festschrift Kriele, S. 1157 (1157 ff.); *Köck*, VerwArch 87 (1996), 644 (644 ff.); *Kloepfer/Bröcker*, UPR 2000, S. 335 (335 ff.).

[983] Art. 1 Verordnung (EG) Nr. 1221/2009.

[984] Erwägungsgrund 8 der Verordnung (EG) Nr. 1221/2009.

[985] Kritisch gegenüber einem Zertifizierungsverfahren für Compliance-Management-Systeme: *Rieder/Falge*, BB 2013, 778 (778 ff.).

Auditor. Er ist keine staatliche Kontrollinstanz, insbesondere kein Beliehener; vielmehr wird er als privater Dienstleister auf Grundlage eines zivilrechtlichen Geschäftsbesorgungsvertrags mit dem Institut tätig.[986] Der Compliance-Gutachter muss einem anspruchsvollen Anforderungsprofil genügen. Vergleichbar mit einem Compliance-Beauftragten muss er persönlich zuverlässig und integer sein, die erforderliche personelle, sachliche und finanzielle Unabhängigkeit besitzen sowie hinreichend fachlich qualifiziert sein. Kann der Compliance-Gutachter diese Zulassungsvoraussetzungen vorweisen, dann ist er durch die BaFin, als Zulassungsstelle, zuzulassen. Der Compliance-Gutachter muss anhand umfassender Unterlagen über das Institut, dessen Compliance-Politik, eine konkrete Erläuterung des Compliance-Managements und die Anzahl dennoch eingetretener Rechtsverstöße, das externe Audit vornehmen.

Die konkrete Prüfung lässt sich dabei in folgende Schritte unterteilen. Zunächst (1) wird geprüft, ob die Angaben des Instituts zur Konzeption zutreffend und vollständig sind und ob die Compliance-Erklärung auf sämtliche erforderliche Compliance-Elemente eingeht. Regelmäßig wird sich die Prüfung an etablierten Compliance-Standards wie den MaComp, MaRisk (BA) oder dem IDW PS 980 orientieren. In einem weiteren Schritt (2) werden die rechtlichen Risiken des Instituts überprüft und (3) die ergriffenen Maßnahmen in Bezug auf ihre Geeignetheit daran gemessen, um die Angemessenheit des Compliance-Managements zu bewerten. Basierend auf der Konzeption und der Implementierung der Compliance-Organisation soll in einem letzten Schritt (4) geprüft werden, ob das Compliance-Management des Instituts insgesamt wirksam ist. Kommt der Compliance-Gutachter im Rahmen seiner Prüfung zu dem Ergebnis, dass das Compliance-Management angemessen und wirksam ist, wird die Compliance-Organisation des teilnehmenden Instituts für wirksam erklärt (Validierung). Das Institut erhält die Befugnis ein „BaFin-Qualitätssiegel" zu tragen. Das gesamte Prüfverfahren muss dabei regelmäßig neu stattfinden, um eine dauerhaft gute Compliance zu gewährleisten.

c) Der Wirkungsmechanismus

Die Einführung eines Auditierungsverfahrens soll bei den Instituten einen „motivationalen Sogeffekt"[987] zur Einrichtung einer wirksamen Compliance-Organisation auslösen. Da der einzelne Kunde regelmäßig die Seriosität einer

---

[986] Vgl. die Parallele zum Umweltgutachter *Schmidt-Preuß*, in: Festschrift Kriele, S. 1157 (1166).
[987] Vgl. hierzu *Schmidt-Preuß*, VVDStRL 56 (1997), 160 (185 ff.).

Bank nicht einzuschätzen vermag[988] gäbe ihm das Qualitätssiegel eine gewisse Gewähr für die Verlässlichkeit des Kredit- oder Finanzdienstleistungsinstituts, welche wiederum das Vertrauen bei den Kunden stärkt. Somit hätte das „BaFin-Qualitätssiegel" einen Marketingeffekt. Eine gute Compliance, ausgezeichnet durch ein Qualitätslogo, kann sich als relevantes Kriterium für die Anlage bei einem Institut niederschlagen. Das Werbepotential ist beachtlich. Kosten für die Compliance-Organisation und das Auditierungsverfahren können sich letztlich über eine veränderte Wettbewerbssituation auch finanziell amortisieren oder sogar lohnen. Nehmen Institute an dem Auditierungsverfahren nicht teil oder können sie keine wirksame Compliance vorweisen und erhalten daher kein Qualitätslogo, bedeutet dies auf der Kehrseite, dass sie im Wettbewerb mit den Konkurrenzinstituten einen beträchtlichen Imageverlust erleiden könnten. Daher kann sich der Anreiz zur Einführung einer wirksamen Compliance zu einem faktischen Zwang verdichten, um im Wettbewerb mit anderen Institut zu bestehen.

[988] *Fischer*, in: Schimansky/Bunte/Lwowski (Hrsg.), Bankrechts-Handbuch, § 125 Rn. 19.

D. Dritter Teil: Organisationspflichten im Konzernunternehmen

I. Überblick

Die bisherigen Ausführungen behandelten ausschließlich die Compliance-Pflichten im konzernfreien Kreditinstitut. In der Praxis ist hingegen eine Vielzahl der Kreditinstitute nicht als Einzelunternehmen, sondern als Konzern organisiert.[989]

Nach § 18 Abs. 1 Satz 1 AktG liegt ein Konzern vor, wenn ein herrschendes Unternehmen mit einem oder mehreren abhängigen Unternehmen unter der einheitlichen Leitung des herrschenden Unternehmens zusammengefasst ist. Die ihn bildenden Unternehmen bleiben rechtlich selbständig und sind wirtschaftlich zu einem Gesamtunternehmen verbunden.[990] Der Konzern selbst ist nicht rechtsfähig, er hat weder eigene Organe noch eigenes Vermögen oder eigene Mitarbeiter.[991]

Für das Kreditinstitut kommen zwei Konzernierungsformen in Betracht. Zum einen der reine Bankkonzern, bei dem die Muttergesellschaft oftmals die konzernweite Geschäftspolitik und Unternehmensstrategie bestimmt, wohingegen die unterschiedlichen Geschäftsfelder, wie das Investmentbankgeschäft, das Privat- und Geschäftskundengeschäft und die Vermögensverwaltung von Tochtergesellschaften übernommen werden. Zum anderen die Bank im Industriekonzern, besonders bekannt bei Automobilherstellern,[992] deren Vorteil in der Optimierung der Unternehmensfinanzierung und Liquiditätssteuerung sowie dem Zugang zum Privatkundenmarkt zur Vertriebsunterstützung liegt.[993]

Diese Konzerndimensionalität wirft zahlreiche Fragen auf. Es ist zu klären, ob es eine konzernweite Compliance-Pflicht gibt und ob die Konzernobergesellschaft dementsprechend für die Rechtskonformität der Tochtergesellschaften zu sorgen hat. Zudem ist der Inhalt der Compliance-Pflichten bei Konzernunternehmen darzulegen.

---

[989] *Fett/Gebauer*, in: Festschrift Schwark, S. 375 (376); *Uwe H. Schneider*, WM 1978, 1250 (1251); *ders.*, NZG 2009, 1321 (1323) und verweist darauf, dass der Deutschen Bank rund 4000 Tochtergesellschaften nachgesagt werden.

[990] *Uwe H. Schneider* folgert in BB 1981, 249 (249) daraus, dass der Konzern eine rechtlich gegliederte Organisationsform für Unternehmen ist.

[991] *Uwe H. Schneider*, ZGR 1996, 225 (232); *ders.*, in: Festschrift Nobel, S. 337 (346).

[992] Als Beispiel sei die Volkswagen Bank GmbH oder die BMW Bank GmbH zu erwähnen.

[993] *Dengl/Schwertl*, Die Bank 12/2010, 18 (18).

II. Allgemeine konzernweite Leitungspflichten

Unter dem Leitsatz „Compliance ist Leitungsaufgabe" wurde im Einzelunternehmen festgestellt, dass die Compliance-Organisation in den Aufgabenbereich der Unternehmensführung fällt. Darüber hinaus wurde festgestellt, dass die Geschäftsleitung im konzernfreien Unternehmen eine branchenunabhängige Rechtspflicht zu Compliance trifft. Um diese Ergebnisse auf den Konzern transformieren zu können, müsste Konzernrecht zunächst auch Organisationsrecht sein. Diese Frage wird heute wohl weitgehend bejaht. Das Konzernrecht ist Schutzrecht, aber auch Organisationsrecht.[994]

Zu klären bleibt die Frage, ob der Vorstand des herrschenden Unternehmens eine Pflicht zur Konzernleitung hat und – im Falle ihrer Bejahung – was Inhalt dieser Pflichten ist. Es ist konkret zu diskutieren, ob vom Pflichteninhalt der Konzernleitung die Einrichtung einer konzernweiten Compliance-Organisation erfasst ist. Die Darstellung bezieht sich in erster Linie auf den Aktienkonzern, wobei die Grenzen der Einflussnahme bei einer GmbH als abhängiger Gesellschaft ebenfalls Berücksichtigung finden sollen. Die Bank in der Form einer Anstalt des öffentlichen Rechts als abhängige Konzerngesellschaft[995] sowie die Genossenschaftsbank im Konzernverhältnis[996] sind von geringerer praktischer Relevanz und insoweit im Folgenden zu vernachlässigen.

1. Die Leitungsaufgabe des Vorstands des herrschenden Unternehmens

Grundsätzlich haben die Geschäftsleiter die jeweils eigene Gesellschaft zu leiten. Fraglich ist jedoch, ob die Geschäftsleitung der Konzernspitze ebenfalls zur Leitung des Gesamtkonzerns verpflichtet ist. Diese Diskussion um das Schlagwort „Konzernleitungspflicht" ist weitgehend abgeschlossen. Nach einhelliger Meinung ist die Konzernführung dazu sowohl berechtigt als auch verpflichtet.[997] Umstritten ist hingegen die Intensität der Konzernleitungspflicht.

---

[994] *Uwe H. Schneider*, BB 1981, 249 (249); *ders.*, in: Festschrift Hoffmann-Becking, S. 1071 (1072); *Lutter*, in: Liber amicorum für Rüdiger Volhard, S. 105 (107 ff.).

[995] Hierzu eingehend *Bezzenberger/Schuster*, ZGR 1996, 481 ff.

[996] Allgemein anerkannt ist, dass die Genossenschaft Konzernspitze sein kann, während die Gültigkeit des Genossenschaftsunterordnungskonzerns von der herrschenden Meinung abgelehnt wird. – *Embid Irujo*, in: Festschrift Lutter, S. 1083 (1087 ff.).

[997] *Uwe H. Schneider*, BB 1981, 249 (253); *ders.*, in: Festschrift Wiedemann, S. 1255 (1265); *ders.*, ZHR 143 (1979), 485 (506 ff.); *ders.*, in: Festschrift Hoffmann-Becking, S. 1071 (1073); *Sven H. Schneider/Uwe H. Schneider*, AG 2005, 57 (58); *Hommelhoff*, Die Konzernleitungspflicht, S. 43 ff., 163 ff.; *Timm*, Die Aktiengesellschaft als Konzernspitze, S. 95 f.; *Götz*, ZGR 1998, 524 (526 ff.); *Mertens/Cahn*, in: Kölner Kommentar AktG, § 76 Rn. 65; *Spindler*, in: Münchener Kommentar AktG, § 76 Rn. 49; *Martens*, in: Festschrift Heinsius, S. 523 (530 f.); *ders.*, ZGR 1984, 417 (425); *Semler*, Leitung und Überwachung der

Hommelhoff spricht sich für eine umfassende Konzernleitungspflicht aus.[998] Danach hat die Geschäftsleitung der herrschenden Gesellschaft nicht nur die eigene Gesellschaft, sondern auch die Tochtergesellschaft „bis in alle Einzelheiten der Tochtergesellschaft hinein durch sein Vorgaben" zu leiten.[999]

Von der herrschenden Meinung wird eine derart extensive Konzernleitungspflicht zu Recht abgelehnt.[1000] Im faktischen Konzern ergibt sich dies aus dem Umstand, dass gemäß § 311 AktG der Einflussnahme der Konzernleitung auf die abhängige Gesellschaft rechtliche Grenzen gesetzt sind und die Eigenverantwortung der Leitung der abhängigen Gesellschaft unberührt bleibt.[1001] Anders ist die Rechtslage zwar im Vertragskonzern. § 308 Abs. 1 Satz 1 AktG verschafft der herrschenden Gesellschaft gegenüber der abhängigen Gesellschaft ein Weisungsrecht, welches der Konzernleitung rechtliche Einwirkungsmöglichkeiten gewährt.[1002] § 308 Abs. 1 Satz 1 AktG normiert allerdings bloß ein Weisungsrecht ohne der Konzernleitung eine Weisungspflicht aufzuerlegen.[1003]

Im Ergebnis ist die Konzernspitze somit nicht zu einer extensiven Konzernleitung verpflichtet. Innerhalb der ihr verbleibenden „restriktiven" Konzernleitungspflicht erschöpft sich die Konzernleitung allerdings nicht in der gewissenhaften Beteiligungsverwaltung. Vielmehr obliegt der Konzernspitze die „Oberleitung der Konzernunternehmen",[1004] welche er entsprechend den an die Geschäftsführung und Leitung anzulegenden Pflichten eines ordentlichen und gewissenhaften Geschäftsleiters wahrzunehmen hat.[1005] Diese „Oberleitung" beinhaltet u.a. die Festlegung der Konzernstruktur, -strategie und -organisation, die

---

Aktiengesellschaft, Rn. 278; *Kropff*, ZGR 1984, 112 (115); *Seibt*, in: K. Schmidt/Lutter (Hrsg.) AktG, § 76 Rn. 16; *Fleischer*, in: Spindler/Stilz (Hrsg.), AktG, § 76 Rn. 84.

[998] *Hommelhoff*, Die Konzernleitungspflicht, S. 43 ff., 163 ff.; dem wohl folgend *Kropff*, ZGR 1984, 112 (116).

[999] *Hommelhoff*, Die Konzernleitungspflicht, S. 163 ff., 184 ff., 419.

[1000] *Martens*, in: Festschrift Heinsius, S. 523 (531); *ders.*, ZGR 1984, 417 (425); *Götz*, ZGR 1984, 524 (530); *Hüffer*, AktG, § 76 Rn. 17; *Sven H. Schneider*, Informationspflichten und Informationssystemeinrichtungspflichten im Aktienkonzern, S. 145; *Lösler*, Compliance im Wertpapierdienstleistungskonzern, S. 281 f.; *Fleischer*, in: Spindler/Stilz (Hrsg.), AktG, § 76 Rn. 86; *Jungkurth*, Konzernleitung bei der GmbH, S. 56 f.

[1001] *Seibt*, in: K. Schmidt/Lutter (Hrsg.) AktG, § 76 Rn. 16; *Lösler*, Compliance im Wertpapierdienstleistungskonzern, S. 281.

[1002] *Fleischer*, in: Spindler/Stilz (Hrsg.), AktG, § 76 Rn. 87.

[1003] *Fleischer*, in: Spindler/Stilz (Hrsg.), AktG, § 76 Rn. 87; *ders.*, DB 2005, 759 (761); *Spindler*, in: Münchener Kommentar AktG, § 76 Rn. 49; *ders.*, WM 2008, 905 (915).

[1004] *Uwe H. Schneider*, BB 1981, 249 (250); *Spindler*, in: Münchener Kommentar AktG, § 76 Rn. 49; *Fleischer*, in: Spindler/Stilz (Hrsg.), AktG, § 76 Rn. 91; *Mertens/Cahn*, in: Kölner Kommentar AktG, § 76 Rn. 65.

[1005] *Uwe H. Schneider*, ZHR 143 (1979), 485 (507); *ders.*, ZGR 1996, 225 (240); Sven *H. Schneider/Uwe H. Schneider*, AG 2005, 57 (58); *Spindler*, in: Münchener Kommentar AktG, § 76 Rn. 49; *Seibt*, in: K. Schmidt/Lutter (Hrsg.) AktG, § 76 Rn. 16.

laufende Konzernverwaltung sowie der laufenden Konzernkontrolle.[1006] Hinsichtlich der konzernpolitisch gebotenen Entscheidungsstrukturen hat sie einen weiten Beurteilungsspielraum.[1007] Konkrete Anforderungen an die Sorgfaltspflicht bestimmen sich nach Art und Größe des Konzerns und nach seiner Organisation, ob zentralisiert oder dezentralisiert,[1008] ob funktional gegliedert oder divisionalisiert.[1009] Der schuldhafte Verstoß gegen die konzernweiten Sorgfaltspflichten kann im Verhältnis zur eigenen Gesellschaft Schadensersatzansprüche gemäß § 93 Abs. 2 AktG bzw. § 43 Abs. 2 GmbHG begründen.[1010]

2. Die Leitungsaufgabe der Geschäftsleitung der Tochtergesellschaft

Wiedemann formulierte den viel zitierten Satz, dass „im Konzern alles anders“ sei.[1011] Diese Aussage ist im Folgenden anhand der Leitungsaufgabe der Geschäftsleitung der Tochtergesellschaft zu überprüfen. Im Konzern wachsen die unterschiedlichen Unternehmen zu einer wirtschaftlichen Einheit zusammen, bleiben aber rechtlich selbstständig. Daher wäre es naheliegend, dass die Leitung der abhängigen Gesellschaft durch die Konzernierung nicht entpflichtet wird, sondern weiterhin alleine zur eigenverantwortlichen Unternehmensleitung verpflichtet ist. Insofern würde die Konzernierung keine Veränderung bringen.

Im Vertragskonzern kann das herrschende Unternehmen mittels eines Weisungsrechts nach § 308 Abs. 1 AktG jedoch auf die beherrschte Aktiengesellschaft Einfluss nehmen. Der Vorstand der abhängigen Gesellschaft muss den Weisungen der herrschenden Gesellschaft gemäß § 308 Abs. 2 Satz 1 AktG Folge leisten.[1012] Fehlt es an einer Weisung, dann ist der Vorstand der beherrschten Gesellschaft aber weiterhin aus § 76 Abs. 1 AktG berechtigt und verpflichtet, die Gesellschaft unter eigener Verantwortung zu lenken. § 76 Abs. 1 AktG ist

---

[1006] *Uwe H. Schneider*, BB 1981, 249 (250); *ders.*, in: Festschrift 100 Jahre GmbHG, 473 (492); *Sven H. Schneider/Uwe H. Schneider*, AG 2005, 57 (58); *Mertens/Cahn*, in: Kölner Kommentar AktG, § 76 Rn. 65; *Götz*, ZGR 1998, 524 (531); *Martens*, in: Festschrift Heinsius, S. 523 (531 f.).

[1007] *Uwe H. Schneider*, ZHR 143 (1979), 485 (508); *Sven H. Schneider/Uwe H. Schneider*, AG 2005, 57 (58); *Martens*, in: Festschrift Heinsius, S. 523 (531); *Seibt*, in: K. Schmidt/Lutter (Hrsg.) AktG, § 76 Rn. 16; *Fleischer*, in: Spindler/Stilz (Hrsg.), AktG, § 76 Rn. 88; *Spindler*, in: Münchener Kommentar AktG, § 76 Rn. 49.

[1008] Zur Differenzierung des dezentralisierten zum zentralisierten Konzern s. *Uwe H. Schneider*, BB 1981, 249 (250).

[1009] *Uwe H. Schneider*, BB 1981, 249 (253).

[1010] *Sven H. Schneider/Uwe H. Schneider*, AG 2005, 57 (58).

[1011] *Wiedemann*, Die Unternehmensgruppe im Privatrecht, S. 9.

[1012] Im Falle einer Eingliederung ergibt sich diese Verpflichtung des Vorstands der eingegliederten Gesellschaft aus § 323 Abs. 1 Satz 2 i.V.m. § 308 Abs. 2 Satz 1 AktG.

nur eingeschränkt anwendbar.[1013] Ist die abhängige Gesellschaft hingegen eine GmbH und besteht ihr gegenüber ein Beherrschungsvertrag greift § 308 Abs. 1 AktG analog,[1014] weshalb insofern auf die Ausführungen zur beherrschten Aktiengesellschaft verwiesen werden kann. Die abhängige Gesellschaft wird somit in ihrer Autonomie beschnitten.

Anders ist die Rechtslage im faktischen Konzern. Nach herrschender Meinung ist die Geschäftsleitung einer abhängigen Gesellschaft hier grundsätzlich nicht verpflichtet, ihr Verhalten nach Veranlassungen der Muttergesellschaft auszurichten.[1015] Mangels Beherrschungsvertrags ist die Leitung der abhängigen Gesellschaft nicht an Weisungen der herrschenden Gesellschaft gebunden.[1016] Eine Ausnahme bildet die faktisch konzernierte GmbH. Bei dieser hat die herrschende Gesellschaft als Mehrheitsgesellschafter ein Weisungsrecht gemäß § 37 Abs. 1 GmbH, welches in seiner Art dem Weisungsrecht des Vertragskonzerns entspricht.[1017] Insofern kann auch hier auf die Ausführungen zum Vertragskonzern verwiesen werden. Angesichts des Einflusses des herrschenden Unternehmens in der Hauptversammlung und auf den Aufsichtsrat ist in der Praxis jedoch bei der abhängigen AG im faktischen Konzern ebenfalls davon auszugehen, dass der Tochtervorstand die Weisungen der Konzernspitze in seine Entscheidungen aufnimmt.[1018] Die Vorgaben der Konzernspitze sind durch den Vorstand des abhängigen Unternehmens zur eigenen Entscheidung im Rahmen ihres unternehmerischen Ermessens aufzunehmen und umzusetzen.[1019] Die Geschäftsleitung der abhängigen Gesellschaft bleibt somit auch im faktischen Konzern vom Einfluss der herrschenden Gesellschaft nicht unberührt.

Im Ergebnis ist somit festzustellen, dass sich die Aussage *Wiedemanns* bewahrheitet, da die Leitung der abhängigen Gesellschaft durch die Konzernleitung in ihrer eigenverantwortlichen Unternehmensleitung insgesamt eingeschränkt wird.

[1013] *Fleischer*, in: Spindler/Stilz (Hrsg.), AktG, § 76 Rn. 103; *Spindler*, in: Münchener Kommentar AktG, § 76 Rn. 45; *Hüffer*, AktG, § 76 Rn. 18.

[1014] *Lutter*, in: Lutter/Hommelhoff (Hrsg.), GmbHG, Anh. § 13 Rn. 40 ff.; *Emmerich*, in: Emmerich/Habersack (Hrsg.), Aktien- und GmbH-Konzernrecht, § 308 Rn. 10.

[1015] *Uwe H. Schneider*, in: Festschrift 100 Jahre GmbHG, S. 473 (491); *Kort*, in: Großkommentar zum AktG, § 76 Rn. 150; *Fleischer*, in: Spindler/Stilz (Hrsg.), AktG, § 76 Rn. 102; *Spindler*, in: Münchener Kommentar AktG, § 76 Rn. 47; *Hüffer*, AktG, § 76 Rn. 19; *Fett/Gebauer*, in: Festschrift Schwark, S. 375 (377).

[1016] *Uwe H. Schneider*, in: Festschrift 100 Jahre GmbHG, S. 473 (491); *Fleischer*, in: Spindler/Stilz (Hrsg.), AktG, § 76 Rn. 102; *Spindler*, in: Münchener Kommentar AktG, § 76 Rn. 47; *Hüffer*, AktG, § 76 Rn. 19; *Seibt*, in: K. Schmidt/Lutter (Hrsg.), AktG, § 76 Rn. 17; *Fett/Gebauer*, in: Festschrift Schwark, S. 375 (377).

[1017] *Lutter*, in: Festschrift Goette, S. 289 (293); *ders.*, in: Lutter/Hommelhoff (Hrsg.), GmbHG, Anh. § 13 Rn. 13.

[1018] *Lutter*, in: Festschrift Goette, S. 289 (294); *Verse*, ZHR 175 (2011), 401 (419).

[1019] *Uwe H. Schneider*, in: Festschrift Raiser, S. 341 (348).

III. Compliance-Pflichten im Konzern

1. Allgemeine konzernweite Organisationspflichten im Gesellschaftsrecht

Für die vorliegende Untersuchung ist weiterhin zu klären, ob im allgemeinen Gesellschaftsrecht eine konzernweite Pflicht zur Einrichtung einer Compliance-Organisation verankert ist. Diese Diskussion ist von praktischer Relevanz. Compliance-Verstöße können einen Imageverlust für die gesamte Unternehmensgruppe zur Folge haben. Zudem beschränken sich die haftungsrechtlichen Risiken nicht auf das einzelne Unternehmen, sondern zumindest im Kartellrecht haftet die Muttergesellschaft nach jüngster Rechtsprechung auch für Verstöße der Tochtergesellschaft.

a) Konzern-Compliance als Pflicht des herrschenden Unternehmens im Verhältnis zur eigenen Gesellschaft

Die Pflicht zur Einrichtung einer Compliance-Organisation obliegt dem Vorstand bzw. den Geschäftsführern der einzelnen Konzernunternehmen aus §§ 76, 93 Abs. 1 Satz 1 AktG bzw. § 43 Abs. 1 GmbHG. Dies haben die Ausführungen zum Einzelunternehmen ergeben. Die Frage, ob den Vorstand bzw. die Geschäftsführer der Konzernleitungsgesellschaft eine Leitungs- und Organisationspflicht im Verhältnis zu den abhängigen Unternehmen trifft, ist nicht abschließend geklärt.[1020] Im Folgenden wird der Frage nachgegangen, ob Compliance als Pflicht des herrschenden Unternehmens im Verhältnis zur eigenen Gesellschaft einer konzerndimensionalen Auslegung zugänglich ist.

aa) Insellösung

Zu erwägen wäre, dass der Vorstand des herrschenden Unternehmens möglicherweise nur im Interesse der eigenen Gesellschaft handle. Die Pflicht zur Einrichtung einer Compliance-Organisation beschränke sich dann auf die eigene Konzernleitungsgesellschaft und das Verhalten ihrer Mitarbeiter („Insellösung"). Die Muttergesellschaft wäre lediglich zur Abwehr rechtswidrigen Verhaltens bei der Tochtergesellschaft verpflichtet, wenn sich dieses Handeln in

---

[1020] Die wohl herrschende Meinung lehnt eine solche Pflicht ab – *Fleischer*, in: Spindler/Stilz (Hrsg.), AktG, § 76 Rn. 90; *ders.*, in: Fleischer (Hrsg.), Handbuch Vorstandsrecht, § 18 Rn. 17; *Habersack*, in: Emmerich/Habersack (Hrsg.), Aktien- und GmbH-Konzernrecht, § 311 Rn. 10; *Löbbe*, Unternehmenskontrolle im Konzern, S. 96 ff.; *Bachmann*, in: VGR (Hrsg.), Gesellschaftsrecht in der Diskussion 2007, S. 65 (94); *Fett/Theusinger*, BB Beilage 4/2010, 6 (19); a.A.: *Uwe H. Schneider*, BB 1981, 249 (256 f.); *ders.*, in: Festschrift Hadding, S. 621 (630); *Jungkurth*, Konzernleitung bei der GmbH, S. 169 ff.

Form von Vermögensnachteilen und Imageschäden bei der Muttergesellschaft auswirkt.[1021]

bb) Konzernweite Pflichten

Die herrschende Meinung geht allerdings vielmehr davon aus, dass die Konzernspitze zumindest gegenüber der eigenen Gesellschaft eine konzernweite Compliance-Pflicht trifft.[1022] Werden Geschäfte über Tochtergesellschaften abgewickelt, dann muss die Konzernleitungsgesellschaft deren Rechtskonformität absichern. Ausdrücklich ist diese Compliance-Pflicht im allgemeinen Gesellschaftsrecht nicht verankert. Sie lässt sich aus §§ 76, 93 Abs. 1 AktG bzw. § 43 Abs. 1 GmbHG herleiten. Die Konzernspitze als Konzernleitungsgesellschaft ist gegenüber der eigenen Gesellschaft für den gesamten unternehmerischen Bereich verantwortlich, wovon auch die Abwicklung über die Tochtergesellschaft erfasst ist.[1023] Die Konzernspitze hat Rechtsverstöße der Tochtergesellschaft zu unterbinden und muss dafür konzernweite Organisations- und Überwachungsmaßnahmen treffen. Dahinter steht u.a. das eigene Unternehmensinteresse, unmittelbar durchschlagende Reputationsdefizite und Haftungsrisiken in Form von Geldbußen, insbesondere im Bereich des Kartellrechts, zu vermeiden. Im Vertragskonzern kommt hinzu, dass die Konzernobergesellschaft über ihre konzernrechtliche Verlustausgleichspflicht nach § 302 AktG mittelbar für alle ihren abhängigen Gesellschaften auferlegten Geldbußen haftet.[1024]
In diese Richtung weist ebenfalls der Deutsche Corporate Governance Kodex. In Ziff. 4.1.3. heißt es: „Der Vorstand hat für die Einhaltung der gesetzlichen Bestimmungen und der unternehmensinternen Richtlinien zu sorgen und wirkt auf

[1021] Diese Überlegung aufwerfend, aber im Ergebnis selbst ablehnend: *Uwe H. Schneider/Sven H. Schneider*, ZIP 2007, 2061 (2063).
[1022] *Uwe H. Schneider*, ZGR 1996, 225 (244); *ders.*, NZG 2009, 1321 (1324); *ders.*, in: Krieger/Uwe H. Schneider (Hrsg.), Handbuch Managerhaftung, § 9 Rn. 17; *ders./Sven H. Schneider*, ZIP 2007, 2061 (2063); *Sven H. Schneider*, in: Krieger/Uwe H. Schneider (Hrsg.), Handbuch Managerhaftung, § 8 Rn. 19, 21; *Lutter*, in: Festschrift Hüffer, S. 617 (618); *ders.*, in: Festschrift Goette, S. 289 (292); *Winter*, in: Festschrift Hüffer, S. 1103 (1106); *Bachmann*, in: VGR (Hrsg.), Gesellschaftsrecht in der Diskussion 2007, S. 65 (94); *Spindler*, WM 2008, 905 (915); *Fleischer*, CCZ 2008, 1 (5); *Bicker*, AG 2012, 542 (548); *Bürkle*, BB 2007, 1797 (1799); *Kremer/Klahold*, ZGR 2010, 113 (117); a.A.: *Verse*, ZHR 175 (2011), 401 (412 f.).
[1023] *Uwe H. Schneider/Sven H. Schneider*, ZIP 2007, 2061 (2063); *Lutter*, in: Festschrift Goette, S. 289 (291 f.); *Bachmann*, in: VGR (Hrsg.), Gesellschaftsrecht in der Diskussion 2007, S. 65 (94).
[1024] *Habersack*, in: Festschrift Möschel, S. 1175 (1177 ff.); *Kremer/Klahold*, ZGR 2010, 113 (122); *dies.*, in: Krieger/Uwe H. Schneider (Hrsg.), Handbuch Managerhaftung, § 21 Rn. 10.

deren Beachtung durch die Konzernunternehmen hin (Compliance).“ Wem gegenüber diese Pflicht gilt bleibt dabei unklar.[1025]

cc) Inhalt der Compliance-Pflichten im Konzern

Im Konzern hat die herrschende Gesellschaft zwei unterschiedliche Compliance-Pflichten. Zum einen muss sie für das eigene Unternehmen eine Compliance-Organisation schaffen. Deren Elemente wurden dargestellt. Zum anderen hat der Konzernvorstand zugleich für die Legalität der Tochter- und Enkelgesellschaften zu sorgen. Die konkrete Ausgestaltung der konzernweiten Compliance-Organisation liegt im unternehmerischen Ermessen des Konzernvorstands. Der Umfang hängt u.a. von der Größe und Branche des Konzerns, der jeweiligen Risikoexposition, aber auch der Art der Konzernierung ab.[1026] Zwar lassen sich weder in der Rechtsprechung noch der Literatur genaue Vorgaben über eine konzernweite Compliance-Organisation ausmachen.[1027] Dennoch haben sich auch hier gewisse Mindeststandards entwickelt.

Zwingend obliegt dem Vorstand der herrschenden Gesellschaft die Zuständigkeit zur Einrichtung der konzernweiten Compliance-Organisation.[1028] Sinnvoll ist zu deren Unterstützung die Einsetzung einer konzernweit verantwortlichen Compliance-Funktion unter der Leitung eines im herrschenden Unternehmen verankerten Group-Compliance-Beauftragten, denn die Konzernleitung wird je nach Konzerngröße kaum in der Lage sein, die Aufgabe alleine zu bewältigen.[1029] Ferner ist dafür Sorge zu tragen, dass die abhängigen Unternehmen Maßnahmen zur Einrichtung einer wirksamen Compliance-Organisation treffen. Im dezentral geführten Konzern gehört die konkrete Ausgestaltung der Compliance-Organisation in den Pflichtenkreis der abhängigen Gesellschaften. Der Vorstand der Muttergesellschaft muss lediglich die Leitlinien einer Compliance-Organisation festlegen, die Organisation steuern, die Umsetzung der Leitlinien

---

[1025] *Uwe H. Schneider*, NZG 2009, 1321 (1325); *ders./Sven H. Schneider*, ZIP 2007, 2061 (2063).

[1026] *Uwe H. Schneider*, NZG 2009, 1321 (1326); *ders.*, in: Krieger/Uwe H. Schneider (Hrsg.), Handbuch Managerhaftung, § 9 Rn. 17; *ders./Sven H. Schneider*, ZIP 2007, 2061 (2065); *Bachmann*, in: VGR (Hrsg.), Gesellschaftsrecht in der Diskussion 2007, S. 65 (94); *Fett/Theusinger*, BB Beilage 4/2010, 6 (9).

[1027] *Uwe H. Schneider*, NZG 2009, 1321 (1326); *Fleischer*, CCZ 2008, 1 (5).

[1028] *Uwe H. Schneider*, NZG 2009, 1321 (1326); *ders./Sven H. Schneider*, ZIP 2007, 2061 (2065).

[1029] *Lösler*, Compliance im Wertpapierdienstleistungskonzern, S. 301 ff.; *Verse*, ZHR 175 (2011), 401 (416); *Gebauer*, in: DIRK (Hrsg.), Handbuch Investor Relations, S. 505 (541).

kontrollieren und bei Mängeln die Compliance-Organisation nachbessern.[1030] Bei zentral geführten Konzernen sind die organisatorischen Pflichten der Muttergesellschaft dem Inhalt nach bei Mutter und Tochter gleich. Die Geschäftsleitung der Konzernmutter muss auch für eine konkrete Compliance-Organisation bei den Tochtergesellschaften sorgen.[1031] In beiden Konzernierungsformen ist es jedoch von Bedeutung, dass die beherrschten Konzernunternehmen eigene Organmitglieder bestellen, welche für die gebotene Compliance sorgen.[1032]
Grundlegend für eine wirksame konzernweite Compliance-Organisation ist die Einrichtung eines konzernweiten Berichts- und Informationssystems.[1033] Auf diese Weise kann sich die Konzern-Compliance-Funktion und über sie die Konzernleitung über compliance-relevante Sachverhalte und Risikoeinschätzungen aus den Konzerngesellschaften informieren und die Durchführung der Compliance-Maßnahmen bei sämtlichen Tochter- und Enkelgesellschaften überwachen.[1034] Dieses Informationssystem umfasst eine periodische Berichterstattung über festgestellte Verstöße, ergriffene Gegenmaßnahmen und die allgemeine Einschätzung der konzerninternen Compliance-Risiken.[1035] Kommt es zu Compliance-Verstößen von konzernweiter Bedeutung, hat eine anlassbezogene ad-hoc-Berichterstattung zu erfolgen.[1036] Darüber hinaus kann es sinnvoll sein, dass die Konzernmutter einen Konzern-Beauftragten zur Überprüfung in die abhängigen Gesellschaften schickt, um sich von der Einhaltung der Compliance-Vorgaben zu überzeugen.[1037] Auf Grundlage der durch das Berichtssystem erlangten konzernweiten Informationen wird die Konzernleitung bzw. die Konzern-Compliance-Funktion die Effizienz der von ihr gewählten konzernweiten Compliance-Organisation in regelmäßigen Abständen überprüfen können und unter Umständen überarbeiten müssen.[1038]

Um ein solches Informations- und Berichtssystem zu gewährleisten müsste die Leitung der abhängigen Gesellschaft verpflichtet sein, die Konzernspitze mit

---

[1030] *Uwe H. Schneider*, in: Krieger/Uwe H. Schneider (Hrsg.), Handbuch Managerhaftung, § 9 Rn. 17.
[1031] *Uwe H. Schneider*, NZG 2009, 1321 (1326).
[1032] *Uwe H. Schneider/Sven H. Schneider*, ZIP 2007, 2061 (2065).
[1033] Umfassend *Sven H. Schneider*, Informationspflichten und Informationssystemeinrichtungspflichten im Aktienkonzern, S. 144 ff.
[1034] *Uwe H.* Schneider, NZG 2009, 1321 (1326); *Verse*, ZHR 175 (2011), 401 (416 f.); *Bicker*, AG 2012, 542 (550).
[1035] *Fleischer*, CCZ 2008, 1 (6).
[1036] *Verse*, ZHR 175 (2011), 401 (417).
[1037] *Lutter*, in: Festschrift Goette, S. 289 (292 f.).
[1038] *Verse*, ZHR 175 (2011), 401 (417).

den benötigten Informationen auszustatten.[1039] Unproblemtisch ist dies, wenn die Muttergesellschaft gegenüber ihrer Tochtergesellschaft gesellschaftsrechtliche Weisungsrechte besitzt. Die Geschäftsleitung ist dann zur Befolgung der erteilten Weisungen verpflichtet (§ 308 Abs. 2 AktG) wovon die Weisung zur Informationsweitergabe erfasst ist. Fraglich ist, wie es sich im faktischen Konzern mit den Informationsansprüchen gegenüber der abhängigen AG verhält. Die Herleitung einer allgemeinen konzernrechtlichen Informationspflicht aus dem Rechtsgedanken der §§ 294 Abs. 3, 320 Abs. 3 HGB, 145 AktG[1040] oder einem Sonderrechtsverhältnis zwischen herrschender und abhängiger Gesellschaft[1041] wird weitgehend abgelehnt.[1042] Nach strenger Auslegung des Aktiengesetzes verbliebe lediglich das allgemeine Auskunftsrecht des Aktionärs gemäß § 131 AktG. Ein solch restriktives Verständnis einer Informationsbeschaffungspflicht kann mit Blick auf die konzernweite Pflicht zur Einrichtung einer Compliance-Organisation jedoch nicht überzeugen.[1043] Soweit die Muttergesellschaft eine besondere Rechtspflicht trifft, welche nur auf Grundlage von Informationen für den Konzern erfüllt werden kann, besteht ein Auskunftsanspruch der Muttergesellschaft gegen die Tochtergesellschaft.[1044] Dieser Auskunftsanspruch besteht auch dann, wenn die besondere Rechtspflicht der Muttergesellschaft – wie die konzernweite Compliance-Pflicht aus den §§ 76, 93 Abs. 1 AktG bzw. § 43 Abs. 1 GmbHG – nicht ausdrücklich normiert ist.[1045] Es handelt sich dogmatisch um eine Annexpflicht aus der jeweiligen besonderen Rechtspflicht der Muttergesellschaft in Verbindung mit der gesellschaftsrechtlichen Treuepflicht des Tochterunternehmens gegenüber der Muttergesellschaft in ihrer Eigenschaft als Aktionärin.[1046] Etwaige entgegenstehende Vertraulichkeitsregeln, wie die nach § 93 Abs. 1 Satz 3 AktG, werden durch das gesteigerte Informationsbedürfnis der

---

[1039] Allgemein zum Anspruch der Obergesellschaft auf Informationsweitergabe *Sven H. Schneider*, Informationspflichten und Informationssystemeinrichtungspflichten im Aktienkonzern, S. 151 ff.; *Wittmann*, Informationsfluss im Konzern, S. 67 ff.

[1040] *Semler*, Leitung und Überwachung der Aktiengesellschaft, Rn. 300 ff.

[1041] *Löbbe*, Unternehmenskontrolle im Konzern, S. 155 ff.

[1042] *Fleischer*, ZGR 2009, 505 (532 f.); *Hüffer*, in: Festschrift Schwark, S. 185 (189); *Fabritius*, in: Festschrift Huber, S. 705 (710); *Wittmann*, Informationsfluss im Konzern, S. 71 ff.

[1043] So auch *Sven H. Schneider*, Informationspflichten und Informationssystemeinrichtungspflichten im Aktienkonzern, S. 153; *Fett/Gebauer*, in: Festschrift Schwark, S. 375 (384).

[1044] *Sven H. Schneider*, Informationspflichten und Informationssystemeinrichtungspflichten im Aktienkonzern, S. 153.

[1045] *Sven H. Schneider*, Informationspflichten und Informationssystemeinrichtungspflichten im Aktienkonzern, S. 153.

[1046] *Sven H. Schneider*, Informationspflichten und Informationssystemeinrichtungspflichten im Aktienkonzern, S. 153.

Muttergesellschaft zur Erfüllung ihrer Compliance-Pflicht in diesem konkreten Einzelfall verdrängt.[1047] Die Muttergesellschaft hat somit auch im faktischen Konzern gegenüber der abhängigen AG einen Anspruch auf Information.

Sind evidente Mängel in der Compliance-Organisation einer Tochtergesellschaft erkennbar oder verdichtet sich der Verdacht, dass es zu Rechtsverstößen in Konzernunternehmen gekommen ist, dann muss der Konzernvorstand auf eine ordnungsgemäße Compliance-Organisation bzw. die Rechtskonformität hinwirken. Im Vertragskonzern hat sie nach § 308 Abs. 1 AktG das hierzu erforderliche Weisungsrecht. Im faktischen Konzern (mit Ausnahme der faktisch konzernierten GmbH) fehlt es an den erforderlichen Weisungsmöglichkeiten, um Abhilfe zu schaffen. In diesem Fall muss sie durch ihren faktischen Einfluss auf die Rechtskonformität der abhängigen Gesellschaft bewirken. Als ultima ratio hat sie sich von der Gesellschaft zu trennen.[1048]

dd) Konzernrechtliche Grenzen der konzernweiten Compliance-Organisation

Die Compliance-Verantwortung der Konzernspitze kann nur so weit reichen, wie es ihr rechtlich möglich ist.[1049] Die dargestellten Compliance-Maßnahmen haben konzernrechtliche Grenzen, die je nach Konzernierungsform unterschiedlich ausfallen. Zu differenzieren ist zwischen dem Vertragskonzern und dem faktischen Konzern.
Im Vertragskonzern ergeben sich aufgrund des Weisungsrechts nach § 308 Abs. 1 AktG kaum Schwierigkeiten. Vom Weisungsrecht umfasst ist der gesamte Bereich, in dem der Vorstand der abhängigen Gesellschaft diese nach § 76 Abs. 1 AktG zu leiten hat.[1050] Erfasst wird somit auch die Einführung einer Compliance-Organisation.[1051] Die Konzernspitze kann im Vertragskonzern alle Compliance-Maßnahmen durchsetzen und im Rahmen eines konzernweiten Berichtssystems auch compliance-relevante Auskünfte verlangen.[1052] Selbst nachteilige Weisungen im Sinne des § 308 Abs. 1 Satz 2 AktG werden im Hinblick auf ihre

[1047] *Habersack*, in: Festschrift Möschel, S. 1175 (1189); *Fett/Gebauer*, in: Festschrift Schwark, S. 375 (384).
[1048] *Fett/Gebauer*, in: Festschrift Schwark, S. 375 (384 f.).
[1049] *Fleischer*, CCZ 2008, 1 (6).
[1050] *Veil*, in: Spindler/Stilz (Hrsg.), AktG, § 308 Rn. 20; *Hüffer*, AktG, § 308 Rn. 12; *Altmeppen*, in: Münchener Kommentar AktG, § 308 Rn. 86; *Lutter*, in: Festschrift Goette, S. 289 (293); *Fleischer*, in: Fleischer (Hrsg.), Handbuch Vorstandsrecht, § 18 Rn. 43.
[1051] *Lutter*, in: Festschrift Goette, S. 289 (293).
[1052] *Lutter*, in: Festschrift Goette, S. 289 (293).

Eingriffsintensität als verhältnismäßig einzustufen sein, wenn es um die Implementierung einer Compliance-Organisation und deren Kontrolle durch die herrschende Gesellschaft geht.[1053] Das Weisungsrecht richtet sich dabei ausschließlich an die Leitung der abhängigen Gesellschaft.[1054] Unmittelbare Weisungen der herrschenden Gesellschaft an Angestellte der abhängigen Gesellschaft unterhalb der Leitungsebene sind nach herrschender Meinung[1055] möglich, wenn die Leitung der abhängigen Gesellschaft von den Weisungen rechtzeitig Kenntnis erlangt, um deren Rechtmäßigkeit zu überprüfen und unter Umständen intervenieren zu können. Gegenüber einer abhängigen GmbH ergeben sich im Vertragskonzern keine Besonderheiten. § 308 Abs. 1 AktG gilt entsprechend.[1056]

Anders ist die Rechtslage im faktischen Konzern. Ausdrückliche Weisungsrechte finden sich im Gesetz für den faktischen Konzern nicht. Bei der faktisch konzernierten GmbH hat die herrschende Gesellschaft – wie bereits oben erläutert – als Mehrheitsgesellschafter jedoch ein Weisungsrecht aus § 37 Abs. 1 GmbH, welches in seiner Art dem Weisungsrecht des Vertragskonzerns entspricht.[1057] Die analoge Anwendung der §§ 311 ff. AktG auf die faktisch konzernierte GmbH zur Einschränkung des Weisungsrechts der herrschenden Gesellschaft ist nach ganz herrschender Meinung abzulehnen; die abhängige GmbH wird allerdings durch die erhöhten Treuepflichten des Mehrheitsgesellschafters vor einer schädigenden Einflussnahme auf die abhängige GmbH geschützt.[1058] Die Einrichtung einer konzernweiten Compliance-Organisation und die damit einhergehenden Berichtspflichten werden regelmäßig nicht gegen die Treuepflichten der herrschenden Gesellschaft als Mehrheitsgesellschafter verstoßen.
Gegenüber der abhängigen AG im faktischen Konzern hat die herrschende Gesellschaft hingegen kein ausdrückliches Weisungsrecht. Der Vorstand der Tochtergesellschaft ist lediglich berechtigt, aber nicht verpflichtet, die Weisungen der

---

[1053] *Lutter*, in: Festschrift Goette, S. 289 (293 f.).
[1054] *Altmeppen*, in: Münchener Kommentar AktG, § 308 Rn. 72; *Hüffer*, AktG, § 308 Rn. 7; *Emmerich*, in: Emmerich/Habersack (Hrsg.), Aktien- und GmbH-Konzernrecht, § 308 Rn. 17 ff.; *Langenbucher*, in: K. Schmidt/Lutter (Hrsg.), AktG, § 308 Rn. 18.
[1055] *Altmeppen*, in: Münchener Kommentar AktG, § 308 Rn. 72; *Hüffer*, AktG, § 308 Rn. 7; *Emmerich*, in: Emmerich/Habersack (Hrsg.), Aktien- und GmbH-Konzernrecht, § 308 Rn. 17 ff.; *Langenbucher*, in: K. Schmidt/Lutter (Hrsg.), AktG, § 308 Rn. 18.
[1056] *Lutter*, in: Lutter/Hommelhoff (Hrsg.), GmbHG, Anh. § 13 Rn. 40 ff.; *Emmerich*, in: Emmerich/Habersack (Hrsg.), Aktien- und GmbH-Konzernrecht, § 308 Rn. 10.
[1057] *Lutter*, in: Festschrift Goette, S. 289 (293); *ders.*, in: Lutter/Hommelhoff (Hrsg.), GmbHG, Anh. § 13 Rn. 13.
[1058] BGH NJW 1976, 191 (191 ff.); *Lutter*, in: Lutter/Hommelhoff (Hrsg.), GmbHG, Anh. § 13 Rn. 15; *Altmeppen*, in: Roth/Altmeppen (Hrsg.), GmbHG, Anh. § 13 Rn. 154 ff.; *Habersack*, in: Emmerich/Habersack (Hrsg.), Aktien- und GmbH-Konzernrecht, Anh. § 318 Rn. 6.

herrschenden Gesellschaft zu befolgen.[1059] Somit ist die Konzernspitze bei der effektiven Umsetzung einer Compliance-Organisation in erster Linie auf die freiwillige Mitwirkung der abhängigen Gesellschaft angewiesen.[1060] Sie ist daneben verpflichtet im Rahmen ihrer rechtlichen Steuerungs- und Überwachungsmöglichkeiten auf eine konzernweite Compliance hinzuwirken.[1061] In Betracht kommen u.a. Vorstandsdoppelmandate[1062] im Sinne einer Personalunion zwischen dem Vorstand der Ober- und der Untergesellschaft oder die Bestellung der Mitglieder der Geschäftsleitung der Muttergesellschaft zu Aufsichtsratsmitgliedern der Tochtergesellschaft.[1063] Angesichts des Einflusses in der Hauptversammlung und auf den Aufsichtsrat ist in der Praxis davon auszugehen, dass der Tochtervorstand die Weisungen der Konzernspitze in seine Entscheidungen aufnimmt.[1064]

Die Compliance-Maßnahmen der Muttergesellschaft gegenüber einer abhängigen AG im faktischen Konzern stellen in diesem Zusammenhang keinen ausgleichspflichtigen Nachteil gemäß § 311 AktG dar. Ein Nachteil im Sinne des § 311 AktG ist jede Minderung oder konkrete Gefährdung der Vermögens- oder Ertragslage der Gesellschaft, soweit sie auf die Abhängigkeit zurückzuführen ist. Bei Vermögensminderungen, die gerade nicht auf der Abhängigkeit beruhen, sondern bei Sorgfalt eines ordentlichen und gewissenhaften Geschäfts ebenso eingetreten wäre, fehlt es an einem Nachteil.[1065] Maßnahmen, welche auf die Legalität der abhängigen Gesellschaft hinwirken und ein compliance-relevantes Geschäft verbieten, sind sorgfaltspflichtgemäß und somit nicht nachteilig gemäß § 311 AktG.[1066]

Die angesprochenen Informationsbeschaffungsmaßnahmen der Tochter- an die Muttergesellschaft könnten zwar als Nachteil zu werten sein, da hier die abstrakte Gefahr des Missbrauchs vertraulicher Informationen der Tochtergesellschaft

---

1059 *Fleischer*, in: Fleischer (Hrsg.), Handbuch Vorstandsrecht, § 18 Rn. 72; *Vetter*, in: Festschrift Graf von Westphalen, S. 719 (724); *Habersack*, in: Emmerich/Habersack (Hrsg.), Aktien- und GmbH-Konzernrecht, § 311 Rn. 10; *Fett/Gebauer*, in: Festschrift Schwark, S. 375 (377).

1060 *Fleischer*, CCZ 2008, 1 (6); *Lutter*, in: Festschrift Goette, S. 289 (294).

1061 *Huwer*, Der Prüfungsausschuss des Aufsichtsrats, S. 334 f.; *Fleischer*, CCZ 2008, 1 (6); *Lutter*, in: Festschrift Goette, S. 289 (294).

1062 Zur Zulässigkeit von Vorstandsdoppelmandaten BGH WM 2009, 1138 (1138 ff.).

1063 Eingehend *Sven H. Schneider*, Informationspflichten und Informationssystemeinrichtungspflichten im Aktienkonzern, S. 154 f.

1064 *Lutter*, in: Festschrift Goette, S. 289 (294); *Verse*, ZHR 175 (2011), 401 (419).

1065 *Habersack*, in: Emmerich/Habersack (Hrsg.), Aktien- und GmbH-Konzernrecht, § 311 Rn. 39 f.; *Müller*, in: Spindler/Stilz (Hrsg.), AktG, § 311 Rn. 27 f.; *Hüffer*, AktG, § 311 Rn. 25; *Vetter*, in: K. Schmidt/Lutter (Hrsg.), AktG, § 311 Rn. 40.

1066 *Verse*, ZHR 175 (2011), 401 (419); *Lippe*, Compliance in Banken und Bankenkonzernen, S. 203 f.

durch ihre Mutter besteht. Aber auch hier lehnen die Rechtsprechung[1067] und die überwiegende Literatur[1068] einen Nachteil ab, wenn davon auszugehen ist, dass die herrschende Gesellschaft die Vertraulichkeit der Informationen wahren und diese nur zur konzerninternen Kontrolle verwenden wird, da somit keine konkrete Gefährdung der Vermögens- oder Ertragslage der Gesellschaft vorliegt.[1069] Die Konzernspitze kann folglich mit den erforderlichen Informationen umfassend versorgt werden.

b) Compliance-Pflichten bei der Tochtergesellschaft

Nach dem Bisherigen ergibt sich, dass die Muttergesellschaft zur Errichtung einer konzernweiten Compliance-Organisation verpflichtet ist. Dies umfasst auch konkrete Compliance-Maßnahmen gegenüber der Tochtergesellschaft im Rahmen der rechtlichen Grenzen. Mit dieser Feststellung geht die Frage einher, ob die Tochtergesellschaft nun ihrerseits von der Einrichtung einer Compliance-Organisation entpflichtet ist. Solche Überlegungen sind abzulehnen. Die Tochtergesellschaft hat eigenverantwortlich eine Compliance-Organisation zu schaffen. Diese wird nicht durch eine etwa konzernweit gültige Compliance-Organisation ersetzt.[1070] Eine Integration der jeweiligen Compliance-Organisationen ist hingegen möglich und sinnvoll. Dabei ist anzunehmen, dass die Compliance-Pflicht der Tochtergesellschaft modifiziert wird, wenn deren Geschäftsleitung davon ausgehen kann, dass die Compliance-Organisation der Konzernspitze entsprechend die Einhaltung in der Tochtergesellschaft hinreichend gewährleistet.[1071] Dennoch muss der Vorstand der Tochtergesellschaft auch hier weiterhin prüfen, ob die Compliance-Maßnahmen der Muttergesellschaft für seine Gesellschaft hinreichend sind und bei Bedarf zusätzliche Maßnahmen ergreifen.[1072]

c) Ergebnis

Zusammenfassend lässt sich feststellen, dass die Konzernspitze (jedenfalls) der eigenen Gesellschaft gegenüber verpflichtet ist sowohl für sich als auch für ihre

---

1067 BGH NJW 2009, 850 (851).

1068 *Habersack*, in: Emmerich/Habersack (Hrsg.), Aktien- und GmbH-Konzernrecht, § 311 Rn. 51a; *ders.*, in: Festschrift Möschel, S. 1175 (1190 f.); *Hüffer*, in: Festschrift Schwark, S. 185 (193 f.).

1069 *Verse*, ZHR 175 (2011), 401 (420 f.).

1070 *Uwe H. Schneider*, ZGR 1996, 225 (244); *Spindler*, WM 2008, 905 (916).

1071 *Spindler*, WM 2008, 905 (916).

1072 *Fett/Theusinger*, BB Beilage 4/2010, 6 (10).

Tochterunternehmen eine Compliance-Organisation einzurichten. Das konkrete konzernweite Pflichtenprogramm zur Einrichtung einer wirksamen konzernweiten Compliance-Organisation liegt im unternehmerischen Ermessen der Geschäftsleitung. Innerhalb deren Durchsetzung sind die konzernrechtlichen Grenzen zu beachten. Daneben kann sich das abhängige Unternehmen seiner eigenen Compliance-Pflicht nicht entziehen.

2. § 130 OWiG im Konzern und seine Anpassung beim herrschenden Unternehmen

Die Untersuchungen zu § 130 OWiG haben ergeben, dass es sich bei der Norm um eine Unternehmensorganisationhaftung handelt.[1073] Bereits hingewiesen wurde darauf, dass § 130 OWiG in der Vergangenheit in Konzernlagen und hier gerade in Bezug auf Compliance von praktischer Relevanz war. Sei es die Bestechungszahlung bei *Siemens*[1074], die Kartellabsprache bei *Etex*[1075] oder die Korruptionsaffäre bei *MAN*[1076]. In allen Fällen handelte es sich um den Vorwurf unzureichender konzernweiter Compliance, deren Pflicht über § 130 OWiG begründet wird. Dem ist im Folgenden näher nachzugehen.

a) Übertragbarkeit des § 130 OWiG auf die Konzernobergesellschaft?

§ 130 OWiG richtet sich ausschließlich an den „Inhaber eines Betriebes oder Unternehmens". Somit stellt sich für eine konzerndimensionale Anwendung der Norm die Frage, ob die herrschende Gesellschaft als Inhaber des Konzerns gemäß § 130 OWiG eingeordnet werden kann. Der BGH hat sich 1981 dahingehend vorsichtig geäußert und angedeutet,[1077] dass die Rechtspersönlichkeit der abhängigen Gesellschaft verhindern könnte, die Konzernobergesellschaft als

---

[1073] Siehe C. III.

[1074] Entscheidung vom 15. Dezember 2008, Bußgeld gegen die Siemens AG in Höhe von 395 Millionen Euro, Entwurf S. 1; Entwurf abrufbar unter http://www.siemens.com/press/pool/de/events/2008-12-PK/MucStaats.pdf; siehe darüber die Pressemitteilungen der Siemens-AG abrufbar unter: http://www.siemens.com/press/de/events/2008-12-pk.php (beides zuletzt aufgerufen am 31. Mai 2013).

[1075] Entscheidung vom 9. Februar 2009, Bußgeld gegen die Etex Holding GmbH, ein Fallbericht (Az. B1-200/06) abrufbar unter http://www.bundeskartellamt.de/wDeutsch/download/pdf/Kartell/Kartell09/Fallberichte/B1-200-06-Fallbeschreibung.pdf (zuletzt aufgerufen am 31. Mai 2013).

[1076] Vgl. die Pressemitteilung der Staatsanwaltschaft München I vom 15. Mai 2009, abrufbar unter: http://www.justiz.bayern.de/sta/sta/m1/presse/archiv/2009/02014/ (zuletzt aufgerufen am 31. Mai 2013).

[1077] BGH WuW/E 1871, 1876.

Inhaber im Sinne des § 130 OWiG anzusehen.[1078] Die jüngsten Entscheidungen zu dieser Frage offenbaren eine neue Tendenz. In der Lehre finden sich verschiedene Ansichten.

aa) Meinungsbild

Bis heute wird die Frage, ob eine Muttergesellschaft trotz rechtlicher Selbstständigkeit der abhängigen Gesellschaft als Inhaber gemäß § 130 OWiG angesehen werden kann und daher Compliance-Strukturen konzernweit erforderlich wären, in der Literatur breit diskutiert.

Eine verbreitete Auffassung in der Literatur[1079] lehnt die Übertragung des § 130 OWiG auf den Konzern ab. Es wird argumentiert, dass die rechtliche Selbstständigkeit der Tochtergesellschaften einer fremden Inhaberschaft entgegenstünde.[1080]

Die Gegenmeinung[1081] hält den Umstand, dass die abhängigen Gesellschaften rechtlich selbstständig sind, im Bereich der Aufsichtspflichtverletzung hingegen für unerheblich. Die herrschende Gesellschaft sei aufgrund der faktischen Einwirkungsmöglichkeit als Inhaber anzusehen. Die Konzernobergesellschaft werde daher vom Inhaberbegriff des § 130 OWiG erfasst.[1082]

Vertreten wird weiterhin, dass § 130 OWiG sich nur bei 100%igen-Beteiligungen auch auf abhängige Gesellschaften erstrecke.[1083] Vereinzelt wird angenommen, dass die Konzernobergesellschaft dann Inhaber gemäß § 130 OWiG ist, wenn die Muttergesellschaft eine konzernweite Aufsicht eingeführt hat und den zuständigen Organen in der abhängigen Gesellschaft dadurch ihre Aufsichtshoheit entzieht.[1084]

[1078] *Uwe H. Schneider*, NZG 2009, 1321 (1323).

[1079] *Spindler*, in: Fleischer (Hrsg.), Handbuch Vorstandsrecht, § 15 Rn. 127; *Gürtler*, in: Göhler (Hrsg.), OWiG, § 130 Rn. 5a; *Koch*, AG 2009, 564 (567 ff.); *ders.*, ZHR 171 (2007), 554 (570 ff.); *ders.*, WM 2009, 1013 (1018); *Verse*, ZHR 175 (2011), 401 (410).

[1080] *Spindler*, in: Fleischer (Hrsg.), Handbuch Vorstandsrecht, § 15 Rn. 127; *Gürtler*, in: Göhler (Hrsg.), OWiG, § 130 Rn. 5a.

[1081] *Rogall*, in: Karlsruher Kommentar OWiG, § 130 Rn. 25; *Thiemann*, Aufsichtspflichtverletzung in Betrieben und Unternehmen, S. 160 f.; *Mansdörfer/Timmerbeil*, WM 2004, 362 (368 f.).

[1082] *Rogall*, in: Karlsruher Kommentar OWiG, § 130 Rn. 25; *Thiemann*, Aufsichtspflichtverletzung in Betrieben und Unternehmen, S. 160 f.

[1083] *Tiedemann*, NJW 1979, 1849 (1852).

[1084] *Wirtz*, WuW 2001, 342 (348 f.); *Klusmann*, in: Wiedemann (Hrsg.), Handbuch des Kartellrechts, § 55 Rn. 42; *Koch*, AG 2009, 564 (573) wertet diese Lösung als Herleitung einer deliktischen Aufsichtspflicht aus der freiwilligen Gefahrübernahme.

bb) Die *Etex*-Entscheidung des Bundeskartellamtes

Der *Etex*-Entscheidung liegt der Kartellrechtsverstoß mehrerer Hersteller von Tondachziegeln zugrunde. An den Kartellabsprachen waren zwei deutsche Hersteller, die Creaton AG und die Pfleiderer Dachziegel GmbH beteiligt, die zum Etex-Konzern gehörten. Der auf § 130 OWiG gestützte Bußgeldbescheid in Höhe von insgesamt 188 Millionen Euro gegen die deutsche Etex-Holding GmbH und ihren Geschäftsführer warf der Geschäftsleitung der Konzernobergesellschaft vor, sie habe trotz konkreter Anhaltspunkte auf kartellrechtswidrige Absprachen in den Tochtergesellschaften nichts unternommen, um die Umsetzung der Absprachen zu unterbinden.[1085] Der Geschäftsführer habe vorsätzlich mögliche und zumutbare Aufsichtsmaßnahmen bei den beiden Tochterunternehmen unterlassen und Verstöße gegen § 81 GWB nicht verhindert. Die Pflichtverstöße wurden der Muttergesellschaft zugerechnet.

In den Erwägungen des Bundeskartellamts heißt es, dass das herrschende Unternehmen als Inhaber im Sinne des § 130 OWiG einzuordnen sei, da ein Konzern faktisch nicht anders organisiert sei als ein Unternehmen.[1086] Die Holding treffe deshalb auch dieselbe Verantwortung, wenn sie bestimmte Aufgaben an von ihr beherrschte Gesellschaften delegiere. Die herrschende Gesellschaft habe eine Aufsichtspflicht gegenüber der abhängigen Gesellschaft, an der die rechtliche Selbstständigkeit der Tochtergesellschaft nichts ändere.[1087] Dies gelte zumindest dann, wenn steuernde Eingriffe in die Geschäftstätigkeit vorgenommen würden. Auch bei einer dezentralen Struktur bestehe eine entsprechende Organisationspflicht.[1088]
Im Ergebnis stellt das Bundeskartellamt somit auf die faktische Steuerung der abhängigen Gesellschaft durch das Mutterunternehmen ab.

cc) Die Rechtsprechung im europäischen Kartellrecht

Die Rechtsprechung im europäischen Kartellrecht zielt in die gleiche Richtung. Im Jahre 1972[1089] folgerte der EuGH erstmalig aus dem bestimmenden Einfluss der Konzernobergesellschaft auf ihre Tochtergesellschaften, dass trotz unter-

---

[1085] Entscheidung vom 9. Februar 2009, Bußgeld gegen die Etex Holding GmbH, ein Fallbericht (Az. B1-200/06) abrufbar unter: http://www.bundeskartellamt.de/wDeutsch/download/pdf/Kartell/Kartell09/Fallberichte/B1-200-06-Fallbeschreibung.pdf (zuletzt aufgerufen am 31. Mai 2013).
[1086] *Uwe H. Schneider*, NZG 2009, 1321 (1324); *Koch*, AG 2009, 564 (565).
[1087] *Uwe H. Schneider*, NZG 2009, 1321 (1324); *Koch*, AG 2009, 564 (565).
[1088] *Uwe H. Schneider*, NZG 2009, 1321 (1324); *Koch*, AG 2009, 564 (565).
[1089] EuGH, Urteil vom 14. Juli 1972, Rs. 48/69 – *ICI/Kommission*.

schiedlicher Rechtspersönlichkeiten von Mutter- und Tochtergesellschaft, ihr Verhalten auf dem Markt für die Anwendung der Wettbewerbsregeln als Einheit anzusehen ist.[1090] Diese Ansicht wurde vom EuGH jüngst in der *Akzo*-Entscheidung[1091] sowie der *General Química*-Entscheidung[1092] bestätigt. In den beiden Entscheidungen heißt es, „dass einer Muttergesellschaft das Verhalten ihrer Tochtergesellschaft insbesondere dann zugerechnet werden kann, wenn die Tochtergesellschaft trotz eigener Rechtspersönlichkeit ihr Marktverhalten nicht autonom bestimmt, sondern im Wesentlichen Weisungen der Muttergesellschaft befolgt, und zwar vor allem wegen der wirtschaftlichen, organisatorischen und rechtlichen Bindungen, die die beiden Rechtssubjekte verbinden“[1093]. Neben konkreten Weisungen besteht die widerlegliche Vermutung der Ausübung bestimmenden Einflusses, wenn die Tochtergesellschaft zu 100% ihrer Muttergesellschaft gehört,[1094] da in diesem Fall aus wirtschaftlicher Sicht von einem Gleichlauf der Interessen der Gesellschaften ausgegangen werden kann.[1095] Auf europäischer Ebene wird somit insgesamt auf die wirtschaftliche Einheit abgestellt (sog. „Konzept der wirtschaftlichen Einheit“).[1096] In diesem Fall kann der herrschenden Gesellschaft das Verhalten ihrer Tochtergesellschaft zugerechnet werden.[1097]

Die Literatur legt die Rechtsprechung des EuGH unterschiedlich aus. Zum Teil wird vertreten, dass das Konzept der wirtschaftlichen Einheit ein bloßes Zurechnungsmodell sei. Die wirtschaftliche Verflechtung der unterschiedlichen Unternehmen führe allerdings nicht dazu, dass der Unternehmensverbund selbst zum Unternehmen im Sinne der wettbewerbsrechtlichen Vorschriften werde.[1098]
Zum Teil wird hingegen aus den Urteilen zum europäischen Kartellrecht wiederum gefolgert, dass der EuGH die wirtschaftliche Einheit sehr wohl als ein Unternehmen im kartellrechtlichen Sinne einstufe.[1099] Verletzt eines des ihr zu-

---

[1090] EuGH, Urteil vom 14. Juli 1972, Rs. 48/69 – *ICI/Kommission*, Rn. 132/135.
[1091] EuGH, Urteil vom 10. September 2009, Rs. C-97/08 P – *Akzo Nobel NV u.a./Kommission*.
[1092] EuGH, Urteil vom 20. Januar 2011, Rs. C-90/09 P – *General Química u.a./Kommission*.
[1093] EuGH, Urteil vom 20. Januar 2011, Rs. C-90/09 P – *General Química u.a./Kommission*, Rn. 37; EuGH, Urteil vom 10. September 2009, Rs. C-97/08 P – *Akzo Nobel NV u.a./Kommission*, Rn. 58.
[1094] EuGH, Urteil vom 10. September 2009, Rs. C-97/08 P – *Akzo Nobel NV u.a./Kommission*, Rn. 60.
[1095] EuGH, Schlussanträge vom 23. April 2009, Rs. C-97/08 P – *Akzo Nobel NV u.a./Kommission*, Rn. 73; *Kokott/Dittert*, WuW 2012, 670 (673).
[1096] *Koch*, ZHR 171 (2007), 554 (556 f.).
[1097] EuGH, Urteil vom 10. September 2009, Rs. C-97/08 P – *Akzo Nobel NV u.a./Kommission*, Rn. 58.
[1098] *Koch*, ZHR 171 (2007), 554 (557 ff.); *Steinle*, EWS 2004, 118 (121 ff.).
[1099] *Grundmeier*, Rechtspflicht zu Compliance im Konzern, S. 63 ff.

zuordnenden Einzelunternehmen die Wettbewerbsregeln, sei von einem Verstoß der wirtschaftlichen Einheit bzw. dem Unternehmen im Sinne des Kartellrechts auszugehen. Die wirtschaftliche Einheit sei allerdings weder eine natürliche noch eine juristische Person, gegen die ein Bußgeldbescheid festgesetzt werden könne. Daher werde aus verfahrensrechtlichen Gründen das Verhalten einer Tochtergesellschaft ihrer Muttergesellschaft zugerechnet, wenn die Tochtergesellschaft einem bestimmenden Einfluss der herrschenden Gesellschaft unterliegt.[1100] Diese Grundsätze des wirtschaftlichen Unternehmensbegriffs gelten auch für § 130 OWiG.[1101]

Kokott und *Dittert*[1102] gehen ebenfalls davon aus, dass sich aus der Mutter- und Tochtergesellschaft ein einheitliches Unternehmen im Sinne des Kartellrechts ergebe, wenn Erstere auf Letztere bestimmenden Einfluss ausübe.[1103] Zwar trage jede Gesellschaft die kartellrechtliche Verantwortung für ihr eigenes Tun ohne Zurechnung fremden Verschuldens; nach außen müssten sie sich allerdings als ein einheitliches Unternehmen behandeln lassen und seien bei Kartellvergehen eine Haftungseinheit.[1104] Mutter- und Tochtergesellschaft sind nach dieser Auffassung gemeinsam die Rechtsträgerinnen eines Unternehmens im Sinne des Kartellrechts und haften gesamtschuldnerisch im Sinne einer Haftungseinheit.[1105] Bestimmt die Muttergesellschaft das Marktverhalten ihrer Tochtergesellschaft im Allgemeinen in maßgeblicher Weise, so ist auch sie für das Marktverhalten des Unternehmens im Ganzen verantwortlich und muss für dessen etwaige Kartellvergehen geradestehen.[1106]

dd) Zwischenergebnis

Die europäische Rechtssprechung bestätigt sich in der dargestellten *Etex*-Entscheidung des Bundeskartellamts und in den Ausführungen der Staatsanwaltschaft München I zur Bestechungsaffäre im Siemens-Konzern[1107]. Auch hier

---

[1100] *Grundmeier*, Rechtspflicht zu Compliance im Konzern, S. 63 ff.

[1101] *Grundmeier*, Rechtspflicht zu Compliance im Konzern, S. 65 ff.

[1102] Siehe eingehend *Kokott/Dittert*, WuW 2012, 670 (670 ff.).

[1103] *Kokott/Dittert*, WuW 2012, 670 (672).

[1104] *Kokott/Dittert*, WuW 2012, 670 (672).

[1105] *Kokott/Dittert*, WuW 2012, 670 (670, 672); EuGH, Schlussanträge vom 29.11.2012, Rs C-440/11 P, *Kommission/Portielje u.a.*, Rn. 23 ff.

[1106] *Kokott/Dittert*, WuW 2012, 670 (672 f.).

[1107] Entscheidung vom 15. Dezember 2008, Bußgeld gegen die Siemens AG in Höhe von 395 Millionen Euro, Entwurf S. 1; Entwurf abrufbar unter: http://www.siemens.com/press/pool/de/events/2008-12-PK/MucStaats.pdf; siehe darüber die Pressemitteilungen der Siemens-AG abrufbar unter: http://www.siemens.com/press/de/events/2008-12-pk.php (beides zuletzt aufgerufen am 31. Mai 2013).

wird die wirtschaftlich-funktionale Einheit des Unternehmensverbunds als ein nach außen einheitliches Unternehmen bezeichnet. Die Ausführungen der Staatsanwaltschaft München I differenzieren nicht zwischen den jeweiligen Einzelunternehmen, sondern bezeichnen den gesamten Konzern als *ein Unternehmen*.

Entsprechend der kartellrechtlichen Praxis ist auch der Unternehmensbegriff des § 130 OWiG auszulegen.[1108] Sind die Konzernverhältnisse derart ausgestaltet, dass die Konzernmutter einen steuernden Einfluss auf ihre abhängigen Gesellschaften ausüben kann, ist der gesamte Konzern *wirtschaftlich-funktional* als *ein Unternehmen* im Sinne des § 130 OWiG zu begreifen. Die Konzernobergesellschaft ist dabei Inhaber dieser wirtschaftlichen Einheit und demnach des gesamten Unternehmensverbunds.

Die herrschende Gesellschaft trifft somit nach § 130 OWiG ebenfalls die Pflicht zur Einrichtung einer konzernweiten Compliance innerhalb der konzernrechtlichen Grenzen. In dem Bußgeldbescheid gegen die Siemens AG wurde daher festgestellt, dass der Konzernvorstand – als Teilelement seiner Aufsichtspflichten nach § 130 OWiG – gemäß § 76 Abs. 1 AktG eine konzernweite Compliance-Pflicht habe. Diese Pflicht wurde verletzt, da das Compliance-System nicht hinreichend effektiv gewesen sei, um die Bildung von schwarzen Kassen und damit die Zurverfügungstellung von Geldern für Schmiergeldzahlungen zu verhindern.[1109] Die Konzernobergesellschaft, als Inhaberin des Unternehmensverbunds, muss konzernweit für rechtskonformes Handeln sorgen.

Diesem Ansatz folgt auch das Schweizerische Bundesstrafgericht in der sog. *Supergun*-Entscheidung.[1110] Der Entscheidung lag der Tatbestand zugrunde, dass durch eine Tochtergesellschaft der Von Roll-Holding Bauteile einer Superkanone in den Irak geliefert werden sollten, was gegen das deutsche Kriegswaffenkontrollgesetz verstieß. Dem Vorstandsmitglieder der Von Roll-Holding wurde vorgeworfen, dass es „in der Firma Von Roll keinerlei organisatorische Vorkehrungen dafür gab, wie zu verfahren ist, wenn eine Lieferung wegen des Verdachts gegen das deutsche Kriegswaffenkontrollgesetz angehalten wird".[1111]

[1108] *Rogall*, in: Karlsruher Kommentar OWiG, § 130 Rn. 25.

[1109] Entscheidung vom 15. Dezember 2008, Bußgeld gegen die Siemens AG in Höhe von 395 Mio. Euro, Entwurf S. 1; Entwurf abrufbar unter http://www.siemens.com/press/pool/de/events/2008-12-PK/MucStaats.pdf; siehe darüber die Pressemitteilungen der Siemens-AG abrufbar unter: http://www.siemens.com/press/de/events/2008-12-pk.php (beides zuletzt aufgerufen am 31. Mai 2013).

[1110] BGE 122, IV, 103.

[1111] *Uwe H. Schneider*, NZG 2009, 1321 (1324).

Mit dem Wort „Firma" ist der Konzern gemeint. Auch hier hatte der Konzernvorstand für eine konzernweite Compliance-Organisation zu sorgen.

Eine solche Lösung widerspricht auch nicht dem Normzweck des § 130 OWiG.[1112] Dieser beabsichtigt, den Betriebsinhaber, der die betriebsbezogene Pflicht delegiert hat, durch die Normierung einer sanktionsbewehrten Aufsichtspflicht in die Haftung zurückzuholen. Sanktionslücken sollten somit vermieden werden. Auch im Konzern fungiert die Konzerntochtergesellschaft als Delegatar der Konzernmuttergesellschaft. Im Vergleich zur Einzelgesellschaft besteht zwar der Unterschied, dass der Delegatar selbst eine juristische Person und ebenfalls Adressat sämtlicher betriebsbezogener Pflichten ist. Somit besteht im Konzern nicht die gleiche Gefahr einer Sanktionslücke wie in der Einzelgesellschaft. Die Bußgeldforderung kann sich nach § 130 OWiG auch an die Einzelgesellschaften selbst richten. Diese Bebußung spiegelt jedoch nicht die wirtschaftliche Realität wieder, da sich die Geldbuße nach den wirtschaftlichen Verhältnissen der jeweils handelnden Einzelgesellschaft richten würde.[1113] Damit ginge die Gefahr einher, dass die Verhältnisse in den Konzerngesellschaften künstlich klein gehalten werden, um hohen Geldbußen zu entgehen.[1114] Bei einer konzerndimensionalen Ausweitung des Inhaberbegriffs auf den Unternehmensverbund bemisst sich das Bußgeld an den wirtschaftlichen Verhältnissen des gesamten Unternehmensverbunds. Das kann den Konzern empfindlich treffen, so dass er gehalten sein wird eine ordnungsgemäße Compliance konzernweit einzurichten.

b) Ergebnis

Die gesellschaftsrechtliche Pflicht zur Einrichtung einer Compliance-Organisation wird durch die Aufsichtspflicht nach § 130 OWiG flankiert. Unter Berücksichtigung der nationalen und europäischen Rechtsprechung sowie der kartellbehördlichen Entscheidungspraxis ist, unter Zugrundelegung eines wirtschaftlichen Unternehmensbegriffs, der gesamte Unternehmensverbund als ein einheitliches Unternehmen einzustufen. Voraussetzung ist, dass die herrschende Gesellschaft einen steuernden Einfluss auf die abhängigen Gesellschaften ausüben kann. Die Konzernobergesellschaft ist Inhaberin dieser wirtschaftlichen Einheit. Die inhaltliche Umsetzung liegt im unternehmerischen Ermessen der Konzerleitung und ist in erster Linie davon abhängig, ob der Konzern zentral

---

[1112] A.A. *Koch*, AG 2009, 564 (571).
[1113] *Grundmeier*, Rechtspflicht zu Compliance im Konzern, S. 78.
[1114] *Grundmeier*, Rechtspflicht zu Compliance im Konzern, S. 78.

oder dezentral organisiert ist. Grob umrissen obliegt es der Konzernleitung für eine konzernweite Compliance-Organisation zu sorgen, welche durch die jeweiligen Einzelgesellschaften umgesetzt wird und die Konzernleitung deren effektive Umsetzung – im Rahmen der konzernrechtlichen Grenzen – überwacht. Um dem nachkommen zu können, obliegen den abhängigen Unternehmen entsprechende Informationspflichten an die Muttergesellschaft.

IV. Besonderheiten im Bankenaufsichtsrecht – konzerndimensionale Ausdehnung von Compliance

Die bisherigen Ausführungen zur konzernweiten Compliance-Pflicht galten für Gesellschaften im Allgemeinen. Den Besonderheiten im Kreditinstitut ist im Folgenden nachzugehen.

1. Konzernweite Aufsichtspflicht beim herrschenden Unternehmen nach § 25a Abs. 1a und Abs. 1b KWG

§ 25a Abs. 1 Satz 1 KWG adressiert das Institut, welches nicht die wirtschaftliche Einheit, sondern lediglich den rechtlich selbstständigen Unternehmensträger meint. Eine konzernweite Compliance-Pflicht lässt sich aus § 25a Abs. 1 KWG nicht herleiten. Durch das FinKongRUG[1115] vom 21. Dezember 2004 hat die Pflicht zur Einrichtung einer ordnungsgemäßen Geschäftsorganisation allerdings eine konzerndimensionale Ausdehnung erfahren. § 25a Abs. 1a und Abs. 1b KWG sehen vor, dass die Anforderungen in Bezug auf die Einhaltung der gesetzlichen Bestimmungen auch im Konzern gelten. In § 25a Abs. 1a heißt es, die Organisationspflichten aus § 25a Abs. 1 KWG gelten für „Institutsgruppen, Finanzholding-Gruppen, Institute im Sinne von § 10a Abs. 14 mit der Maßgabe entsprechend, dass die in § 1 Abs. 2 Satz 1 oder § 2d Abs. 1 bezeichneten Personen des übergeordneten Unternehmens für die ordnungsgemäße Geschäftsorganisation der Institutsgruppe oder Finanzholding-Gruppe verantwortlich sind“.[1116] § 25a Abs. 1b KWG trifft entsprechende Vorgaben für Finanzkonglomerate. Die Pflicht zur Einrichtung einer konzernweiten Compliance wird damit ausdrücklich normiert.

[1115] BGBl. I 2004 Nr. 72, S. 3610.
[1116] Ausdrückliche konzernweit gefasste Pflichten der Konzernobergesellschaft finden sich im Weiteren in § 25g KWG sowie in dem früheren § 15 GwG a.F.

a) Konzerndimensionale Auslegung von § 25a Abs. 1a und Abs. 1b KWG

Adressat der konzernweiten Compliance-Pflichten ist das übergeordnete Unternehmen der Institutsgruppe, der Finanzholding-Gruppe, der abhängigen Unternehmen im Sinne von § 10a Abs. 14 KWG bzw. das übergeordnete Finanzkonglomeratsunternehmen eines Finanzkonglomerats.[1117] Alle Gruppenformen setzen mehrere rechtlich selbstständige Unternehmen voraus. Übergeordnetes Unternehmen ist dabei das Mutterinstitut (§ 1 Abs. 7a oder Abs. 7c KWG), bei wechselseitiger Beteiligung, ohne dass ein Institut der Institutsgruppe die Voraussetzungen des § 1 Abs. 7a oder Abs. 7c KWG erfüllt, das von der BaFin zu bestimmende Institut (§ 10a Abs. 1 Satz 3 KWG), in der horizontalen Unternehmensgruppe das inländische Institut mit der höchsten Bilanzsumme (§ 10a Abs. 2 KWG),[1118] in der Finanzholding-Gruppe dasjenige inländische Einlagenkreditinstitut, welches keinem anderen gruppenangehörigen Institut mit Sitz im Inland nachgeordnet ist (§ 10a Abs. 3 Satz 4 KWG)[1119], das Institut im Sinne von § 10a Abs. 14 KWG oder bei Finanzkonglomeratsunternehmen, ein Finanzkonglomeratsunternehmen mit Sitz im Inland, welches in der Bank- und Wertpapierdienstleistungsbranche tätig ist und an der Spitze des Finanzkonglomerats steht.[1120] Im Innenverhältnis der übergeordneten Gesellschaft sehen § 25a Abs. 1a und Abs. 1b KWG ausdrücklich vor, dass deren Geschäftsleitung für die

---

[1117] Eingehend zur Begriffsbestimmung *Thomas Schneider*, Möglichkeiten und Grenzen der Umsetzung der gesellschaftsrechtlichen und bankenaufsichtsrechtlichen Anforderungen an Risikomanagement auf Gruppenebene, S. 98 ff.

[1118] Bei gleich hoher Bilanzsumme verschiedener Unternehmen bestimmt die BaFin das übergeordnete Unternehmen, § 10 Abs. 2 Satz 2 Halbsatz 2 KWG.

[1119] Erfüllen mehrere Einlagenkreditinstitute oder Wertpapierhandelsunternehmen mit Sitz im Inland oder bei wechselseitigen Beteiligungen kein Institut mit Sitz im Inland diese Voraussetzungen, gilt gemäß § 10a Abs. 3 Satz 5 KWG als übergeordnetes Unternehmen regelmäßig das Einlagenkreditinstitut mit der höchsten Bilanzsumme; auf Antrag oder bei gleich hoher Bilanzsumme bestimmt die Bundesanstalt das Einlagenkreditinstitut oder Wertpapierhandelsunternehmen mit Sitz im Inland, das als übergeordnetes Unternehmen gilt. Abweichend von den Sätzen 4 und 5 des § 10a Abs. 3 KWG kann die Bundesanstalt auf Antrag einer Finanzholding-Gesellschaft, die ihren Sitz im Inland hat, und nach Anhörung des beaufsichtigten Unternehmens, das nach den Sätzen 4 und 5 als übergeordnetes Unternehmen gilt oder nach Bestimmung durch die Bundesanstalt gelten würde, bestimmen, dass die Finanzholding-Gesellschaft als übergeordnetes Unternehmen gilt, sofern sie dargelegt hat, dass sie über die zur Einhaltung der gruppenbezogenen Pflichten erforderliche Struktur und Organisation verfügt. Abweichend von § 10a Abs. 3 Satz 6 KWG kann die Bundesanstalt eine Finanzholding-Gesellschaft, die ihren Sitz im Inland hat, nach Anhörung des beaufsichtigten Unternehmens, das nach den Sätzen 4 und 5 als übergeordnetes Unternehmen gilt oder nach Bestimmung durch die Bundesanstalt gelten würde, auch ohne Antrag als übergeordnetes Unternehmen bestimmen, sofern dies aus bankaufsichtlichen Gründen, insbesondere solchen, die sich aus der Organisation und Struktur der Finanzholding-Gruppe ergeben, erforderlich ist.

[1120] Eine Ausnahme liegt vor, wenn ein inländisches Erstversicherungsunternehmen ebenfalls an der Spitze des Finanzkonglomerats steht und die Versicherungsbranche stärker vertreten ist als die Bank- und Wertpapierdienstleistungsbranche, § 10b Abs. 3 Satz 6 Nr. 1 KWG.

Compliance-Organisation der gesamten Institutsgruppe verantwortlich ist. Mittels der konzernweiten Compliance-Organisation soll das Mutterunternehmen in die Lage versetzt werden, Compliance-Risiken der Tochterunternehmen frühzeitig erkennen und diesen rechtzeitig entgegensteuern zu können, damit Gefahren für den Fortbestand des übergeordneten Unternehmens abgewendet werden.[1121]

Neben dem reinen Bankkonzern mit Kredit- und Finanzdienstleistungsinstituten, sowohl auf der vor- als auch auf der nachgelagerten Ebene, gibt es Konzernstrukturen in denen entweder nur das herrschende Unternehmen oder nur das beherrschte Unternehmen ein Institut im Sinne des § 1 Abs. 1b KWG ist. Fraglich ist, ob die Institutseigenschaft nur eines Konzernunternehmens diese Eigenschaft auf alle anderen verbundenen Konzernunternehmen überträgt,[1122] so dass alle Konzernunternehmen einer aufsichtsrechtlichen Compliance-Pflicht nach § 25a Abs. 1 KWG unterlägen und die Konzernspitze dementsprechend dafür Sorge tragen müsste, dass alle abhängigen Unternehmen ihrer aufsichtsrechtlichen Compliance-Pflicht nachkommen. Dies hängt davon ab, ob das „Unternehmen“ im Sinne des § 1 Abs. 1 und Abs. 1a KWG der rechtlich selbstständige Unternehmensträger oder der wirtschaftliche Unternehmensverbund ist. Für die erste und gegen die zweite Auslegung spricht allerdings der Wortlaut des § 1 Abs. 1 und Abs. 1a KWG. Entscheidend ist danach das Außenverhältnis, wonach derjenige das Bank- und Finanzdienstleistungsgeschäft betreibt, wer im eigenen Namen und auf eigene Rechnung solche Rechtsgeschäfte abschließt.[1123] Mangels Rechtsfähigkeit kann der Konzern keine Rechtsgeschäfte abschließen, sondern nur das rechtlich selbstständige Unternehmen.[1124] „Unternehmen“ im Sinne von § 1 Abs. 1 und Abs. 1a KWG kann somit nur die rechtlich selbstständige Gesellschaft sein.[1125] Betreibt ein Konzernunternehmen Bank- und Finanzdienstleistungsgeschäfte, qualifiziert dies die anderen Konzernunternehmen folglich nicht zu Instituten im Sinne des § 1 Abs. 1b KWG.

b) Inhalt der Compliance-Pflichten bei Konzernunternehmen

Gemäß § 25a Abs. 1a und Abs. 1b KWG muss die Konzernleitung eine ordnungsgemäße Geschäftsorganisation einrichten, die die Einhaltung der zu beach-

[1121] *Langen*, in: Schwennicke/Auerbach (Hrsg.), KWG, § 25a Rn. 100; zur vergleichbaren Normierung zum Versicherungsunternehmen in § 64a Abs. 2 VAG: *Dreher/Schaaf*, WM 2008, 1765 (1772).
[1122] Hiezu eingehend *Uwe H. Schneider*, WM 1978, 1250 (1252 ff.).
[1123] *Uwe H. Schneider*, WM 1978, 1250 (1254); *ders.*, ZGR 1996, 225 (235).
[1124] *Uwe H. Schneider*, WM 1978, 1250 (1254).
[1125] *Uwe H. Schneider*, WM 1978, 1250 (1254).

tenden gesetzlichen Bestimmungen durch den gesamten Konzern gewährleistet. Wie auch beim Einzelinstitut macht der Gesetzgeber in der Norm keine Angaben zur konkreten Ausgestaltung der konzernweiten Compliance-Organisation. In der MaRisk (BA) und dem DCGK finden sich ebenfalls keine konzernbezogenen inhaltlichen Compliance-Anforderungen. Erste Ansätze finden sich jedoch in den Grundsätzen des Basler Ausschusses für Bankenaufsicht „Compliance and the compliance function in banks", wonach die Vorgaben für das Einzelinstitut ebenfalls im Konzern gelten sollen.[1126] Die MaComp enthält seit ihrer 3. Neufassung vom 30. November 2012 zudem Ausführungen zur Compliance-Funktion im Unternehmensverbund. Aus BT 1.3.2.2 MaComp ergibt sich, dass auch bei einem im Unternehmensverbund eingegliederten Wertpapierdienstleistungsunternehmen die Verantwortlichkeit für die Compliance-Funktion beim Wertpapierdienstleistungsunternehmen selbst verbleibt. Dabei können jedoch Synergieeffekte durch eine Zusammenarbeit mit anderen Compliance-Funktionen oder sonstiger Überwachungseinheiten genutzt werden. BT 1.2.2 Tz. 7 MaComp sieht einen Informationsaustausch zwischen der untergeordneten und der übergeordneten Compliance-Funktion vor.
Grundsätzlich gilt auch auf Konzernebene, dass die konzernweite Compliance-Organisation im Ermessen der Konzernleitung liegt, so dass die Compliance individuell auszugestalten ist. Die sich im Konzern etablierten Mindeststandards für eine wirksame Konzern-Compliance wurden bereits dargelegt.[1127]

Fraglich ist, ob die konzernrechtlichen Grenzen auch im Bankkonzern gelten. In Betracht käme die Durchbrechung des Gesellschaftsrechts durch das Bankaufsichtsrecht. Die Regierungsbegründung lehnt das jedoch ab. Sie führt aus, dass das übergeordnete Unternehmen „zur Erfüllung seiner Verpflichtungen auf die gruppenangehörigen [...] Unternehmen [...] nur einwirken darf, soweit dem das allgemeine Gesellschaftsrecht nicht entgegensteht"[1128]. Diese Ansicht wurde im Gesetz durch § 25a Abs. 1a Satz 2 i.V.m. § 10a Abs. 12 Satz 2 KWG bzw. § 25a Abs. 1b Satz 4 i.V.m. § 10b Abs. 6 Satz 2 KWG verankert. Die wohl herrschen-

---

[1126] Compliance and the compliance function in banks, Basel Committee on Banking Supervision, Basel 2005, Introduction Tz. 11/S. 8.
[1127] Siehe D. III. 1. a) cc).
[1128] Begr. RegE zum FinKongRUG, BT-Drucks. 15/3641, S. 48.

de Literatur[1129] ist ebenfalls dieser Auffassung. Auch im Aufsichtsrecht stoße die konzernweite Compliance-Pflicht an gesellschaftsrechtliche Grenzen.[1130]
Bei Banken sind jedoch aufsichtsrechtliche Sonderregelungen für Beherrschungsverträge zu beachten, weshalb auch verschiedentlich von einem „branchenspezifischen Konzernrecht" gesprochen wird.[1131] Handelt es sich bei einem beherrschten Unternehmen um ein Institut im Sinne des § 1 Abs. 1b KWG, obliegt die Geschäftsführung dieser Institute dem Geschäftsleiter, § 1 Abs. 2 KWG. Der Geschäftsleiter muss auch hier uneingeschränkte Geschäftsführungsbefugnis haben.[1132] Die Erteilung von Weisungen gegenüber dem Geschäftsführer durch einen Beherrschungsvertrag ist damit unvereinbar.[1133] Der herrschenden Gesellschaft verbleiben bloß faktische Einflussmöglichkeiten in Form von Vorstandsdoppelmandaten oder der Bestellung der Mitglieder der Geschäftsleitung der Muttergesellschaft zu Aufsichtsratsmitgliedern der Tochtergesellschaft.[1134]

c) Informationsanspruch statt Weisungsrecht

Für die Geschäftsleitung des übergeordneten Unternehmens ergibt sich im Institut ausdrücklich aus § 25a Abs. 1a Satz 2 i.V.m. § 10a Abs. 13 Satz 2 KWG bzw. § 25a Abs. 1b Satz 4 i.V.m. § 10b Abs. 7 Satz 2 KWG ein gesetzlicher Informationsanspruch gegen die abhängigen Unternehmen in der Gruppe, um den konzernweiten Compliance-Pflichten nachzukommen.[1135] Entgegenstehende Vertraulichkeitsregeln, wie die nach § 93 Abs. 1 Satz 3 AktG, werden durch das gesteigerte Informationsbedürfnis der Muttergesellschaft zur Erfüllung ihrer Compliance-Pflicht in diesem konkreten Einzelfall verdrängt.[1136] In der praktischen Umsetzung werden Berichtslinien zwischen dem Compliance-

---

[1129] *Veil*, WM 2008, 1093 (1096); *Eisele/Faust*, in: Schimansky/Bunte/Lwowski (Hrsg.), Bankrechts-Handbuch, § 109 Rn. 94; *Spindler*, WM 2008, 905 (916 f.); *Fett/Gebauer*, in: Festschrift Schwark, S. 375 (378 ff.).
[1130] *Veil*, WM 2008, 1093 (1096); *Eisele/Faust*, in: Schimansky/Bunte/Lwowski (Hrsg.), Bankrechts-Handbuch, § 109 Rn. 94; *Spindler*, WM 2008, 905 (916 f.); *Fett/Gebauer*, in: Festschrift Schwark, S. 375 (378 ff.); *Casper*, Rechtliche Grundlage und aktuelle Entwicklungen der Compliance am Beispiel des Kapitalmarktrechts, Bankrechtstag 2008, S. 139 (172).
[1131] *Krauel/Klie*, WM 2010, 1735 (1736); *Emmerich*, in: Emmerich/Habersack (Hrsg.), Aktien- und GmbH-Konzernrecht, § 291 Rn. 4.
[1132] *Schäfer*, in: Boos/Fischer/Schulte-Mattler (Hrsg.), KWG, § 1 Rn. 153.
[1133] *Krauel/Klie*, WM 2010, 1735 (1737); *Schäfer*, in: Boos/Fischer/Schulte-Mattler (Hrsg.), KWG, § 1 Rn. 153.
[1134] Siehe D. III. 1. a) dd).
[1135] Ebenso *Fett/Gebauer*, in: Festschrift Schwark, S. 375 (382 ff.).
[1136] Siehe D. III. 1. a) cc).

Beauftragten der Tochtergesellschaft zum Compliance-Beauftragten der Muttergesellschaft gezogen.[1137]

2. Compliance-Pflichten bei der Tochtergesellschaft

Im Konzern bleiben auch die beherrschten Finanzinstitute nach § 25a Abs. 1 Satz 1 KWG zur Einrichtung einer Compliance-Organisation verpflichtet. Die Norm differenziert nicht zwischen beherrschten und selbstständigen Instituten. Jede konzernverbundene Gesellschaft muss, trotz der Konzern-Compliance-Pflicht des übergeordneten Unternehmens, eine eigene Compliance-Organisation schaffen. Insofern kann auf die Vorgaben zum Einzelinstitut verwiesen werden. Die Tochtergesellschaft hat dabei die Vorgaben des herrschenden Unternehmens im Rahmen ihres Ermessens aufzunehmen und umzusetzen. Die jeweiligen Compliance-Organisationen können sich insbesondere einander ergänzen.[1138]

Ungeklärt ist, ob die Tochtergesellschaft selbst auch konzernweite Compliance-Pflichten treffen. Dies ist abzulehnen. Dafür fehlt es zum einen an einer verpflichtenden Rechtsgrundlage. § 25a Abs. 1a und Abs. 1b KWG verpflichtet nur das übergeordnete Unternehmen und nicht die abhängigen Gesellschaften. Zum anderen fehlt es an den entsprechenden Einflussmöglichkeiten, um eine wirksame Konzern-Compliance zu etablieren.

3. Compliance bei Banken im Industriekonzern

Banken und Industrieunternehmen arbeiten in zwei grundverschiedenen Bereichen. Während bei einem Industrieunternehmen der Fertigungsprozess und Absatz physischer Sachen im Vordergrund steht, besteht die Geschäftstätigkeit von Banken in der gezielten Übernahme und Transformation finanzieller Risiken mittels Finanzinstrumenten an den Finanzmärkten.[1139] Diese Bereiche werden verbunden, wenn ein Industriekonzern eine an den eigenen Konzern gebundene, eigene Bank erwirbt oder gründet (Captive).[1140] Dabei handelt es sich um ein in der Praxis beliebtes Modell. Prominentes Beispiel ist die Gründung der Siemens Bank im Jahr 2010, u.a. in Konsequenz auf den Vertrauensverlust gegenüber Finanzinstituten durch die Finanzkrise.

[1137] *Fett/Gebauer*, in: Festschrift Schwark, S. 375 (385).

[1138] So im Ergebnis ebenfalls *Wundenberg*, Compliance und die prinzipiengeleitete Aufsicht über Bankengruppen, S. 170.

[1139] *Andriowsky*, in: Hopt/Wohlmannstetter (Hrsg.), Handbuch Corporate Governance in Banken, S. 737.

[1140] *Dengl/Schwertl*, Die Bank 12/2010, 18 (18).

Durch ein eigenes konzerninternes Finanzinstitut bestehen Vorteile in der Optimierung der Unternehmensfinanzierung und Liquiditätssteuerung, der Vertriebsunterstützung auf dem Privatkundenmarkt, den verminderten Finanzierungskosten und flexibleren Finanzierungsalternativen.[1141] Doch diese konzerneigene Bank unterliegt regelmäßig der Bankaufsicht und hat den besonderen aufsichtsrechtlichen Anforderungen, wie denen des KWG, zu entsprechen. Lediglich bei Bankgeschäften bzw. Finanzdienstleistungen eines Unternehmens mit seinem Mutterunternehmen oder seinen Tochter- oder Schwesterunternehmen greift das Konzernprivileg gemäß § 2 Abs. 1 Nr. 7 KWG bzw. § 2 Abs. 6 Nr. 5 KWG. Mangels öffentlichem Interesse ist in diesem Fall keine Beaufsichtigung notwendig, so dass diese Unternehmen vollständig von der Anwendung der KWG-Vorschriften freigestellt sind.[1142] Werden allerdings Bankgeschäfte bzw. Finanzdienstleistungen mit einem Dritten abgeschlossen, dann entfällt das Konzernprivileg.[1143]

Zu klären bleibt, welche Verwirklichungschancen das Aufsichtsrecht in der Praxis hat, wenn das Finanzinstitut als abhängiges Unternehmen mit Drittbezug von einem Unternehmen beherrscht wird, das selbst nicht den Vorgaben des KWG unterliegt. Festgestellt wurde nämlich, dass die Eigenschaft als Kredit- und Finanzdienstleistungsinstitut eines Unternehmens die anderen Konzernunternehmen nicht ebenfalls zu Instituten im Sinne des § 1 Abs. 1b KWG qualifiziert. Die Konzernholding wird somit nicht den Qualifikationserfordernissen des KWG unterworfen. Es besteht die Gefahr unsachgemäßer Einflussnahme durch die Muttergesellschaft.

Die Gefahr solche Einflüsse auf das abhängige Institut ist im faktischen Konzern begrenzt. Der Vorstand der abhängigen AG ist lediglich berechtigt, aber nicht verpflichtet, die Weisungen der herrschenden Gesellschaft zu befolgen.[1144] Die gesellschaftsrechtliche und aufsichtsrechtliche Eigenverantwortlichkeit der Geschäftsleitung der Tochtergesellschaft wird nicht unmittelbar eingeschränkt. Faktische Einflussmöglichkeiten bestehen dennoch.

Anders könnte die Rechtslage im Vertragskonzern sein. Bedingt durch das Weisungsrecht nach § 308 Abs. 1 AktG[1145] kann die herrschende Gesellschaft im

---

[1141] Eingehend *Dengl/Schwertl*, Die Bank 12/2010, 18 (18).

[1142] *Schäfer*, in: Boos/Fischer/Schulte-Mattler (Hrsg.), KWG, § 2 Rn. 22 f.

[1143] *Schäfer*, in: Boos/Fischer/Schulte-Mattler (Hrsg.), KWG, § 2 Rn. 22.

[1144] *Fleischer*, in: Fleischer (Hrsg.), Handbuch Vorstandsrecht, § 18 Rn. 72; *Vetter*, in: Festschrift Graf von Westphalen, S. 719 (724); *Habersack*, in: Emmerich/Habersack (Hrsg.), Aktien- und GmbH-Konzernrecht, § 311 Rn. 10; *Fett/Gebauer*, in: Festschrift Schwark, S. 375 (377).

[1145] Für die abhängige GmbH im Vertragskonzern gilt § 308 Abs. 1 AktG entsprechend. Bei der faktisch konzernierten GmbH hat die herrschende Gesellschaft als

Vertragskonzern grundsätzlich auf das beherrschte Institut sogar unmittelbar Einfluss nehmen. Aus Sicht des Bankenaufsichtsrechts ist dies nicht unbedenklich, da auch eine schädigende Einflussnahme möglich ist. Daher wird bei Banken im Industriekonzern das Weisungsrecht insofern eingeschränkt als Captives nur KWG-konformen Weisungen entsprechen müssen. Wegen dem hohen Schutz der Rechtskonformität von Banken aufgrund ihrer besonderen volkswirtschaftlichen Stellung geht das Aufsichtsrecht dem Konzernrecht vor. Um die Interessen der Anleger zu schützen und die durchgängige Beachtung des Bankrechts durch abhängige Gesellschaften sicherzustellen, werden dem Weisungsrecht durch das KWG Grenzen gesetzt.[1146] Das beherrschte Kreditinstitut bleibt somit auch im Unternehmensverbund in vollem Umfang den Vorschriften des KWG unterworfen. Die Geschäftsleitung des abhängigen Instituts hat demnach vor der Befolgung einer nachteiligen Weisung, diese an den aufsichtsrechtlichen Vorgaben zu messen.[1147]

Mehrheitsgesellschafter ein Weisungsrecht gemäß § 37 Abs. 1 GmbH, welches in seiner Art dem Weisungsrecht des Vertragskonzerns entspricht.

[1146] *Uwe H. Schneider*, WM 1978, 1250 (1255); *Altmeppen*, in: Münchener Kommentar AktG, § 308 Rn. 100; *Emmerich*, in: Emmerich/Habersack (Hrsg.), Aktien- und GmbH-Konzernrecht, § 308 Rn. 58.

[1147] *Uwe H. Schneider*, WM 1978, 1250 (1255).

E. Vierter Teil: Outsourcing der Compliance-Funktion, § 25a Abs. 2 KWG

I. Outsourcing

Die bisherigen Überlegungen handelten von einem vollintegrierten Finanzinstitut. Dies entspricht nicht der heutigen Realität, wo Banken einige ihre Funktionen auf externe Dienstleister ausgelagert haben. Während das Outsourcing im produzierenden Gewerbe schon lange praktiziert wird, handelt es sich im Bankgewerbe um ein verhältnismäßig neues Phänomen,[1148] welches sich aber auch hier rasant ausgebreitet hat. Dazu gehört die Auslagerung bloßer Hilfstätigkeiten bis hin zu traditionellen Banktätigkeiten, die ansonsten vom Institut selbst erbracht werden. Im Folgenden sind die Anforderungen an das Outsourcing darzulegen und insbesondere die Möglichkeit des Outsourcing der Compliance-Funktion im Einzelunternehmen und im Konzern zu diskutieren.

1. Überblick

Outsourcing im Finanzinstitut ist so beliebt wie komplex. Dies spiegelt sich auch in der umfassenden Literatur[1149] zu diesem Thema wieder. Konkret liegt eine Auslagerung vor, wenn ein anderes Unternehmen mit der Wahrnehmung solcher Aktivitäten und Prozesse im Zusammenhang mit der Durchführung von Bankgeschäften, Finanzdienstleistungen oder sonstigen institutstypischen Dienstleistungen beauftragt wird, die ansonsten vom Institut selbst erbracht würden.[1150] Zu nennen sind etwa die Abwicklung des Zahlungsverkehrs, die interne Revision und die Compliance-Funktion. Der Vorteil des Outsourcing liegt in erster Linie in der Kostenersparnis und der Qualitätsverbesserung durch spezialisierte Dienstleister.[1151] Auf der Kehrseite beinhaltet das Outsourcing aber auch Risiken, wie den Verlust von Autonomie des auslagernden Unternehmens, den Einblicken des Auslagerungsunternehmens in das auslagernde Unterneh-

---

[1148] Während beispielsweise beim Automobilindustrie etwa bereits drei Viertel der Leistungen ausgelagert werden, sind es bei Banken nur rund ein Drittel. – *Hannemann/Andreas Schneider*, Mindestanforderungen an das Risikomanagement (MaRisk), S. 394 Fn. 606.

[1149] Um nur einige wenige zu nennen: *Konopatzki*, Funktionsauslagerung bei Kreditinstituten; *Bergmann*, Funktionsauslagerung bei Kreditinstituten; *Becker/Brogl/Feldhahn/Kleemann/Pabst/Plaumann-Ewerdwalbesloh/Prößer/Schader/Serafin/Stabenau*, in: Berndt (Hrsg.), Outsourcing in Kreditinstituten.

[1150] AT 9 Tz. 1 MaRisk (BA); *Langen*, in: Schwennicke/Auerbach (Hrsg.), KWG, § 25a Rn. 117; *Eyles*, WM 2000, 1217 (1217).

[1151] *Hannemann/Andreas Schneider*, Mindestanforderungen an das Risikomanagement (MaRisk), S. 394.

men, in dessen Know-how, dessen interne Betriebsabläufe sowie dessen Geschäftsverbindungen zu Kunden.[1152]
Seit Inkrafttreten der Sechsten KWG-Novelle am 1. Januar 1998 hat der deutsche Gesetzgeber in § 25a Abs. 2 KWG die bankaufsichtsrechtlichen Voraussetzungen von Auslagerungen durch Finanzinstitute ausdrücklich geregelt. § 25a Abs. 2 KWG sieht vor, dass ein Institut, „abhängig von Art, Umfang, Komplexität und Risikogehalt einer Auslagerung von Aktivitäten und Prozessen auf ein anderes Unternehmen, die für die Durchführung von Bankgeschäften, Finanzdienstleistungen oder sonstigen institutstypischen Dienstleistungen wesentlich sind, angemessene Vorkehrungen treffen [muss], um übermäßige zusätzliche Risiken zu vermeiden". Die Norm verlangt ferner, dass „weder die Ordnungsmäßigkeit dieser Geschäfte und Dienstleistungen noch die Geschäftsorganisation im Sinne des § 25a Abs. 1 KWG beeinträchtigt" werden darf. Das Institut bleibt bei einer Auslagerung vielmehr für die Einhaltung der vom Institut zu beachtenden gesetzlichen Bestimmungen verantwortlich. § 25a Abs. 2 Satz 8 KWG schreibt zudem vor, dass eine Auslagerung einer schriftlichen Vereinbarung bedarf, welche die zur Einhaltung der in § 25a Abs. 2 Satz 1 bis 7 KWG erforderlichen Rechte des Instituts, einschließlich Weisungs- und Kündigungsrechte, sowie die korrespondierenden Pflichten des Auslagerungsunternehmens festschreibt.

2. Gesellschaftsrechtliche Grenzen der Auslagerung

Die Auslagerung von Bankfunktionen kann bereits allgemeine gesellschaftsrechtliche Probleme aufwerfen. Grundsätzlich liegt die Leitung gemäß § 76 Abs. 1 AktG bzw. § 43 GmbHG ausschließlich bei der Geschäftsleitung. Leitungsentscheidungen können dementsprechend als solche auch nicht delegiert und insbesondere nicht auf unternehmensfremde Dritte ausgelagert werden. Maßnahmen, die keine originären Leitungsfunktionen darstellen, sind einer Auslagerung hingegen zugänglich.[1153] Aktienrechtlich wird das Outsourcing regelmäßig daran zu messen sein, ob sie die unübertragbare Führungsverantwortung des Vorstands beeinträchtigt.[1154] Unproblematisch ist dies bei Hilfsfunktionen, die eine bloß sehr lockere Verbindung zum Kernbereich des Unternehmens aufweisen, wie

[1152] *Eyles*, WM 2000, 1217 (1217).
[1153] *Mülbert*, Funktionsauslagerung bei Kreditinstituten aus gesellschafts- und konzernrechtlicher Sicht – aufsichtsrechtliche Vorgaben und gesellschafts- sowie konzernrechtliche Folgeprobleme, Bankrechtstag 2000, S. 3 (15); *Stein*, ZGR 1988, 163 (166).
[1154] *Fleischer*, ZIP 2003, 1 (10).

der Gebäudereinigung oder dem Kantinenbetrieb. Bei wesentlichen Hilfsfunktionen ist die Sachlage hingegen eine andere. Hier besteht die Gefahr, dass der Vorstand in seiner Leitungsmacht beeinträchtigt werden könnte. Die Auslagerung wird in diesem Fall an drei Voraussetzungen geknüpft: Der Vorstand muss (1) bei der Auswahl und Einweisung des Dienstleiters dafür Sorge tragen, dass eine sachgerechte Aufgabenwahrnehmung in gleicher Weise gewährleistet ist, wie bei unternehmensinterner Delegation und (2) muss das fehlende arbeitsrechtliche Weisungsrecht durch eine schuldrechtliche Vereinbarung ersetzt werden, die ihm auch weiterhin die Wahrnehmung seiner Steuerungs- und Informationsverantwortung ermöglicht.[1155] Zudem muss (3) die Auslagerung reversibel sein.[1156]

3. Aufsichtsrechtliche Anforderungen wirksamer Auslagerung

Die in § 25a Abs. 2 KWG geregelten Voraussetzungen wirksamer Auslagerung von Aktivitäten und Prozessen eines Instituts auf ein anderes Unternehmen sind Bestandteil der allgemeinen Anforderungen an eine ordnungsgemäße Geschäftsorganisation.[1157] Diese sollen verhindern, dass sensible Bankbereiche auf externe Unternehmen ausgelagert werden, wodurch sie der Steuerungsmöglichkeit der Geschäftsführung sowie der Beaufsichtigung der BaFin faktisch entzogen sind.[1158] Im Einzelnen wird die wirksame Auslagerung an folgende Voraussetzungen geknüpft.

a) Auslagerung auf ein anderes Unternehmen

Der Wortlaut des § 25a Abs. 2 Satz 1 KWG fordert zunächst die Auslagerung auf ein „anderes Unternehmen". Ein solches liegt immer dann vor, wenn die Stelle, auf die ausgelagert wird, eine eigene Rechtspersönlichkeit besitzt.[1159] Erfasst sind natürliche Personen, juristische Personen und Personenmehrheiten.[1160] Auslagerungsunternehmen können somit auch Tochtergesellschaften und andere Konzernunternehmen sein.[1161] Inländische Zweigstellen sind hingegen keine anderen Unternehmen im Sinne des § 25a Abs. 2 Satz 1 KWG, da sie keine eigene

[1155] *Fleischer*, ZIP 2003, 1 (10); *Stein*, ZGR 1988, 163 (171).
[1156] *Stein*, ZGR 1988, 163 (171); *Konopatzki*, Funktionsauslagerung bei Kreditinstituten, S. 66 ff.
[1157] *Braun/Wolfgarten*, in: Boos/Fischer/Schulte-Mattler (Hrsg.), KWG, § 25a Rn. 859.
[1158] *Braun/Wolfgarten*, in: Boos/Fischer/Schulte-Mattler (Hrsg.), KWG, § 25a Rn. 859.
[1159] *Braun/Wolfgarten*, in: Boos/Fischer/Schulte-Mattler (Hrsg.), KWG, § 25a Rn. 873.
[1160] *Braun/Wolfgarten*, in: Boos/Fischer/Schulte-Mattler (Hrsg.), KWG, § 25a Rn. 873.
[1161] *Braun/Wolfgarten*, in: Boos/Fischer/Schulte-Mattler (Hrsg.), KWG, § 25a Rn. 873.

Rechtspersönlichkeit haben und den Weisungen der Hauptstelle sowie der Bankenaufsicht unterworfen sind.[1162] Vom Anwendungsbereich des § 25a Abs. 2 KWG ausgeschlossen sind ebenfalls Zweigstellen im Europäischen Wirtschaftsraum, da diese nach dem Prinzip der Herkunftslandkontrolle zudem der Aufsicht durch die BaFin unterliegen.[1163] Einer räumlichen Trennung des ausgelagerten Bereichs bedarf es dabei hingegen nicht, da es allein auf die organisatorische Trennung ankommt.[1164]

b) Bankgeschäfte, Finanzdienstleistungen und sonstige institutstypische Dienstleistungen

Das andere Unternehmen muss ferner mit der Wahrnehmung solcher Aktivitäten und Prozesse beauftragt werden, die im Zusammenhang mit der Durchführung von Bankgeschäften, Finanzdienstleistungen und sonstigen institutstypischen Dienstleistungen stehen. Die Abgrenzung der Bankgeschäfte und Finanzdienstleistungen richtet sich nach § 1 Abs. 1 bzw. Abs. 1a KWG und wurde bereits eingehend erläutert.[1165] Der Terminus der *„sonstigen institutstypischen Dienstleistungen“* stellt auf solche Aktivitäten und Prozesse ab, die für ein Institut üblich sind.[1166] Dies umfasst beispielsweise die in Anhang I Abschnitt B der MiFID genannten Nebendienstleistungen.[1167] Bereiche, die im Zusammenhang mit anderen Tätigkeiten stehen, sind nicht vom Anwendungsbereich des § 25a Abs. 2 KWG erfasst.

c) Nachhaltiger Fremdbezug

Eine wirksame Auslagerung setzt weiterhin den nachhaltigen Bezug externer Dienstleistungen voraus. Die einmalige und einzelfallbezogene Einschaltung externer Dienstleister stellt keine Auslagerung im Sinne von § 25a Abs. 2 KWG dar.[1168] Vielmehr muss eine bestimmte Tätigkeit im Rahmen der Erbringung der

[1162] *Hofmann*, Outsourcing und Bankenaufsicht, § 25a Abs. 2 KWG, Bankrechtstag 2000, S. 41 (47); *Zerwas/Hanten*, WM 1998, 1110 (1113); *Konopatzki*, Funktionsauslagerung bei Kreditinstituten, S. 183.

[1163] *Braun/Wolfgarten*, in: Boos/Fischer/Schulte-Mattler (Hrsg.), KWG, § 25a Rn. 874.

[1164] *Zerwas/Hanten*, WM 1998, 1110 (1113); *Konopatzki*, Funktionsauslagerung bei Kreditinstituten, S. 187 f.; *Lösler*, Compliance im Wertpapierdienstleistungskonzern, S. 225; *Bergmann*, Funktionsauslagerung bei Kreditinstituten, S. 228.

[1165] Siehe B. I. 1. b).

[1166] *Bergmann*, Funktionsauslagerung bei Kreditinstituten, S. 235.

[1167] *Langen*, in: Schwennicke/Auerbach (Hrsg.), KWG, § 25a Rn. 120.

[1168] *Eyles*, WM 2000, 1217 (1220); *Langen*, in: Schwennicke/Auerbach (Hrsg.), KWG, § 25a Rn. 119; *Konopatzki*, Funktionsauslagerung bei Kreditinstituten, S. 184; *Lösler*, Compliance im Wertpapierdienstleistungskonzern, S. 225.

Geschäftstätigkeit regelmäßig auftreten und diese Tätigkeit ohne weiteres Zutun automatisch durch einen Dritten erbracht werden.[1169]

d) Wesentliche Bereiche

Zudem muss es sich bei der Auslagerung um Aktivitäten und Prozessen handeln, die „wesentlich" sind. Nicht-wesentliche Auslagerungen unterliegen nicht den Anforderungen des § 25a Abs. 2 KWG. Gemäß AT 9 Tz. 2 MaRisk (BA) muss das Institut auf der Grundlage einer Risikoanalyse eigenverantwortlich festlegen, welche Auslagerung von Aktivitäten und Prozessen unter Risikogesichtspunkten wesentlich ist. Die Intensität der Risikoanalyse bemisst sich nach Art, Umfang, Komplexität und Risikogehalt der ausgelagerten Aktivitäten und Prozesse.[1170] Die maßgeblichen Organisationseinheiten sind bei der Erstellung der Risikoanalyse einzubeziehen.[1171] Wesentliche Bereiche sind regelmäßig diejenigen Aktivitäten, bei denen die Auslagerung bankaufsichtsrechtlich relevanter Risiken, insbesondere Markt-, Kredit-, Ausfall-, Abwicklungs-, Liquiditäts-, Reputationsrisiken sowie operationelle Risiken begründet.[1172]

e) Rechtsfolgen einer wesentlichen Auslagerung

§ 25a Abs. 2 KWG gibt ebenfalls die vom Institut zu beachtenden Rechtsfolgen einer wesentlichen Auslagerung vor. § 25a Abs. 3 KWG regelt die Kompetenzen der BaFin bei einer wesentlichen Auslagerung.

aa) Ordnungsmäßigkeit der Geschäftsorganisation

Nach § 25a Abs. 2 Satz 1 KWG muss ein Institut im Falle einer wesentlichen Auslagerung angemessene Vorkehrungen treffen, um übermäßige zusätzliche Risiken zu vermeiden. Dies beinhaltet u.a., dass die Ordnungsmäßigkeit der Bankgeschäfte, Finanzdienstleistungen und institutstypischen Dienstleistungen nicht beeinträchtigt werden darf. Die Anforderungen wirksamer Auslagerung sind somit an den Organisationspflichten des § 25a Abs. 1 KWG zu messen.[1173] Kann das Institut die nach § 25a Abs. 1 KWG verlangten Anforderungen in Folge der Auslagerung nicht erfüllen, so liegt eine Beeinträchtigung vor.[1174] Das

---

[1169] *Braun/Wolfgarten*, in: Boos/Fischer/Schulte-Mattler (Hrsg.), KWG, § 25a Rn. 883.
[1170] Erläuterungen zu AT 9 Tz. 2 MaRisk (BA).
[1171] AT 9 Tz. 2 MaRisk (BA).
[1172] Erläuterungen zu AT 9 Tz. 1 MaRisk (BA).
[1173] *Eyles*, WM 2000, 1217 (1230).
[1174] *Braun/Wolfgarten*, in: Boos/Fischer/Schulte-Mattler (Hrsg.), KWG, § 25a Rn. 885.

Institut muss nach § 25a Abs. 2 Satz 3 KWG gewährleisten, dass das Risikomanagement die ausgelagerten Aktivitäten und Prozesse für die gesamte Auslagerungsdauer einbezieht.

bb) Auslagerungsvertrag

Gemäß § 25a Abs. 2 Satz 8 KWG bedarf es für eine wirksame Auslagerung weiterhin eines schriftlichen Auslagerungsvertrags zwischen dem Institut und dem externen Dienstleister. Die inhaltlichen Mindestanforderungen finden sich in AT 9 Tz. 6 MaRisk (BA). Von besonderer Bedeutung für die Gewährleistung der Ordnungsmäßigkeit der Geschäftsorganisation sind dabei die vertragliche Weisungs- und Kündigungsbefugnis nach AT 9 Tz. 6 lit. d bzw. lit. f MaRisk (BA), welche bereits in § 25a Abs. 2 Satz 8 KWG ausdrücklich vorgesehen sind und dem Institut bei einer nicht ordnungsgemäß erbrachten Tätigkeit deren entsprechende Korrektur ermöglicht. Um die gesetzlich vorgeschriebenen Auskunfts- und Prüfungsrechte sowie Kontrollmöglichkeiten der BaFin gemäß § 25a Abs. 2 Satz 6 Halbsatz 2 KWG zu gewährleisten gehört deren Sicherstellung zum vertraglichen Mindestinhalt des Auslagerungsvertrags.[1175] Werden die Prüfungs- und Kontrollrechte beeinträchtigt, kann die BaFin gemäß § 25a Abs. 3 KWG gezielte Anordnungen gegenüber dem Institut treffen.

II. Outsourcing der Compliance-Funktion

Abschließend bleibt zu klären, ob die Compliance-Funktion durch das Institut ausgelagert werden kann, wenn die dargestellten Voraussetzungen erfüllt sind. Mit Blick auf die erforderliche Unabhängigkeit der Compliance-Funktion wäre ihre Auslagerung durchaus sinnvoll.[1176] Zudem ließe sich dadurch eine einheitliche Compliance im Unternehmensverbund gewährleisten.[1177]

Ihre Zulässigkeit ist unter Berücksichtigung der gesellschaftsrechtlichen Grenzen zu entscheiden. Dabei wurde herausgearbeitet, dass originäre Leitungsfunktionen nicht auslagerungsfähig sind. Ebenfalls wurde festgestellt, dass die Compliance des Instituts „Chefsache“ ist und somit in den Verantwortungsbereich der Institutsleitung fällt. Die Institutsleitung muss daher grundlegende Entscheidungen über die Ausgestaltung des Compliance-Systems selbst treffen.[1178] Die jeweiligen Durchführungsmaßnahmen können jedoch auf externe Dritte ausge-

---

[1175] AT 9 Tz. 6 lit. c MaRisk (BA).
[1176] *Fuchs*, in: Fuchs (Hrsg.), WpHG, § 33 Rn. 169.
[1177] *Fett/Gebauer*, in: Festschrift Schwark, S. 375 (386).
[1178] BT 1.3.4 Tz. 1 MaComp.

lagert werden.[1179] Die Compliance-Funktion selbst fällt daher nicht in den Kernbereich der Unternehmensleitung, weshalb sie delegationsfähig ist. Dieses Ergebnis entspricht den Vorgaben aus BT 1.3.4 MaComp sowie Principle 10 der Grundsätze des Baseler Ausschusses für Bankenaufsicht zu „Compliance and the compliance function in banks“. Die teilweise oder vollständige Delegation der Compliance-Funktion auf Dritte stellt dabei jedoch eine *wesentliche Auslagerung* i.S.v. AT 9 Tz. 2 MaRisk (BA) dar,[1180] so dass die Anforderungen des § 25a Abs. 2 KWG zu beachten sind. Die Geschäftsleiter des Instituts müssen somit vor der entsprechenden Auslagerung mit der gebührenden Sorgfalt prüfen, ob die Vorgaben des § 25a Abs. 2 KWG erfüllt sind.[1181] Ist dies der Fall und kommt es zum Outsourcing der Compliance-Funktion, ist sicherzustellen, dass der entsprechende Dienstleister über die nötige Kompetenz, Betriebsmittel und Sachkunde sowie den Zugang zu allen für die wirksame Ausübung der Compliance-Aufgaben erforderlichen Informationen verfügt.[1182] Weiterhin ist insbesondere die Dauerhaftigkeit der Compliance-Funktion zu gewährleisten.[1183] Da die Geschäftsleitung auch beim Outsourcing der Compliance-Funktion die Compliance-Verantwortung nicht verliert, hat sie die angemessene Aufgabenerfüllung durch den Dienstleister, insbesondere die Qualität und Quantität seiner Dienstleistung, zu überwachen.[1184]

[1179] *Bürkle*, in: Hauschka (Hrsg.), Corporate Compliance, § 8 Rn. 58.
[1180] BT 1.3.4 Tz. 2 MaComp.
[1181] BT 1.3.4 Tz. 3 Satz 1 MaComp.
[1182] BT 1.3.4 Tz. 3 Satz 3 MaComp; *Spindler*, WM 2009, 905 (913).
[1183] BT 1.3.4 Tz. 4 MaComp.
[1184] BT 1.3.4 Tz. 5 MaComp.

F. Fünfter Teil: Zusammenfassung der wesentlichen Ergebnisse

I. Compliance im konzernfreien Unternehmen

1. Die Pflicht zur Einrichtung einer Compliance-Organisation durch die Unternehmensleitung

- Die Leitung der Gesellschaft – sei es im Aktienrecht, im GmbH-Recht, im Genossenschaftsrecht oder im Recht der Anstalt des öffentlichen Rechts – obliegt der Unternehmensführung. Sie hat die Sorgfalt eines ordentlichen und gewissenhaften Geschäftsleiters anzuwenden, wobei ihr Haftungsmaßstab durch die „Business Judgment Rule" beschränkt ist und sie damit über einen weiten unternehmerischen Ermessensspielraum verfügt. Während im Kernbereich zwingender Gesamtzuständigkeit die Leitungsentscheidungen nur vom Gesamtvorstand und nicht von einzelnen Organmitgliedern getroffen werden können (Prinzip der Gesamtleitung), besteht außerhalb dieses Kernbereichs die Möglichkeit vorstandsinterner Geschäftsverteilung (dispositive Ressortverteilung).
- Die Geschäftsleitung trifft bereits auf gesellschaftsrechtlicher Grundlage die Pflicht zur Einrichtung einer Compliance-Organisation. Lediglich die konkrete Ausgestaltung der Compliance-Organisation liegt im Entschließungsermessen der Unternehmensleitung und ist vom jeweiligen Einzelfall abhängig. Da die Voraussetzungen und Rechtsfolgen von gesellschaftsrechtlicher, aufsichtsrechtlicher und ordnungswidrigkeitsrechtlicher Compliance zu unterscheiden ist, wird der Inhalt dieser Organisationspflichten in unterschiedlicher Weise konkretisiert. Diese gesellschaftsrechtliche Pflicht leitet sich aus dem Sorgfaltsmaßstab der jeweiligen Gesellschaftsform, d.h. aus § 93 Abs. 1 Satz 1 AktG, § 43 Abs. 1 GmbHG, § 34 Abs. 1 Satz 1 GenG sowie vergleichbaren Regelungen in den Sparkassengesetzen bzw. dem darin enthaltenen Rechtsgedanken.
- Das Ordnungswidrigkeitenrecht beinhaltet mit der bußgeldbewehrten Norm des § 130 OWiG ebenfalls eine Rechtspflicht zur Compliance. Danach handelt der Inhaber eines Betriebes oder Unternehmens ordnungswidrig, wenn er vorsätzlich oder fahrlässig Aufsichtsmaßnahmen unterlässt, die erforderlich sind, um in dem Betrieb oder Unternehmen Zuwiderhandlungen gegen Pflichten zu verhindern, die den Inhaber treffen und deren Verletzung mit Strafe oder Geldbuße bedroht ist. Zudem muss eine Zuwiderhandlung begangen worden sein, die durch gehörige Aufsicht verhindert oder wesentlich erschwert worden wäre. Dem ist durch eine effektive Compliance-Organisation zu begegnen.

- Die Normierung einer ausdrücklichen Pflicht zur Einrichtung einer Compliance-Organisation findet sich für Kredit- und Finanzdienstleistungsinstitute in § 25a Abs. 1 Satz 1 KWG, wonach ein Institut über eine ordnungsgemäße Geschäftsorganisation verfügen muss, die die Einhaltung der vom Institut zu beachtenden gesetzlichen Bestimmungen gewährleistet. Vorgaben zur konkreten Ausgestaltung der Compliance-Organisation enthält die Norm nicht.
- Compliance ist Leitungsaufgabe der Gesamtleitung eines Unternehmens, so dass diese für eine gesetzmäßige Organisation und für die Rechtmäßigkeit des der Gesellschaft zurechenbaren Verhaltens ihrer Organe und Mitarbeiter zu sorgen hat. Kommt die Unternehmensführung dieser Aufgabe nicht nach, dann drohen ihr erhebliche Haftungsrisiken, die unter Berücksichtigung der derzeitigen Rechtslage mit der kürzlich vorgenommenen Verdopplung der Verjährungsfristen auf 10 Jahre, § 52a KWG, oftmals nicht von den laufenden D&O-Policen abgedeckt sind.

2. Die Compliance-Pflichten für das Überwachungsorgan

- Dem Überwachungsorgan obliegt die Schaffung von Aufsichtsmechanismen anhand derer es die Einrichtung einer Compliance-Organisation durch die Unternehmensführung sowie deren Zweckmäßigkeit überprüfen kann. Dies ergibt sich für den Aufsichtsrat u.a. aus Ziff. 5.3.2 DCGK.

3. Vorgaben zur Einrichtung einer Compliance-Organisation

- Ein einheitliches Compliance-System als Standardlösung, welches branchenunabhängig für alle Unternehmen gilt, gibt es nicht. Im Sinne einer prinzipienorientierten Regulierung hat die Unternehmensleitung vielmehr einen weiten Ermessensspielraum, wonach die Ausgestaltung der Compliance-Organisation vom Einzelfall abhängig ist und sich nach der jeweiligen Branche sowie der Größe, Struktur, der Komplexität der einzelnen Unternehmen, ihrer nationalen oder internationalen Ausrichtung u.s.w. richtet.
- Trotz mangelnder gesetzlich konkret vorgeschriebener Compliance-Vorgaben gibt es konkretisierende Bestimmungen im WpHG und in der WpDVerOV sowie unterschiedliche Mindeststandards, welche Aufschluss über die jeweiligen Compliance-Elemente geben. Hierzu finden sich die „Mindestanforderungen an die Compliance-Funktion und die weiteren Verhaltens,- Organisations- und Transparenzpflichten nach §§ 31 ff. WpHG für Wertpapierdienstleistungsunternehmen (MaComp)“ und die „Mindestanforderungen an das Risikomanagement – MaRisk (BA)“. Beide

Rundschreiben sind als norminterpretierende Verwaltungsvorschrift im Sinne des Art. 84 Abs. 2 GG zu charakterisieren und haben daher keine gegenüber Instituten und Gerichten wie auch immer geartete Bindungswirkung; dennoch wird ihnen eine atypisch faktische Bindungswirkung zuerkannt. Obwohl Institute (im Sinne des § 25a KWG) gemäß AT 3.1 MaComp nicht den Anforderungen der MaComp unterliegen, dient dieses Rundschreiben auch außerhalb ihres Anwendungsbereichs für Kreditinstitute als „best practice". Vorgaben finden sich weiterhin u.a. in den Grundsätzen des Baseler Ausschusses für Bankenaufsicht „Compliance and the compliance function in banks" sowie dem IDW-Prüfungsstandard über „Grundsätze ordnungsgemäßer Prüfung von Compliance-Management-Systemen" (IDW PS 980), den „Best-Practice-Leitlinien für Wertpapier-Compliance" des Bundesverbands deutscher Banken oder dem „Final Report" zur „Compliance Function at Market Intermediaries" der Internationalen Vereinigung der Wertpapieraufsichtsbehörden (IOSCO).

4. Die Compliance-Funktion

- Zwar liegt Compliance grundsätzlich im Verantwortungsbereich der Geschäftsleitung, weshalb auch die Errichtung der Compliance-Funktion eine Compliance-Maßnahme der Unternehmensleitung darstellt. In Übereinstimmung mit der Geschäftsleitung nimmt die Compliance-Funktion allerdings die konkreten Compliance-Maßnahmen im Unternehmen vor. Sie wirkt gemäß AT 4.4.2 MaRisk (BA) auf die Einhaltung der für das Institut wesentlichen rechtlichen Regelungen und Vorgaben sowie entsprechender Kontrollen hin. Die Compliance-Funktion hat dabei die Rechtsqualität einer Abteilung innerhalb des Unternehmens und nimmt keine „organähnliche" Rolle ein.
- Die Compliance-Funktion muss dauerhaft sowie wirksam eingerichtet werden und ihre Aufgaben unabhängig wahrnehmen können. Es kommen dabei drei Formen der Unabhängigkeit in Betracht: die disziplinarische Unabhängigkeit, die organisatorische Unabhängigkeit und die finanzielle Unabhängigkeit. Um die disziplinarische Unabhängigkeit der Compliance-Funktion herzustellen sind die mit der Compliance-Organisation befassten Mitarbeiter im Institut – mit Ausnahme gegenüber der Unternehmensleitung – im Rahmen ihrer Aufgabenerfüllung frei von Weisungen. Die organisatorische Unabhängigkeit fordert die Trennung der Compliance-Funktion vom operativen Geschäft. Die finanzielle Unabhängigkeit beinhaltet die angemessene Vergütung seiner Mitarbeiter, welche sich nicht am

geschäftlichen Erfolg des Unternehmens ausrichtet. Zur Gewährleistung der Wirksamkeit der Compliance-Funktion muss diese in personeller, sachlicher sowie sonstiger Hinsicht über angemessene Mittel verfügen und ihre Mitarbeiter müssen die erforderliche Sachkunde für den jeweils zugewiesenen Aufgabenbereich vorweisen können. Die zudem erforderliche Dauerhaftigkeit fordert institutionalisierte und keine bloße ad-hoc Überwachungshandlungen.

- Für eine ordnungsgemäße Erfüllung der Compliance-Organisation muss der Compliance-Funktion innerhalb arbeitsrechtlicher und datenschutzrechtlicher Grenzen ein umfassender Zugriff auf alle erforderlichen Informationen gewährt werden, damit sie ihre Aufgabe effektiv wahrnehmen kann. Dies überschneidet sich mit einem Weisungsrecht in Bezug auf Angelegenheiten, die mit ihrer Aufgabenerfüllung in Verbindung stehen, wie die Einforderung von Unterlagen und compliance-relevanter Informationen. Eine Anordnungsbefugnis zum Abstellen von Missständen im Unternehmen hat die Compliance-Funktion hingegen nicht; diese obliegt der Unternehmensleitung.
- Die Verknüpfung der Compliance-Funktion mit anderen Abteilungen wie der Internen Revision, dem Risikomanagement oder der Rechtsabteilung ist grundsätzlich abzulehnen, um die volle Unabhängigkeit der Compliance-Funktion zu gewährleisten.

5. Der Compliance-Beauftragte

- Obwohl sich im KWG selbst keine konkrete Regelung zur verpflichtenden Bestellung eines Compliance-Beauftragten findet, ergibt sich dies für das Institut aus AT 4.4.2 Tz. 4 MaRisk (BA). Entsprechende Regelungen sehen § 12 Abs. 4 Satz 1 WpDVerOV sowie BT 1.1 Tz. 3 MaComp für das Wertpapierdienstleistungsunternehmen vor.
- Dem Compliance-Beauftragten obliegen alle Aufgaben der Compliance-Funktion. Sein Verantwortungsbereich umfasst insbesondere die Leitung der Compliance-Funktion sowie die interne Berichtspflicht an die Geschäftsleitung und das Aufsichtsorgan innerhalb derer er über die Angemessenheit und Wirksamkeit der Compliance-Maßnahmen berichtet. In seltenen Ausnahmefällen kann es zu einer externen Berichtspflicht an die BaFin kommen.
- Bei der Auswahl eines Compliance-Beauftragten gilt es verschiedene Eigenschaften und Qualifikationen zu beachten. Auf normativer Grundlage finden sich für den Compliance-Beauftragten im Wertpapierdienstlei-

stungsunternehmen Hinweise in § 12 Abs. 4 Satz 3 WpDVerOV sowie § 34d Abs. 3 Satz 1 WpHG, ergänzt durch § 3 Abs. 1 WpHGMaAnzV. Konkrete Ausführungen macht die BaFin dahingehend nun auch in BT 1.3.1.4.1 und BT 1.3.1.3 Tz. 1 MaComp. Aus einer Zusammenschau der Vorschriften und der diesbezüglichen Literatur ergibt sich, dass der Compliance-Beauftragte im Kreditinstitut neben seiner persönlichen Zuverlässigkeit und Integrität, eine juristische Ausbildung mit entsprechenden branchenspezifischen Erfahrungen im Banken- und Kapitalmarktrecht sowie compliance-spezifisches Wissen aufweisen sollte. Zudem bedarf es seiner Akzeptanz und eines guten persönliche "Standing" im Unternehmen sowie bei den Mitarbeitern, gepaart mit entsprechendem Durchsetzungsvermögen.

- Neben der bereits angesprochenen disziplinarischen, organisatorischen und finanziellen Unabhängigkeit ist dem Compliance-Beauftragten ebenfalls die erforderliche arbeitsrechtliche Unabhängigkeit einzuräumen.
- Dem Compliance-Beauftragten obliegen alle Kompetenzen der Compliance-Funktion. Obwohl er als Leiter der Compliance-Funktion innerhalb der Compliance-Organisation eine besondere Stellung einnimmt, hat er nicht die Befugnis, Maßnahmen zur Behebung von Missständen vorzunehmen.
- Der Compliance-Beauftragte ist kein Unternehmensbeauftragter, weshalb der Rechtsgedanke einzelner spezialgesetzlicher Vorschriften zum Unternehmensbeauftragten nicht analog herangezogen werden kann.
- Die zivilrechtliche Haftung des Compliance-Beauftragten gegenüber der Gesellschaft ergibt sich mangels (faktischer) Organeigenschaft nicht aus den gesellschaftsrechtlichen Haftungstatbeständen, sondern regelmäßig aus der vertraglichen Haftung gemäß § 280 Abs. 1 Satz 1 (i.V.m. §§ 619a, 311) BGB oder der gesetzlichen Haftung nach §§ 823 Abs. 2 (i.V.m. der Verletzung eines Schutzgesetzes), 830, 840 BGB.
- Den Compliance-Beauftragten trifft laut BGH-Rechtsprechung eine strafrechtliche Garantenpflicht gemäß § 13 Abs. 1 StGB, Straftaten von Unternehmensangehörigen, die im Zusammenhang mit der Tätigkeit des Unternehmens stehen, zu unterbinden. Eine nachlässige Compliance-Organisation birgt daher das Risiko strafrechtlicher Verurteilung.

6. Die Compliance-Elemente

- Grundlage jeder Compliance-Organisation ist die (regelmäßige) Identifikation spezifischer rechtlicher Risiken und Risikobereiche im Institut mittels einer Risikoanalyse, woran sich die unternehmensindividuelle Ausgestaltung der Compliance-Aufgaben orientiert (*Compliance-Check*).

- Es bedarf einer *Compliance-Kultur*, wonach insbesondere mittels einer ausdrücklich kommunizierten Bekenntnis der Geschäftsleitung zur Einhaltung der geltenden Vorschriften (sog. Mission Statement) bei jedem Mitarbeiter das Bewusstsein für Compliance geschaffen und geschärft werden soll.
- Fachwissen und ein hoher Qualifikationsstandard bei der *Mitarbeiterauswahl* verringert die Gefahr von Rechtsrisiken im Unternehmen.
- Entsprechend der Überwachungsaufgabe von Compliance sieht § 25a Abs. 1 Satz 3 Nr. 1 KWG die Einrichtung eines *Monitoring*-Systems vor, wodurch eine zeitnahe Kontrolle bezüglich der Einhaltung von Gesetzen sowie interner und externer Regelwerke gewährleistet werden kann. Dies umfasst das Erkennen von Interessenkonflikten und Insiderverstößen, das Transaktionsmonitoring sowie "Internal Investigations" im Rahmen arbeits- und datenschutzrechtlicher Grenzen.
- Den Mitarbeitern des Instituts sind durch unterschiedliche Formen der *Beratung und Unterstützung* präventiv die Möglichkeiten und Grenzen ihres Handelns darzulegen, um sie entsprechend auf Regel- und Gesetzesverstöße zu sensibilisieren. Instrumente der *Beratung und Unterstützung* sind die persönliche und geschäftsbegleitende Beratung, die Beratung mittels geschriebener interner Verhaltensregeln sowie die Schulung in allen gesetzlichen Bestimmungen und sonstigen compliance-relevanten Regeln.
- Das *Whistleblowing* ist ein wirksames Mittel um Compliance-Verstöße zu identifizieren. Es untergräbt jedoch den Anspruch des Verdächtigten auf rechtliches Gehör und birgt die Gefahr allgemeinen Misstrauens unter den Mitarbeitern.
- *Sanktionen und Disziplinarmaßnahmen* schärfen das Compliance-Bewusstsein der Mitarbeiter, da eine Compliance-Organisation ohne "spürbare" Folgen für den rechtwidrig handelnden Mitarbeiter wenig zielführend wäre.

7. Selbstregulativer Ansatz für eine wirksame Compliance

- Es ist ein freiwilliges Auditierungsverfahren zur Gewährleistung einer wirksamen Compliance-Organisation im Institut zu schaffen. De lege ferenda bedarf dabei eines unabhängigen und staatlich geprüften Compliance-Gutachter als externen Auditor. Innerhalb des Verfahrens unterwirft sich das Institut freiwillig der Überprüfung und Bewertung der Wirksamkeit ihrer Compliance-Organisation durch den Compliance-Gutachter. Wird die Compliance-Organisation des teilnehmenden Instituts von diesem für wirksam erklärt (Validierung), erhält das Institut ein "BaFin-Qualitätssiegel". Dieses Siegel wirkt sich positiv auf die Reputation des Instituts und das Vertrauen der Kunden aus.

II. Compliance im Konzern

1. Allgemeine konzernweite Organisationspflichten im Gesellschaftsrecht

- Der Konzernleitung obliegt die Führung des Gesamtkonzerns, welche entsprechend der an die Geschäftsführung und Leitung anzulegenden Pflichten eines ordentlichen und gewissenhaften Geschäftsleiters wahrzunehmen ist. Der schuldhafte Verstoß gegen die konzernweiten Sorgfaltspflichten kann im Verhältnis zur eigenen Gesellschaft Schadensersatzansprüche gemäß § 93 Abs. 2 AktG bzw. § 43 Abs. 2 GmbHG begründen.
- Die Konzernleitung trifft im Verhältnis zur eigenen Gesellschaft die Pflicht zur Einrichtung einer konzernweiten Compliance-Pflicht und muss somit im gesamten Konzern Organisations- bzw. Überwachungsmaßnahmen treffen, um Rechtsverstöße zu unterbinden. Diese Auslegung lässt sich aus §§ 76, 93 Abs. 1 AktG bzw. § 43 Abs. 1 GmbHG herleiten und entspricht den Baseler Compliance-Grundsätzen sowie den Vorgaben aus Ziff. 4.1.3 DCGK.
- Die konkrete Ausgestaltung der konzernweiten Compliance-Organisation liegt im unternehmerischen Ermessen des Konzernvorstands, wobei die Intensität der Einflussnahme auf die konkrete Organisation u.a. davon abhängt, ob der Konzern zentral oder dezentral geführt wird.
- Grundlegend für eine wirksame konzernweite Compliance-Organisation ist die Einrichtung eines konzernweiten Berichts- und Informationssystems.
- Die herrschende Gesellschaft hat gegenüber der abhängigen AG gemäß § 308 Abs. 1 AktG ein Weisungsrecht und kann somit die Einrichtung einer konzernweiten Compliance-Organisation umfassend durchsetzen. Konzernrechtliche Grenzen ergeben sich hingegen im faktischen Konzern, da der Konzernspitze hier entsprechende ausdrückliche Weisungsrechte fehlen. Bei der faktisch konzernierten GmbH hat die herrschende Gesellschaft als Mehrheitsgesellschafter ein Weisungsrecht aus § 37 Abs. 1 GmbHG, welches in seiner Art dem Weisungsrecht im Vertragskonzern entspricht. Gegenüber der abhängigen Gesellschaft im faktischen Konzern fehlt jedoch ein solches Weisungsrecht, weshalb die Konzernspitze bei der effektiven

Umsetzung einer Compliance-Organisation auf die freiwillige Mitwirkung der abhängigen Gesellschaft angewiesen ist.

- Die Einrichtung einer konzernweiten Compliance entpflichtet die abhängigen Gesellschaften nicht von der Einrichtung einer eigenen Compliance-Organisation. Eine Integration der jeweiligen Compliance-Organisationen ist hingegen möglich und sinnvoll.

2. § 130 OWiG im Konzern

- Das Ordnungswidrigkeitenrecht beinhaltet mit der bußgeldbewehrten Norm des § 130 OWiG ebenfalls auf Konzernebene eine Rechtspflicht zur Compliance. Unter Berücksichtigung der nationalen und europäischen Rechtsprechung sowie der kartellbehördlichen Entscheidungspraxis ist, unter Zugrundelegung eines wirtschaftlichen Unternehmensbegriffs, der gesamte Unternehmensverbund als ein einheitliches Unternehmen einzustufen, wenn die herrschende Gesellschaft einen steuernden Einfluss auf die abhängigen Gesellschaften ausüben kann. Die Holding ist dabei Inhaber dieser wirtschaftlichen Einheit und hat für eine konzernweite Compliance-Organisation zu sorgen.

3. Die konzernweite Compliance-Organisation im Bankenaufsichtsrecht

- Eine ausdrücklich normierte Pflicht der Konzernspitze zur Einrichtung einer konzernweiten Compliance-Organisation findet sich in § 25a Abs. 1a und Abs. 1b KWG. Angaben zur konkreten Ausgestaltung der konzernweiten Compliance-Organisation ergeben sich aus der Norm hingegen nicht. Die konzernrechtlichen Grenzen sind bei der konzerndimensionalen Durchsetzung zu beachten.
- Die Eigenschaft als Kredit- und Finanzdienstleistungsinstitut betrifft nur das jeweilige Unternehmen und überträgt sich im Konzern aufgrund der rechtlichen Selbstständigkeit von Gesellschaften nicht auf die anderen Konzernunternehmen. Diese Nicht-Kredit- und Finanzdienstleistungsinstitute sind im Konzern nicht durch § 25a Abs. 1 KWG gebunden. Bei abhängigen Instituten im Industriekonzern (Captives) ist das Weisungsrecht der Holding insofern eingeschränkt als Captives nur KWG-konformen Weisungen entsprechen müssen.

III. Outsourcing der Compliance-Funktion

- § 25a Abs. 2 KWG normieren die bankaufsichtsrechtlichen Voraussetzungen wirksamer Auslagerungen durch Finanzinstitute. Unter Beachtung dieser Voraussetzungen und der gesellschaftsrechtlichen Grenzen kann die Compliance-Funktion ausgelagert werden. Mit Blick auf die erforderliche Unabhängigkeit der Compliance-Funktion ist ihre Auslagerung sinnvoll.
- Beim Outsourcing der Compliance-Funktion ist sicherzustellen, dass der entsprechende Dienstleister über die nötige Kompetenz, Betriebsmittel und Sachkunde sowie den Zugang zu allen für die wirksame Ausübung der Compliance-Aufgaben erforderlichen Informationen verfügt. Zudem ist insbesondere die Dauerhaftigkeit und Wirksamkeit der Compliance-Funktion zu gewährleisten.

Literaturverzeichnis

Arbeitskreis „Externe und Interne Überwachung der Unternehmung" der Schmalenbach-Gesellschaft für Betriebswirtschaft Auswirkungen des Sarbanes-Oxley Act auf die Interne und Externe Unternehmensüberwachung, BB 2004, 2399 ff.

Arbeitskreis „Externe und Interne Überwachung der Unternehmung" der Schmalenbach-Gesellschaft für Betriebswirtschaft Compliance: 10 Thesen für die Unternehmenspraxis, DB 2010, 1509 ff.

Assmann, Heinz-Dieter/Buck, Petra Europäisches Kapitalmarktrecht, EWS 1990, 110 ff.

Assmann, Heinz-Dieter Das künftige deutsche Insiderrecht (II), AG 1994, 237 ff.

Assmann, Heinz-Dieter/Schneider, Uwe H. Wertpapierhandelsgesetz Kommentar, 6. Auflage, Köln 2012.

Bachmann, Gregor/Prüfer, Geralf Korruptionsprävention und Corporate Governance, ZRP 2005, 109 ff.

Bachmann, Gregor Compliance – Rechtsgrundlagen und offene Fragen, Jahrestagung der Gesellschaftsrechtlichen Vereinigung (VGR), Gesellschaftsrecht in der Diskussion 2007, Köln 2008, S. 65 ff.

Bähr, Gunne W. Handbuch des Versicherungsaufsichtsrechts, München 2011.

Barton, Dirk-M. Risiko-/Compliance-Management und Arbeitnehmerdatenschutz – eine nach wie vor unbefriedigende Kollisionslage – Anmerkung zu § 32 BDSG, RDV 2009, 200 ff.

Basler Ausschuss für Bankenaufsicht, Principles for enhancing corporate governance, http://www.bis.org (Onlineressource).

Basler Ausschuss für Bankenaufsicht, Compliance and the compliance function in banks, http://www.bis.org (Onlineressource).

Basler Ausschuss für Bankenaufsicht, Implementation of the compliance principles – A survey, http://www.bis.org (Onlineressource).

Basler Ausschuss für Bankenaufsicht, Grundsätze für eine wirksame Bankenaufsicht, http://www.bis.org (Onlineressource).

Baumbach, Adolf/Hueck, Alfred GmbHG, 20. Auflage München 2013.

Bergmoser, Ulrich/Theusinger, Ingo/Gushurst, Klaus-Peter Corporate Compliance – Grundlagen und Umsetzung, BB Beilage 5/2008, 1 ff.

Berliner Initiativkreis German Code of Corporate Governance German Code of Corporate Governance (GCCG), DB 2000, 1573 ff.

Berg, Cai Korruption in Unternehmen und Risikomanagement nach § 91 Abs. 2 AktG, AG 2007, 271 ff.

Bergmann, Henning Funktionsauslagerung bei Kreditinstituten – Rechtliche Fragen des Outsourcing, Berlin 2010.

Berndt, Thomas/Hoppler, Ivo Whistleblowing – ein integraler Bestandteil effektiver Corporate Governance, BB 2005, 2623 ff.

Berndt, Michael Outsourcing in Kreditinstituten – Regulatorische Vorgaben, erfolgreiche Umsetzung, effektive Prüfung, Berlin 2009.

Bezzenberger, Gerold/Schuster, Detlev Die öffentliche Anstalt als abhängiges Konzernunternehmen, ZGR 1996, 481 ff.

Bicker, Eike Compliance – organisatorische Umsetzung im Konzern, AG 2012, 543 ff.

Binder, Jens-Hinrich „Prozeduralisierung“ und Corporate Governance, ZGR 2007, 745 ff.

Birnbaum, Günther/Kütemeier, Claire In der Diskussion – die MaComp, WM 2011, 293 ff.

Bleicher, Knut Organisation: Strategien – Strukturen – Kulturen, 2. Auflage, Wiesbaden 1991.

Bock, Dennis Strafrechtliche Aspekte der Compliance-Diskussion – § 130 OWiG als zentrale Norm der Criminal Compliance, ZIS 2009, 68 ff.

Böhm, Wolf-Tassilo Strafrechtliche Verwertbarkeit der Auskünfte von Arbeitnehmern bei unternehmensinternen Untersuchungen – Ein Beitrag zur aktuellen Compliance-Debatte, WM 2009, 1923 ff.

Bohnert, Joachim Kommentar zum Ordnungswidrigkeitengesetz, 3. Auflage, München 2010.

Boos, Karl-Heinz/Fischer, Reinfrid/Schulte-Mattler, Hermann Kreditwesengesetz – Kommentar zu KWG und Ausführungsvorschriften, 4. Auflage, München 2012.

Brandes, Thomas Die Haftung für Organisationspflichtverletzung, Frankfurt am Main 1994.

Buff, Herbert Compliance: Führungskontrolle durch den Verwaltungsrat, Zürich 2000.

Bundesverband deutscher Banken Best-Practice-Leitlinien für Wertpapier-Compliance, Berlin 2009.

Bürgers, Tobias/Körber, Torsten Heidelberger Kommentar zum Aktiengesetz, 2. Auflage, Heidelberg/München/Landsberg/Frechen/Hamburg 2011.

Bürkle, Jürgen Weitergabe von Informationen über Fehlverhalten in Unternehmen (Whistleblowing) und Steuerung auftretender Probleme durch ein Compliance-System, DB 2004, 2158 ff.

Bürkle, Jürgen Corporate Compliance – Pflicht oder Kür für den Vorstand der AG?, BB 2005, 565 ff.

Bürkle, Jürgen/Fecker, Jörg Business Judgment Rule: Unternehmerischer Haftungsfreiraum für leitende Angestellte, NZA 2007, 589 ff.

Bürkle, Jürgen Corporate Compliance als Standard guter Unternehmensführung des Deutschen Corporate Governance Kodex, BB 2007, 1797 ff.

Bürkle, Jürgen Die rechtlichen Auswirkungen der MaRisk VA auf die Geschäftsorganisation von Versicherungsunternehmen, VersR 2009, 866 ff.

Büschgen, Hans E. Bankbetriebslehre – Bankgeschäfte und Bankmanagement, 4. Aufl., Wiesbaden 1993.

Büschgen, Hans E./Börner, Christoph J. Bankbetriebslehre, 4. Auflage, Stuttgart 2003.

Bussmann, Kai-D./Matschke, Sebastian Der Einfluss nationalen Rechts auf Kontroll- und Präventionsmaßnahmen von Unternehmen, wistra 2008, 88 ff.

Büssow, Thomas/Taetzner, Tobias Sarbanes-Oxley Act Section 404: Internes Kontrollsystem zur Sicherstellung einer effektiven Finanzberichterstattung im Steuerbereich von Unternehmen – Pflicht oder Kür?, BB 2005, 2437 ff.

Casper, Matthias Rechtliche Grundlage und aktuelle Entwicklungen der Compliance am Beispiel des Kapitalmarktrechts, Verbraucherschutz im Kreditgeschäft – Compliance in der Kreditwirtschaft, Bankrechtstag 2008, Berlin 2009, S. 139 ff.

Casper, Matthias Der Compliancebeauftragte, Festschrift für Karsten Schmidt zum 70. Geburtstag, Köln 2009, S. 199 ff.

Casper, Matthias Die Anwendbarkeit der Business Judgment Rule bei Landesbanken, Festschrift für Wulf Goette zum 65. Geburtstag, München 2011, S. 29 ff.

Claussen, Carsten P./Korth, H.-Michael Anforderungen an ein Risikomanagementsystem aus der Sicht des Aufsichtsrates, Festschrift für Marcus Lutter zum 70. Geburtstag, Köln 2000, S. 327 ff.

Dengl, Gerhard/Schwertl, Markus Die Bank im Industriekonzern, Die Bank 12/2010, 18 ff.

Derleder, Peter/Knops, Kai-Oliver/Bamberger, Heinz Georg Handbuch zum deutschen und europäischen Bankrecht, 2. Auflage, Berlin/Heidelberg 2009

Deutsches Aktieninstitut Internal Investigations bei Compliance-Verstößen – Praxisleitfaden für die Unternehmensleitung, Frankfurt am Main 2010.

Deutsches Institut für Interne Revision e.V. Internationale Standards und die berufliche Praxis der Internen Revision 2011, Frankfurt am Main 2010.

Dier, Christian/Fürhoff, Jens Die geplante europäische Marktmissbrauchsrichtlinie, AG 2002, 604 ff.

Di Fabio, Udo Verwaltung und Verwaltungsrecht zwischen gesellschaftlicher Selbstregulierung und staatlicher Steuerung, VVDStRL 56 (1997), 235 ff.

Diller, Martin Der Arbeitnehmer als Informant, Handlanger und Zeuge im Prozess des Arbeitgebers gegen Dritte, DB 2004, 313 ff.

Dölling, Dieter Handbuch der Korruptionsprävention, München 2007.

Dreher, Meinrad Unternehmensbeauftragte und Gesellschaftsrecht, Festschrift für Carsten Peter Claussen zum 70. Geburtstag, Köln/Berlin/Bonn/München 1997, S. 69 ff.

Dreher, Meinrad Direktkontakte des Aufsichtsrats in der Aktiengesellschaft zu dem Vorstand nachgeordneten Mitarbeitern, Festschrift für Peter Ulmer zum 70. Geburtstag, Berlin 2003, S. 87 ff.

Dreher, Meinrad Kartellrechtscompliance, ZWeR 2004, 75 ff.

Dreher, Meinrad/Schaaf, Martin Versicherungsunternehmensrecht und Risikomanagement – Gesamtverantwortung der Geschäftsleitung, Outsourcing des Risikomanagements und konzernweites versicherungsaufsichtsrechtliches Risikomanagement, WM 2008, 1765 ff.

Dreher, Meinrad Die Vorstandsverantwortung im Geflecht von Risikomanagement, Compliance und interner Revision, Festschrift für Uwe Hüffer zum 70. Geburtstag, München 2010, S. 161 ff.

Dreher, Meinrad Ausstrahlung des Aufsichtsrechts auf das Aktienrecht – Unter besonderer Berücksichtigung des Risikomanagement, ZGR 2010, 496 ff.

Druey, Jean Nicolas Verantwortlichkeit aus Leitung, Festschrift für Wolfgang Zöllner zum 70. Geburtstag, Band I, Köln/Berlin/Bonn/München 1998, S. 129 ff.

Drygala, Tim/Drygala, Anja Wer braucht ein Frühwarnsystem?, ZIP 2000, 297 ff.

Duden, Band 5, Fremdwörterbuch, 7. Auflage, Mannheim/Leipzig/Wien/Zürich 2001.

Dürr, Simon Die Haftung von Aufsichtsratsmitgliedern einer Aktiengesellschaft, Taunusstein 2005.

Drygala, Tim/Drygala, Anja Wer braucht ein Frühwarnsystem?, ZIP 2000, 297 ff.

Ehrler, Jürgen Compliance in Universalbanken – Strategien für das Management von Interessenkonflikten, Wiesbaden 1997.

Eibelshäuser, Beate Der Konzern 2007, 735 ff.

Eisele, Dieter Insiderrecht und Compliance, WM 1993, 1021 ff.

Eisolt, Dirk Prüfung von Compliance-Management-Systemen: erste Überlegungen zu IDW EPS 980, BB 2010, 1843 ff.

Ellenberger, Jürgen/Schäfer, Holger/Clouth, Peter/Lang, Volker Praktikerhandbuch Wertpapier- und Derivategeschäft, 4. Auflage, Heidelberg 2011.

Embid Irujo, José Miguel Der Konzern im Genossenschaftsrecht, Festschrift für Marcus Lutter zum 70. Geburtstag, Köln 2000, S. 1083 ff.

Emmerich, Volker/Habersack, Mathias Aktien- und GmbH-Konzernrecht, 6. Auflage, München 2010.

Engelhardt, Marc Die neuen Compliance-Anforderungen der BaFin (MaComp), ZIP 2010, 1832 ff.

Erichsen, Hans-Uwe/Ehlers, Dirk Allgemeines Verwaltungsrecht, 14. Auflage, Berlin/New York 2010.

Epe, Axel Zur Bedeutung des Deutschen Corporate Governance Kodex für die Anfechtbarkeit von Hauptversammlungsbeschlüssen insbesondere Aufsichtsratswahlen, CCZ 2008, 30 f.

Ernst, Stefan Der Arbeitgeber, die E-Mail und das Internet, NZA 2002, 585 ff.

European Banking Authority (EBA), EBA Guidelines on Internal Governance, http://www.eba.europa.eu (Onlineressource).

European Securities and Markets Authority (ESMA), Guidelines on certain aspects of the MiFID compliance function requirements – Final report, http:// http://www.esma.europa.eu (Onlineressource).

Eyles, Uwe Funktionsauslagerung (Outsourcing) bei Kredit- und Finanzdienstleistungsinstituten – Bank- und wertpapierrechtliche Rahmenbedingungen, WM 2000, 1217 ff.

Fabritius, Andreas Zu den Grenzen der Durchsetzung eines kapitalmarktrechtlich begründeten Informationsinteresses des herrschenden Unternehmens im faktischen Konzern, Festschrift für Ulrich Huber zum 70. Geburtstag, Tübingen 2006, S. 705 ff.

Favoccia, Daniela/Richter, Thomas Rechte, Pflichten und Haftung des Compliance Officers aus zivilrechtlicher Sicht, AG 2010, 137 ff.

Fecker, Jörg/Kinzl, Ulrich-Peter Ausgestaltung der arbeitsrechtlichen Stellung des Compliance-Officers Schlussfolgerung aus der BSR-Entscheidung des BGH, CCZ 2010, 13 ff.

Fett, Torsten/Gebauer, Stefan Compliance-Strukturen im faktischen Bankkonzern, Festschrift für Eberhard Schwark zum 70. Geburtstag, München 2009, S. 375 ff.

Fett, Torsten/Theusinger, Ingo Compliance im Konzern – Rechtliche Grundlagen und praktische Umsetzung, BB Beilage 4/2010, 6 ff.

Financial Services Authority (FSA), The Turner Review – A regulatory response to the global banking crisis, London 2009.

Fischbach, Jonas Die Haftung des Vorstands im Aktienkonzern, Baden-Baden 2009.

Fischer, Reinfrid Haftung und Abberufung von Bankvorständen, DStR 2007, 1083 ff.

Fleischer, Holger Informationsasymmetrie im Vertragsrecht – Eine rechtsvergleichende und interdisziplinäre Abhandlung zu Reichweite und Grenzen vertragsschlußbezogener Aufklärungspflichten, München 2001.

Fleischer, Holger Grundfragen der ökonomischen Theorie im Gesellschafts- und Kapitalmarktrecht, ZGR 2001, 1 ff.

Fleischer, Holger Die „Business Judgment Rule" im Spiegel von Rechtsvergleichung und Rechtsökonomie, Festschrift für Herbert Wiedemann zum 70. Geburtstag, München 2002, S. 827 ff.

Fleischer, Holger Zur Leitungsaufgabe des Vorstands im Aktienrecht, ZIP 2003, 1 ff.

Fleischer, Holger Vorstandsverantwortlichkeit und Fehlverhalten von Unternehmensangehörigen – Von der Einzelüberwachung zur Errichtung einer Compliance-Organisation, AG 2003, 291 ff.

Fleischer, Holger Zum Grundsatz der Gesamtverantwortung im Aktienrecht, NZG 2003, 449 ff.

Fleischer, Holger Die „Business Judgment Rule" – Vom Richterrecht zur Kodifizierung, ZIP 2004, 685 ff.

Fleischer, Holger Legal Transplants im deutschen Aktienrecht, NZG 2004, 1129 ff.

Fleischer, Holger Gesetz und Vertrag als alternative Problemlösungsmodelle im Gesellschaftsrecht – Prolegomena zu einer Theorie gesellschaftsrechtlicher Regelsetzung, ZHR 168 (2004), 673 ff.

Fleischer, Holger Aktienrechtliche Legalitätspflicht und „nützliche" Pflichtverletzungen von Vorstandsmitgliedern, ZIP 2005, 141 ff.

Fleischer, Holger Konzernleitung und Leitungssorgfalt der Vorstandsmitglieder im Unternehmensverbund, DB 2005, 759 ff.

Fleischer, Holger Die Richtlinie über Märkte für Finanzinstrumente und das Finanzmarkt-Richtlinie-Umsetzungsgesetz – Entstehung, Grundkonzeption, Regelungsschwerpunkte, BKR 2006, 389 ff.

Fleischer, Holger Handbuch des Vorstandsrechts, München 2006.

Fleischer, Holger Corporate Compliance im aktienrechtlichen Unternehmensverbund, CCZ 2008, 1 ff.

Fleischer, Holger Investor Relations und informationelle Gleichbehandlung im Aktien-, Konzern- und Kapitalmarktrecht, ZGR 2009, 505 ff.

Fleischer, Holger Aktuelle Entwicklungen der Managerhaftung, NJW 2009, 2337 ff.

Fleischer, Holger/Goette, Wulf Münchener Kommentar zum GmbHG Band II, §§ 35 – 52 GmbHG, München 2012.

Fuchs, Andreas Wertpapierhandelsgesetz Kommentar, München 2009.

Gebauer, Stefan Compliance – Instrument der Selbstkontrolle im Unternehmen, in: DIRK e.V. (Hrsg.) Handbuch Investor Relations, Wiesbaden 2004, S. 505 ff.

Geber, Frederic Bankenaufsicht ohne Verwaltungsverfahrensrecht?, EuZW 2013, 298 ff.

Geiser, Martina Leitungspflichten des Vorstandes in der AG – Grenzziehung zwischen der Business Judgment Rule und den notwendigen Anforderungen an eine Compliance-Organisation, Hamburg 2010.

Goette, Wulf/Habersack, Mathias/Kalss, Susanne Münchener Kommentar zum Aktiengesetz
Band 2, §§ 76 – 117 AktG, MitbestG, DrittelbG, 3. Auflage, München 2008.
Band 5, §§ 278 – 328 AktG, SpruchG, Österreich, 3. Auflage, München 2010.

Goette, Wulf Zur Verteilung der Darlegungs- und Beweislast der objektiven Pflichtwidrigkeit bei der Organhaftung, ZGR 1995, 648 ff.

Goette, Wulf Leitung, Aufsicht, Haftung – zur Rolle der Rechtsprechung bei der Sicherung einer modernen Unternehmensführung, Festschrift aus Anlaß des fünfzigjährigen Bestehens von Bundesgerichtshof, Bundesanwaltschaft und Rechtsanwaltschaft beim Bundesgerichtshof, Köln/Berlin/Bonn/München 2000, S. 123 ff.

Goette, Wulf Organisationspflichten in Kapitalgesellschaften zwischen Rechtspflicht und Opportunität, ZHR 175 (2011), 388 ff.

Göhler, Erich Ordnungswidrigkeitengesetz Kommentar, 15. Auflage, München 2009.

Götz, Heinrich Leitungssorgfalt und Leitungskontrolle der Aktiengesellschaft hinsichtlich abhängiger Unternehmen, ZGR 1998, 524 ff.

Gola, Peter/Klug, Christoph Die Entwicklung des Datenschutzrechts in den Jahren 2009/ 2010, NJW 2010, 2483 ff.

Görling, Helmut/Inderst, Cornelia/Bannenberg, Britta Compliance: Aufbau – Management – Risikobereiche, Heidelberg/München/Landsberg/Frechen/Hamburg 2010.

Gößwein, Georg/Hohmann, Olaf Modelle der Compliance-Organisation in Unternehmen, BB 2011, 963 ff.

Göpfert, Burkard/Merten, Frank/Siegrist, Carolin Mitarbeiter als „Wissensträger" – Ein Beitrag zur aktuellen Compliance-Diskussion, NJW 2008, 1703 ff.

Grohnert, Stephan Rechtliche Grundlagen einer Compliance-Organisation und ausgewählte Fragen der Umsetzung, Hamburg 1999.

Grundmeier, Charlotte Rechtspflicht zur Compliance im Konzern, Köln 2011.

Gruson, Michael/Schneider, Uwe H. The German Landesbanken, Columbia Business Law Review 1995, 337 ff.

Gruson, Michael/Kubicek, Matthias Der Sarbanes-Oxley Act, Corporate Governance und das deutsche Aktienrecht (Teil II), AG 2003, 393 ff.

Hamm, Rainer Auch das noch: Strafrecht für Verbände!, NJW 1998, 662 f.

Hannemann, Ralf/Schneider, Andreas Mindestanforderungen an das Risikomanagement (MaRisk) – Kommentar unter Berücksichtigung der Instituts-Vergütungsverordnung (InstitutsVergV), 3. Auflage, Stuttgart 2011.

Habersack, Mathias Die Legalitätspflicht des Vorstands der AG, Festschrift für Uwe H. Schneider zum 70. Geburtstag, Köln 2011, S. 429 ff.

Habersack, Mathias Gedanken zur konzernweiten Compliance-Verantwortung des Geschäftsleiters eines herrschenden Unternehmens, Festschrift zum 70. Geburtstag von Wernhard Möschel, Baden-Baden 2011, S. 1175 ff.

Haratsch, Andreas/Koenig, Christian/Pechstein, Matthias Europarecht, 8. Auflage, Tübingen 2012.

Harm, Julian A. Compliance in Wertpapierdienstleistungsunternehmen und Emittenten von Finanzinstrumenten, Frankfurt am Main 2008.

Hartmann-Wendels, Thomas/Pfingsten, Andreas/Weber, Martin Bankbetriebslehre, 5. Aufl., Berlin/Heidelberg 2010.

Hassold, Gerhard Die Lehre vom Organisationsverschulden, JuS 1982, 583 ff.

Haouache, Gerold Unternehmensbeauftragte und Gesellschaftsrecht der AG und GmbH, Berlin 2003.

Hauschka, Christoph Compliance, Compliance-Manager, Compliance-Programme: Eine geeignete Reaktion auf gestiegene Haftungsrisiken für Unternehmen und Management?, NJW 2004, 257 ff.

Hauschka, Christoph Compliance am Beispiel der Korruptionsbekämpfung, ZIP 2004, 877 ff.

Hauschka, Christoph Corporate Compliance – Unternehmensorganisatorische Ansätze zur Erfüllung der Pflichten von Vorständen und Geschäftsführern, AG 2004, 461 ff.

Hauschka, Christoph/Greeve, Gina Compliance in der Korruptionsprävention – was müssen, was sollen, was können die Unternehmen tun?, BB 2007, 165 ff.

Hauschka, Christoph Ermessensentscheidungen bei der Unternehmensführung, GmbHR 2007, 11 ff.

Hauschka, Christoph/Klindt, Thomas Eine Rechtspflicht zur Compliance im Reklamationsmanagement?, NJW 2007, 2726 ff.

Hauschka, Christoph Compliance – Praktische Erfahrungen und Thesen, Jahrestagung der Gesellschaftsrechtlichen Vereinigung (VGR), Gesellschaftsrecht in der Diskussion 2007, Köln 2008, S. 51 ff.

Hauschka, Christoph Compliance im Gesellschaftsrecht und die aktuellen Entwicklungen in der Diskussion, Verbraucherschutz im Kreditgeschäft – Compliance in der Kreditwirtschaft, Bankrechtstag 2008, Berlin 2009, S. 103 ff.

Hauschka, Christoph Corporate Compliance – Handbuch der Haftungsvermeidung im Unternehmen, 2. Auflage, München 2010.

Heidel, Thomas Aktienrecht und Kapitalmarktrecht, 3. Auflage, Baden-Baden 2011.

Heinevetter, Klaus Sparkassengesetz Nordrhein-Westfalen Kommentar, 2. Auflage, Dresden/Erfurt/Hannover/Kiel/Köln/Magdeburg/Mainz/München/Potsdam/Schwerin/Stuttgart 1992.

Heiss, Klaus Der dezentralisierte Entlastungsbeweis und die Versuche zu seiner Überwindung, Augsburg 1969.

Held, Franz Die Garantenpflicht des Compliance Officers und die D&O-Versicherung als „Allheilmittel“, CCZ 2009, 231 ff.

Helios, Marcus/Strieder, Thomas, Beck'sches Handbuch der Genossenschaft, München 2009.

Hense, Dirk/Renz, Hartmut Die Wandlung der Compliance-Funktion in Wertpapierdienstleistungsunternehmen unter besonderer Beachtung der neuen Berichtspflicht an das Senior-Management, CCZ 2008, 181 ff.

Henssler, Martin/Strohn, Lutz Gesellschaftsrecht, München 2011

Henze, Hartwig Leitungsverantwortlichkeit des Vorstands – Überwachungspflicht des Aufsichtsrats, BB 2000, 209 ff.

Herbert, Manfred/Oberrath, Jörg-Dieter Schweigen ist Gold? Rechtliche Vorgaben für den Umgang des Arbeitnehmers mit seiner Kenntnis über Rechtsverstöße im Betrieb, NZA 2005, 193 ff.

Hirte, Heribert/Möllers, Thomas M.J. Kölner Kommentar zum WpHG, Köln/Berlin/München 2007.

Hoeren, Thomas Selbstregulierung und Insiderrecht – Die Mitteilung des Centralverbandes des Deutschen Bank- und Bankiergewerbes vom 12.10.1908, ZBB 1993, 112 ff.

Hoffmann-Becking, Michael Der Aufsichtsrat im Konzern, ZHR 159 (1995), 325 ff.

Hoffmann-Becking, Michael Zur rechtlichen Organisation der Zusammenarbeit im Vorstand der AG, ZGR 1998, 497 ff.

Hoffmann-Becking, Michael Münchener Handbuch des Gesellschaftsrechts, Band 4 – Aktiengesellschaft, 3. Auflage, München 2007.

Hofmann, Gerhard Outsourcing und Bankenaufsicht, § 25a Abs. 2 KWG, Funktionsauslagerung (Outsourcing) bei Kreditinstituten, Bankrechtstag 2000, Berlin/New York 2001, S. 41 ff.

Hölters, Wolfgang Aktiengesetz, München 2011

Hommelhoff, Peter Die Konzernleitungspflicht: Zentrale Aspekte eines Konzernverfassungsrechts, Köln 1982.

Hommelhoff, Peter/Mattheus, Daniela Risikomanagementsystem im Entwurf des BilMoG als Funktionselement der Corporate Governance, BB 2007, 2787 ff.

Hopson, Mark D./Graham Koehler, Kristin Effektive ethische Compliance-Programme im Sinne der United States Federal Sentencing Guidelines, CCZ 2008, 208 ff.

Hopt, Klaus J. Die Haftung von Vorstand und Aufsichtsrat, Festschrift für Ernst-Joachim Mestmäcker zum 70. Geburtstag, Baden-Baden 1996, S. 909 ff.

Hopt, Klaus J./Wiedemann, Herbert Großkommentar zum Aktiengesetz
Band III, §§ 76 – 94 AktG, 4. Auflage, Berlin 2008.
Band IV, §§ 95 – 117 AktG, 4. Auflage, Berlin 2006.

Hopt, Klaus J./Wohlmannstetter, Gottfried Handbuch Corporate Governance von Banken, München 2011.

Hüffer, Uwe Die leitungsbezogene Verantwortung des Aufsichtsrats, NZG 2007, 47 ff.

Hüffer, Uwe Informationen zwischen Tochtergesellschaft und herrschendem Unternehmen im vertragslosen Konzern, Unternehmensrecht zu Beginn des 21. Jahrhunderts – Festschrift für Eberhard Schwark zum 70. Geburtstag, München 2009, S. 185 ff.

Hüffer, Uwe Aktiengesetz, 10. Auflage, München 2012.

Hüffer, Jens/Schneider, Uwe H. Juristen an die Compliance-Front, ZIP 2010, 55.

Huwer, Wolfram Der Prüfungsausschuss des Aufsichtsrats, Berlin 2008.

Illing, Diana/Umnuß, Karsten Die arbeitsrechtliche Stellung des Compliance Managers – insbesondere Weisungsunterworfenheit und Reportingpflichten, CCZ 2009, 1 ff.

Immenga, Ulrich/Schäfer, Frank Die Schaffung eines europäischen Bankenmarktes, WM 1985, 2 ff.

Immenga, Ulrich Compliance als Rechtspflicht nach Aktienrecht und Sarbanes-Oxley-Act, Unternehmensrecht zu Beginn des 21. Jahrhunderts – Festschrift für Eberhard Schwark zum 70. Geburtstag, München 2009, S. 199 ff.

International Organization of Securities Commission (IOSCO) Compliance Function at Market Intermediaries – Final Report.

Jentsch, Werner Die EG-Wertpapierdienstleistungsrichtlinie – Entstehungsgeschichte und Inhalt, WM 1993, 2189 ff.

Jungkurth, Frank Konzernleitung bei der GmbH – Die Pflichten des Geschäftsführers, Berlin 2000.

Kenzler, Jana Das umweltrechtliche und vergaberechtliche Privilegierungspotential des gemeinschaftsrechtlichen Umwelt-Audit-Systems (EMAS), Baden-Baden 2009.

Kiethe, Kurt Falsche Erklärung nach § 161 AktG – Haftungsverschärfung für Vorstand und Aufsichtsrat?, NZG 2003, 559 ff.

Kiethe, Kurt Vermeidung der Haftung von geschäftsführenden Organen durch Corporate Compliance, GmbHR 2007, 393 ff.

Klebeck, Ulf/Zollinger, Peter Felix Compliance-Funktion nach der AIFM-Richtlinie, BB 2013, 459 ff.

Kleindiek, Detlef Deliktshaftung und juristische Personen, Tübingen 1997.

Kloepfer, Michael/Bröcker, Klaus T. Umweltaudit und Umweltrechtskonformität, UPR 2000, 335 ff.

Koch, Jens Das kartellrechtliche Sanktionsdurchgriff im Unternehmensverbund, ZHR 171 (2007), 554 ff.

Koch, Jens Compliance-Pflichten im Unternehmensverbund?, WM 2009, 1013 ff.

Koch, Jens Die Konzernobergesellschaft als Unternehmensinhaberin iSd § 130 OWiG, AG 2009, 564 ff.

Köck, Wolfgang Das Pflichten- und Kontrollsystem des Öko-Audit-Konzepts nach der Öko-Audit-Verordnung und dem Umweltauditgesetz, VerwArch 87 (1996), 644 ff.

Kokott, Juliane/Dittert, Daniel Die Verantwortlichkeit von Muttergesellschaften für Kartellvergehen ihrer Tochtergesellschaften im Lichte der Rechtsprechung der Unionsgerichte, WuW 2012, 670 ff.

Kolbeck, Rosemarie Bankbetriebliche Planung – Planungsmöglichkeiten bei Kreditbanken, Sparkassen und Kreditgenossenschaften, Wiesbaden 1971.

Kommission der Europäischen Gemeinschaft Der Aufbau eines europäischen Kapitalmarkts, 1966.

Kommission der Europäischen Gemeinschaft Vollendung des Binnenmarktes, Weißbuch der Kommission an den Europäischen Rat, KOM (85) 310 endg.

Kommission der Europäischen Union Grünbuch Corporate Governance in Finanzinstituten und Vergütungspolitik, KOM (2010) 284 endg.

Kommission der Europäischen Union Grünbuch Schattenbankwesen, KOM (2012) 102 endg.

Konopatzki, Volker Funktionsauslagerung bei Kreditinstituten – Gesellschaftsrechtlicher- und bankenaufsichtsrechtlicher Rahmen, Frankfurt am Main 2008.

Körner, Marita Comply or disclose: Erklärung nach § 161 AktG und Außenhaftung des Vorstands, NZG 2004, 1148 ff.

Kort, Michael Verhaltensstandardisierung durch Corporate Compliance, NZG 2008, 81 ff.

Kort, Michael Compliance-Pflichten von Vorstandsmitgliedern und Aufsichtsratsmitgliedern, Festschrift für Klaus J. Hopt zum 70. Geburtstag, Berlin/New York 2010, S. 983 ff.

KPMG Studie zum Financial Risk Management, Reputationsrisiko – Management und Controlling, Status quo und Perspektive der Weiterentwicklung im Finanzsektor, 2012.

Krauel, Wolfgang/Klie, Marcus Lenkungsmöglichkeiten im Konzern unter besonderer Berücksichtigung des Aufsichtsrechts für Kreditinstitute und Versicherungen, WM 2010, 1735 ff.

Kremer, Thomas/Klahold, Christoph Compliance-Programme in Industriekonzernen, ZGR 2010, 113 ff.

Krieger, Gerd/Schneider, Uwe H. (Hrsg.) Handbuch Managerhaftung, 2. Auflage, Köln 2010.

Krieger, Steffen/Günther, Jens Die arbeitsrechtliche Stellung des Compliance Officers – Gestaltung einer Compliance-Organisation unter Berücksichtigung der Vorgaben im BGH-Urteil vom 17.7.2009, NZA 2010, 367 ff.

Kromschröder, Bernhard/Lück, Wolfgang Grundsätze risikoorientierter Unternehmensüberwachung, DB 1998, 1573 ff.

Kropff, Bruno Zur Konzernleitungspflicht, ZGR 1984, 112 ff.

Kümpel, Siegfried/Wittig, Arne (Hrsg.) Bank- und Kapitalmarktrecht, 4. Auflage, Köln 2011.

Kuthe, Thorsten/Geiser, Martina Die neue Corporate Governance Erklärung – Neuerung des BilMoG in § 289a HGB-RE, NZG 2008, 172 ff.

Kuthe, Thorsten/Zipperle, Madeleine MaComp – Compliance-Standards für alle?, Corporate Finance Law 2010, 337 ff.

Lackhoff, Klaus/Schulz, Martin Das Unternehmen als Gefahrenquelle? Compliance-Risiken für Unternehmensleiter und Mitarbeiter, CCZ 2010, 81 ff.

Lampert, Thomas Gestiegenes Unternehmensrisiko Kartellrecht – Risikoreduzierung durch Competition-Compliance-Programme, BB 2002, 2237 ff.

Lange, Knut Werner/Wall, Friederike Risikomanagement nach dem KonTraG, München 2001.

Larenz, Karl/Canaris, Claus-Wilhelm Methodenlehre der Rechtswissenschaft, 3. Auflage, Berlin/Heidelberg 1995.

Lebherz, Axel Emittenten-Compliance – Organisation zur Sicherstellung eines rechtskonformen Publizitätsverhaltens, Baden-Baden 2008.

Lemke, Michael/Mosbacher, Andreas Ordnungswidrigkeitengesetz, 2. Auflage, Heidelberg/München/Landsberg/Berlin 2005.

Liese, Jens Much Adoe About Nothing? Oder: Ist der Vorstand einer Aktiengesellschaft verpflichtet, eine Compliance-Organisation zu implementieren? BB Beilage 5/2008, 17 ff.

Linklater, William J./McElyea, John R. Die Auswirkungen von „Corporate Compliance Codes“ auf die strafrechtliche Haftung eines Unternehmens unter den US-amerikanischen „Federal Sentencing Guidelines“, RIW 1994, 117 ff.

Lippe, Donovan Compliance in Banken und Bankkonzernen, Göttingen 2010.

Löbbe, Marc Unternehmenskontrolle im Konzern – Die Kontrollaufgaben von Vorstand, Geschäftsführer und Aufsichtsrat, Heidelberg 2003.

Lösler, Thomas Compliance im Wertpapierdienstleistungskonzern, Berlin 2003.

Lösler, Thomas Das moderne Verständnis von Compliance im Finanzmarktrecht, NZG 2005, 104 ff.

Lösler, Thomas Spannungen zwischen der Effizienz der internen Compliance und möglichen Reporting-Pflichten des Compliance-Officers, WM 2007, 676 ff.

Lösler, Thomas Zu Rolle und Stellung des Compliance-Beauftragten, WM 2008, 1098 ff.

Lösler, Thomas Die Mindestanforderungen an Compliance und die weiteren Verhaltens-, Organisations- und Transparenzpflichten nach §§ 31 ff. WpHG (MaComp), WM 2010, 1917 ff.

Lück, Wolfgang Der Umgang mit unternehmerischen Risiken durch ein Risikomanagementsystem und durch ein Überwachungssystem, DB 1998, 1925 ff.

Lutter, Marcus Pflichten und Haftung von Sparkassenorganen, Köln/Berlin/Bonn/München 1991.

Lutter, Marcus Europäisches Unternehmensrecht, ZGR Sonderheft 1/1996, 4. Auflage, Berlin/New York 1996.

Lutter, Marcus Konzernrecht: Schutzrecht oder Organisationsrecht?, Liber amicorum für Rüdiger Volhard, Baden-Baden 1996, S. 105 ff.

Lutter, Marcus Stellungnahme zur Aktienrechtsreform 1997, AG-Sonderheft 1997, 52 ff.

Lutter, Marcus Haftung und Haftungsfreiräume des GmbH-Geschäftsführers, GmbHR 2000, 301 ff.

Lutter, Marcus Corporate Governance und ihre aktuellen Probleme, vor allem: Vorstandsvergütung und ihre Schranken, ZIP 2003, 737 ff.

Lutter, Marcus Information und Vertraulichkeit im Aufsichtsrat, 3. Auflage, Köln 2006.

Lutter, Marcus Die Business Judgment Rule und ihre praktische Anwendung, ZIP 2007, 841 ff.

Lutter, Marcus/Krieger, Gerd Rechte und Pflichten des Aufsichtsrats, Köln 2008.

Lutter, Marcus/Hommelhoff, Peter GmbH-Gesetz Kommentar, 18. Auflage, Köln 2012.

Lutter, Marcus Aufsichtsrat und Sicherung der Legalität im Unternehmen, Festschrift für Uwe Hüffer zum 70. Geburtstag, München 2010, S. 617 ff.

Lutter, Marcus Konzernphilosophie vs. konzernweite Compliance und konzernweites Risikomanagement, Festschrift für Wulf Goette zum 65. Geburtstag, München 2011, S. 289 ff.

Luz, Günther/Neus, Werner/Schaber, Mathias/Scharpf, Paul/Schneider, Peter/Weber, Max Kreditwesengesetz Kommentar, 2. Auflage, Stuttgart 2011.

Mansdörfer, Marco/Timmerbeil, Sven Zurechung und Haftungsdurchgriff im Konzern – Eine rechtsgebietsübergreifende Betrachtung, WM 2004, 362 ff.

Martens, Klaus-Peter Grundlagen des Konzernarbeitsrechts, ZGR 1984, 417 ff.

Martens, Klaus-Peter Zum Grundsatz gemeinsamer Vorstandsverantwortung, Festschrift für Hans-Joachim Fleck zum 70. Geburtstag, Berlin 1988, S. 191 ff.

Martens, Klaus-Peter Die Organisation des Konzernvorstands, Festschrift für Theodor Heinsius zum 65. Geburtstag am 25. September 1991, New York/Berlin 1991, S. 523 ff.

Maurer, Hartmut Allgemeines Verwaltungsrecht, 18. Auflage, München 2011.

Meier-Greve, Daniel Zur Unabhängigkeit der sog. Compliance-Officers, CCZ 2010, 216 ff.

Melcher, Winfried/Mattheus, Daniela Compliance-Management in Deutschland: Ergebnisse einer Emnid-Umfrage, Der Aufsichtsrat 2007, 122 f.

Mengel, Anja/Ullrich, Thilo Arbeitsrechtliche Aspekte unternehmensinterner Investigations, NZA 2006, 240 ff.

Mengel, Anja Compliance und Arbeitsrecht, München 2009.

Menzies, Christof Sarbanes-Oxley und Corporate Compliance, Stuttgart 2006.

Meyer, Uwe Ethikrichtlinien internationaler Unternehmen und deutsches Arbeitsrecht, NJW 2006, 3605 ff.

Michael, Lothar Rechts- und Außenwirkungen sowie richterliche Kontrolle der MaRisk VA, VersR 2010, 141 ff.

Michalski, Lutz Kommentar zum Gesetz betreffend die Gesellschaften mit beschränkter Haftung (GmbH-Gesetz)
Band 2, §§ 35 – 85 GmbHG, §§ 1 – 4 EGGmbHG, 2. Auflage, München 2010.

Möllers, Thomas M.J. Effizienz als Maßstab des Kapitalmarktrechts – Die Verwendung empirischer und ökonomischer Argumente zur Begründung zivil-, straf- und öffentlich-rechtlicher Sanktionen, Archiv für die civilistische Praxis (AcP) 2008, 1 ff.

Möllers, Thomas M.J./Wenninger, Thomas G. Das Anlegerschutz- und Funktionsverbesserungs, NJW 2011, 1697 ff.

Mülbert, Peter Funktionsauslagerung bei Kreditinstituten aus gesellschafts- und konzernrechtlicher Sicht – aufsichtsrechtliche Vorgaben und gesellschafts- sowie konzernrechtliche Folgeprobleme, Funktionsauslagerung (Outsourcing) bei Kreditinstituten, Bankrechtstag 2000, Berlin/New York 2001, S. 3 ff.

Mülbert, Peter O. Bankenaufsicht und Corporate Governance – Neue Organisationsanforderungen im Finanzdienstleistungsbereich, BKR 2006, 349 ff.

Murphy, Diana E. The Federal Sentencing Guidelines for Organizations: A Decade of Promoting Compliance and Ethics, Iowa Law Review 2002, 697 ff.

Newton, Andrew The Handbook of Compliance – Making Ethics Work in Financial Services, London 1998.

Niemeyer, Jonas An Economic Analysis of Securities Market Regulation and Supervision: Where to Go after the Lamfalussy Report?, SSE/EFI Working Paper Series in Economics and Finance No. 482, Dezember 2001.

Niermann, Stephan Die Compliance-Organisation im Zeitalter der MaComp – eine Anayse ausgewählter Fragen, ZBB 2010, 400 ff.

Oltmanns, Martin Geschäftsleiterhaftung und unternehmerisches Ermessen, Frankfurt am Main 2001.

Oppenländer, Frank/Trölitzsch, Thomas Praxishandbuch der GmbH-Geschäftsführung, 2. Auflage, München 2011.

Paefgen, Walter G. Unternehmerische Entscheidungen und Rechtsbindung der Organe in der AG, Köln 2002.

Paefgen, Walter G. Dogmatische Grundlagen, Anwendungsbereich und Formulierung einer Business Judgment Rule im künftigen UMAG, AG 2004, 245 ff.

Pahlke, Anne-Kathrin Risikomanagement nach KonTraG – Überwachungspflichten und Haftungsrisiken für den Aufsichtsrat, NJW 2002, 1680 ff.

Pape, Jonas Zur Wirksamkeit von Corporate Compliance, CCZ 2009, 233 ff.

Peek, Thomas/Rode, Matthias Compliance im Wandel – Integrated Compliance & Risk Management als Ansatz für die Zukunft, Deloitte-Studie 2010.

Poppe, Sina, in: Görling/Inderst/Bannenberg, Compliance, Heidelberg/München/Landsberg/ Frechen/Hamburg 2010.

Preußner, Joachim/Becker, Florian Ausgestaltung von Risikomanagementsystemen durch die Geschäftsleitung – Zur Konkretisierung einer haftungsrelevanten Organisationspflicht, NZG 2002, 846 ff.

Preußner, Joachim/Zimmermann, Dörte Risikomanagement als Gesamtaufgabe des Vorstandes – Zugleich Besprechung des Urteils des LG Berlin vom 3. Juli 2002 – 2 O 358/01, AG 2002, 657 ff.

Radbruch, Gustav Gesetzliches Unrecht und übergesetzliches Recht, SJZ 1946, 105 ff.

Rehbinder, Eckard Andere Organe der Unternehmensverfassung – Die institutionalisierte Vertretung diffuser Interessen im Unternehmen unterhalb der Gesellschaftsorgane, ZGR 1989, 305 ff.

Raiser, Thomas/Veil, Rüdiger Recht der Kapitalgesellschaften, 5. Auflage, München 2010.

Reichert, Jochem/Ott, Nicolas Non Compliance in der AG – Vorstandspflichten im Zusammenhang mit der Vermeidung, Aufklärung und Sanktionierung von Rechtsverstößen, ZIP 2009, 2173 ff.

Reichert, Jochem Corporate Compliance und der Grundsatz der Verhältnismäßigkeit, Festschrift für Michael Hoffmann-Becking zum 70. Geburtstag, München 2013, S. 943 ff.

Reischauer, Friedrich/Kleinhans, Joachim Kreditwesengesetz Kommentar, Berlin 2012.

Renz, Hartmut/Hense, Dirk Wertpapier-Compliance in der Praxis – Eine Kommentierung aktueller Rechtspflichten, Berlin 2010.

Rettenmaier, Felix/Palm, Lisa Das Ordnungswidrigkeitenrecht und die Aufsichtspflichten von Unternehmensverantwortlichen, NJOZ 2010, 1414 ff.

Reufels, Martin J./Deviard, Katja Die Implementierung von Whistleblower-Hotlines aus US-amerikanischer, europäischer und deutscher Sicht, CCZ 2009, 201 ff.

Richardi, Reinhard/Wißmann, Hellmut/Wlotzke, Otfried/Oetker, Hartmut Münchener Handbuch zum Arbeitrecht, Band 1, 3. Auflage, München 2009.

Rieder, Markus S./Jerg, Marcus Anforderungen an die Überprüfung von Compliance-Programmen – Zugleich kritische Anmerkungen zum Entwurf eines IDW Prüfungsstandards: Grundsätze ordnungsgemäßer Prüfung von Compliance-Management-Systemen (IDW EPS 980), CCZ 2010, 201 ff.

Rieder, Markus S./Falge, Stefan Sieben Thesen zur standardbasierten Prüfung von Compliance-Management-Systemen, BB 2013, 778 ff.

Ringleb, Henrik-Michael/Kremer, Thomas/Lutter, Marcus/von Werder, Axel Kommentar zum Deutschen Corporate Governance Kodex, 4. Auflage, München 2010.

Rode, Oliver Der Deutsche Corporate Governance Kodex – Funktionen und Durchsetzungsmechanismen im Vergleich zum britischen Combined Code, Frankfurt am Main 2009.

Rodewald, Jörg/Unger, Ulrike Corporate Compliance – Organisatorische Vorkehrungen zur Vermeidung von Haftungsfällen der Geschäftsleitung, BB 2006, 113 ff.

Rodewald, Jörg/Unger, Ulrike Kommunikation und Krisenmanagement im Gefüge der Corporate Compliance-Organisation, BB 2007, 1629 ff.

Rogall, Klaus Dogmatische und kriminalpolitische Probleme der Aufsichtspflichtverletzung in Betrieben und Unternehmen (§ 130 OWiG), ZStW 98 (1986), 573 ff.

Röh, Lars Compliance nach der MiFID – zwischen höherer Effizienz und mehr Bürokratie, BB 2008, 398 ff.

Roth, Markus Das unternehmerische Ermessen des Vorstands, BB 2004, 1066 ff.

Roth, Günter H./Altmeppen, Holger Gesetz betreffend die Gesellschaften mit beschränkter Haftung (GmbHG) – Kommentar, 7. Auflage, München 2012.

Rümker, Dietrich Zur Organverfassung öffentlich-rechtlicher Kreditinstitute, Festschrift für Winfried Werner zum 65. Geburtstag, Berlin/New York 1984, S. 745 ff.

Schaaf, Martin Risikomanagement und Compliance in Versicherungsunternehmen – aufsichtsrechtliche Anforderungen und Organverantwortung, Karlsruhe 2010.

Schäfer, Frank Materielle Aspekte der EG-Richtlinie über Wertpapierdienstleistungen, AG 1993, 389 ff.

Schäfer, Holger Die MaComp und das Erfordernis der Unabhängigkeit, Wirksamkeit und Dauerhaftigkeit von Compliance, BKR 2011, 45 ff.

Schaffelhuber, Kai A. Regulierung des „Schattenbankensystems", GWR 2011, 488 ff.

Salvenmoser, Steffen/Hauschka, Christoph Korruption, Datenschutz und Compliance, NJW 2010, 331 ff.

Schickert, Jörg A. Der Umweltgutachter der EG-Umwelt-Audit-Verordnung, Berlin 2001.

Schimansky, Herbert/Bunte, Hermann-Josef/Lwowski, Hans-Jürgen (Hrsg.) Bankrechts-Handbuch, 4. Auflage, München 2011.

Schlicht, Manuela Compliance nach Umsetzung der MiFID-Richtlinie – Wesentliche Änderungen oder gesetzliche Verankerung schon gelebter Praxis?, BKR 2006, 469 ff.

Schmidt, Karsten Gesellschaftsrecht, 4. Auflage, Köln/Berlin/Bonn/München 2002.

Schmidt, Karsten/Lutter, Marcus Aktiengesetz – Kommentar

Band 1, §§ 1 – 149 AktG, 2. Auflage, Köln 2010.

Band 2, §§ 150 – 410 AktG, 2. Auflage, Köln 2010.

Schmidt, Bernd Arbeitnehmerdatenschutz gemäß § 32 BDSG – Eine Neuregelung (fast) ohne Veränderung der Rechtslage, RDV 2009, 193 ff.

Schmidt-Preuß, Matthias Verwaltung und Verwaltungsrecht zwischen gesellschaftlicher Selbstregulierung und staatlicher Steuerung, VVDStRL 56 (1997), 160 ff.

Schmidt-Preuß, Matthias Umweltschutz ohne Zwang – das Beispiel des Öko-Audit, Festschrift für Martin Kriele zum 65. Geburtstag, München 1997, S. 1157 ff.

Schmidt-Preuß, Matthias Wirtschaft im offenen Verfassungsstaat, Festschrift für Reiner Schmidt zum 70 Geburtstag, München 2006, S. 547 ff.

Schmitz-Lippert, Thomas/Schneider, Andreas Die qualitative Aufsicht der Zukunft: ein weiterer Schritt – Der zweite Entwurf der BaFin zu den Mindestanforderungen an das Risikomanagement vom 22. September 2005, WPg 2005, 1353 ff.

Schneider, Andreas Modernisierung der Outsourcing-Regelungen und Integration in die Mindestanforderungen an das Risikomanagement (MaRisk), WPg 2008, 435 ff.

Schneider, Sven H./Schneider, Uwe H. Vorstandshaftung im Konzern, AG 2005, 57 ff.

Schneider, Sven H. Informationspflichten und Informationseinrichtungspflichten im Aktienkonzern, Berlin 2006.

Schneider, Thomas Möglichkeiten und Grenzen der Umsetzung der gesellschaftsrechtlichen und bankenaufsichtsrechtlichen Anforderungen an Risikomanagement auf Gruppenebene, Berlin 2009.

Schneider, Uwe H. Bankenaufsicht im Konzern, WM 1978, 1250 ff.

Schneider, Uwe H. Die Personengesellschaft als herrschendes Unternehmen im Konzern – Ein Beitrag zum Konzernrecht der Personengesellschaften, ZHR 143 (1979), 485 ff.

Schneider, Uwe H. Konzernleitung als Rechtsproblem – Überlegungen zu einem Konzernverfassungsrecht, BB 1981, 249 ff.

Schneider, Uwe H. Das Finanzierungsrecht der öffentlich-rechtlichen Kreditinstitute, Festschrift für Stefan Riesenfeld zum 75. Geburtstag, Heidelberg 1983, S. 237 ff.

Schneider, Uwe H. Die Wahrnehmung öffentlich-rechtlicher Pflichten durch den Geschäftsführer – Zum Grundsatz der Gesamtverantwortung bei mehrköpfiger Geschäftsführung in der konzernfreien GmbH und im Konzern, Festschrift 100 Jahre GmbH-Gesetz, Köln 1992, S. 473 ff.

Schneider, Uwe H. Gesellschaftsrechtliche und öffentlich-rechtliche Anforderungen an eine ordnungsgemäße Unternehmensorganisation, DB 1993, 1909 ff.

Schneider, Uwe H. Die Überlagerung des Konzernrechts durch öffentlich-rechtliche Struktur und Organisationspflichten, ZGR 1996, 225 ff.

Schneider, Uwe H. Die Weitergabe von Insiderinformationen im Konzern – Zum Verhältnis von Konzernrecht und Konzern-Kapitalmarktrecht, Festschrift für Herbert Wiedemann zum 70. Geburtstag, München 2002, S. 1255 ff.

Schneider, Uwe H. Compliance als Aufgabe der Unternehmensleitung, ZIP 2003, 645 ff.

Schneider, Uwe H. Der Aufsichtsrat des herrschenden Unternehmens im Konzern – Ein Beitrag zum Konzernverfassungsrecht, Festschrift für Walther Hadding zum 70. Geburtstag am 8. Mai 2004, Berlin 2004.

Schneider, Uwe H./v. Buttlar, Julia Die Führung von Insider-Verzeichnissen – Neue Compliance-Pflichten für Emittenten, ZIP 2004, 1621 ff.

Schneider, Uwe H. Die Revision der OECD Principles of Corporate Governance 2004, AG 2004, 429 ff.

Schneider, Uwe H. Konzern – Corporate Governance, Festschrift für Peter Nobel zum 60. Geburtstag, Bern 2005, S. 337 ff.

Schneider, Uwe H. Der Aufsichtsrat des abhängigen Unternehmens im Konzern – Ein Beitrag zum Konzernverfassungsrecht, Festschrift für Thomas Raiser zum 70. Geburtstag am 20. Februar 2005, Berlin 2005, S. 341 ff.

Schneider, Uwe H./Schneider, Sven H. Die zwölf goldenen Regeln des GmbH-Geschäftsführers zur Haftungsvermeidung und Vermögenssicherung, GmbHR 2005, 1229 ff.

Schneider, Uwe H./Schneider, Sven H. Konzern-Compliance als Aufgabe der Konzernleitung, ZIP 2007, 2061 ff.

Schneider, Uwe H. Corporate Manslaughter und Corporate Compliance, EuZW 2007, 553 ff.

Schneider, Uwe H. Ausländisches Unternehmensstrafrecht und Compliance, CCZ 2008, 18 ff.

Schneider, Uwe H. Compliance im Konzern, NZG 2009, 1321 ff.

Schneider, Uwe H. Investigative Maßnahmen und Informationsweitergabe im konzernfreien Unternehmen und im Konzern, NZG 2010, 1201 ff.

Schneider, Uwe H. Ethik im Bank und Kapitalmarkt, ZIP 2010, 601 ff.

Schneider, Uwe H./Nowak, Claudia Sind die Einrichtung einer Whistleblowing-Stelle und der Schutz des Whistleblowers Teil guter Corporate Compliance?, Festschrift für Peter Kreutz zum 70. Geburtstag, Köln 2010, S. 855.

Schneider, Uwe H. Europäische Bankenunion – ein Etikettenschwindel, EuZW 2012, 721 f.

Schneider, Uwe H. Konzernleitung durch Weisung der Gesellschafter der abhängigen GmbH an ihre Geschäftsführer, Festschrift für Michael Hoffmann-Becking zum 70. Geburtstag, München 2013, S. 1071 ff.

Scholz, Franz Kommentar zum GmbH-Gesetz
Band II, §§ 35 – 52 GmbHG, 10. Auflage, Köln 2007.

Schönke, Adolf/Schröder, Horst Strafgesetzbuch Kommentar, 28. Auflage, München 2010.

Schreyögg, Georg/v. Werder, Axel Handwörterbuch Unternehmensführung und Organisation, 4. Auflage, Stuttgart 2004.

Schünemann, Bernd Deutsche Wiedervereinigung – Die Rechtseinheit, Arbeitskreis Strafrecht, Band III – Unternehmenskriminalität, Köln/Berlin/Bonn/München 1996.

Schwark, Eberhard Spartenorganisation in Großunternehmen und Unternehmensrecht, ZHR 142 (1978), 203 ff.

Schwark, Eberhard Virtuelle Holding und Bereichsvorstände – eine aktien- und konzernrechtliche Betrachtung, Festschrift für Peter Ulmer zum 70. Geburtstag, Berlin 2003, S. 605 ff.

Schweizer, Thilo Insiderverbote, Interessenkonflikte und Compliance, Berlin 1996.

Schwennicke, Andreas/Auerbach, Dirk, Kreditwesengesetz Kommentar, 2. Auflage, München 2013.

Seibert, Ulrich Die Entstehung des § 91 Abs. 2 AktG im KonTraG – „Risikomanagement“ oder „Frühwarnsystem“?, Festschrift für Gerold Bezzenberger zum 70. Geburtstag, Berlin/New York 2000, S. 427 ff.

Seibert, Ulrich Im Blickpunkt: Der Deutsche Corporate Governance Kodex ist da, BB 2002, 581 ff.

Seibt, Christoph H. Deutscher Corporate Governance Kodex und Entsprechens-Erklärung (§ 161 AktG-E), AG 2002, 249 ff.

Seitz, Jochen Die Integration der europäischen Wertpapiermärkte und die Finanzmarktgesetzgebung in Deutschland, BKR 2002, 340 ff.

Semler, Johannes Leitung und Überwachung der Aktiengesellschaft – Die Leitungsaufgabe des Vorstands und die Überwachungsaufgabe des Aufsichtsrats, 2. Auflage, Köln/Berlin/Bonn/München 1996.

Senge, Lothar Karlsruher Kommentar zum Gesetz über Ordnungswidrigkeiten, 3. Auflage, München 2006.

Sethe, Rolf Die Verschärfung des insiderrechtlichen Weitergabeverbots, ZBB 2006, 243 ff.

Sina, Peter Voraussetzungen und Wirkungen der Delegation von Geschäftsführer-Verantwortung in der GmbH, GmbHR 1990, 65 ff.

Soergel, Hs. Th. Bürgerliches Gesetzbuch, Band 12, 13. Aufl., Stuttgart 2005.

Spindler, Gerald/Kasten, Roman A. Der neue Rechtsrahmen für den Finanzdienstleistungssektor – die MiFID und ihre Umsetzung – Teil I, WM 2006, 1749 ff.

Spindler, Gerald Compliance in der multinationalen Bankengruppe, WM 2008, 905 ff.

Spindler, Gerald/Stilz, Eberhard Kommentar zum Aktiengesetz

Band 1, §§ 1 – 149 AktG, 2. Auflage, München 2010.

Band 2, §§ 150 – 410 AktG, IntGesR, SpruchG, SE-VO, 2. Auflage, München 2010.

Spindler, Gerald Unternehmensorganisationspflichten, 2. Auflage, Göttingen 2011.

Stein, Ursula Konzernherrschaft durch EDV? Gesellschaftsrechtliche und konzernrechtliche Probleme der EDV-Auslagerung auf ein konzernverbundenes Unternehmen, ZGR 1988, 163 ff.

Steinle, Christian Kartellgeldbußen gegen Konzernunternehmen nach dem „Aristrain“-Urteil des EuGH, EWS 2004, 118 ff.

Stiglitz, Joseph Im freien Fall – Vom Versagen der Märkte zur Neuordnung der Weltwirtschaft, München 2011.

Theisen, Manuel René Information und Berichterstattung des Aufsichtsrats, 4. Auflage, Stuttgart 2007.

Thiemann, Werner Aufsichtspflichtverletzung in Betrieben und Unternehmen, Bochum 1976.

Tiedemann, Klaus Strafrechtliche Grundprobleme im Kartellrecht, NJW 1979, 1849 ff.

Thüsing, Gregor Arbeitnehmerdatenschutz und Compliance, München 2010.

Thüsing, Gregor Licht und Schatten im Entwurf eines neuen Beschäftigtendatenschutzgesetzes, RDV 2010, 147 ff.

Timm, Wolfram Die Aktiengesellschaft als Konzernspitze: Die Zuständigkeitsordnung bei der Konzernbildung und Konzernumbildung, Köln 1980.

Tippach, Stefan U. Das Insiderhandelsverbot und die besonderen Rechtspflichten der Banken, Köln 1995.

Többens, Hans W. Die Bekämpfung der Wirtschaftskriminalität durch die Troika der §§ 9, 130 und 30 des Gesetzes über Ordnungswidrigkeiten, NStZ 1999, 1 ff.

Veil, Rüdiger Compliance-Organisationen in Wertpapierdienstleistungsunternehmen im Zeitalter der MiFiD, WM 2008, 1093 ff.

Verse, Dirk A. Compliance im Konzern, ZHR 175 (2011), 401 ff.

Vetter, Eberhard Zur Compliance-Verantwortung des Vorstands und zu den Compliance-Aufgaben des Aufsichtsrats, Festschrift für Friedrich Graf von Westphalen zum 70. Geburtstag, Köln 2010, S. 719 ff.

von Böhlen, Andreas/Kan, Jens MiFID-Kompendium: Praktischer Leitfaden für Finanzdienstleister, Berlin/Heidelberg 2008.

Walker, David A review of corporate governance in UK banks and other financial industry entities – Final recommendations, London 2009.

Weber-Rey, Daniela Ausstrahlungen des Aufsichtsrechts (insbesondere für Banken und Versicherungen) auf das Aktienrecht – oder die Infiltration von Regelungssätzen? ZGR 2010, 543 ff.

Weiss, Ulrich Compliance-Funktion in einer deutschen Universalbank, Die Bank 1993, 136 ff.

Wettich, Carsten Vorstandsorganisation in der Aktiengesellschaft, Köln/München 2008.

Wiederholt, Norbert/Walter, Andreas Compliance – Anforderungen an die Unternehmensorganisationspflichten, BB 2011, 968 ff.

Wiedemann, Herbert Die Unternehmensgruppe im Privatrecht, Tübingen 1988.

Wiedemann, Gerhard Handbuch des Kartellrechts, 2. Auflage, München 2008.

Wieland, Josef Unternehmensethik und Compliance Management – Zwei Seiten einer Medaille, CCZ 2008, 15 ff.

Winter, Martin Die Verantwortlichkeit des Aufsichtsrats für „Corporate Compliance", Festschrift für Uwe Hüffer zum 70. Geburtstag, München 2010, S. 1103 ff.

Wirtz, Markus M. Die Aufsichtspflicht des Vorstandes nach OWiG und KonTraG, WuW 2001, 342 ff.

Wisskirchen, Gerlind/Körber, Anke/Bissels, Alexander „Whistleblowing" und „Ethikhotlines" – Probleme des deutschen Arbeits- und Datenschutzrechts, BB 2006, 1567 ff.

Wittig, Arne Reform der Corporate Governance von Finanzinstituten als Reaktion auf die Finanzmarktkrise, WM 2010, 2337 ff.

Wittmann, Martin Informationsfluss im Konzern, Frankfurt am Main 2008.

Wolf, Klaus Corporate Compliance – ein neues Schlagwort? Ansatzpunkte zur Umsetzung der Compliance in der Finanzberichterstattung, DStR 2006, 1995 ff.

Wundenberg, Malte Compliance und die prinzipiengeleitete Aufsicht über Bankengruppen, Tübingen 2012.

Wybitul, Tim Das neue Bundesdatenschutzgesetz: Verschärfte Regeln für Compliance und interne Ermittlungen – Vertrauen ist gut, Kontrolle verboten?, BB 2009, 1582 ff.

Wybitul, Tim Datenschutz: BVerfG erklärt Regelung zur Vorratsdatenspeicherung für nichtig – Welche Folgen hat das Urteil für Compliance, interne Revision und Ermittlungen im Unternehmen?, BB 2010, 889 ff.

Wybitul, Tim Wie viel Arbeitnehmerdatenschutz ist „erforderlich"? – Erfahrungen und Empfehlungen zum Umgang mit dem neuen § 32 BDSG, BB 2010, 1085 ff.

Zentes, Uta/Wybitul, Tim Interne Sicherungsmaßnahmen und datenschutzrechtliche Grenzen bei Kreditinstituten sowie bei anderen Instituten des Finanzwesens – Neue Anforderungen zur Verhinderung von Geldwäsche,

Terrorismusfinanzierung und sonstigen strafbaren Handlungen, CCZ 2011, 90 ff.

Zerwas, Herbert/Hanten, Mathias Outsourcing bei Kredit- und Finanzdienstleistungsinstituten – Zum neuen § 25a Abs. 2 KWG, WM 1998, 1110 ff.

Zimmermann, Gernot Die straf- und zivilrechtliche Verantwortlichkeit des Compliance Officers – Im Spannungsfeld zwischen Aufgabenerfüllung und persönlicher Verantwortlichkeit, BB 2011, 634 ff.

Zingel, Frank Stellung und Aufgaben von Compliance nach den MaComp, BKR 2010, 500 ff.

Zöllner, Wolfgang/Noack, Ulrich Kölner Kommentar zum Aktiengesetz
Band 2/1, §§ 76 – 94 AktG, 3. Auflage, Köln 2010.
Band 2/2, §§ 95 – 117 AktG, 3. Auflage, Köln 2013.

Aus unserem Verlagsprogramm:

Arnt Syring
MErCoR – Semiformale Compliance-Regeln zur Überwachung automatisierter Geschäftsprozesse
Hamburg 2014 / 250 Seiten / ISBN 978-3-8300-8166-1

Maximilian Beyer
§ 161 AktG und der DCGK – Eine Analyse des deutschen Corporate Governance-Systems
Hamburg 2014 / 250 Seiten / ISBN 978-3-8300-8045-9

Sebastian Sonnenberg
Verletzung der Aufsichtspflicht in Betrieben und Unternehmen (§ 130 OWiG)
unter besonderer Berücksichtigung der Notwendigkeit und Ausgestaltung eines kriminalitätspräventiven Compliance-Systems
Hamburg 2014 / 290 Seiten / ISBN 978-3-8300-7660-5

David Poguntke
Straf- und ordnungswidrigkeitenrechtliche Risiken für Compliance-Beauftragte
Zugleich ein Beitrag zur Dogmatik der Garantenpflichten und zur Straf- und Ahndbarkeit trotz eigenverantwortlichen Handelns Dritter sowie zur Abhängigkeit des Wirtschaftsstrafrechts von gesellschafts- und arbeitsrechtlichen Vorfragen
Hamburg 2013 / 650 Seiten / ISBN 978-3-8300-7510-3

Winfried Huck & Thomas Kurth (Hrsg.)
Compliance aus dem Blickwinkel des internationalen und europäischen Wirtschaftsrechts
Die Extraterritorialität angelsächsischer Embargo- und Strafvorschriften
Hamburg 2013 / 358 Seiten / ISBN 978-3-8300-7147-1

Peter Lang
Corporate Compliance – Verantwortung, Implementierungspflichten und Umsetzung in der unverbundenen Aktiengesellschaft und im Konzern
Hamburg 2013 / 308 Seiten / ISBN 978-3-8300-6667-5

Johannes Christian Panitz
Compliance-Management
Anforderungen, Herausforderungen und Scorecard-basierte Ansätze für eine integrierte Compliance-Steuerung
Hamburg 2012 / 370 Seiten / ISBN 978-3-8300-6609-5

VERLAG DR. KOVAČ
FACHVERLAG FÜR WISSENSCHAFTLICHE LITERATUR
Postfach 570142 · 22770 Hamburg · www.verlagdrkovac.de · info@verlagdrkovac.de